# AUFKLÄRUNG

Interdisziplinäres Jahrbuch
zur Erforschung des 18. Jahrhunderts
und seiner Wirkungsgeschichte

In Verbindung mit der
Deutschen Gesellschaft für die Erforschung des 18. Jahrhunderts

herausgegeben von
Lothar Kreimendahl, Monika Neugebauer-Wölk
und Friedrich Vollhardt

Redaktion:
Marianne Willems

Band 21 · Jg. 2009

Themenschwerpunkt:

RELIGION

Herausgegeben von Robert Theis

D1721517

FELIX MEINER VERLAG

ISSN 0178-7128

Aufklärung. Jahrbuch für die Erforschung des 18. Jahrhunderts und seiner Wirkungsgeschichte. – In Verbindung mit der Deutschen Gesellschaft für die Erforschung des 18. Jahrhunderts herausgegeben von Lothar Kreimendahl, Monika Neugebauer-Wölk und Friedrich Vollhardt. – Redaktion: Dr. Marianne Willems, Ludwig-Maximilians-Universität München, Institut für deutsche Philologie, Schellingstraße 3, 80799 München, E-mail: aufklaerung@lrz.uni-muenchen.de.

# INHALT

Aufklärung 21 · © Felix Meiner Verlag 2009 · ISSN 0178-7128

KURZBIOGRAPHIE

DISKUSSIONEN

# EINLEITUNG

„Es ist unmöglich, daß ein Mensch
ohne Religion seines Lebens froh werde"
(Kant, *Reflexion* 8106)

Mit dem „neuzeitlichen Grundbegriff" (Ernst Feil) ‚Religion' verbinden sich eine Reihe von thematischen, gesellschaftlichen, politischen und personellen Konstellationen, denen im Zeitalter des ‚Enlightenment', der ‚Lumières' und der ‚Aufklärung' unterschiedliche Bedeutung und unterschiedliches Gewicht zukommen.

Die Wahrnehmung von „Religion als Problem der Aufklärung" (so der Titel eines 1980 erschienenen Sammelbandes) hat sich in der Forschung im Laufe der Zeit verstärkt. Daß Religion im Zeitalter der Aufklärung kein *Parergon* war, hatte Ernst Cassirer bereits 1932 in aller Deutlichkeit betont:

> Wenn man nach einer allgemeinen Charakteristik des Aufklärungszeitalters fragt, so scheint für die traditionelle Auffassung und Beurteilung nichts so sehr festzustehen, als daß die kritische und skeptische Haltung gegenüber der Religion zu den eigentlichen Wesensbestimmungen der Aufklärung gehört. Versucht man diese herkömmliche Ansicht an den konkreten geschichtlichen Tatsachen zu messen, so ergeben sich freilich, was die deutsche und die englische Aufklärung betrifft, alsbald die stärksten Bedenken und Einschränkungen.[1]

Cassirer behauptet desweiteren, daß in der Epoche der Aufklärung „noch alle geistige *Problematik* in die religiöse Problematik eingeschmolzen ist und daß sie von dieser letzteren ihre ständigen und stärksten Antriebe empfängt".[2]

Bereits einige Jahre vor dem Erscheinen von Cassirers Werk hatte sich Karl Aner des Themas Religion in der Aufklärung angenommen. In seinem 1929 erschienenen Werk *Die Theologie der Lessingzeit*[3] ging er diesem in der von ihm sogenannten „mittleren Phase" der deutschen Aufklärung, also etwa von 1740–1760 nach. Gerade diese Phase – die sogenannte ‚Neologie' – sollte in der späteren Forschung in vielen Einzeluntersuchungen genauer thematisiert werden, wie denn überhaupt die Tendenz von den ‚allgemeinen' Überblicksdarstellungen immer mehr zur Detailforschung überging.

---

[1] Ernst Cassirer, Die Philosophie der Aufklärung, Berlin 1932, 178. Vgl. auch schon Ernst Troeltsch, „Aufklärung" in: Realencyclopädie für protestantische Theologie und Kirche, hg. von Albert Hauck, Bd. 2, Leipzig 1897 (3. Aufl.), 225–241.

[2] Ebd., 181.

[3] Karl Aner, Die Theologie der Lessingzeit (1929), Hildesheim 1964.

Aufklärung 21 · © Felix Meiner Verlag 2009 · ISSN 0178-7128

Was die Erforschung der Religionsphilosophie des ‚Enlightenment' betrifft –
den sogenannten ‚Deismus', von dem Ernst Troeltsch behauptete, er sei die „Religionsphilosophie der Aufklärung" –, so gibt Günter Gawlick zu bedenken, daß
sie selbst in der Gegenwart (1965), „die dem Zeitalter der Aufklärung so viel Interesse entgegenbringt, dem Deismus immer noch so wenig Beachtung schenkt",[4]
obwohl bereits im 19. Jahrhundert Gotthard Victor Lechlers Untersuchung über
die *Geschichte des englischen Deismus* erschienen war. Allerdings läßt sich auch
diesbezüglich in der jüngsten Vergangenheit eine verstärkte Hinwendung zu Mi-
kroanalysen feststellen.

Daß der Begriff der Religion am Anfang des 18. Jahrhunderts andere Konnotationen enthielt als dies am Ende der Fall war, dürfte nicht weiter verwundern.
Norbert Hinske hat in einem anderen Zusammenhang gezeigt, wie sich in der
deutschen Aufklärung Programmideen, Kampfideen und Basisideen der Aufklärung im Laufe des Jahrhunderts gewandelt haben und am Ende kaum noch dasselbe bedeuten wie am Anfang: „Kaum eine der tragenden Grundideen der deutschen Aufklärung bedeutet [...] am Ende des 18. Jahrhunderts noch genau dasselbe wie an seinem Anfang".[5] Ähnliches ließe sich wohl auch vom Begriff ‚Religion' behaupten, und zwar nicht nur diachron, sondern auch in komparativer Hinsicht, wenn man englische, französische und deutsche Entwicklungen in Betracht
zieht. Ernst Feil hat dies in eindrucksvoller Weise im vierten Band seiner Untersuchung über *Religio* gezeigt.[6]

Das Stichwort ‚Religion im Zeitalter der Aufklärung' umfaßt demnach traditionelle Fragestellungen der sogenannten natürlichen Theologie, die im Rahmen
der Metaphysiktraktate abgehandelt werden und die – trotz Humes und Kants Kritik an der Möglichkeit einer rationalen Theologie – im Laufe des Jahrhunderts
nicht verebben (man denke etwa an Moses Mendelssohns *Morgenstunden* aus
dem Jahre 1786); es umfaßt die reiche Ernte physikotheologischer Literatur,
die sich bis weit in die Mitte des 18. Jahrhunderts findet;[7] es umfaßt die mehr
oder weniger radikalen Topoi eines ‚vernünftigen Christentums', jener aus dem
englischen Deismus sich heraus entwickelnden ‚ethischen Religion' innerhalb
der Grenzen der bloßen Vernunft, die unveränderliche Vernunftwahrheiten von

---

[4] Günter Gawlick, Vorwort in: Gotthard Victor Lechler, Geschichte des englischen Deismus
(1841), Hildesheim 1965, V.

[5] Norbert Hinske, Die tragenden Grundideen der deutschen Aufklärung, in: Raffaele Ciaffar-
done (Hg.), Die Philosophie der deutschen Aufklärung, Stuttgart 1990, 410.

[6] Ernst Feil, Religio. Dritter Band: Die Geschichte eines neuzeitlichen Grundbegriffs im 17. und
frühen 18. Jahrhundert, Göttingen 2001; Ders., Religio. Vierter Band: Die Geschichte eines neuzeitlichen Grundbegriffs im 18. und frühen 19. Jahrhundert, Göttingen 2007.

[7] Vgl. Wolfgang Philipp, Das Werden der Aufklärung in theologiegeschichtlicher Sicht, Göttingen 1957; Hans-Martin Barth, Atheismus und Orthodoxie. Analysen und Modelle christlicher
Apologetik im 17. Jahrhundert, Göttingen 1971.

sogenannten „vérités accessoires et particulières" (Marie Huber) unterscheidet.
Es beinhaltet auch die sich parallel hierzu entwickelnden mehr oder weniger radikalen Formen der Religionskritik, den dezidierten Atheismus bestimmter französischer Aufklärungskreise, die klandestine religionskritische Literatur,[8] die traditionellen religionskritischen Themen, wie die Dekonstruktion des Gottesbegriffs, etwa bei Pierre Bayle, die Wunderkritik, etwa bei Hume, usw. Es umfaßt
ebenfalls die vielen Versuche, das Verhältnis von Religion und Gesellschaft und
Politik neu zu bedenken – man denke hier z. B. an den Ansatz von Rousseau oder
an die Diskussionen in der *Berlinischen Monatsschrift*. Man denke aber auch an
die Haskala mit ihren ‚vielen Gesichtern' und die damit einhergehenden Eman-
zipationsbewegungen im Judentum. Das Jahrhundert kennt ferner die Bewegung
des Pietismus, die Religion des praktisch gelebten Glaubens, die manchmal un-
sichtbar, aber doch nicht wirkungslos, kämpfend und immer wieder bekämpft,
Teile des Jahrhunderts durchquert. Und an dessen Ende kennt es die Wiederkehr
des Erlebens von Religion.

Der vorliegende Band dokumentiert eine Reihe von Ansätzen der Auseinandersetzung mit Themen oder Problemen der Religion im Zeitalter der Aufklärung,
der Lumières und des Enlightenment. „Religionskritik und Religiosität in der
deutschen Aufklärung" ist der Titel eines von Karlfried Gründer und Karl Heinrich Rengstorf herausgegebenen Tagungsbandes aus dem Jahre 1989; „Lumières
et religion/Aufklärung und Religion/Enlightenment and Religion" war das Thema des Jahrestreffens 2005 der Internationalen Gesellschaft zur Erforschung des
18. Jahrhunderts; „Religion in der Aufklärung – Aufklärung der Religion" dasjenige einer im Jahre 2006 in Erfurt und Gotha organisierten Tagung. Unter
dem Titel „Aufklärung und Religion – neue Perspektiven" fand im Jahre 2008
ein Work-shop in Paderborn statt. Dies sind nur einige wahllos herausgegriffene
Beispiele, die von der Aktualität des Themas ‚Religion in der Aufklärung' zeugen.
    Im vorliegenden Band ging es dem Herausgeber nicht darum, anhand eines
Leitfadens eine bestimmte problemorientierte These durchzubuchstabieren und
belegen zu wollen, sondern die Vielfältigkeit religionsphilosophischer Beschäf-
tigungen zu dokumentieren. Daß ein solcher Versuch notgedrungen Fragment
bleibt, ist unvermeidlich. Zu reich und vielseitig ist das Thema!
    Nichtsdestoweniger lassen sich eine Reihe von Beiträgen um Schwerpunkte
herum gruppieren, etwa solche religionskritischer bzw. dekonstruktiver Natur
(Kreimendahl, Schröder, Jaffro, Lohmar), oder solche, die sich mit Aspekten
der Gottesproblematik bzw. allgemeiner philosophischer Theologie und deren
Transformationen im Kontext eines gewandelten Vernunftkonzepts beschäftigen
(Krouglov, Esposito); andere, die in einem mehr oder weniger weiten Sinn das

---

[8] Vgl. Winfried Schröder, Ursprünge des Atheismus, Stuttgart-Bad Cannstatt 1998.

Verhältnis von Religion und Politik oder Gesellschaft behandeln (Schmidt-Biggemann, Ferrari, Mondot, Goldenbaum). Verschiedene religiöse und gesellschaftliche Facetten der Jüdischen Aufklärung beleuchtet der Beitrag von Dominique Bourel. Erfreulich ist nicht zuletzt auch der Umstand, daß das Thema ‚Frauen und Religion in der Aufklärung' gleich in zwei Beiträgen in einer Weise zur Sprache kommt, die singuläre Akzentsetzungen, etwa das Verhältnis von Religion und Offenbarung (Dierse) bzw. das von Empfindsamkeit und Aufklärung (Conrad) in zwei unterschiedlichen Phasen der Aufklärung behandeln.

Robert Theis

# ABHANDLUNGEN

## Lothar Kreimendahl

## Bayles Destruktion der rationalen Theologie

### *I*

Kant hat, wie jeder weiß, die Unmöglichkeit einer jeden spekulativen Theologie behauptet und dem Nachweis, daß die theoretische Vernunft nicht in der Lage ist, irgend etwas über das höchste Wesen auszusagen – und sei es auch nur die Feststellung von dessen zweifelsfrei gewisser Existenz –, große Aufmerksamkeit geschenkt.[1] Diesen Nachweis hat Kant, und das weiß nicht mehr unbedingt jeder, keineswegs als erster geführt. David Hume ist ihm hierin vor allem mit seinen *Dialogues Concerning Natural Religion*, aber auch mit der *Natural History of Religion* vorangegangen, von dessen Ausführungen Kant bei seinem theologiekritischen Geschäft erheblich profitierte. Hume seinerseits, und das ist weithin noch unbekannt, steht mit seiner Religionskritik auf den Schultern von Pierre Bayle, und zwar in einem solchen Ausmaß, daß man die zentralen Kritikpunkte des schottischen Philosophen konkret auf einzelne Stellen in den Werken des französischen Skeptikers zurückführen kann. Das habe ich in einigen früheren Beiträgen zu zeigen gesucht.[2] Bayle gebührt somit das Verdienst, am Ende des 17. Jahrhunderts und damit als erster Philosoph der Neuzeit die Unmöglichkeit einer Theologia Rationalis mit philosophischen Mitteln wirkungsmächtig erwiesen

---

[1] Dies geschieht innerhalb der *Kritik der reinen Vernunft* unter der Überschrift ‚Das Ideal der reinen Vernunft‘ innerhalb der ‚Transzendentalen Dialektik‘ (Immanuel Kant, Kritik der reinen Vernunft, nach der ersten und zweiten Original-Ausgabe neu hg. von Raymund Schmidt, um das Nachwort von Karl Vorländer ergänzter Nachdruck Hamburg 1971, bes. A 567/B 595–A 642/B 670).

[2] Humes frühe religionsphilosophische Interessen im Lichte seiner „Early Memoranda", in: Zeitschrift für philosophische Forschung 53 (1999), 553–568; Hat Hume William Kings „De Origine Mali" gelesen? Die Notizen zur Theodizee in den „Early Memoranda" und ihre Quelle, in: Michael Oberhausen (Hg.), Vernunftkritik und Aufklärung. Studien zur Philosophie Kants und seines Jahrhunderts, Stuttgart-Bad Cannstatt 2001, 233–250; Bayles Bedeutung für den jungen Hume. Die Quelle der Reflexionen zur Philosophie in Humes „Early Memoranda", in: Archiv für Geschichte der Philosophie 84 (2002), 64–83. Die letztgenannte Studie kommt auf S. 82 zu dem Ergebnis, daß „[…] die Religionsphilosophie Humes, so wie sie in der *Natural History of Religion* und in den *Dialogues Concerning Natural Religion* niedergelegt ist, über weite Strecken Bayleschen Einfluß verrät und in wesentlichen Teilen geradezu als Ausformulierung von Ideen zu gelten hat, die Hume bei Bayle gefunden hat […]".

Aufklärung 21 · © Felix Meiner Verlag 2009 · ISSN 0178-7128

zu haben, noch bevor diese im 18. Jahrhundert ihre eigentliche „Hochblüte" erreichte.[3] Für diese These möchte ich in diesem Beitrag argumentieren und zeigen, wie Bayle die Rationaltheologie durch Paralyse des Gottesbildes in seinem *Dictionnaire Historique et Critique*[4] anlegt und zu Fall bringt. Auf die Frage, ob Bayle die zu Erreichung dieses Ziels eingesetzten Argumente auch persönlich akzeptiert hat oder ob er sie nur vortrug, um, wie er immer wieder vorgibt, mittels ihrer den Sprung in den Glauben zu erzwingen, gehe ich im folgenden nicht näher ein. Dieses Problem, ob Bayle also als Fideist zu gelten hat, der seine Überlegungen nur anstellte, um mittels der durch sie herbeigeführten und als anstößig empfundenen Ergebnisse die Hinwendung zu den geoffenbarten Wahrheiten der christlichen Religion zu erzwingen, oder ob er dieselben im Schutze seiner fideistischen Beteuerungen als seine eigenen Ansichten präsentierte, er also als Materialist, ja Atheist zu gelten hat, wird von der geistesgeschichtlich orientierten Bayle-Forschung seit langer Zeit beständig und mit wechselnden Ergebnissen hin und her gewälzt, betrifft aber lediglich Bayles persönliche Ansicht. Demgegenüber kommt es mir auf die philosophiegeschichtliche Pointe an, daß, um einen Titel eines bekannten Kantischen Aufsatzes zu parodieren, der Gedanke von dem unausbleiblichen Mißlingen aller philosophischen Versuche in der Rationaltheologie schon vor dem Ende des 17. Jahrhunderts denkbar war und daß diese Einsicht von Bayle im *Dictionnaire* formuliert und mit philosophischen Mitteln begründet wurde – dem Werk, das nach den Worten Wilhelm Dilthey als die „Rüstkammer der Aufklärung" gelten darf.[5]

---

[3] Winfried Schröder, Art. „Religion bzw. Theologie, natürliche bzw. vernünftige", in: Historisches Wörterbuch der Philosophie, hg. von Joachim Ritter, Karlfried Gründer und Gottfried Gabriel, Bd. 8, Darmstadt 1992, 722.

[4] Das *Dictionnaire Historique et Critique* erschien erstmals in zwei Bänden 1697, eine zweite, von Bayle selbst veranstaltete und stark erweiterte dreibändige Auflage folgte 1702. Die beste Ausgabe ist die um weitere Texte aus dem Nachlaß ergänzte, auf dem Titelblatt als fünfte (recte: achte) ausgewiesene Auflage, die in vier Bänden mit der Lebensbeschreibung Bayles durch Pierre Des Maizeaux 1740 in Amsterdam, Leiden, La Haye, Utrecht erschien (Reprint Genf 1995). Diese Ausgabe liegt der zweibändigen Übersetzung zugrunde, nach der im folgenden unter Angabe von Band-, Seitenzahl sowie ggfs. des Buchstabens der Anmerkung und der Fußnotenziffer zitiert wird. Pierre Bayle, Historisches und kritisches Wörterbuch. Eine Auswahl, übersetzt und hg. von Günter Gawlick und Lothar Kreimendahl, Hamburg 2003, sowie Pierre Bayle, Historisches und kritisches Wörterbuch. Zweiter Teil der Auswahl, übersetzt und hg. von Günter Gawlick und Lothar Kreimendahl, Hamburg 2006.

[5] Grundriß der allgemeinen Geschichte der Philosophie, hg. und ergänzt von Hans-Georg Gadamer, Frankfurt am Main 1949, 178.

*II*

Kant hatte der Rationaltheologie über die Bestreitung der Möglichkeit eines vernunftgegründeten Gottesbeweises den Boden entzogen. Zu diesem Zweck hatte er zuvor eine Typologie aller möglichen Gottesbeweise dieser Art erstellt, deren Beweisanspruch sodann geprüft und aus dem negativen Resultat das Ergebnis abgeleitet, daß „[…] alle Versuche eines bloß spekulativen Gebrauchs der Vernunft in Ansehung der Theologie gänzlich fruchtlos und ihrer inneren Beschaffenheit nach null und nichtig sind […]".[6] Bayle ist kein mit Kant vergleichbarer systematischer Kopf, und so überrascht es nicht, daß er mit seiner Destruktion der Religion nicht wie dieser auf das logische Zentrum aller Rationaltheologie – die Gottesbeweise – abzielt. Er setzt mit seinen Überlegungen vielmehr bei den Prädikaten ein, die Gott in jeder theistischen, insbesondere aber in der christlichen Religion zugeschrieben werden und sucht deren rationale Unhaltbarkeit aufzuweisen. Diese Prädikate werden nun nicht etwa von ihm zunächst gesichtet und – wie es Kant mit den Gottesbeweisen tat – in ein geordnetes Verhältnis zueinander gesetzt, sondern Bayle prüft sie in aller Regel gemäß der Zufälligkeit, in der sie ihm vom Thema des Artikels bzw. vom jeweiligen argumentativen Kontext vorgegeben sind. So kommt er beispielsweise in den Artikeln „Manichäer", „Marcioniten", „Origines" und „Paulicianer", die der Theodizeeproblematik gewidmet sind, vornehmlich auf die Attribute der göttlichen Güte und Gerechtigkeit im Zusammenhang mit Gottes Vorherwissen zu sprechen. Zwar bietet sich für Bayle an nicht wenigen Stellen Anlaß, auf die Beweise einzugehen, die für Gottes Existenz geführt worden waren, aber er läßt sich auf eine Prüfung derselben nicht eigentlich ein.[7] Die auffällige Vernachlässigung dieses für die Theologie zentralen Themas hängt möglicherweise damit zusammen, daß er die Bedeutung der bloßen Versicherung der Existenz Gottes für die Religion eher gering veranschlagt, denn „selbst die beschränktesten Köpfe verstehen sehr wohl, daß der gesamte Nutzen der Religion nicht auf der Lehre der Existenz Gottes, sondern auf der seiner Vorsehung beruht".[8] Gottesbeweise sind außerdem nur Leuten mit geschultem Verstand zugänglich; die große Masse versteht sie gar nicht. Deshalb ist das von Descartes in der Dritten Meditation präsentierte Argument für die Existenz Gottes Bayles

---

[6] Kritik der reinen Vernunft, A 636/B 664.

[7] Im Artikel „Ruggeri" behandelt er zwar die Frage, „Ob der Schluß von der Existenz der Teufel auf die Existenz Gottes gültig ist", nicht aber die Beweise für Gottes Existenz selbst (Bd. 2, 608–611), und im Artikel „Zabarella" wird der aristotelische Beweis des ersten Bewegers zwar angesprochen, bleibt aber ohne nähere Erörterung (Bd. 1, 499).

[8] „Lukrez" (K), Bd. 2, 394.

Ansicht nach zwar ausgezeichnet, es bleibt aber für die gewöhnlichen Leute aufgrund seiner Abstraktheit praktisch bedeutungslos.[9]

Obwohl Gottes Dasein gleichsam die logische Mitte aller Religion darstellt, so ist es doch, wie Bayle meint, die Frage nach seinen Attributen, die uns primär interessiert. Wir wollen wissen, welche Forderungen dieses Wesen an uns stellt und welche Hoffnungen wir uns machen dürfen, wenn wir diesen Forderungen nachzukommen trachten. Wesen wie die epikureischen Götter, deren Existenz zwar beteuert wird, die sich aber nicht für die Welt und die Menschen interessieren, weil das ihrer Glückseligkeit abträglich wäre, gehen die Menschen nichts an. Ein solches Wesen kann nicht im Mittelpunkt einer Religion stehen, weil über seine bloße Existenz hinaus nichts von ihm bekannt ist und sich keinerlei Gebote, Verbote oder Erwartungen an es knüpfen lassen. Diese Einsicht, die Bayle an vielen Stellen seines *Dictionnaire* äußert, lenkt die Aufmerksamkeit für eine Überprüfung der Ansprüche der Religion beziehungsweise der spekulativen Theologie beinahe zwangsläufig auf die Prädikate Gottes und nicht auf die Beweise für seine Existenz.

Freilich sprechen außer diesen systematischen Einsichten auch sehr persönliche Neigungen Bayles dafür, die Untersuchung auf die göttlichen Eigenschaften zu konzentrieren. Zum einen eröffnet sich ihm dadurch die Chance, sein umfangreiches religionskritisches Material vor dem Leser auszubreiten und ein und denselben Gegenstand in vielfältigen Zusammenhängen und unter verschiedenen religionsphilosophisch relevanten Aspekten zu betrachten. Dieses multiperspektivische Verfahren erzeugt zwar eine Menge Redundanz, aber darum schert sich Bayle ausdrücklich nicht. Denn er ist sich bewußt, daß kein Leser sein *Dictionnaire* von Anfang bis zu Ende durchlesen wird, so daß es strategisch geradezu geboten schien, die ihm besonders am Herzen liegenden Themen auf mehrere Artikel verteilt zur Sprache zu bringen.[10] Zum anderen bietet dieses Verfahren Bayle Gelegenheit, seinen Witz zu zeigen und so auch etwas für die Unterhaltung der Leser zu tun, woran ihm, wie wir wissen,[11] im Interesse eines besseren Absatzes des Werks sehr gelegen war.

Das heißt freilich nicht, daß Bayle die Religion nicht auch unter anderen Aspekten als der Bestreitung der rationalen Haltbarkeit des ihr zugrundeliegen-

---

[9] Diese Überzeugung Bayles spricht schon aus den frühen *Thèses philosophiques:* „L'argument que Descartes a emploié pour prouver l'existence de Dieu, pris de l'idée d'un être infini que nous trouvons dans notre ame, est à la vérité excellent, mais il ne peut guères servir à convaincre des esprits vulgaires, parce qu'ils ne voient pas évidemment qu'une ame finie comme la nôtre puisse se former l'idée d'une chose qui n'a aucune des imperfections qu'elle trouve en elle même [...]." (Œuvres diverses, Bd. 4, avec une introduction par Elisabeth Labrousse, Hildesheim 1968, 143).

[10] „[...] denn man muß bedenken, daß diese dicken Bücher [wie sein *Dictionnaire*, L.K.] nicht gemacht sind, um Seite für Seite gelesen zu werden" (Vorrede zur ersten Auflage, Bd. 2, 14).

[11] Vorrede zur ersten Auflage, Bd. 2, 15 f.

den Gottesbildes attackierte; tatsächlich verfügt er über ein ganzes Arsenal unterschiedlichster religionskritischer Argumente. Nur beispielhaft seien einige dieser Gesichtspunkte kurz benannt. So wirft er angesichts der Pluralität der Religionen und der diversen Glaubensgemeinschaften innerhalb derselben die Frage nach der Beweisbarkeit des ‚wahren‘ Glaubens auf[12] und diskutiert die Kriterien, die ein Glaube erfüllen muß, um angenommen zu werden.[13] Er diskreditiert ferner den biblischen Schöpfungsbericht durch die rationale Paralyse der ganz analogen Schilderung der Weltentstehung bei Ovid[14] und präsentiert überdies die schon in der Antike bekannte These, die Götter seien nichts weiter als Erfindungen der Menschen, die als unabdingbar erforderlich für die Aufrechterhaltung der staatlichen Ordnung[15] und der Moral angesehen wurden.[16]

## III

Es ist gewiß kein Zufall, daß Bayle seine radikalste Kritik am Gottesbegriff über die für ihn konstitutiven Prädikate erst gegen Ende seines *Dictionnaire* und damit abfassungsgeschichtlich recht spät vorträgt. Denn Bayle durchläuft eine Entwicklung während der relativ kurzen, nur gut vier Jahre dauernden Abfassungszeit seines Werks.[17] So malt er sein Bild vom Menschen in zunehmend düsteren Farben – man vergleiche nur die Entwicklung seiner anthropologischen Überzeugungen, die in einer völlig desillusionierten, ja geradezu pessimistisch-defätistischen Einschätzung des Menschen und seiner Lage münden.[18] Ein weiteres Charakteristikum dieser Entwicklung ist der Umstand, daß er vermehrt Artikel philosophischen Inhalts schreibt. Dabei, und das ist das Entscheidende, verschärft er unter Beachtung der von den Zeitumständen gebotenen Vorsicht zunehmend die Radikalität seiner Kritik auf allen behandelten Gebieten und wagt sogar schließlich einen nur noch mühsam kaschierten Angriff auf die Grundfesten der christlichen Religion.

Für diesen Angriff, den Bayle im Artikel „Simonides" vorträgt, hatte er bereits im Artikel „Epikur" gewisse Vorübungen angestellt, als er dort die Prädikate Got-

---

[12] „Nihusius" (E, H), Bd. 1, 182–188.

[13] „Nicole" (C), Bd. 1, 169–179.

[14] „Ovid" (G, H), Bd. 2, 543–574.

[15] „Kritias" (H), Bd. 2, 319 f.

[16] „Thales" (A), Bd. 2, 737 f.

[17] Er selbst datiert in der Vorrede zur ersten Auflage die Arbeit an dem Werk auf den Zeitraum von Juli 1692 bis Oktober 1696, Bd. 2, 8, Fußn. 13.

[18] Im Artikel „Xenophanes" (H), einem der in der Ordnung des Alphabets letzten des *Dictionnaire*, scheint eine – kurzfristige – Linderung des unablässig drückenden Leids für Männer nur im Spiel oder Rausch möglich. Frauen ist selbst dieser Trost versagt (Bd. 1, 482 f.).

tes unter den Voraussetzungen der antiken Kosmogonie diskutierte. Diese ging
davon aus, daß nicht Gott die Materie geschaffen habe, sondern daß sie gleichur-
sprünglich mit ihm sei und er sie lediglich nach Art eines Architekten zu dieser
Welt gemäß seiner Begriffe von Ordnung und Güte arrangiert habe.[19] Bayle hatte
dort aufgewiesen, daß diese Theorie der Weltentstehung rational nicht zu halten
ist.[20] Seine Kritik traf insofern das Zentrum der heidnischen Theologie. Er ließ es
dabei jedoch nicht bewenden, sondern zog seiner üblichen Argumentationsstra-
tegie entsprechend aus der Unhaltbarkeit der paganen Kosmogonie ein Argument
für die Richtigkeit der christlichen Sichtweise, der zufolge Gott auch als Erschaf-
fer der Materie zu gelten hat. Ob seine ausdrücklich gezogenen Folgerungen ernst
gemeint[21] oder als ein abermaliges Versteckspiel zu bewerten sind, um seine tat-
sächliche Meinung zu kaschieren, soll hier offen bleiben. Jedenfalls hatte Bayle
für genügend Alibistellen gesorgt, auf die er im Zweifelsfalle zur Legitimierung
seiner rechtgläubigen Ansichten hätte verweisen können.[22]

Der Artikel „Epikur" hatte also bereits die Unhaltbarkeit des vorchristlichen
Gottesbildes gezeigt. Nun war dieser Nachweis zwar auf dem Boden der antiken
dualistischen Kosmogonie geführt worden, die aus der Sichtweise der christlichen
Dogmatik als obsolet galt, so daß sich diese nicht von jenen Darlegungen getroffen fühlen mußte. Aber die zentralen Prädikate Gottes, die dort diskutiert und zu-

---

[19] Der von den griechischen Philosophen als unbedingt gültig angenommene Grundsatz „ex
nihilo nihil fit" machte ihnen die Vorstellung der Hervorbringung der Materie durch Gott unmöglich.
Dieser Gedanke wurde erst durch das Christentum eingeführt, so daß Gott nun – in Kants späterer
Terminologie – sowohl als „Weltschöpfer" wie auch als „Weltbaumeister" gedacht wurde (Kritik der
reinen Vernunft, A 627/B 655). Die Lehre von Gott als dem Schöpfer der Materie kommt in der
zweiten Hälfte des zweiten Jahrhunderts auf (vgl. Johannes Köhler, Art. ‚Schöpfung', in: Historisches Wörterbuch der Philosophie (wie Anm. 3), Bd. 8, bes. 1393–1399).

[20] „Epikur" (S), Bd. 1, 92–101.

[21] Er faßt die Ergebnisse seiner Darlegungen in drei Punkten zusammen: „Daraus, daß Gott der
Schöpfer der Materie ist, folgt, 1) daß er das Universum mit dem höchstmöglichen Recht so ordnet,
wie es ihm gut dünkt; 2) daß er nur eines einfachen Willensaktes bedarf, um alles zu schaffen, was
ihm gefällt; 3) daß nichts geschieht, was er nicht in den Plan seines Werks aufgenommen hat."
Anlaß, an der Aufrichtigkeit dieses Resümees zu zweifeln, gibt insbesondere die wiederum aus
diesen drei Punkten gezogene generelle Folgerung Bayles, weil diese in direktem Gegensatz zu
seinen übrigen einschlägigen Ausführungen steht, wie sie aus seiner Erörterung der Theodizeeproblematik bekannt ist. Sie lautet nämlich: „Daraus resultiert, daß die Lenkung der Welt kein
Geschäft ist, das Gott ermüden oder verdrießen könnte und daß keine wie immer geartete Ereignisse seine Glückseligkeit trüben könnten. Wenn Dinge geschehen, die er verboten hat und die er
bestraft, so geschehen sie dennoch nicht gegen seine Ratschlüsse, sondern dienen anbetungswür-
digen Zwecken, die er sich von aller Ewigkeit her gesetzt hat und welche die größten Mysterien des
Evangeliums ausmachen" („Epikur" [T], Bd. 1, 102).

[22] „Man schließe hieraus, nebenbei bemerkt, daß es für die wahre Religion sehr nützlich ist, wenn
man zeigt, daß die Ewigkeit der Materie die Zerstörung der göttlichen Vorsehung nach sich zieht.
Denn damit zeigt man die Notwendigkeit, Wahrheit und Gewißheit der Schöpfung" („Epikur" [T],
Bd. 1, 103).

rückgewiesen wurden, trafen auch – wie etwa die Eigenschaften der Macht, Vollkommenheit, Gerechtigkeit und Güte[23] – auf den Gott der christlichen Religion
zu, so daß begründeter Verdacht bestand, daß Bayle zwar die heidnische Theologie schlug, aber die christliche treffen wollte.[24] Er hatte fraglos nicht unbeabsich-
tigt einen Parallelismus erzeugt, so daß die skeptischen Resultate seiner Analyse
der heidnischen Gottesvorstellung zwanglos auf das christliche Gottesbild Anwendung finden konnten. Transferleistungen dieser Art erwartet Bayle von seinen
Lesern nicht nur in diesem Kontext. Es hieße, die destabilisierenden Absichten
Bayles zu verkennen, wollte man in diesem Verfahren eher eine argumentative
Schwäche des Philosophen denn ein strategisch geschicktes Vorgehen erblicken.
Angebrachter ist es, diese Argumentationsweise als eine Vorsichtsmaßnahme zu
werten, weil ihm zum Zeitpunkt der Abfassung dieses Artikels eine offene Kritik
an dem Gottesbild der christlichen Religion nicht tunlich erschien.

Wenngleich Bayle im Artikel „Simonides"[25] nun wesentlich beherzter vorgeht,
so verzichtet er doch auch hier keineswegs auf alle Schutzmaßnahmen. Zwar wird
das Gottesproblem nicht mehr vor dem Hintergrund der antiken dualistischen
Kosmogonie erörtert, die ja als durch die christliche Lehre überholt angesehen
wurde und insofern zur Depotenzierung der Anrüchigkeit der im Artikel „Epikur"
gewonnenen Ergebnisse beitrug, doch Bayle verlegt den Ausgangspunkt der Debatte abermals in die vorchristliche Antike und will mit dem großen zeitlichen
Abstand[26] zugleich eine gehörige Distanz in der verhandelten Sache signalisieren.
Er wählt die von Cicero in *De Natura Deorum* (I, 60) berichtete Anekdote, der
zufolge Simonides einer Einladung des Königs Hieron an seinen Hof folgte
und von dem König gebeten wurde, „[…] ihm zu sagen, was Gott ist".[27] Es

---

[23]  Diese Eigenschaften werden in Anm. (S) des Artikels „Epikur", Bd. 1, 94 f. diskutiert.

[24]  Zu dieser Einschätzung gelangt auch Gianluca Mori, wenn er mit Blick auf die einschlägigen
Stellen in den Artikeln „Simonides" und „Epikur" schreibt: „[…] l'exposition critique des doctrines
des Anciens n'est souvent qu'un moyen subtil mais efficace de dénoncer les apories de la théologie
chrétienne" (Bayle Philosophe, Paris 1999, 120). Die Widerlegung der Argumente des Platonikers
im Artikel „Epikur" ziele „certainement aux chrétiens" (169), und „les objections faites contre les
platoniciens gardent toute leur force contre la théologie chrétienne […]" (170).

[25]  Die Bedeutung dieses Artikels für Bayles Religionskritik ist von der Forschung noch nicht
gebührend gewürdigt worden. So ist mir keine separate Studie bekannt, die diesem Artikel des
*Dictionnaire* gewidmet wäre. Harry M. Bracken beispielsweise behandelt Bayles Angriff auf die
natürliche Theologie im Ausgang des Artikels „Pyrrho" und läßt „Simonides" ganz außer Betracht
(Bayle's Attack on Natural Theology. The case of christian pyrrhonism, in: Richard H. Popkin, Arjo
Vanderjagt [Hg.], Scepticism and Irreligion in the Seventeenth and Eighteenth Centuries, Leiden
1993, 254–266). Auch Winfried Schröder, der Bayle in seiner gründlichen Studie über die Genese
des modernen Atheismus ausführlich behandelt, läßt diesen Artikel ganz unberücksichtigt (Ursprünge des Atheismus. Untersuchungen zur Metaphysik- und Religionskritik des 17. und
18. Jahrhunderts, Stuttgart-Bad Cannstatt 1998).

[26]  Der historische Simonides lebte von ca. 556 bis 467/66 v. Chr.

[27]  „Simonides" (F), Bd. 2, 662.

geht also um die Definition[28] Gottes, nicht etwa um die Frage seiner Existenz, wie im Artikel ausdrücklich klargestellt wird.[29] Die gewünschte Antwort vermag Simonides nun nicht aus dem Stand heraus zu geben. Er bittet sich zunächst einen, dann zwei, vier, acht Tage Bedenkzeit aus und so fort. Als der König ihn schließlich nach dem Grund für sein Verhalten fragt, gibt Simonides zur Antwort, daß ihm die Sache um so dunkler werde, je länger er über sie nachdenke. Simonides geriet nämlich – Kantisch gesprochen – in eine antinomische Situation: „[...] weil ihm sein Geist die Widerlegung mehrerer möglicher Antworten ebenso schnell eingab wie deren Entdeckung, fand er nichts Haltbares".[30]

Bis hierher folgt Bayle schlicht dem Bericht und der Beurteilung Ciceros. Im folgenden aber geht er über Cicero hinaus, denn nun stellt er Betrachtungen über die Bedenken an, die Simonides bewogen haben mochten, von einer Definition Gottes Abstand zu nehmen. Simonides hätte sich nämlich die Sache leichtmachen und sich mit „den landläufigen Begriffen"[31] begnügen können, die als konstitutiv für Gott angesehen werden. Diese eher abschätzige Bemerkung bedeutet fraglos eine Diskreditierung des christlichen Prädikatenkatalogs, denn die nun von ihm genannten Eigenschaften gehören allesamt demselben an. Gott ist demnach ein unendliches und allmächtiges Wesen, er hat das Universum geschaffen und er lenkt es auch, er bestraft die Sünder, belohnt die Rechtgläubigen und läßt sich durch Opfer bzw. durch Reue besänftigen. Diese Auflistung unterscheidet sich von den im Artikel „Epikur" benannten Prädikaten insbesondere durch die spezifisch christliche Sichtweise Gottes als Schöpfer auch der Materie. Damit ist die Stoßrichtung der folgenden Kritik deutlich benannt. Bayle tut jedoch ein übriges und bringt den genannten Katalog mit dem frühchristlichen Apologeten Tertullian in Verbindung, der, wie Bayle findet, großsprecherisch und unbegründeterweise behauptet hatte, die Frage des Königs hätte von jedem ‚christlichen Handwerker', also so gut wie von jedermann, der die christliche Lehre kennt, ohne jedes Zögern beantwortet werden können.[32]

---

[28] Das stellt auch die Häufigkeit klar, mit der der Ausdruck ‚Definition' bzw. ‚definieren' mit Blick auf Gott verwendet wird. Allein im Corpus articuli und den Anmerkungen (F) und (G) taucht er 16mal auf.

[29] „Man beachte, daß es zwischen Hieron und Simonides nicht um die Frage der Existenz Gottes ging, sondern um die genaue Bestimmung seines Wesens" („Simonides" [F], Bd. 2, 671, Fußn. 39). Darin ist übrigens eine Parallele zu den *Dialogues* David Humes gegeben, die in ihrem argumentativen Gehalt über weite Strecken von Bayles Ausführungen zehren und in denen Demea, einer der drei Gesprächsteilnehmer, gleich eingangs klarstellt: „The question is not concerning the *being* but the *nature* of God" (Dialogues Concerning Natural Religion, ed. with an introduction, by Norman Kemp Smith [1935], Indianapolis [12]1977, 141).

[30] „Simonides" (F), Bd. 2, 663.

[31] Ebd., 664.

[32] Ebd., 663 f.

Die mutmaßlichen Überlegungen, die Bayle Simonides zuschreibt und die diesen zur Urteilsenthaltung führten, setzen bei der Frage an, ob Gott von den Körpern der Welt verschieden ist oder nicht. Bayle ist mittels des antinomischen Verfahrens auf die Erzielung einer argumentativen Patt-Stuation aus und betrachtet das Problem wie auch die sich anschließenden Fragen von den Folgen her, wenn sie entweder bejahend oder verneinend beantwortet werden. Wer, so läßt er Simonides räsonnieren, behauptet, Gott sei etwas von den Körpern des Universums Verschiedenes, der muß eine Antwort auf die Frage geben, ob die Materie ewig ist oder ob sie ihrerseits eine sie hervorbringende Ursache hat. Nimmt man an, sie habe eine solche, so läuft das angesichts ihrer Ewigkeit auf die Behauptung hinaus, sie sei aus nichts entstanden. Eine solche Annahme aber ist unbegreiflich, und man tut daher gut daran, sie gar nicht erst zu äußern. Verneint man hingegen, daß die Materie des Universums eine sie hervorbringende Ursache habe, dann läuft dies letztendlich auf die Ansicht der antiken dualistischen Kosmogonie hinaus, wonach Gott und Materie zwei gleichursprüngliche und voneinander unabhängige Wesenheiten sind. Die Unhaltbarkeit dieser Annahme war nun bereits im Zusammenhang mit der Erörterung der atomistischen Schöpfungslehre Epikurs in dem ihm gewidmeten Artikel gezeigt worden, so daß Bayle zu Recht auf diesen verweisen[33] und kurz das dortige Resultat wiederholen kann, demzufolge es uneinsichtig bleibt, weshalb Gott als das eine dieser zwei gleichrangigen Prinzipien zwar Macht über die Materie hat, die Materie als das andere dieser Prinzipien aber keine Macht über ihn auszuüben vermag.

Die Verfolgung der Thematik, in welchem Verhältnis Gott und Materie zueinander stehen, führt mit innerer Folgerichtigkeit zur Erörterung des Problems, ob Gott das wesentlichste Attribut der Materie zukommt, nämlich die Ausdehnung. Denn es ist zwar evident, daß Gott von den Körpern verschieden ist, aber schließt diese Verschiedenheit auch die Ausdehnung mit ein? Folgendes Dilemma tut sich hier auf: Sagt man, Gott sei ausgedehnt, dann sagt man angesichts der im Cartesianismus vollzogenen Gleichsetzung von Ausdehnung und Materie de facto, daß er körperlich, also materiell ist und handelt sich damit all die Schwierigkeiten ein, die schon in der antiken Diskussion des Gottesbegriffs herausgestellt worden waren. Dazu zählt etwa, daß jeder Körper aus Teilen besteht und Gott insofern die Einfachheit seines Wesens einbüßen würde. Will man derartige Schwierigkeiten vermeiden, müßte man mit zwei Arten von Ausdehnung operieren, einer körperlichen und einer nichtkörperlichen; eine Unterscheidung, die jedoch nicht expliziert werden kann und von der man deshalb besser Abstand nimmt, wie Bayle meint. Verneint man hingegen, daß Gott ausgedehnt ist, so läuft das auf eine Leugnung seiner Existenz hinaus, weil etwas nicht Ausgedehntes nicht in Kontakt mit Ausgedehntem stehen kann und der so konzipierte Gott folglich keinerlei Einwir-

---

[33] Ebd., 665, Fußn. 34.

kungsmöglichkeit auf die Welt hätte. Hinzu kommt, daß Gott als Substanz gedacht wird, wir aber nicht in der Lage sind, uns eine nicht ausgedehnte Substanz
oder einen von aller Materie getrennten Geist vorzustellen.

An dieser Stelle der Argumentation spitzt Bayle die Darlegungen unmißverständlich zu einer endgültigen Demontage des christlichen Gottesbildes zu.
Denn er will nun den aufgrund derartiger rationaler Überlegungen nicht zu hal-
tenden Gottesbegriff, dem zufolge „[…] Gott eine immaterielle und nicht ausgedehnte Substanz ist, ein unendlicher, allmächtiger Geist […]“,[34] als dennoch einmal konzediert zugrunde legen und die Implikationen betrachten, die sich daraus
ergeben. Dieses rationale Gottesbild, das zweifellos als eine Minimalcharakteri-
sierung des Gottes genommen werden darf, wie er auch in der christlichen Theologie gedacht wird, wirft nämlich eine ganze Anzahl neuer Fragen auf. Wenn
Bayle der Nachweis gelingt, daß auch sie keine konsistenten Antworten zulassen,
sondern in antinomische Patt-Situationen führen, dann kann er seinen Plan insoweit als erfolgreich durchgeführt betrachten, weil von den Folgen der diversen
Antwortmöglichkeiten her gezeigt ist, daß auch diese der christlichen Religion
entsprechende Definition Gottes unhaltbar ist.

Dieser Aufgabe widmet sich Bayle nun und weist zunächst darauf hin, daß der
zugrundegelegte Gottesbegriff nicht die Zusprechung von Freiheit an Gott gestattet, die dem höchsten Wesen gleichwohl unabdingbar beizulegen ist. Denn jener
Definition gemäß wäre Gott ein Wesen, das sowohl hinsichtlich seiner Substanz
wie seiner Eigenschaften notwendigerweise existiert. Nun zählt zu seinen Eigenschaften neben dem Wissen auch die Macht, die sich in seinen Handlungen dokumentiert. Da Bayle Freiheit als Handlungsfreiheit versteht, folgt, daß Gottes
Handeln mit unausweichlicher Notwendigkeit so geschieht, wie es geschieht.
Das aber bringt die christliche Religion und darüber hinaus alle Religion überhaupt zum Einsturz, weil in ihr die Lehre vertreten wird, daß Gott die guten Taten
der Menschen belohnt und sich angesichts ihrer erkennbaren Bemühungen um die
Einhaltung seiner Gebote anders, nämlich gnädiger verhält, als er es tun würde,
wenn die Menschen in ihrem sündhaften Tun fortführen. Läßt sich diese „ärger-
liche Unannehmlichkeit“[35] vermeiden? Jedenfalls nicht durch die sich zunächst
anbietenden Optionen der Freiheit der Indifferenz und der bedingten Willensbe-
schlüsse. Denn zum einen verträgt sich diese Art der Freiheit nicht mit dem Wesen
Gottes, dem alle seine Attribute mit Notwendigkeit zukommen. Unter diesen befinden sich nun auch Macht und Wille, und Notwendigkeit schließt Indifferenz
aus. Zum anderen aber ist die Annahme von einem „unendliche[n] Vorrat von bedingten Beschlüssen mit einer unendlich weisen und unabhängigen Ursache“[36]

---

[34] Ebd., 666.
[35] Ebd., 666.
[36] Ebd., 667.

*IV*

Bayle läßt, wie es seiner üblichen Argumentationsweise entspricht, dieses destruktive Ergebnis nicht unkommentiert als eine Art letztes Wort stehen. Im Gegenteil: In zwei Anläufen will er es ins Positive umbiegen, d. h. mit ihm die Notwendigkeit der Hinwendung zum Glauben aufzeigen oder mit anderen Worten: den Fideismus etablieren. Den ersten Anlauf hierzu unternimmt er noch innerhalb der Anmerkung (F) des Artikels. Er hält sich in den üblichen Bahnen des Bayleschen Verfahrens und läuft darauf hinaus, Simonides als Vorläufer seiner eigenen fideistischen Auffassung zu präsentieren, zu der sich der Philosoph zumindest auf der Oberfläche des Textes immer wieder bekennt. Als Grundlage dieses Fideismus wird hier „entweder die Gnade Gottes oder die Erziehung von Kindesbeinen an"[50] benannt. Der zweite, wesentlich interessantere Anlauf findet in Anmerkung (G) statt, in der Bayle zeigen will, daß es Theologen gegeben hat, die das Geständnis des Simonides, er könne keine Definition Gottes finden, nicht getadelt, sondern ausdrücklich gelobt haben. Vordergründig betrachtet handelt es sich bei diesen Ausführungen also lediglich um eine weitere Rechtfertigung des Verhaltens des Simonides; in Wirklichkeit jedoch erfolgt hier die radikale Zuspitzung des Nachweises von der Unmöglichkeit eines rational haltbaren Begriffs von Gott.

Tatsächlich haben nämlich nicht alle Autoren des Christentums Simonides' Urteilsenthaltung so getadelt, wie Tertullian es tat; von den frühen christlichen Apologeten haben Minucius Felix und auch Arnobius sein Verhalten gebilligt. Pierre Charron, ein Kirchenmann neuerer Zeit, dem Bayle einen langen Artikel in seinem *Dictionnaire* gewidmet hat und den er dort als Fideisten präsentiert, reiht sich in diese apologetische Schar nicht nur ein, sondern treibt den Gedanken der Unbegreiflichkeit Gottes im Vergleich zu der gemäßigten skeptischen Zurückhaltung des Simonides wesentlich voran. Das macht ihn für Bayle so interessant, daß er diesen Autor mit einer langen Passage aus seinem Werk *Les Trois Véritez* zitiert.[51]

---

[50] Ebd., 671.

[51] Die Frage, ob das Vorgetragene persönlich aufrichtig gemeint ist, stellt sich nicht nur für Bayle selbst, sondern auch für seine häufig von ihm zitierten Gewährsleute wie François La Mothe le Vayer und Pierre Charron. Dieses Einschätzungsproblem tritt potenziert bei der Beurteilung der Absicht auf, in der Bayle diese ihrerseits nicht eindeutig zu situierenden Autoren anführt. Wie Charron hat auch La Mothe le Vayer einen eigenen Artikel im *Dictionnaire* erhalten, und es ist gewiß kein Zufall, daß beide im Artikel „Simonides" zu Wort kommen (zu La Mothe le Vayer vgl. die Studie von Ruth Whelan, The Wisdom of Simonides: Bayle and La Mothe le Vayer, in: Popkin, Vanderjagt [Hg.], Scepticism and Irreligion in the Seventeenth and Eighteenth Centuries [wie Anm. 25], 231–253). Whelan meint „[…] no conclusive interpretation of the religious belief of these authors [sc. the *libertins*, L.K.] can ever be offered by the historian" (232 f.), warnt aber zugleich mit Blick auf den Artikel „Simonides" davor, „[…] not hastily (to) conclude that both authors [sc. La Mothe le Vayer und Bayle, L.K.] are surreptitiously advancing the preambles of atheism" (245). Vielmehr sei Simo-

Darin präsentiert Charron ein Bild Gottes, das in seinen wesentlichen Elementen an die Definition vorauserinnert, die in der ‚Dialektischen Theologie' zu Anfang des 20. Jahrhunderts von Theologen wie Karl Barth und Rudolf Bultmann gegeben wurde. Gott ist demnach „der ganz andere",[52] der sich jeder rationalen Erfaßbarkeit entzieht. Bayle greift diese insofern sehr modern klingenden Betrachtungen Charrons auf,[53] weil er mit ihnen zeigen kann, daß nicht nur die Gott üblicherweise beigelegten Prädikate rational unhaltbar sind, sondern daß es gänzlich ausgeschlossen ist, zu einem wie auch immer gearteten Begriff Gottes zu gelangen, der auch nur durch ein Minimum an begrifflicher Konsistenz ausgezeichnet wäre und die erforderliche Trennschärfe aufwiese, um den mit ihm bezeichneten Gegenstand von anderem unterscheiden zu können. Die vorgebliche Apologie des Simonides gerät so zu einer Verschärfung der durch ihn aufgewiesenen Aporien im Gottesbegriff und münzt das skeptizistisch-destruktive Ergebnis der Anmerkung (F) tatsächlich nicht in einen Sieg der fideistischen Sichtweise um, sondern treibt den destruktiven Gedankengang nur noch weiter voran. Denn wenn die Gottheit, wie Bayle mit Charron sagt, „‚[…] so hoch, so entfernt von uns und unseren Begriffen ist, daß wir weder bei entfernter noch bei näherer Betrachtung im geringsten wissen, was sie ist […]'", wenn das Unendliche uns „‚völlig unzugänglich, ja unwahrnehmbar'" ist und es deshalb zu Gott „‚[…] keinen Weg, keinen Zugang, keinen Eingang gibt […]'", dann sind „‚Gott, Gottheit, Ewigkeit, Allmacht, Unendlichkeit […] lediglich in die Luft gesprochene Worte und nichts mehr für uns; es sind keine für den menschlichen Verstand begreiflichen Dinge'". Wir „‚[…] tappen völlig im Dunkeln und wissen nicht, was Gott ist oder was er

nides im Sinne der Theologia Negativa für beide Autoren „a paradigm of the search for understanding of God" (ebd.). Es mag dahingestellt bleiben, ob sich diese Ansichten Whelans reibungslos miteinander vereinbaren lassen. Lorenzo Bianchi hat – hauptsächlich auf der Grundlage des Charron gewidmeten Artikels – untersucht, wie Bayle diesen Denker versteht (Pierre Bayle interprete di Charron, in: La saggezza moderna. Temi e problemi dell'opera di Pierre Charron. A cura di Vittorio Dini e Domenico Taranto, Napoli 1987, 265–303). Schröder sieht hinter Bayles und Charrons fideistischem Ansatz eine konsequent und breit durchgeführte „Zerstörung der christlichen Theologie" (Ursprünge des Atheismus [wie Anm. 25], 346). Kontextualisiert man die Zitate aus La Mothe le Vayer und insbesondere diejenigen aus Charron in Bayles Werk, dann zeigt sich in der Tat, daß sie den stringenten Gedankengang Bayles fortsetzen bzw. im Falle der Charron-Zitate zum krönenden Abschluß bringen. Sie gestatten somit aus philosiophiegeschichtlich rekonstruierender Perspektive eine recht eindeutige Entscheidung der Frage, wie Bayle diesen Autor verstand.

[52] So der junge Karl Barth in der Zweitauflage seines Kommentars Der Römerbrief, 12., unveränderter Abdruck der neuen Bearbeitung von 1922, Zürich 1978, 17 u. ö.

[53] Diese agnostizistische Redeweise taucht freilich schon früher auf, so etwa bei Pascal, dessen Pensées Bayle zweifelsfrei kannte. Unter den Bedingungen vernünftiger Einsicht – „selon les lumières naturelles", wie Pascal sagt –, gilt auch für ihn: „S'il y a un Dieu il est infiniment incompréhensible, puisque n'ayant ni parties ni bornes, il n'a nul rapport à nous. Nous sommes donc incapables de connaître ni ce qu'il est, ni s'il est" (Blaise Pascal, Œuvres complètes, Préface de Henri Gouhier. Présentation et notes de Louis Lafuma, Paris 1963, 550 [Fr. 418]).

tut'".[54] Wenn wir gleichwohl über Gott sprechen, so wissen wir nicht, ob er dies gutheißt, selbst wenn wir die erhabensten Begriffe wählen. Uns bleibt nur, auf seine Güte zu vertrauen, daß er unsere in guter Absicht und nach besten Kräften vorgetragenen Ehrungen wohlwollend annimmt. Aber da wir zugegebenermaßen über keine einzige Bestimmung seines Wesens verfügen, wissen wir auch nicht, ob ihm unser Vertrauen in seine Güte angenehm ist und ob die göttliche Güte überhaupt so beschaffen ist, daß sie das in bester Absicht Gesagte und Getane wohlgefällig ansieht. Wenn wir dennoch so vorgehen, begehen wir folglich einen groben Anthropomorphismus, denn wir wissen zwar, daß es sich bei der menschlichen Güte so verhält wie beschrieben, aber diese Güte ist geschaffen und endlich; ob gleiches für die göttliche Güte gilt, die ungeschaffen und unendlich ist, wissen wir nicht.[55] Wer also, so läßt Bayle Charron zustimmend weiterhin sprechen, Betrachtungen über Gott anstellen will, der tut gut daran, „„[...] mit einem tiefen und keuschen Stillschweigen, einem völlig hingegebenen Erstaunen, einer Bewunderung, die ganz voller furchtsamer Demut ist, sich einen leuchtenden Abgrund [vorzustellen], der keinen Boden, kein Ufer, keinen Rand, keine Höhe, keine Tiefe hat [...]'". So ist „„die wahre Erkenntnis Gottes die vollkommene Unkenntnis von ihm'".[56]

Das ist das Fazit, das Bayle Charron ziehen läßt und dem er, wenn wir ihn beim Wort nehmen wollen, ausdrücklich zustimmt. Übersetzen wir Charrons Resümee in die philosophische Sprache, dann bestätigt und vertieft es die zuvor erarbeitete Einsicht in die Unmöglichkeit einer jeden rationalen Theologie durch den Nachweis, daß ein konsistenter Begriff von Gott unerreichbar ist und bleiben muß.

Die Vorstellung Gottes ist also ein ‚Je ne sais quoi'. Die Vernunft ist nicht in der Lage, so hat sich gezeigt, einen hinlänglich klaren Gottesbegriff zu bilden. Wir wissen nicht, worüber wir eigentlich sprechen, wenn wir ihn in den Mund nehmen. Charron – und mit ihm Bayle – hält zwar an dem Begriff fest, aber er ist inhaltslos und zu einem bloßen Wort geworden, unter dem sich nichts konkret vorstellen läßt und das sich jeder sachhaltigen Ausbuchstabierung widersetzt. Ein solcher Begriff taugt aber selbstredend nicht für die intersubjektive Kommunikation, geschweige, daß er das logische Zentrum der Rationaltheologie als einer Disziplin der Metaphysica Specialis darstellen könnte. Und da alle Versuche, hier Abhilfe zu schaffen, aus den genannten Gründen zum Scheitern verurteilt sind, ist damit anhand der Analyse der konstitutiven Prädikate Gottes gezeigt, was Kant knapp hundert Jahre später mittels seiner Kritik der Gottesbeweise erweisen wird: Das Scheitern aller Versuche der Vernunft, auf dem Gebiet der Theologie zu haltbaren Aussagen zu gelangen.

---

[54] „Simonides" (F), Bd. 2, 678 f.
[55] Ebd., 679.
[56] Ebd., 680.

## V

Ich fasse zusammen. Bayle entzieht der rationalen Theologie den Boden über den Aufweis der Unhaltbarkeit der zentralen Prädikate, die dem höchsten Wesen sowohl in der natürlichen Theologie wie insbesondere in der christlichen Offenbarungsreligion beigelegt werden. Sämtliche denkbaren Instanzen – die pagane Theologie, die christliche Lehre, die antike wie die moderne spekulative Theologie – scheitern bei der Aufgabe der Entwicklung eines konsistenten Gottesbegriffs, und auch die fideistische Deutungsvariante des christlichen Glaubens vermag dies nicht zu leisten.

Dieser Nachweis vollzieht sich in folgenden Schritten, die einen gestuften Aufbau erkennen lassen: 1) Die Kritik der Rationaltheologie setzt im Artikel „Epikur" auf dem Boden der antiken dualistischen Kosmogonie ein. Bayle zeigt dort, daß die Zusprechung der Prädikate der Allmacht, Vollkommenheit, Gerechtigkeit und Güte an Gott weder mit den tatsächlichen Verhältnissen in dieser Welt übereinstimmen noch miteinander verträglich sind. Diese Destruktion wird im Artikel „Simonides" durch den Aufweis der Aporien des rationaltheologischen Gottesbildes fortgesetzt. 2) Die Destruktion der Rationaltheologie zieht die Destruktion der christlichen Theologie nach sich, da diese auf jener aufbaut und zusätzliche Eigenschaften Gottes benennt, die der Kritik um so leichter anheimfallen. 3) Das konziliatorische Projekt einer Synthese von philosophischer Theologie und Offenbarungsreligion ist infolgedessen zum Scheitern verurteilt. 4) Der von Charron und anderen anvisierte fideistische Ausweg, Gott als „den ganz anderen" zu präsentieren, der mit menschlichen Begriffen eben nicht zu fassen sei, führt ebenfalls in eine Sackgasse, denn wir sind in unserem Denken ausschließlich auf menschliche Begriffe angewiesen, auch dann, wenn wir von Gott reden. Vernünftiges Sprechen über Gott ist aber als unmöglich erwiesen, und damit ist der Nachweis erbracht, daß „[...] es überall keine Theologie der Vernunft geben könne".[57]

Zu diesem Ergebnis führt die aus philosophiehistorischem Interesse vorgenommene systematisch rekonstruierende Lektüre Bayles bei konsequenter Verfolgung des philosophischen Sachgehaltes der behandelten Artikel. Sollte man also vor diesem Hintergrund eine Antwort auf die eingangs erwähnte Frage nach der Verortung Bayles im Spannungsfeld Fideismus – Atheismus geben, dann müßte die Antwort lauten, daß jedenfalls diese Artikel seines *Dictionnaire* die atheistische Lesart des Autors favorisieren.

---

[57] Kritik der reinen Vernunft, A 636 / B 664.

*Kant und Hume sind die prominentesten Bestreiter der Möglichkeit einer wissenschaftlich haltbaren Redeweise von Gott. Kant war mit Humes diesbezüglicher Kritik vertraut, die ihrerseits in den skeptizistischen Überlegungen Bayles wurzelt. Insofern gebührt Bayle das Verdienst, die philosophische Destruktion dieser Disziplin in der Neuzeit inauguriert zu haben. Der Beitrag zeigt, wie Bayle in einem gestuften Verfahren den Nachweis der Unhaltbarkeit des Gottesbegriffs über die Aporien der zentralen Prädikate erbringt, die Gott üblicherweise beigelegt werden, um damit die rationale Theologie zu Fall zu bringen.*

*Hume and Kant are famous for their criticism of any kind of rational theology. Kant was familiar with Hume's attacks on natural and revealed religion, which in turn can be traced back to Bayle's sceptical reflections in various articles of his* Dictionary. *Far from just ideological polemics it is Bayle, who merits the honour of being the first modern philosopher who initiated the destruction of this discipline, relying on rational arguments alone. Unlike Kant, Bayle does not scrutinize the proofs of God's existence but examines those central predicates of God which are attributed to him in rational theology and revealed religion. They turn out to be neither coherent with one another nor compatible with the world we experience. We cannot reach at any consistent concept of God, which is nevertheless at the heart of any religion. Therefore, all efforts to establish a philosophical theology must necessarily fail.*

Prof. Dr. Lothar Kreimendahl, Lehrstuhl Philosophie I, Universität Mannheim, Schloß, D-68131 Mannheim, E-Mail: Lothar.Kreimendahl@phil.uni-mannheim.de

Winfried Schröder

## Die Wiederkehr der Verfemten

Zur Rezeption von Kelsos, Porphyrios und Julian in der Aufklärung

> „On renouvelle tous les jours les attaques
> que l'empereur Julien, les philosophes
> Celse et Porphyre livrèrent dès les premiers
> temps à nos saintes vérités"
> (Voltaire, alias „Jean Patourel jésuite',
> an Helvétius 25. 8. 1763)

Immer wieder stößt man in der Religionsphilosophie der Aufklärung auf Begriffe, Denkmotive und Argumente, deren Herkunft aus der Antike unverkennbar ist. Ganz besonders gilt dies für die Religionskritik der Epoche, die in hohem Maße Epikur, Lukrez und Cicero verpflichtet ist. Während der Einfluß dieser Philosophen der vorchristlichen Ära wohlbekannt ist und seine Aufarbeitung durch die philosophiehistorische Forschung als geleistet gelten kann, hat das Erbe *spätantiker* Autoren weit weniger Aufmerksamkeit gefunden. Damit fehlen in dem landläufigen Bild der Religionskritik der Aufklärung die Anregungen gerade jener Philosophen, die das sich im römischen Imperium verbreitende Christentum aus *zeitgenössischer* Perspektive wahrnahmen und zu ihm Stellung bezogen. Namentlich die Spuren, die die kaiserzeitlichen Platoniker Kelsos, Porphyrios und Kaiser Iulianus („Julian Apostata') in der neuzeitlichen Religionskritik hinterlassen haben, und die Impulse, die von ihren Schriften ausgingen, sind nicht erforscht. Ganz verwunderlich ist die Vernachlässigung der spätantiken Kritiker des Christentums nicht. Denn anders als die Briefe und die Spruchsammlung Epikurs, das Lehrgedicht des Lukrez oder Ciceros *De natura deorum* und *De divinatione* liegt keiner dieser spätantiken Texte zur bequemen Lektüre bereit. Weder Kelsos' *Wahres Wort* (Ἀληθὴς λόγος) noch Porphyrios' *Gegen die Christen* (Κατὰ Χριστιανῶν) noch Julians *Gegen die Galiläer* (Κατὰ Γαλιλαίων) ist auch nur annähernd intakt überliefert.[1] Von allen drei Texten haben sich nur ver-

---

[1] Kelsos, Ἀληθὴς λόγος, hg. von Robert Bader, Stuttgart, Berlin 1940; im folgenden, wie üblich, zitiert mit Buch- und Kapitelangabe von Origenes' *Contra Celsum*. – Porphyrios, Gegen die Christen, hg. von Adolf von Harnack, Berlin 1916; auch in: A. v. H., Kleine Schriften zur Alten Kirche,

streute Bruchstücke erhalten. Es empfiehlt sich daher, zunächst einen gerafften
Überblick über die wichtigsten Daten bezüglich der Präsenz der spätantiken Quellen im 17. und 18. Jahrhundert (I.) zu geben, bevor anhand ausgewählter Beispiele[2] darauf eingegangen werden kann, wie die in ihnen entwickelten Thesen und
Argumente die philologische (II.) und philosophische (III.) Kritik der Aufklärer
am Christentum inspiriert haben. In einer abschließenden Zusammenschau (IV.)
soll gezeigt werden, daß Voltaire mit seiner als Motto zitierten Bemerkung[3] mehr
als bloß ein launiges Bonmot geliefert hat.

## I.

„Man mögte nur wünschen", klagte Hermann Samuel Reimarus um die Mitte des
18. Jahrhunderts, „daß uns die Kirchenväter nicht zugleich ihrer Gegner Bücher
aus den Händen gebracht hätten. Denn nun wissen wir nichts, oder doch wenig
Zuverlässiges, von Celsi, Porphyrii […] und vieler anderer Heyden […] Schrifften und deren Inhalt […]. Wer kann denn nun wohl eine treue Nachricht von der
Leute Meynung, Gründen, und Einwürffen wieder das Christenthum aus dieser
Asche herausfinden?"[4] Tatsächlich hat keine der spätantiken antichristlichen
Schriften die christlichen Vernichtungsmaßnahmen intakt überdauert, die mit
Kaiser Konstantins Erlaß, die Porphyrios-Handschriften zu verbrennen,[5] einsetz-
ten. Betroffen waren die drei Philosophen bzw. philosophisch gebildeten Autoren
unter den frühen Opponenten des Christentums hiervon allerdings in unterschied-
lichem Maße. Während Kelsos und Julian immerhin anhand von längeren zusam-
menhängenden Textpartien studiert werden konnten, war man im Falle von Porphyrios auf spärliche Bruchstücke angewiesen. Die editorischen Bemühungen
und die Sammlung der erhaltenen Fragmente setzten schon früh, ansatzweise be-

Leipzig 1980, 362–474; im folgenden zitiert mit Harnacks Numerierung der Fragmente. – Iulianus
Imperator, Contra Galilaeos, hg. von Emanuella Masaracchia, Rom 1990; im folgenden zitiert mit
Masaracchias Numerierung der Fragmente; für die anderen Schriften Julians wird die griech.-engl.
Ausgabe von Wilmer Cave Wright (Cambridge, Mass., London 1962) herangezogen. – Hinweise
auf Forschungsliteratur zu den antiken Autoren können aus Platzgründen nicht gegeben werden.

  [2] Ich hoffe das umfangreiche Material demnächst in einer Monographie präsentieren und aus-
werten zu können.

  [3] Voltaires Brief an Helvétius (Correspondance, hg. von Th. Besterman, Genf 1960, Bd. 52,
253 f. [nr. 10560]) ist scherzhaft mit „Jean Patourel jésuite" unterzeichnet und beginnt mit der
Formel „Pax Christi".

  [4] Hermann Samuel Reimarus, Apologie oder Schutzschrift für die vernünftigen Verehrer Gottes,
hg. von Gerard Alexander, Frankfurt am Main 1972, Bd. 2, 392 f.

  [5] Konstantin selbst ordnete im Jahre 324 an, alle Manuskripte von Contra Christianos „dem
Feuer zu übergeben" – die erste Bücherverbrennung der christlichen Ära; Porphyrios, Fragmenta,
hg. von Andrew Smith, Stuttgart 1993, 30 (Frg. 38T).

reits im 16. Jahrhundert, ein und machten die Schriften von Kelsos, Porphyrios und Julian schon vor der Epoche der Aufklärung ungefähr in dem Umfang, in dem sie uns heute vorliegen, zugänglich.

Zeitlich und was die Quantität des Überlieferten angeht, steht der Mittelplatoniker Kelsos, „das Schwein, das es als erstes wagte, mit seiner dreckigen Schnauze gegen das Morgenlicht der Wahrheit anzugrunzen [adversus exorientem veritatis lucem grunnire sordido ore]",[6] an erster Stelle. Seine um 180 entstandene Schrift *Wahres Wort* ist immerhin zu einem erheblichen Teil in Origenes' Widerlegungsschrift *Contra Celsum* erhalten, die einen Eindruck von der Bandbreite der Einwände gegen das Christentum – die Heilige Schrift insgesamt, einzelne biblische Geschichten wie bestimmte Lehrinhalte – gibt. Origenes' *Contra Celsum* lag seit dem 15. Jahrhundert in zahlreichen Separat- und Gesamtausgaben vor; hinzukamen Übersetzungen, vor allem die ins Französische von Élie Bouhéreau[7] und die kommentierte deutsche Übertragung von Johann Lorenz Mosheim.[8]

Als der „ohne Zweifel gefährlichste"[9] Angriff auf das Christentum galt allgemein die Schrift *Contra Christianos* des Plotin-Schülers Porphyrios. Die Anstrengungen seiner christlichen Gegner, alle Spuren seines Werkes zu tilgen, waren von fast vollständigem Erfolg gekrönt. Selbst die drei bezeugten Widerlegungsschriften (von Eusebios von Kaisareia, Methodios von Olympos und Apolinarios von Laodikeia) wurden vollständig vernichtet. Die Fama des Buches ließ bis ins 18. Jahrhundert Gerüchte von doch noch vorhandenen Manuskripten aufkommen und spornte die Handschriftensucher vergeblich an; noch Lessing bezog sich auf die von Isaak Vossius ausgestreute Meldung, der Großherzog der Toscana halte ein Manuskript sekretiert in der Florentiner Biblioteca Laurenziana (in der „Bibliotheca Magni Ducis").[10] Eine erste Bestandsaufnahme nahm Lucas Holstenius

---

6  Lucas Holstenius, Dissertatio de vita et scriptis Porphyrii philosophi [[1]1630], in: Johann Albert Fabricius, Bibliotheca Graeca, Hamburg [3]1718–1728, Bd. 4.2, 221.

7  Traité d'Origéne [*sic*] contre Celse. Traduit du Grec par Elie Bouhéreau, Amsterdam 1700.

8  Origenes Vorstehers der christlichen Schule zu Alexandrien und Aeltestens Acht Bücher von der Wahrheit der christlichen Religion wider den Weltweisen Celsus, Hamburg 1745.

9  Gotthold Ephraim Lessing, Werke, hg. von Herbert G. Göpfert, München 1970–1979, Bd. 8, 240 (Anti-Goeze VI).

10  Vgl. Christoph Heinrich Rittmeier (Hg.), Conringiana epistolica., Helmstedt 1708, 71 (eine zweite Ausg. erschien Leipzig, Wolfenbüttel 1719); vgl. hierzu Frans F. Blok, Isaac Vossius and his circle, Groningen 2000, 128 f. – Lange später kam Lessing auf das angebliche „Exemplar dieser so fürchterlichen Bücher [...] in der Mediceischen Bibliothek zu Florenz" im VI. Anti-Goeze zu sprechen: Das Manuskript werde dort „so heimlich gehalten [...], daß niemand es lesen, niemand das geringste der Welt daraus mitteilen dürfe: wahrlich so möchte ich dort zu Florenz nicht Bibliothekar sein und wenn ich Großherzog zugleich sein könnte. Oder vielmehr, ich möchte es nur unter dieser Bedingung sein, [...] [daß ich dieses] Verbot geschwind aufheben, geschwind den Porphyrius [...] drucken lassen [...] könnte" (Werke [wie Anm. 9], Bd. 8, 240). Zur Suche nach Porphyrios-Manu-

vor, der im Jahre 1630 in einer mehrmals nachgedruckten Monographie über den Philosophen (*De vita et scriptis Porphyrii*)[11] immerhin 15 Porphyrios-Fragmente wieder ans Licht holte. Kein Geringerer als Hugo Grotius hat etwa gleichzeitig in Zusammenarbeit mit seinem gelehrten Freund Nicolas-Claude Fabri de Peiresc Fragmente und Testimonien in einer Handschrift (*Ex Porphyrio in Christianos*) zusammengetragen, die zumindest in einer ersten Fassung im Jahre 1635 fertiggestellt war.[12] Anthony Collins[13] und anderen aufmerksamen Lesern der Grotius-Korrespondenz entging das dort mehrmals erwähnte Porphyrios-Projekt nicht. Nach dem Tode von Peiresc im Jahre 1637 verschwand das Manuskript in dessen Nachlaß, in dem es, bis heute ungedruckt, verwahrt wird.[14] Ganz folgenlos für die Aufklärung blieben Grotius' Bemühungen indessen nicht. Sie flossen in seine vielgelesenen exegetischen Arbeiten zum Alten und Neuen Testament ein, deren Leser auf diesem Wege von Porphyrios' Großtat auf dem Felde der philologischen Bibelkritik, seiner Spätdatierung des Buches *Daniel*, erfuhren.[15] Im 18. Jahrhundert waren die Porphyrios-Fragmente leicht greifbar in Johann Albert Fabricius' Nachdruck von Holstenius' *De vita et scriptis Porphyrii* in seiner *Bibliotheca Graeca*,[16] sowie in Nathaniel Lardners erstmals 1764–1767 erschienener *Large collection of ancient Jewish and Heathen testimonies to the truth of the Christian religion*.[17]

skripten vgl. auch Anon. [Heinrich August Groschuff], Nova librorum variorum conlectio [hg. von Gottfried Tilgner], Fasc I. Halle 1709, 178 f.

[11] Lucas Holstenius, Porphyrii liber de vita Pythagorica, ejusdem sententiae […] cum dissertatione de vita et scriptis Porphyrii philosophi, Rom 1630; nachgedruckt in: Fabricius, Bibliotheca Graeca (wie Anm. 6), Bd. 4.2, 207–281; versammelt sind die Fragmente Nr. 21A, 21B, 25, 38, 39, 41, 43, 44, 46, 55, 70, 79, 81, 85, 91 nach heutiger Zählung, 274–281.

[12] Das geht aus Grotius' Brief an Peiresc († 1637) vom 25.11.1635 hervor; Grotius, Epistolae ad Gallos, Leiden 1648, 466; ausführlich zu dem Adressaten (jedoch kein Hinweis auf das Porphyrios-Projekt) Peter N. Miller, Peiresc's Europe, New Haven 2000.

[13] Anthony Collins, A discourse of the grounds and reasons of the Christian Religion, London 1737, xxxix f. (Preface); hier ein langes Zitat aus Grotius' Brief an Peiresc (siehe Anm. 12).

[14] Das Grotius-Autograph (*Ex Porphyrio in Christianos*) befindet sich in der Sammelhandschrift ms. 1865 der Bibliothèque Inguimbertine in Carpentras (fol. 149ʳ ff.).

[15] Hugo Grotius, Ad Danielem, Opera omnia theologica, Amsterdam 1679, Bd. 1, 453–485; zu Porphyrios bes. 483b.

[16] Fabricius, Bibliotheca Graeca (wie Anm. 6), Bd. 4.2, 207–281.

[17] Nathaniel Lardner, A Large collection. The works, hg. Von Andrew Kippis, London 1788, Bd. 8, 176–248 zu Porphyrios. – Erst lange nach der Aufklärung kam es zu einer quantitativ wie inhaltlich enormen, allerdings nicht unumstrittenen Vermehrung der Porphyrios-Fragmente, als im Jahre 1876 der wiederentdeckte Dialog *Monogenes* (auch: *Apokritikos*) des Makarios Magnes publiziert wurde. Dieser Kirchenschriftsteller des 4. Jahrhunderts hatte dem paganen Philosophen, den er in diesem Dialog mit einem Christen diskutieren ließ, authentische bzw. nur geringfügig bearbeitete Zitate aus Porphyrios' *Contra Christianos* in den Mund gelegt. Im 17. und 18. Jahrhundert wußte man von der Existenz dieses im 16. Jahrhundert noch vorhandenen Textes und kannte auch einige der Indizien, die für die Identität des paganen Dialogpartners mit Porphyrios sprechen;

Kaiser Julians Schrift *Contra Galilaeos* wurde wie das Werk des Kelsos durch einen christlichen Apologeten, Kyrillos von Alexandria, vor dem gänzlichen Untergang bewahrt. Kyrills Schrift *Contra Iulianum*, die allerdings ihrerseits nicht vollständig überliefert ist, lag in mehreren Ausgaben seit dem 16. Jahrhundert vor. Als Gegner des Christentums äußert sich Julian auch in einigen anderen Schriften seines recht umfangreichen, seit dem 16. Jahrhundert mehrmals gedruckten Werkes.[18] Die für lange Zeit maßgebliche Edition legte 1696 Ezechiel Spanheim[19] vor. Eine weite Verbreitung erfuhr die französische Übersetzung von *Contra Galilaeos* des Marquis d'Argens,[20] die erstmals 1764 erschien und oft nachgedruckt wurde.

Neben Kelsos, Porphyrios und Julian wurde in der Aufklärung auch Hierokles (Sossianus Hierocles), ein Zeitgenosse und aktiver Teilnehmer der Diokletianischen Christenverfolgung rezipiert, dessen Schrift *Philalethes logos* (Φιλαληθὴς λόγος) bis auf eine Handvoll Bruchstücke bei Eusebios (*Contra Hieroclem* 1 f.) und Laktanz (*Institutiones divinae* V, 2 f.) verloren ist. Diese sind thematisch auf das Wunderproblem beschränkt und enthalten kaum mehr als den polemischen Vergleich Jesu mit dem wundertätigen Neupythagoreer Apollonios von Tyana.[21] Eusebios' *Contra Hieroclem* lag seit dem frühen 16. Jahrhundert in meh-

vgl. Magnus Crusius (Praes.), Rudolph August Rettberg (Resp.), Dissertatio II. θεολογουμένοις Macarii Magnetis, ex fragmentis operis deperditi Ἀποκριτικῶν [...] perpetuo parallelismo scriptorum Porphyrii illustratis, Göttingen 1745, bes. 19; vgl. auch Johann Anton Trinius, Freydenker-Lexicon Leipzig, Bernburg 1759–65, 600; Johann Albert Fabricius, Delectus argumentorum et syllabus scriptorum qui veritatem religionis Christianae adversus Atheos, Epicureos, deistas [...] asseruerunt, Hamburg 1725, 64–72. Über die Überlieferungs-, Editions- und Forschungsgeschichte unterrichtet ausführlich Richard Goulet in der Einleitung zu seiner Makarios-Ausgabe: Le Monogénès. Édition critique et traduction française, Paris 2003, Bd. 1, 14–259; Porphyrios-Fragmente sind in den Exzerpten des 16. Jahrhunderts nicht enthalten. Trotz gelegentlicher Vermutungen (vgl. Noel Malcolm, Hobbes, Esra, and the Bible: the history of a subversive idea, in: N. M., Aspects of Hobbes, Oxford 2004, 383–431) ist bislang kein Rückgriff auf die Porphyrios-Fragmente des Makarios in der neuzeitlichen Literatur bekannt geworden.

[18]   Zur Editions- und Forschungsgeschichte vgl. René Braun, Jean Richer (Hg.), L'empereur Julien. De l'histoire à la légende (331–1715), Paris 1978; Jean Richer (Hg.), L'empereur Julien. De la légende au mythe (De Voltaire à nos jours), Paris 1981.

[19]   Iuliani Imp. Opera quae supersunt omnia, Leipzig 1696; vgl. Carlo Prato, Ezechiele Spanheim e la fallita edizione di Giuliano Imperatore, in: Sandro Boldini (Hg.), Filologia e forme letterarie, Urbino 1987, 579–587.

[20]   Jean Baptiste de Boyer Marquis d'Argens (Hg.), Defense du paganisme par l'empereur Julien, en Grec et en François [¹1764; ²1767], Berlin 1769; vgl. auch die krit. Ausgabe: Discours de l'empereur Julien contre les chrétiens, hg. von José-Michel Moureaux, Oxford 1994; vgl. José-Michel Moureaux, D'Argens éditeur de Julien, in: Studies on Voltaire and the eighteenth century 267 (1989), 139 ff.

[21]   Vgl. Ralph Cudworth, The True Intellectual System of the Universe, London 1678, 265–274; Systema intellectuale hujus universi, hg. von Johann Lorenz Mosheim, Jena 1733, 303–314; hier sind die bei Laktanz überlieferten Hierokles-Fragmente zitiert; Pierre Bayle, Art. „Hiéroclès", in: Dictionnaire historique et critique, Amsterdam u. a. ⁵1740, Bd. 2, 758 f ., sowie Art. „Apollonius de

reren Drucken und Übersetzungen vor; zu Beginn des 18. Jahrhunderts stellte Gottfried Olearius[22] diese Schrift mit weiteren einschlägigen Quellen und Zeugnissen in einer kritischen Ausgabe zur Verfügung.

Weitere Kenntnisquellen über die pagane Reaktion auf das Christentum waren einige materialreiche Gesamtdarstellungen aus der Feder christlicher Apologeten. Die Reihe beginnt im späten 16. Jahrhundert mit Domenicus Mellinus' *In veteres quosdam scriptores, Malevolos Christiani nominis obtrectatores* (1577) und dem oft nachgedruckten *Traité de la vérité de la religion chrétienne* ([1]1583) von Philippe Duplessis-Mornay. Reichhaltige Fundgruben waren Pierre-Daniel Huets *Demonstratio evangelica* ([1]1679) und *Alnetanae quaestiones de concordia rationis & fidei* ([1]1690), Edward Stillingfleets *Origines sacrae* ([1]1662) und Ralph Cudworths *The True Intellectual System of the Universe* ([1]1678), von denen jeweils mehrere Auflagen und Übersetzungen vorlagen, sowie die gelehrten Arbeiten von Christian Kortholt, vor allem der gut 700 Quart-Seiten starke *Paganus obtrectator* von 1698[23] und schließlich historiographische Großwerke wie Bruckers Philosophiegeschichte oder Fabricius' *Bibliotheca Graeca*.[24]

Damit stand den Religionskritikern der Aufklärung ein reiches, zugleich aber heikles argumentatives Arsenal zur Verfügung. In mehr als einer Hinsicht bot sich den Lesern des 18. Jahrhunderts in diesen Texten der spätantiken Autoren geradezu das Gegenbild einer aufgeklärten Haltung („enlightened understanding")[25] in Religionssachen. Ganz und gar fremd mußte ihnen der ins Religiöse changierende Mittel- bzw. Neuplatonismus sein, der als metaphysische Grundlage der Christentumskritik vor allem bei Kelsos und Julian offenkundig ist. Die platoni-

Tyane", ebd., Bd. 1, 266–269; Jakob Brucker, Historia critica philosophiae, Leipzig 1742–1767, Bd. 2, 305–310 zu Hierokles; Bd. 2, 98–158 zu Apollonios von Tyana.

[22] Philostratorum quae supersunt omnia. Accessere Apollonii Tyanensis Epistolae. Eusebii Liber adversus Hieroclem, hg. von Gottfried Olearius, Leipzig 1709.

[23] Christian Kortholt, Paganus obtrectator. Sive de calumniis gentilium in veteres Christianos libri III, Kiel u. a. 1698.

[24] Brucker, Historia critica philosophiae (wie Anm. 21), Bd. 2, 604–609 und Bd. 6, 395–399 zu Kelsos; Bd. 2. 236–260 zu Porphyrios; Bd. 2, 293–303 und Bd. 6, 370–376 zu Julian; Fabricius, Bibliotheca Graeca (wie Anm. 6), Bd. 4.2, 180–281 über Porphyrios; Bd. 7, 76–90 über Julian; vgl. auch Fabricius, Delectus argumentorum (wie Anm. 17), 163–167 zu Porphyrios; 63 f. zu Kelsos.

[25] Edward Gibbon sah dieses bei Julian verdeckt durch „the influence of superstitious prejudice"; Decline and fall of the Roman empire, ch. XXIII, hg. von Christopher Dawson, New York o.J., Bd. 2, 359; dementsprechend sein Urteil über *Adversus Galilaeos:* „a very singular mixture of wit and learning, of sophistry and fanaticism" (ebd., 370); vgl. Glen W. Bowersock, Gibbon and Julian, in: G.W. B., Selected papers on late antiquity, Bari 2000, 7–27; Jean-Paul Larthomas, Julien chez Gibbon, in: Richer (Hg.), L'empereur Julien (wie Anm. 18), 69–78. Zu dem ambivalenten Julian-Bild in der Aufklärung vgl. John S. Spink, The reputation of Julian the 'apostate' in the Enlightenment, in: Studies on Voltaire and the eighteenth century 57 (1967), 1399–1415.

sche Geistmetaphysik, deren Exponent auch Porphyrios[26] war, war weithin geradezu als philosophische Schwärmerei („philosophia fanatica")[27] diskreditiert. Unvereinbar mit dem Projekt einer unvoreingenommenen Prüfung überkommener religiöser Doktrinen war zudem der allen drei Platonikern gemeinsame Traditionalismus. Statt den den Christen Glauben zu schenken, die „von den väterlichen Sitten abtrünnig geworden sind" (Porphyrios, Frg. 1), müsse man „den alten Führern und heiligen Männern" folgen (Kelsos VII, 41). Eine solche Autoritätshörigkeit, die der blinden Gefolgschaft der Pythagoreer gegenüber dem, was ihr Lehrer „selbst gesagt [αὐτὸς ἔφα]"[28] hat, nicht nachstand, drohte diejenigen zu kompromittieren, die sich auf diese Gewährsmänner beriefen. Eine Zumutung war auch die ambivalente Stellung zum Wunder sowie zur Dämonologie und Theurgie, die allen drei spätantiken Platonikern vorgehalten wurde. Entsprechend fertigte George Berkeley nicht nur Julian („a prating, superstitious sort of man"), sondern auch den in dieser Hinsicht vergleichsweise Zurückhaltendsten der drei Philosophen, Porphyrios, als einen abergläubischen Obskuranten ab.[29] Ähnlich urteilte Lessing über „die abgeschmackte Philosophie des Celsus, und die noch weit tollere des Porphyrius" und deren „elende Verteidigungen der heidnischen [Religion]".[30] Insofern waren die drei spätantiken Philosophen für die Religionskritiker der Aufklärung keineswegs makellose Bundesgenossen in ihrem Kampf gegen das Christentum. Und doch boten ihnen ihre Hinterlassenschaften argumentatives Material in Fülle, das von ihnen, beginnend mit Jean Bodins *Colloquium heptaplomeres*[31] im späten 16. Jahrhundert, vielfach genutzt wurde.

[26] Vgl. Paul-Henri Thiry d'Holbach, Le systême de la nature II.7,'A Londres' 1771, Bd. 2, 198 f.: „Les disciples de Platon, Proclus, Jamblique, Plotin, Porphyre, &c. furent de vrais fanatiques, plongés dans la superstition la plus grossière."

[27] Vgl. mit Blick auf Porphyrios Brucker, Historia critica philosophiae (wie Anm. 21), Bd. 2, 236.

[28] Diesen Vergleich zieht Pierre-Daniel Huet, Alnetanae quaestiones de concordia rationis & fidei, Paris 1693, Bd. 3.1, 314; ähnlich Brucker, Historia critica philosophiae (wie Anm. 21), Bd. 2, 105.

[29] „Porphyry, I grant, was a thorough infidel, though he appears by no means to have been incredulous. It seems he had a great opinion of wizards and necromancers, and believed the mysteries, miracles and prophecies of theurgists and Egyptian priests. He was far from being an enemy to obscure jargon; and pretended to extraordinary ecstasies. In a word, this great man appears to have been unintelligible as a School-man, as superstitious as a monk, and as fanatical as any Quietist or Quaker" (George Berkeley, Alciphron, dial. VI, § 25 [¹1732], in: The works of George Berkeley, hg. von A.A. Luce, T.E. Jessop, Edinburgh, London 1948–1957, Bd. 3, 267 ff.).

[30] Lessing, Werke (wie Anm. 9), Bd. 7, 300 (Von der Art und Weise der Fortpflanzung der christlichen Religion).

[31] Vgl. Jean Bodin, Colloquium heptaplomeres de rerum sublimium arcanis abditis, hg. von Ludwig Noack, Schwerin u. a. 1857. Bodin wurde mit seinem vielgelesenen Colloquium der wirksamste Multiplikator der spätantiken Christentumskritik für die Freidenker in und außerhalb Frankreichs; Einzelheiten in meinem Beitrag: Pagani ante portas: Les libertins érudits et leur contribution

## II.

Die tragende Funktion, die dem sogenannten Weissagungsbeweis in der christlichen Apologetik seit jeher und noch im 18. Jahrhundert zugewiesen wurde, stellte Philosophen, die sich in ein begründetes Verhältnis zum Christentum setzen wollten, vor Aufgaben, die jenseits ihres Metiers lagen. Sie verlangte von ihnen ein philologisch-exegetisch abgesichertes Urteil über jene alttestamentlichen Stellen, die als Weissagungen des Messias aus Nazaret herangezogen wurden. Einer Stellungnahme zu diesen Stellen und zur typlogischen Schriftauslegung überhaupt konnte nicht ausgewichen werden, weil mit der Messianität und Göttlichkeit Jesu zugleich die Wahrheit seiner Lehren als verbürgt galt. Vor diesem Hintergrund mußte ihnen der Umstand willkommen sein, daß sich unter den Fragmenten aller drei Heiden einschlägige Kommentare erhalten haben. Ganz besonders gilt dies für Porphyrios, dessen Unparteilichkeit aufgrund seiner Atethesen auch *paganer* Pseudepigrapha wie der *Apokalypse des Zoroaster*[32] schwer zu bestreiten war und dessen philologische Kompetenz in allen Lagern der Religionsdebatten der Frühneuzeit anerkannt war – und lange darüber hinaus: Noch Harnack sah ihn auf Augenhöhe mit der Bibelwissenschaft seiner Zeit.[33]

Unter den zahlreichen Aufklärern, die sich kritisch mit dem Weissagungsbeweis auseinandergesetzt haben – von Jean Bodin, dem Ahnherren der aufklärerischen Religionskritik im späten 16. bis zu Ludwig Paalzow am Ende des 18. Jahrhunderts[34] –, nimmt Hermann Samuel Reimarus eine besondere Stellung ein. In der Abfolge seiner Schriften bildet sich unmittelbar ab, wie dieses Argument für

à la redécouverte de la pensée anti-chrétienne de l'antiquité tardive, in: Antony McKenna, Marie-Hélène Quéval (Hg.), Orthodoxie et hétérodoxie. Libertinage et religion en Europe au temps des Lumières, Paris 2009 [im Druck]. Hervorzuheben ist der anonyme *Theophrastus redivivus* (hg. von Guido Canziani , Gianni Paganini, Florenz 1981/82), dessen Verfasser die zahlreichen Kelsos-, Porphyrios- und Julian-Fragmente in Bodins Dialog nahezu vollständig in seinen Traktat übernahm. Zur Verbreitung des *Colloquium* vgl. Richard H. Popkin, The dispersion of Bodin's dialogues in England, Holland, and Germany, in: Journal of the history of ideas 49 (1988), 157–160; W. Schröder, Jean Bodins ,Colloquium Heptaplomeres' in der deutschen Aufklärung, in: Günter Gawlick, Friedrich Niewöhner (Hg.), Jean Bodins Colloquium Heptaplomeres, Wiesbaden 1996, 121–137.

[32] Vgl. Bayle, Art. „Zoroastre", rem. H, in: Dictionnaire historique et critique (wie Anm. 21), Bd. 4, 560.

[33] Vgl. Adolf von Harnack, Die Mission und Ausbreitung des Christentums in den ersten drei Jahrhunderten, Leipzig ⁴1924, 521: „Dort, wohin Porphyrius den Streit zwischen religionsphilosophischer Wissenschaft und Christentum versetzt hat, liegt er noch heute; auch heute noch ist Porphyrius nicht widerlegt".

[34] Vgl. Bodin, Colloquium heptaplomeres (wie Anm. 31), 208 ff. zu Jesaia 7,14; sowie ebd., 290 zu Jesaia 53,3 ff.; [Christian Ludwig Paalzow], Hierokles oder Prüfung und Vertheidigung der christlichen Religion angestellt von den Herren Michaelis, Semler, Leß und Freret, Halle 1785, 62 ff.

die Wahrheit des Christentums seine Überzeugungskraft einbüßte[35] und welche Rolle die einschlägigen Fragmente der drei paganen Philosophen dabei spielten. In einer im Jahre 1731 am Hamburger Johanneum gehaltenen Vorlesung hatte Reimarus sich die *Rettung der im Neuen Testament herangezogenen alttestamentlichen Weissagungen* zum Ziel gesetzt. Seine hier noch gezeigte Zuversicht, die „Heiden" in die Schranken weisen zu können, „die schamlos bestreiten, sie hätten im gesamten Alten Testament auch nur irgendeinen Hinweis auf Christus gefunden",[36] verlor sich bald. Die erneute Lektüre ihrer Schriften und von Anthony Collins' Arbeiten zur typologischen Schriftauslegung[37] veranlaßte ihn, seine Haltung zum Weissagungsbeweis zu überdenken und wenige Jahre später, in der *Apologie oder Schutzschrift für die vernünftigen Verehrer Gottes*, diesem die Wissenschaftlichkeit abzusprechen. Sicher hatten daran auch die Fragmente der drei spätantiken Autoren einen nicht geringen Anteil. Ablesbar ist er an den zahlreichen Bezugnahmen auf sie in der *Apologie*. Gerade im Detail fällt auf, welch großen Wert Reimarus in der *Apologie* darauf legt, sich des Urteils der drei Heiden zu vergewissern, vor allem bezüglich der Schlüsselstellen *Jesaia* 7,14 („Siehe, die Jungfrau wird schwanger werden und einen Sohn gebären", auf Jesus bezogen in *Matth.* 1,22 f.) oder *Hosea* 11,1 („Aus Ägypten habe ich meinen Sohn gerufen", auf Jesus bezogen in *Matth.* 2,14 f.).[38]

> Der heydnische Weltweise Celsus […] wirfft den Christen, an verschiedenen Stellen [II,28.29.30, VII,2], die Mißdeutungen der Propheten auf Jesum, und die Nichtigkeit ihrer allegorischen Erklärungsart, vor. Eben das Urtheil fället Porphyrius [Frg. 39] von den mystischen Erklärungen, welche Origenes und die Schreiber des N. T. brauchen: er meynt aber, bey dem Origene sey es eine Nachahmung der allegorischen Deutungen, worin einige Weltweisen die Mysteria Graecorum verwandelt hätten. Der Kayser Julianus [Frg. 101] schmäht […] die Mißdeutung der prophetischen Stellen; und sagt unter andern: Was Matthäus aus dem Hosea auf Jesum gezogen habe, Aus Egypten hab ich

---

[35] Vgl. Peter Stemmer, Weissagung und Kritik. Eine Studie zur Hermeneutik bei H.S. Reimarus, Göttingen 1983.

[36] Hermann Samuel Reimarus, Vindicatio dictorum Veteris Testamenti in Novo allegatorum, hg. von Peter Stemmer, Göttingen 1983, 54 f.: „Inter gentiles […] reperti sunt, qui se in toto Veteri Testamento quicquam de Christo reperisse impudenter negarent." Reimarus bezieht sich zum einen auf Kelsos I,50, zum anderen auf Julian, Frg. 101.

[37] Vgl. Anthony Collins, The scheme of litteral prophecy considered, London 1726; Collins, A discourse of the grounds and reasons (wie Anm. 13), 151 ff.; hier zieht Collins ausführlich Kelsos (I,50), Porphyrios (Frg. 39) und Julian (Frg. 62 und 64) heran. In Frankreich war Collins mit folgendem Sammelband vertreten: Examen des prophéties qui servent de fondement à la religion chrétienne [übers. und bearb. von P.-H. Th. d'Holbach], 'A Londres' 1768. Es handelt sich um gestraffte Bearbeitungen von Collins' *Discourse* (1–117) und *Scheme* (118–204).

[38] Vgl. Reimarus, Apologie (wie Anm. 4), Bd. 2, 265 f. Hinsichtlich der typologischen Ausdeutung von Jesaia 7,14 bezieht Reimarus sich auf Julian, Frg. 64; zu Hosea 11,1 auf Frg. 101. – Schon Bodin, Colloquium heptaplomeres (wie Anm. 31), 223, beruft sich in diesem Zusammenhang auf Julian (Frg. 101) und Kelsos (II,28).

meinen Sohn gerufen, das hieße nichts anders, als der Einfalt der Heyden, welche gläu-
big geworden, spotten.[39]

Nirgends war die Absicherung des Wahrheitsanspruchs des Christentums durch
die alttestamentlichen Weissagungen so problematisch wie im Falle des Buches
Daniel. Denn Porphyrios hatte den (heute allgemein anerkannten) Nachweis geführt, daß dieser Text keineswegs aus der Zeit des babylonischen Exils, sondern
aus der Epoche des Antiochos IV. Epiphanes, also aus dem letzten Viertel des 1.
vorchristlichen Jahrhunderts stammt.[40] Damit waren die in ihm enthaltenen Prophe-
tien als plumpe *vaticinia post eventum* entlarvt. Als nachgerade fatal erwies sich
der Umstand, daß Jesus selbst sich mehrmals auf ihn berufen hatte. Seine Ankündigung des Weltendes, „von dem gesagt ist durch den Propheten Daniel"
(*Matth.* 24, 15 f.), stützte er ebenso auf ihn (*Daniel* 9,27 und 11,31) wie seine Vor-
hersage des Auftretens des Antichrist (nach *Daniel* 7,8) und dessen Überwindung
durch den „Menschensohn".[41] Indem Reimarus – wie auch Collins und viele andere[42] – sich die Datierung, „welche Porphyrius längst vorgetragen", zu eigen
machte, wonach „Daniels Buch erst nach den Zeiten des Antiochus Epiphanes geschrieben sey",[43] konnte er das Ansehen des Neuen Testamentes grundsätzlich erschüttern. Mehr noch: Sogar die Autorität Jesu war in Frage gestellt, der offensichtlich von der Authentizität der Daniel-Prophetien überzeugt war und nicht wußte,
daß er es mit einem Autor der Makkabäerzeit zu tun hatte, also mit einem „Schrei-
ber nach allen diesen factis, der ihnen, unter Daniels Namen, die Gestalt einer alten Weissagung gegeben".[44]

Zur Absicherung seiner bibelkritischen Thesen, ob es nun um die Spätdatierung des Daniel-Buches oder die Illegitimität der typologischen Deutung alttesta-
mentlicher Stellen ging, konnte Reimarus sich auf Arbeiten von Collins und von
anderen Autoren seiner Zeit berufen. Und er hätte es dabei bewenden lassen können. In auffälliger Weise ist er jedoch darum bemüht, den Einklang der modernen
Sicht – seiner eigenen und derjenigen von Collins – mit derjenigen der drei spätantiken Autoren zu belegen. Warum er dies tut, ist nicht schwer zu sehen: Abgesehen von der zusätzlichen Absicherung seiner bibelkritischen Thesen erfahren

[39] Reimarus, Apologie (wie Anm. 4), Bd. 2, 268 f.

[40] Vgl. Porphyrios, Frg. 43 und 44; vgl. dazu John Granger Cook, The interpretation of the New
Testament in Greco-Roman paganism, Tübingen 2000, bes. 145 f.

[41] Vgl. Matth. 9,9, nach Daniel 7,13; vgl. auch Jesu Ankündigung seiner eigenen Wiederkunft aus
den Wolken in Luk. 21,27: „Und dann werden sie sehen des Menschen Sohn kommen in einer Wolke";
vgl. Daniel 7,13: „es kam einer mit den Wolken des Himmels wie des Menschen Sohn".

[42] Vgl. Collins, The scheme of litteral prophecy considered (wie Anm. 37), 149 ff.; dazu J.
O'Higgins, Anthony Collins, Den Haag 1970, 155–199; Paalzow, Hierokles (wie Anm. 34), 62 ff.

[43] Reimarus, Apologie (wie Anm. 4), Bd. 1, 802 (nach Porphyrios, Frg. 44); vgl. auch Bd. 1, 905,
nach Porphyrios, Frg. 43A und 43L.

[44] Reimarus, Apologie (wie Anm. 4), Bd. 1, 909.

diese durch die Urteile, die die drei antiken Gewährsmänner aus einer *zeitgenös-sischen* Perspektive fällten, eine Verschärfung. Sie geht deutlich über die Schluß-folgerungen hinaus, die sich aus den exegetischen Befunden moderner Interpreten ziehen lassen: Die Überzeugung von der Authentizität des Daniel-Buches oder die Ansicht, Jesaias Wort von der jungen Frau, die ein Kind gebären wird, beziehe sich auf die Jungfrau Maria, sind alles andere als unschuldige, der antiken Men-talität geschuldete Meinungen. Es handelt sich nicht nur, wie von Collins zu ler-nen war, um „kräftige Irrthümer", sondern um schon damals durchschaubare Irr-tümer, also um „Betrügereyen".[45] Und vollends offenbart der Rekurs auf „ver-dächtige Schrifften" und die „falsche[n] Deutungen derselben" die „schlechte Aufrichtigkeit" der Kirchenväter, deren Wurzel die „allgemeine Maxime zum Lü-gen, zur *pia fraude*" ist.[46]

## III.

Bei flüchtiger Lektüre erweckt die Hinterlassenschaft von Kelsos, Porphyrios und Julian über weite Strecken den Eindruck einer inter*religiösen* Konfrontation, in der die drei Philosophen als Apologeten der Religion ihrer Väter auftreten. Näher besehen fällt jedoch inmitten des Schlagabtauschs über ehrwürdige Traditionen, heilige Bücher oder Kultformen eine Reihe *philosophisch* relevanter Streitpunkte auf, um die es in den spätantiken Kontroversen auch ging. Unter ihnen sind es vor allem die Dissense bezüglich zweier Begriffe, die für das Selbst- und Weltver-ständnis der antiken Kombattanten von ebenso zentraler Bedeutung waren wie sie es später für die Philosophen im Zeitalter der Aufklärung sein sollten. Ein für das religiöse Weltbild zentraler und auch die Philosophie zur Stellungnahme herausfordernder Fragenkomplex ist mit dem Begriff des Wunders verbunden. Ein weiterer Differenzpunkt ist mit der Frage markiert, was es heißt, ‚gut' und ‚richtig' zu handeln bzw. ‚gerecht' zu sein.[47]

Was die Frage nach der Möglichkeit von Wundern angeht, stehen alle Teilneh-mer der spätantiken Debatten dem ersten Eindruck nach auf gemeinsamem Bo-den; ja es scheint, daß die paganen Philosophen von dem in der Spätantike gras-sierenden Wunderglauben in gleichem Maße infiziert waren wie ihre christlichen Kombattanten. Ganz unbefangen bezieht sich etwa Kelsos auf einen göttlichen Mann, den Hyperboreers Abaris, der „mit einem Pfeil durch die Luft flog"

---

[45] Ebd., Bd. 2, 392.

[46] Ebd,. Bd. 2, 387 f.

[47] Weitere Dissense, etwa bezüglich der Frage, was eine Lehre als wahr auszeichnet, ob religiöse Doktrinen ohne Gründe zustimmungsfähig oder gar zustimmungspflichtig sein können, und ob Abweichungen vom wahren Glauben toleriert werden dürfen, oder aber vielmehr unterdrückt wer-den müssen, können hier nicht berücksichtigt werden; s. o. Anm. 2.

(III,31), oder auf Wunderheilungen in den Tempeln (VIII,45). Der Thaumaturg *par excellence*, Apollonios von Tyana, wird in den Fragmenten der paganen Platoniker (Porphyrios, Frg. 4; Hierokles, bei Eusebius: *Adv. Hier.* 2) häufig genannt. Julian beruft sich auf Orakel durch „Vogelstimmen" (Fr. 89) und weist Wunderskeptiker mit dem Hinweis zurück, es sei „richtig, den Überlieferungen der Städte zu glauben statt spitzfindigen Leuten, deren kümmerliche Seele hyperkritisch [δριμύ] ist" (Orat. V, 161B). Alle diese staunenerregenden, ungewöhnlichen und statistisch seltenen Ereignisse verbleiben aus der Sicht von Kelsos, Porphyrios und Julian ganz im Rahmen der natürlichen kosmischen Ordnung, zu der – auch aus christlicher Sicht – Dämonen gehören, die an solchen Geschehnissen zumeist beteiligt sind.

Und doch stößt man auf eine scharfe Trennlinie zwischen dem paganen und dem christlichen Wunderverständnis, wenn man die Begrifflichkeit sowie die konkreten Beispiele in den einschlägigen Quellen durchmustert: Für die paganen Philosophen ist der Bereich des nicht Gewöhnlichen und Wunderbaren durch das „Gesetz der Ordnung [τῆς εὐταξίας νόμος]" des Kosmos (Porphyrios, Frg.35) begrenzt. Wo diese Grenze verläuft, markieren paradigmatische Fälle wie die Wiederherstellung eines „ganz und gar verwesten Körpers" in seine „ursprüngliche Struktur [σύστασις], aus der er aufgelöst wurde".[48] Die Totenerweckungen, von denen die Christen erzählen, gehören in die Kategorie des „Naturwidrigen [τὰ παρὰ φύσιν]" (Kelsos V,14) und somit Imaginären.

Auch wenn die spätantiken Platoniker den Bereich des im Kosmos Möglichen weit bemessen und insbesondere mit Zauberei und dämonischem Wirken rechnen, kennen sie gleichwohl den strikten, auch in den neuzeitlichen Diskussionen maßgeblichen Begriff des Wunders als Verletzung der Naturordnung – und bestreiten die Realität entsprechender Vorkommnisse. Edward Herbert of Cherbury, ein gründlicher Leser der spätantiken Autoren, brachte diesen gemäßigten Wunderglauben mit einer auf Humes Unterscheidung zwischen „marvel" und „miracle" (im 10. Kapitel der *Enquiry*) vorausweisenden Distinktion auf den Begriff: Die heidnischen Philosophen glaubten zwar an manch ein erstaunliches und wunderbares Ereignis („mirum" / „mirabile") – ein die natürliche Ordnung durchbrechendes Wunder im strengen Sinne (ein „miraculum" wie „the raising of Laza-

---

[48] Kelsos, V,14. – Immerhin bei *einem* der Wunder des Apollonios von Tyana, auf den sich unsere paganen Philosophen beziehen, scheint es sich um eine Totenerweckung zu handeln. Aufschlußreich ist allerdings die große Zurückhaltung, mit der Philostratos davon berichtet: Apollonios habe ein junges „Mädchen aus seinem anscheinenden Tod erweckt. [...] Ob er einen Funken Leben, der von ihren Pflegern nicht bemerkt worden war, noch in ihr vorfand – denn man sagt, von ihrem Gesicht sei ein Dunst ausgegangen, während es regnete – oder ob er die erloschene Seele wieder aufblühen ließ [...], ist ein mysteriöses Ereignis nicht allein für mich, sondern auch für die, die zugegen waren." (Vita Apollonii IV,45; vgl. hierzu Charles Blount, The Original of Idolatry, in: C. B., The Miscellaneous Works, London 1695, 25 [separat pag.].

rus") jedoch hielten sie nicht für möglich.[49] Zu diesem auf die Spitze getriebenen Wunderglauben der Christen, dessen Grenzenlosigkeit gerade das heilsgeschichtlich zentrale Wunder der Auferstehung Jesu belegt, haben Kelsos, Porphyrios und Julian Stellungnahmen hinterlassen, mit denen sie ihren Lesern im Zeitalter der Aufklärung wichtige Argumente bereitstellten.

Gewiß verdankt sich die Wunderkritik der Aufklärer philosophie- und wissenschaftsgeschichtlichen Entwicklungen ihrer eigenen Epoche, namentlich der Instauration des neuzeitlichen Weltbildes. Dennoch war der Umstand, daß bereits bei den Alten eine aus dem Gedanken der unverletzlichen Naturordnung sich speisende Wunderskepsis anzutreffen ist, in zweifacher Hinsicht aufschlußreich. Zum einen belegte er, daß es sich bei der neuzeitlichen naturphilosophischen Wunderkritik keineswegs um eine anachronistische Applikation neuzeitlicher Wissenschaftsstandards auf die angeblich ganz fremde Mentalität der Spätantike handelt. Zum anderen warf er ein scharfes Licht auf die Tatsache, daß die „Mährlein aus den alten fabelhaften Zeiten"[50] bereits zu ihrer Zeit, in der Spätantike, keineswegs als Ausdruck einer normalen, gar philosophisch respektablen Überzeugung galten, sondern im Gegenteil als typische Phänomene des abergläubischen Weltbildes subkultureller und bildungsferner (Kelsos II,55) Milieus: „Die Wunderthaten waren zu der Zeit eine verächtliche Sache".[51]

In der Debattenlage des 17. und 18. Jahrhunderts, in der die Aufklärer sich mit der Überzeugung von der Singularität der Wunder Jesu konfrontiert sahen, lieferten die Kommentare von Kelsos, Porphyrios und Julian einen weiteren wichtigen Beitrag. Sie ermöglichten eine Situierung der Wunder Jesu im Kontext einer Zeit, die sich durch eine „ungeheure Menge von Wundertätern [magorum ubertas et copia]"[52] auszeichnete. An erster Stelle steht der neupythagoreische Thaumaturg Apollonios von Tyana, eine historische, mit Jesus etwa gleichzeitige Figur. Von seinen Wundern, allesamt *unterhalb* der Schwelle der Suspendierung der natürlichen Ordnung (vgl. Anm. 48), berichten zahlreiche antike Texte. Die Bezugnahmen auf den wundertätigen Mann – von punktuellen Verweisen[53] bis hin zu Büchern wie Charles Blounts kommentierter Teilübersetzung von Philostratos' Le-

[49]  Vgl. Edward Herbert of Cherbury, A dialogue between a tutor and his pupil, London 1768; hg. und eingel. von Günter Gawlick, Stuttgart-Bad Cannstatt 1971, 181 f.

[50]  Reimarus, Apologie (wie Anm. 4), Bd. 2, 384.

[51]  Paalzow, Hierokles (wie Anm. 34), 45; Thomas Woolston fühlt sich mit Kelsos (II,61) an „confused and incredible womanish Fables" erinnert (A sixth discourse of the miracles of our Saviour, London ²1729, 29 f.).

[52]  Vgl. Anon., Theophrastus redivivus (wie Anm. 31), 481 f.

[53]  Vgl. Bodin, Colloquium heptaplomeres (wie Anm. 31), 253, 260, u. ö.; Anon., Theophrastus redivivus (wie Anm. 31), 385 f.; Herbert of Cherbury, A dialogue (wie Anm. 49), 168, 181 ff.; Paul-Henri Thiry d'Holbach, Le christianisme dévoilé, 'A Londres' 1756, 68 ff.

bensbeschreibung[54] oder Christian Ludwig Paalzows Dialog *Hierokles*[55] – sind nicht zu zählen. Der Refrain ist stets der gleiche: Die *mirabilia* des Apollonios stehen den Wundern Christi (wenn man von den Totenerweckungen und seiner eigenen Auferstehung absieht) nicht nach, und doch leitete jener aus ihnen nicht den Anspruch ab, ein Gott zu sein. Besäßen demgegenüber Wunder die ihnen von den Christen zugesprochene Beweiskraft im Hinblick auf die Göttlichkeit dessen, der sie wirkt, „was spräche dann dagegen, daß ein beliebiger Oberzauberer sich für einen Gott ausgäbe?"[56] Der Wunderbeweis, den die theologische Apologetik noch des 18. Jahrhunderts allgemein hochschätzte, erweist sich somit in religionskomparatistischer Perspektive als prinzipiell untaugliches Argument für die Wahrheit des Christentums und die Göttlichkeit seines Stifters. Hinzukommt das mehr als ungünstige Licht, in das die zentralen heilsgeschichtlichen Wunder (*miracula*, Wunder im strengen Sinne) dadurch gerückt werden, daß schon Kelsos die Auferstehung Jesu mit den Mythen von Kleomedes von Astypalaia (III,33) verglich[57] und der „Jungfrauengeburt [προσποίησις ἐκ παρθένου]" die „Mythen [μῦθοι]" von Danae und anderen[58] an die Seite stellte.

In ihrer kritischen Sicht auf die biblischen Wunder konnten sich die Aufklärer schließlich dadurch bestätigt sehen, daß die paganen Gegner des Christentums genauso strenge Kriterien für die Glaubwürdigkeit von Wunderberichten ansetzten wie sie selbst. Für ein übernatürliches Ereignis sind unbezweifelbare Zeugnisse zu verlangen: „Un fait surnaturel", so resümiert d'Holbach seine Überlegungen zu den Wundern Jesu und des Apollonios, „demande, pour être cru, des témoig-

---

[54] Charles Blount, The Two First Books of Philostratus, Concerning the Life of Apollonius Tyaneus, Written Originally in Greek, and now Published in English: Together with philological notes Upon each chapter, London 1680. Eine französische Übersetzung legte Giovanni Francesco Salvemini, gen. Giovanni di Castiglione (Jean de Castillon) vor, die, versehen mit einer anonymen (aus der Feder Friedrichs II. stammenden) ironischen Widmung an Papst Clemens XIV, mehrmals im Druck erschien: Vie d'Apollonius de Tyane, par Philostrate avec les commentaires donnés en Anglois par Charles Blount sur les deux premiers Livres de cet Ouvrage [¹1774], Amsterdam 1779. Zu Blounts Übersetzung vgl. Dario Pfanner, Tra scetticismo e libertinismo. Charles Blount e la cultura del libero pensiero nell'Inghilterra degli ultimi Stuart, Neapel 2004, 137–159.

[55] s.o. Anm. 34; vgl. die umfangreichen Gegenschriften von Johann Friedrich Kleuker (Neue Prüfung und Erklärung der vorzüglichsten Beweise für die Wahrheit und den göttlichen Ursprung des Christenthums, wie der Offenbarung überhaupt: Aus Veranlassung neuerer Schriften und besonders des Hierokles, Riga 1787–94) und Johann Balthasar Lüderwald (Anti-Hierocles oder Jesus Christus und Apollonius von Thyana [sic], in ihrer großen Ungleichheit vorgestellt, Halle 1793).

[56] Anon., Theophrastus redivivus (wie Anm 31), 481: „Quantum ad miracula, si haec deos faciunt, quid obstat, ut Bodinus ait, quin maximus quisque magus Deum se ferat?"; vgl. Bodin, Colloquium heptaplomeres (wie Anm. 31), 252.

[57] Vgl. Kelsos, III,33. Aufgegriffen wird dieser Gedanke etwa von Bodin, Colloquium heptaplomeres (wie Anm. 31), 234; vgl. auch Anon., Theophrastus redivivus (wie Anm. 31), 608.

[58] Vgl. Kelsos, I,37. Ein Echo findet sich etwa im anonymen *Traité des trois imposteurs* (III,11), hg. von Winfried Schröder, Hamburg ²1994, 72.

nages plus forts qu'un fait qui n'a rien contre la vraisemblance."[59] Daß diese Bedingung von den Wunderberichten der Heiligen Schrift nicht erfüllt wird, zeigt überdeutlich der Bericht über die angebliche, von Kelsos, Porphyrios und Julian immer wieder kommentierte Auferstehung Jesu, die sich auf das Zeugnis einer einzigen Frau zudem zweifelhaften Charakters – einer Prostituierten[60] – stützt. Wenn man sich wie Kelsos (II,63) überlegt, wie demgegenüber eine diskutable Bezeugung eines solchen Wunders vorzustellen wäre, wird vollends klar, daß dieser biblischen Erzählung kein Glaube zu schenken ist. Vonnöten nämlich wäre zumindest eine *multiple* Bezeugung, und es wäre zu verlangen, daß die Zeugnisse nicht von Sympathisanten des Auferstandenen stammen: Jesus, so Kelsos' vielfach aufgegriffener Gedanke, „hätte sich den Blicken gerade seines Widersachers und des Richters, der ihn verurteilt hatte, und überhaupt aller Menschen zeigen müssen."[61]

Von ebenso großer sachlicher Bedeutung wie die Erörterungen zur Wunderproblematik waren für die Aufklärer die Kommentare zur christlichen Moral, die sich in den Fragmenten von Kelsos, Porphyrios und Julian finden. Abgesehen von Detailerörterungen und manchen heute pedantisch anmutenden Monita verdienen – und fanden – vier Haupteinwände Aufmerksamkeit.

Ein erster, häufig variierter Einwand besagt in Kelsos' bündiger Zusammenfassung, die „Sittenlehre" der Juden und Christen habe viele Inhalte „gemeinsam mit den anderen Philosophen" und enthalte „eine weder ehrwürdige noch neue Wissenschaft [μάθημα]" (I,4). Ebensowenig wie für die meisten der Zehn Gebote[62] könne daher für die ubiquitäre Goldene Regel (Porphyrios, Frg. 8) ein göttlicher Ursprung reklamiert werden. „Christian religion", so greift Herbert of Cherbury Kelsos' Urteil auf, „adds nothing to virtue, which philosophy did not formerly teach".[63] Gelegentlich wird diese These dahingehend zugespitzt, die Christen hätten Vorstellungen der populären Moral der vorchristlichen Ära aufgenommen und Philosophen wie vor allem Platon plagiiert, ein Vorwurf, der in der radikalaufklärerischen Literatur oft und gern aufgenommen wurde.[64]

---

[59] Vgl. d'Holbach, Le christianisme dévoilé (wie Anm. 53), 68.

[60] Vgl. Bodin, Colloquium heptaplomeres (wie Anm. 31), 234: „Celsus valde absurdum sibi videri scribit, quod unius meretricis testimonio resurrexisse credatur is, qui pridie populis spectantibus in cruce mortuus erat"; Bodin bezieht sich (wie auch der anonyme *Theophrastus redivivus* [wie Anm. 31], 608) auf Kelsos, II,55.

[61] Kelsos, II,63; vgl. Woolston, A sixth discourse of the miracles of our Saviour (wie Anm. 51), 23 f.: „It has been a constant Objection against the Resurrection of Jesus, that he appear'd not personally afterwards […] to Pilatus and the […] Crucifiers and Insultors".

[62] Vgl. Julian (Frg. 29) über den „Dekalog": „Bei den Göttern, was gibt es für ein Volk, das nicht, abgesehen von dem Verbot ‚Du sollst keinen anderen Göttern dienen' und dem Gebot ‚Du sollst des Sabbats gedenken', alle übrigen Gebote halten zu müssen glaubt?"

[63] Herbert of Cherbury, A dialogue (wie Anm. 49), 65.

[64] Anon., Traité des trois imposteurs III,17 (wie Anm. 58), 88 f.: „Quant à la morale de Jésus-Christ, on n'y voit rien de divin qui la doive faire préférer aux écrits des anciens, ou plutôt tout ce

Größeres sachliches Gewicht hat ein zweiter Einwand. Ihm zufolge zeichnen sich die christlichen Gebote und Leitbilder durch charakteristische Überbietungen und Zuspitzungen geläufiger moralischer Forderungen aus. Diese Sicht – „les vertus que le christianisme admire, […] sont outrées & fanatiques"[65] – hat Kelsos in einem vielbeachteten Fragment exemplarisch anhand von Matth. 5,43 zu belegen versucht: Dem „Gebot, sich nicht gegen den, der einen mißhandelt, zu wehren: *Wenn du auf die eine Backe geschlagen wirst, halte auch die andere hin*" liegt zwar „ein altes und schon früher gesprochenes Wort" zugrunde. Daß es sich bei diesem Gebot jedoch um die „vergröberte Reminiszenz [ἀγροικότερον δ' αὐτὸ ἀπεμνημόνευσαν]" einer sinnvollen moralischen Anweisung handelt, erhellt der Vergleich mit Platon, der „den Sokrates in einem Dialog [*Kriton* 49bc] mit folgenden Worten auftreten läßt: [*Man soll*] *weder Unrecht tun noch Unrecht mit Unrecht vergelten noch, wenn man etwas Schlimmes erleidet, sich wehren, indem man etwas Schlimmes dagegen tut.*"[66] Reaktionen auf Normverletzungen dürfen ihrerseits nicht gegen moralische Regeln verstoßen, aber der von Jesus verlangte prinzipielle Verzicht auf Sanktionen ist moralisch inakzeptabel. In ähnlicher Weise wird die Fürsorgepflicht gegenüber Bedürftigen von den Christen durch die Forderung überboten, ein jeder solle seine „Habe verkaufen und sie den Armen geben" (*Luk.* 12,33). Julians sarkastisch-pragmatischen Kommentar zu den kaum sozialverträglichen Konsequenzen dieses Gebotes[67] griff etwa Paalzow mit der Bemerkung auf, es handle sich dabei um eine jener „Maximen, die sich nur für privilegirte Bettler schicken, die nicht arbeiten wollen".[68]

Die wohl aufschlußreichsten Kommentare der spätantiken Platoniker beziehen sich auf jenen Lehrbestand, mit dem das Christentum eine radikale Zäsur im

qu'on y voit en est tiré ou imité"; vgl. auch III,18, 90 ff. (nach Kelsos, VI,16); d'Holbach, Le christianisme dévoilé (wie Anm. 53), 27; d'Holbach, Histoire critique des Jesus Christ ou Analyse raisonnée des Evangiles, hg. von Alan Hunwick, Genf 1997, 575.

[65] D'Holbach, Le christianisme dévoilé (wie Anm. 53), 203.

[66] Kelsos, VII,58. Auf diese Stelle bezieht sich (mit falscher Kapitelangabe) Matthew Tindal, Christianity as old as the creation, London 1730, hg. von Günter Gawlick, Stuttgart-Bad Canstatt 1967, 341. Auf die psychologische Unmöglichkeit, dieses Gebot konsequent zu befolgen, verweist bereits Bodin, Colloquium heptaplomeres (wie Anm. 31), 329: „Ex omnibus […] christianis decretis nullum magis ἀδύνατον, quam quod ei, qui maxillam dexteram caedat, jubentur obvertere sinistram"; vgl. auch ebd., 263.

[67] Julian (Frg. 100) ironisiert Jesu „treffliche und staatsmännische Mahnung: ‚Verkaufet eure Habe und gebt sie den Armen […].' [Luk. 12,33] Kann jemand wohl ein Gebot nennen, das von mehr staatsmännischer Einsicht zeugt? […] Kann jemand eine Lehre billigen, bei deren Durchführung kein Staat, kein Volk und keine Familie mehr zusammenhalten kann?"

[68] Paalzow, Hierokles (wie Anm. 34), 326 ff.; vgl. auch Kelsos' Bemerkungen (VII,18) zu Jesu Rat, „man müsse für Nahrungsmittel und Vorräte nicht in höherem Grad besorgt sein als die Raben [Luk. 12,24], für das Kleid aber noch weniger als die Lilien [Matth. 6,28 f.]".

abendländischen Moralverständnis herbeigeführt hat. Vor allem das Spezifikum der christlichen Vorstellung vom richtigen, gottgefälligen Leben war den drei paganen Philosophen schlechthin anstößig: die besonders von Paulus scharf akzentuierte Entwertung einer aktiven moralischen Lebensführung. Argumente bringen Kelsos, Porphyrios und Julian gegen diesen Umsturz basaler Moralvorstellungen nur ansatzweise. Sie sehen sich einer derart ungeheuerlichen Abweichung vom Selbstverständlichen (daß etwa allein „aktive Bemühungen [πόνοι]" moralische Wertschätzung verdienen)[69] konfrontiert, daß sie die christlichen Neuerungen im Moralverständnis oftmals bloß vorführen, um sie in ihrer Absurdität für sich sprechen zu lassen: Beliebige Menschen, selbst „Hurer, Weichlinge und Knabenschänder", werden unabhängig von ihrem Handeln durch die Taufe „geheiligt und abgewaschen", denn „das Wasser der Taufe [...] sei imstande, [...] alle sittlichen Fehler zu tilgen" – diese Vorstellung meint Julian (Frg. 59) nur zitieren zu brauchen, um die Christen bloßzustellen. Im Hintergrund steht jedoch offensichtlich ein Vorwurf, in dem Reimarus den Kern von Julians Kommentaren und den entsprechenden Einwürfen des Kelsos[70] erblickt: Die von den Christen verheißene „leichte Entsündigung"[71] durch moralisch indifferente Leistungen wie die „eintzige Handlung des Glaubens",[72] die göttliche Gnade oder das Taufsakrament muß den Ruin fundamentaler Moralvorstellungen nach sich ziehen: .

> Der Kayser Julianus zielt auf diese so gar leichte Entsündigung im Christenthum, wenn er [...] den Constantinum M[agnum] [...] so redend einführt: Wer Weibsleute geschändet, wer sich mit Mordthaten befleckt hat, der komme nur getrost hierher; ich will ihn alsobald rein machen, wenn er mit diesem Wasser wird gewaschen seyn. Und wofern er sich von neuem mit eben diesen Verbrechen verschuldet hat: so will ich ihn dennoch wieder reinschaffen, wenn er sich nur vor den Kopf und die Brust schlägt.[73]

Wenn „alles gute und gottgefällige Werk" aus dem „Glauben an eine fremde Gerechtigkeit" entspringt, dann ist dem Streben nach „eigener Vollkommenheit und

---

69  Porphyrios, Ad Marcellam 7, vgl. auch 12 und 13. Man denkt unwillkürlich an die gegenteilige Auskunft in Röm. 9,16: Ob wir Gott wohlgefällig sind, liegt „nicht an dem Wollenden oder Laufenden, sondern an Gottes Erbarmen."

70  Vgl. Kelsos, III,59; dazu Reimarus, Apologie (wie Anm. 4), Bd. 1, 157: „Des Celsus Worte [III,59] [...] sind vorzüglich merkwürdig, da er sagt: [...] bey den Christen würden alle Sünder, Ungerechte, Diebe, Mörder, zu der Reinigung und zu den Geheimnissen eingeladen"; vgl. auch Bodin, Colloquium heptaplomeres (wie Anm. 31), 263, der diesen Gedanken hier allerdings versehentlich Julian zuschreibt: „Julianus quidem apostata nimis impudenter ac impie Christi doctrinam calumniatus est, cum diceret: Latronibus ac sicariis impunitatem a Christo proponi."

71  Reimarus, Apologie (wie Anm. 4), Bd. 1, 156.

72  Ebd., Bd. 1, 121; Reimarus hat hier Markus 16,16 („wer aber nicht glaubt, wird verdammt") im Auge, eine Stelle, auf die auch Porphyrios (Frg. 91) bezugnimmt.

73  Reimarus, Apologie (wie Anm.4), Bd. 1, 156 f.; Reimarus zitiert Julian Caesares 336AB; auf dieselbe Stelle bezieht sich auch Anthony Collins, A discourse of free-thinking, London 1713, hg. von Günter Gawlick, Stuttgart-Bad Cannstatt 1965, 118.

Tugend", dann ist dem „Begriff von dem inneren Werth der Tugend" die Grundlage entzogen. Auf die Spitze getrieben ist die Entwertung moralischer Eigenaktivität durch die Diffamierung der „natürlichen [...] Tugenden" der Heiden als
„Schein-Tugenden, und splendida scelera". Für Kelsos, Porphyrios und Julian
wie für Reimarus liegen die fatalen Wirkungen eines solchen Glaubens auf die
Motivation zu moralischem Handeln auf der Hand: Wie kann jemand, der sein
Handeln an ihm ausrichtet, „in sich einen Bewegungsgrund, Reitz und Trieb haben, die Tugend um ihrer eigenen Vollkommenheit willlen zu lieben und zu üben,
oder die Laster wegen ihrer [...] Schändlichkeit zu verabscheuen?"[74]

Von ebenso grundsätzlicher Bedeutung wie die vom Christentum herbeigeführten Umbrüche im Moralverständnis ist seine Vorstellung einer *geschichtlichen* Offenbarung. Das Skandalon, in dessen Wahrnehmung und Bewertung
die drei spätantiken Philosophen und die Aufklärer einig waren, ist die räumlich
wie zeitlich begrenzte Zugänglichkeit einer gleichwohl als *notwendige* Heils-
bedingung für *alle* Menschen aufgefaßten Offenbarung: Wenn „Christus sich
als den Heilsweg [salutis via] offenbart" hat, so daß „in ihm allein [in seque
solo]" die Erlösung zu finden ist, wie läßt sich dann das Los „unzähliger Seelen",
die ohne eigene Schuld von ihm nichts wußten und daher der Verdammnis anheimfallen, mit den moralischen Eigenschaften Gottes vereinbaren? „Warum
hat sich der sogenannte Erlöser so viele Jahrhunderte verborgen gehalten?"[75]
Und warum hat er, als er dann erschien, das Evangelium nicht auf der „ganzen
bewohnten Erde [οἰκουμένη]", sondern in Palästina, „in einem derart entlegenen
Winkel" verbreitet? (Kelsos VI,78) Angesichts der (mit dem Titel eines der *Wolfenbütteler Fragmente* gesagt) „Unmöglichkeit einer Offenbarung, die alle Menschen auf eine gegründete Art glauben könnten", ist ein Heilsexklusivismus, der
auf eine solche Offenbarung gegründet ist, ungerecht, denn er impliziert den Aus
schluß zahlloser Menschen[76] von der Kenntnis dieser heilsnotwendigen Lehren
und Gebote. Gott, so resümiert Julian (Frg. 20) die christliche Sicht,

> sah es Myriaden [...] von Jahren ruhig an, wie die Völker vom Aufgang bis zum Nie-
> dergang der Sonne und vom Norden bis gen Mittag in größter Unwissenheit verharrten,

---

[74] Reimarus, Apologie (wie Anm. 4), 155–157; vgl. den Katalog tugendhafter Heiden in Julian,
Frg. 39, den schon Bodin aufnahm; Colloquium heptaplomeres (wie Anm. 31), 320; vgl. auch 305.
[75] Porphyrios, Frg. 81 (bei Augustinus und deshalb lateinisch überliefert): „Si Christus [...]
salutis se viam dicit, gratiam et veritatem, in seque solo ponit animis sibi credentibus reditum, quid
egerunt tot saeculorum homines ante Christum? [...] Quid [...] actum de tam innumeris animis, quae
omnino in culpa nulla sunt, si quidem is, cui credi posset, nondum adventum suum hominibus
commodarat? [...] Quare salvator, qui dictus est, sese tot saeculis subduxit?" Vgl. Kelsos, IV,7:
„Also jetzt, nach so langer Zeit, ist es ihm eingefallen, dem Leben der Menschen Gerechtigkeit zu
verschaffen [δικαιῶσαι]; früher hat er sich nicht darum gekümmert."
[76] Vgl. Porphyrios, Frg. 82: „Quid necesse fuit eum in ultimo venire tempore et non prius quam
innumerabilis periret hominum multitudo?"

mit Ausnahme eines dazu noch kleinen Geschlechts, das […] in einem Teile von Palästina seinen gemeinsamen Wohnsitz nahm. Warum also hat Gott uns nicht beachtet,
wenn er wirklich unser aller Gott und Schöpfer aller in gleicher Weise? […] Ist all das
nicht partikulär [οὐ μερικὰ πάντα ταῦτα ἐστι]?

Dieser Einwand begegnet in den spätantiken Quellen auf Schritt und Tritt. Seine
Verbreitung und Julians Wortwahl, die diesen zentralen Topos der Offenbarungs-
kritik der Aufklärung auch sprachlich (μερικά / „partikulär") in frappanter Weise
vorwegnimmt, belegen, daß der unvermeidliche „Partikularismus"[77] einer geschichtlichen Offenbarung nicht allein die Standards der aufgeklärten Moral
der Moderne verletzt, sondern daß der moralische *common sense* über die Epo-
chengrenzen hinweg gegen ihn rebelliert hat.

## *IV.*

Den Einfluß von Kelsos, Porphyrios und Julian auf die Philosophie der Aufklärung wird man aufs Ganze gesehen mit einer gewissen Zurückhaltung beurteilen
müssen. Weder sollte ihre Breitenwirkung überschätzt noch die sachliche Bedeutung der Anregungen, die sie einigen Religionskritikern der Epoche gaben, zu gering veranschlagt werden. Einerseits fehlte es manchen Philosophen des 17. und
18. Jahrhunderts offenbar an einer näheren Kenntnis der drei paganen Opponenten des Christentums, einigen sicher auch an einem einschlägigen Interesse; mit
seiner deutlichen Reserve („the Works of Julian, the Apostate […] are not much
worth the reading")[78] dürfte David Hume nicht alleingestanden haben. Andererseits haben die drei Heiden tatsächlich, beginnend mit Jean Bodin, dem Ahnherren der Religionskritik der Aufklärung, eine Reihe ihrer Protagonisten wie Voltaire, Reimarus und einige Vertreter des englischen Deismus inspiriert. Der Radi-
kalaufklärung haben Kelsos, Porphyrios und Julian starke Argumente zur Verfügung gestellt. Die Vergegenwärtigung ihrer Rezeption im 17. und 18. Jahrhundert
verschafft uns somit ein vollständigeres Bild der Religionskritik der Aufklärung.

Eine solche rezeptionsgeschichtliche Bestandsaufnahme sollte es jedoch nicht
mit einer bloßen Inventarisierung des argumentativen Arsenals, aus dem die Aufklärer sich in ihrer Opposition gegen das Christentum bedienten, bewenden lassen. Ihr eigentlicher Mehrwert besteht darin, daß sie eine angemessenere Würdi-

---

[77] Paalzow, Hierokles (wie Anm. 34), 332.

[78] David Hume, Brief an David Dalrymple, 3. 4. 1754. The letters, hg. von J.Y.T. Greig. Bd. 1,
Oxford 1932, 188 f. Es verwundert aber doch, daß diese schroffe Stellungnahme aus der Feder des (mit
Gibbon im Austausch stehenden) Verfassers der *Natural history of religion* stammt, dem es an Auf-
geschlossenheit gegenüber der paganen Religion und an Gespür für die Schattenseiten exklusivisti-
scher monotheistischer Religionen nicht gefehlt hat; vgl. M.A. Weber, David Hume und Edward
Gibbon, Frankfurt am Main 1990.

gung des sachlichen Ertrages der Religionskritik der Aufklärung in einer bis in die heutigen Debatten hinein neuralgischen Hinsicht ermöglicht. Im Kern geht es um die Frage, ob die Religionskritik der Aufklärung ihrem Gegenstand gerecht geworden ist oder aber auf Mißverständnissen und gewaltsamen Verzerrungen beruhte. Die Ansicht, daß das Christentum in der Aufklärung in der Tat aus einer anachronistischen Perspektive wahrgenommen und verworfen wurde, ist weit verbreitet. Die christlichen Lehren und ihr biblisches Fundament wurden, so heißt es immer wieder, auf das Prokrustesbett moderner Rationalitätsstandards und des neuzeitlichen Weltbildes gezwungen und damit mißverstanden und verfehlt – kurz: In der Aufklärung habe sich „die Theologie [...] mit einer ihr äußeren, fremden Instanz von Rationalität konfrontiert"[79] gesehen. Erst das Aufkommen des historischen Bewußtseins im weiteren Verlauf des 18. Jahrhunderts habe einer angemessenen Würdigung des Christentums den Weg gebahnt und es gegen die illegitime Kritik des „unangenehmen Krakeelers" Reimarus[80] und seiner Gesinnungsgenossen immunisiert.

Diese Gemeinplätze, der Anachronismusvorwurf und der häufig mit ihm einhergehende, noch pauschalere Topos vom mangelnden historischen Bewußtsein der Aufklärung sind nicht aufrechtzuerhalten. Die Spuren, die die spätantiken Debatten in der neuzeitlichen Religionskritik hinterlassen haben, und die Impulse, die von ihnen ausgingen, zeigen, daß diese Topoi an einem nicht überall, aber doch verbreitet anzutreffenden Zug der Religionskritik der Aufklärung vorbeigehen. Autoren wie Collins oder Reimarus beließen es keineswegs bei einer Aburteilung des Christentums vor dem Tribunal der modernen Rationalität. Die kritikstrategisch geschickten wie auch sachlich adäquaten Rückgriffe auf die paganen Einwände gegen das Christentum, bei denen es sich um alles andere als bloß ornamentale Gelehrsamkeit handelt, führen vor Augen, daß sie im Gegenteil darum bemüht waren, die *synchrone* Perspektive, aus der das Christentum von seinen spätantiken Gegnern ins Visier genommen worden war, in ihre eigene Optik zu integrieren.[81]

Aus der Anerkennung des historischen Abstands, der die modernen Kritiker des Christentums in mancher Hinsicht von diesem trennt, folgt keineswegs dessen Anspruch auf generelle Immunität gegenüber Prüfung und Kritik. Denn die Kelsos-, Porphyrios- und Julian-Referenzen bei Reimarus und anderen Aufklärern belegen, daß von einer Inkommensurabilität der jeweiligen Weltsichten kei

---

[79] Walter Sparn, Religiöse Aufklärung, in: Glaube und Denken 5 (1992), 85.

[80] Karl Barth, Kirchliche Dogmatik, Bd. 1.2, Zollikon ⁵1960, 384.

[81] Ein besonders illustratives Beispiel ist die vor der Mitte des 18. Jahrhunderts entstandene Schrift *De Jésus-Christ* (Paris, Bibliothèque Mazarine. Sign.: ms. 3561/2), deren Verfasser sich in die Perspektive eines kaiserzeitlichen Heiden versetzt, der das Christentum prüft. Aus diesem Grunde waren Manuskripte dieses Textes auch unter dem Titel *Celse moderne, ou reflexions sur Jésus-Christ* in Umlauf; vgl. Miguel Benítez, La face cachée des Lumières, Oxford 1994, 28.

ne Rede sein kann. Mit den wesentlichen Einwänden, die die Aufklärer gegen das Christentum erhoben, befanden sie sich in substantieller Übereinstimmung mit ihren spätantiken Vorgängern, die als Zeitgenossen über das Christentum urteilten.

Ein weiterer Aspekt der Wiederentdeckung von Kelsos, Porphyrios und Julian in der Aufklärung weist über diese Epoche hinaus: Die Vergegenwärtigung der in ihren Schriften faßbaren Dissense lenkte den Blick der Aufklärer auf die Risse in den geistigen Fundamenten des Abendlandes. Sie stellte die für das christliche Europa identitätsstiftende Vorstellung einer Synthese des Christentums mit der von der Antike ererbten Philosophie[82] in Frage. Genauer: Sie ließ die Fragwürdigkeit dieser Vorstellung noch deutlicher hervortreten. In mehr als einer Hinsicht lag ja eine Auflösung jener Synthese ohnehin in der Konsequenz zentraler Anliegen der Aufklärung: Nicht nur bezüglich des Glaubensbegriffs, des Wunderglaubens oder hinsichtlich der Entwertung moralischer Eigenaktivität durch die Gnaden- und Prädestinationslehre brachen Dissense auf, deren sich auch religionsphilosophisch moderate Aufklärer bewußt waren. Kants klare Worte, daß die biblische „Lehre von der Gnadenwahl […] mit der Lehre von der Freiheit, der Zurechnung der Handlungen und so mit der ganzen Moral unvereinbar" ist, vielmehr „alles […] in der Religion aufs Thun an[kommt]",[83] unterstreichen, zumal er hiermit nur das aus philosophischer Sicht Selbstverständliche betont, mit aller Schärfe die Unüberbrückbarkeit dieser Dissense.

Jene Synthese hat aber schon damals, in dem historischen Augenblick des erstmaligen Aufeinandertreffens von Christentum und Philosophie, nicht bestanden. Die von Gibbon und Hume beschriebene reale Gewaltsamkeit, mit der das Christentum sein Heils- und Wahrheitsmonopol in der antiken Welt durchsetzte, weist eindrücklich auf die Risse in den vermeintlich monolithischen Fundamenten des Abendlandes hin. Vor allem aber bezeugen dies die in den Schriften der paganen Platoniker dokumentierten philosophischen Unverträglichkeiten: Nicht erst im Lichte des neuzeitlichen Verständnisses von Naturgesetzlichkeit waren die biblischen Wunder fabulöse Vorgänge – sie waren es schon für einen Philosophen des 2. Jahrhunderts gewesen. Ungeachtet der Dämonologie der drei spätantiken Philosophen und ihrer ambivalenten Haltung zum Wunderbaren verläuft doch eine klare Trennlinie zwischen ihrer metaphysisch, erkenntnistheoretisch und religi-

---

[82] Diese bis heute geläufige Vorstellung hatten am Vorabend der Aufklärung vor allem zwei Autoren – in tendenziösen Interpretationen, aber mit beachtlicher Gelehrsamkeit – zu verteidigen versucht: Tobias Pfanner, Systema theologiae gentilis purioris, Qua Quam prope ad veram Religionem Gentiles accesserint, […] ostenditur, Basel 1679, und Pierre-Daniel Huet, Alnetanae quaestiones de concordia rationis & fidei. Quarum libro primo lex concordiae rationis et fidei, secundo dogmatum Christianorum et ethnicorum comparatio, tertio praeceptorum Christianorum et ethnicorum ad vitam pie recteque instituendam pertinentium comparatio continetur [¹1679], Paris 1693.

[83] Immanuel Kant, Der Streit der Fakultäten, Akad.-Ausg., Bd. 7, 41.

onskomparatistisch begründeten Bestreitung „naturwidriger" Ereignisse (Kelsos V,14) einerseits und der christlichen Suspendierung der Naturordnung, die im Glauben an die Auferstehung Jesu auf die Spitze getrieben wurde, andererseits. Die Entwertung menschlicher Eigenaktivität durch die christliche Gnadenlehre war nicht erst vom Standpunkt der modernen säkularen Moral aus gesehen anstößig. Schon Kelsos, Porphyrios und Julian hatten wahrgenommen, daß diese Idee einen fatalen Bruch im abendländischen Moralverständnis darstellt – und Collins, Holbach, Reimarus und viele andere machten sich diese Einsicht zu eigen. Indem die Aufklärer die Zäsuren, die das Christentum im abendländischen Welt- und Moralverständnis herbeigeführt hat, rückgängig zu machen trachteten, knüpften sie wieder an basale Vorstellungen an, die in der vorchristlichen Philosophie maßgeblich waren – und es wäre eine künstliche und sachlich unangemessene Zurückhaltung, wenn man nicht hinzusetzen würde, daß in den eben herangezogenen Beispielen die Perspektiven der vorchristlichen antiken und der heutigen, durch die Aufklärung hindurchgegangenen Philosophie konvergieren.

*Einer verbreiteten Ansicht zufolge sah sich das Christentum in der Aufklärung Einwänden ausgesetzt, die vom Standpunkt einer ihm fremden – neuzeitlichen – Rationalität aus entwickelt wurden und daher als anachronistisch und unangemessen zurückzuweisen sind. Tatsächlich jedoch griffen Religionskritiker der Aufklärung immer wieder auf Argumente zurück, mit denen bereits in der Spätantike Philosophen wie Kelsos, Porphyrios, Hierokles und Julian Apostata aus einer zeitgenössischen Perspektive dem Christentum entgegengetreten waren. Der Einfluß dieser spätantiken Philosophen auf die Religionskritik der Aufklärung wird exemplarisch anhand der Debatten über die Autorität der biblischen Offenbarung, der Wunderdiskussion und der Auseinandersetzung mit dem christlichen Moralverständnis dargestellt.*

*While ancient philosophy of both the classical and the Hellenistic period (Epicurus, Lucretius, Cicero) has always been recognized as an important source of inspiration for the Enlightenment philosophy of religion, the influence of sources of late antiquity has been largely neglected. However, an investigation of 17th- and 18th-century sources reveals the pervasive influence of antichristian arguments developed by Celsus, Porphyry and Julian Apostata (2nd–4th century). Anthony Collins, Hermann Samuel Reimarus, Voltaire and other Enlightenment critics of Christianity drew upon the ideas of these middle- and neo-platonists, thereby adding subtantially to the force of their objections against the biblical revelation, the belief in miracles and the Christian conception of morality.*

Prof. Dr. Winfried Schröder, Institut für Philosophie, Philipps-Universität, Wilhelm-Röpke-Str. 6B, D-35032 Marburg, E-Mail: wschroed@staff.uni-marburg.de

LAURENT JAFFRO

# Ist die Evidenz der Existenz des Anderen ein Modell für die Gotteserkenntnis?

## Berkeley, Hume, Reid und das „Argument des Irregulären"

### I. Zur Fragestellung der Rationalität der religiösen Erfahrung

Der völlige Gegensatz zwischen Glauben und Vernunft ist eine These, auf die ein radikaler Fideist und ein Hyperrationalist sich im Grenzfall einigen könnten. Allerdings stellt diese These ein Hindernis für das angemessene Verständnis sowohl der religiösen Erfahrung als auch der Vernunft dar. Sie ist nicht nur deswegen unwahrscheinlich, weil Personen, die diesem oder jenem Glaubensartikel anhängen, durchaus rationale Gründe haben können, diesen zu glauben, sondern auch deswegen, weil Vernunft, nicht zuletzt außerhalb religiöser Erfahrung, sich nicht auf die Ausübung absolut sicheren Erkennens reduziert, sondern auch Rückgriffe auf Wahrscheinlichkeiten vollzieht. Folglich ist nicht nur der Glaube für die Vernunft empfänglich, sondern die Vernunft auch für *den* bzw. *das* Glauben. Dabei wird Glauben im weiteren Sinne verstanden, wenn man den Begriff des – davon eingeschlossenen, im engeren Sinne verstandenen – religiösen Glaubens ausschließlich auf eine Glaubensüberzeugung bezieht, die keine anderen Beweise geltend macht als ihre Zeugnisse.

Von John Locke über David Hume bis hin zu Thomas Reid haben die Autoren, die während der britischen Aufklärung zu der Entwicklung der Religionsphilosophie beigetragen haben, gemeinsam, daß sie ihre Reflexionen auf einer Unterscheidung zwischen ‚Erkenntnis' und ‚Wahrscheinlichkeit' gründen, die sie zweifelsohne jeweils auf unterschiedliche Weisen auffassen. Insgesamt gesehen gestattet diese Unterscheidung die Besonderheit, den Anspruch der religiösen Erfahrung auf eine gewisse Rationalität Ernst zu nehmen und zu diskutieren. Genau das ist der Grund, warum die Religionsphilosophie, auf die diese Autoren sich stützen, eine ganz andere Färbung hat als die für das Freidenkertum charakteristische antireligiöse Verhöhnung, die so oft im Vordergrund der Geschichtsschreibung der Aufklärung steht. Selbst der Autor, der nicht nur dem Glauben der Anhänger geoffenbarter Religionen die gröbsten Schläge versetzt hat, sondern auch dem metaphysischen Glauben an einen Schöpfer der Natur, nämlich Hume, ist der

Aufklärung 21 · © Felix Meiner Verlag 2009 · ISSN 0178-7128

Auffassung, daß man die religiöse Erfahrung keineswegs verstehen kann, wenn man sie nur mit einem ganz und gar irrationalen Phänomenbereich in Verbindung setzt. Wenn sich irgendetwas im Verlauf religiöser Erfahrung als vernunftlos erweist, dann nämlich gerade die Vernunft selbst. Statt religiöse Erfahrung einfach auf Aberglauben oder Fanatismus zurückzuführen – was zu ihrer Erklärung nicht hinreichen würde –, sieht Hume in ihr eine tendenziell pathologische Ausübung der Vernunft.

Das Interesse, das Religionsphilosophie am Ende des 20. Jahrhunderts an Autoren wie Locke, Hume oder Reid nahm, drehte sich größtenteils um Fragen nach Vernunft bzw. Rationalität der Gläubigkeit und ihrer jeweiligen Rechtfertigung. Hinsichtlich der Vernünftigkeit der religiösen Erfahrung nun sind mehrere philosophische Haltungen möglich, denen zufolge man dieses oder jenes Merkmal dieser Erfahrung unterstreicht.

Eine erste verstehende, von Locke gut illustrierte Haltung besteht darin, den Gläubigen gewähren zu lassen, wenn dieser vorgibt, seine Gläubigkeit durch Glaubensgründe zu rechtfertigen. Gewiß unterscheidet sich der eigentliche Glaube von anderen Glaubenformen dadurch, daß er sich mit wahren Sätzen ‚jenseits der Vernunft' befaßt. Um allerdings ernsthaft zu glauben, daß P, muß man gute Gründe dafür haben zu glauben, daß P.[1] Das Wesentliche dieser Gründe findet sich in der Wahrscheinlichkeit ihrer Zeugnisse. Hume war sich der Tatsache sehr bewußt, daß Locke Partei für den Antifideismus ergriffen hatte. In den *Dialogues concerning Natural Religion* unterstreicht Cleanthes, daß genau diese Position eine Ausnahme hinsichtlich der für moderne Theologie typischen Allianz zwischen dem Skeptizismus gegenüber der Kraft natürlicher Vernunft und der Apologie eines übernatürlichen Glaubens darstellt:

> Locke seems to have been the first Christian, who ventur'd openly to assert, that Faith was nothing but a Species of Reason, that Religion was only a Branch of Philosophy, and that a Chain of Arguments, similar to that which establish'd any Truth in Morals, Politics, or Physics, was always employ'd in discovering all the Principles of Theology, natural and reveal'd.[2]

Eine derartige Auffassung erfordert eine Ethik der Gläubigkeit: Es ist die Pflicht des Gläubigen, aktiv die Gründe seines Glaubens zu erforschen. Ein Gläubiger kann zu nachlässig sein, wenn er irgendwie dazu getrieben ist, was auch immer

---

[1] Lockes Position ist zusammengefaßt in: John Locke, An Essay concerning Human Understanding, ed. Peter H. Nidditch, Oxford 1975, Buch IV, xvii, 24.

[2] David Hume, Dialogues Concerning Natural Religion, in: A. Wayne Colver (Ed.), D. H., The Natural History of Religion, John Vladimir Price (Ed.), D. H., Dialogues concerning Natural Religion, Oxford 1993, 156. (Die beiden Humetexte dieser Ausgabe werden im folgenden als NHR oder DNR zitiert). In Gaskins Ausgabe der *Dialogues* (J. C. A. Gaskin [Ed.], D. H., Principal Writings on Religion including Dialogues concerning Natural Religion and The Natural History of Religion, Oxford 1993) findet sich die zitierte Passage auf S. 40 f. (zitiert als: Gaskin).

für wahr zu halten. Verdienste sind ebenso erwerbbar, nämlich wenn er dazu in der Lage ist, sich mit den Einwänden auseinander zu setzen, die seine Gutgläubigkeit beim Anderen hervorrufen kann. Wenn man unter ‚Einwand' den Vorgang versteht, der einen Glauben einem durch eine psychologische Kausalität erklärbaren Phänomen angleicht, das unbemerkt beim Betroffenen wirkt, dann ist diese erste Haltung wenig kompatibel mit der Objektivierung des Glaubens. Denn sie erfordert eher, daß man den Prätentionen der Gläubigen Gehör schenkt, allerdings auch, daß man sie ohne Entgegenkommen kritisiert. Im Hinblick auf den Gläubigen muß der Philosoph in eine Diskussion eintreten, die dem Gesprächspartner vorab ein Bemühen um Vernunft zugesteht, die jeder Untersuchung innewohnt. Das Merkmal des religiösen Glaubens, das diese philosophische Haltung unterstreicht, ist unterstellbare Vernünftigkeit bzw. Rationalität.

Eine zweite Haltung besteht darin, die religiösen Erfahrungen als ein Ensemble aus mentalen, affektiven und sozialen Phänomenen zu objektivieren oder als eine Art anthropologische Tatsache, deren angemessene Genese es durch eine prinzipielle Berufung auf eine Kausalität psychologischer Natur zu schildern gilt. Das ist ein Ansatz, dessen Hume sich häufig bedient, besonders in *Natural History of Religion* oder in seinem Essay *Of Superstition and Enthousiasm*. Die kausale Erklärung der religiösen Überzeugungen spricht affektiven Determinanten die Hauptrolle zu. Diese objektivierende Haltung stellt die Vernünftigkeit der religiösen Erfahrung etwas in den Hintergrund und verleiht statt dessen einem weiteren ihrer Charakterzüge eine wichtige Bedeutung: der Spontaneität, dem alltäglichen Charakter des religiösen Glaubens, seiner Natürlichkeit also in einem mehr oder weniger starken Sinn. Die objektivierende Haltung bezieht dieses Merkmal auf eine von den Absichten der betroffenen Handelnden unabhängige Kausalität. Diesem Ansatz zufolge haben wir spontan und üblicherweise religiöse Überzeugungen aus dem einfachen Grund, weil sehr alltägliche psychologische Mechanismen in uns solche Überzeugungen hervorrufen. Allerdings muß zwischen Natürlichkeit in zweifacher Hinsicht unterschieden werden: einer Natürlichkeit im stärkeren Sinne, die eine aktuell gegebene Universalität und Gleichförmigkeit impliziert und einer Natürlichkeit im schwächeren Sinne, mit der einfach eine Potentialität der menschlichen Natur bezeichnet wird, die imstande ist, sich mehr oder weniger vielfältig geltend zu machen. Es ist fragwürdig, ob religiöse Überzeugungen im stärkeren Sinne natürlich sind. Darüber hinaus ist das Merkmal der Natürlichkeit, auch der schwächeren, ambivalent und seine Auslegung erfordert eine aufmerksame Analyse.

In der Tat kann man sich über das Merkmal der ‚Natürlichkeit im Klaren sein, ohne dabei die objektivierende Haltung anzunehmen. Eine verstehende Haltung kann der Natürlichkeit durchaus diesen Gefallen tun, ist sie doch prinzipiell keinesfalls inkompatibel mit dem Merkmal der Vernünftigkeit. Doch Locke war der These der eingeborenen Ideen feindlich genug gesinnt, um der Spontaneität der religiösen Überzeugungen nicht diese Bedeutung zu verleihen: Diese Spontaneität war für ihn nicht ein Anzeichen der Existenz einer Form von religiösem Instinkt, sondern der Universalität der Vernunft und der Stärke der Traditionen. Aus genau diesem Grund findet man, nicht im Werk Lockes, sondern eher in der Philosophie des Gemeinsinns, und vor allem bei Reid, eine verstehende Haltung, die das Merkmal der Natürlichkeit in den Vordergrund stellt. Man interpretiert dann die Unwiderstehlichkeit der Überzeugungen des Glaubens als Hinweis auf eine instinktive Form der Vernunft. In dieser sozusagen anti-begründenden Konzeption tendiert man dazu, die religiösen Überzeugungen mit Grundüberzeugungen gleichzusetzen oder sie wenigstens in Bezug zu solchen Gläubigkeiten zu setzen, die nicht durch ein zusätzliches fundamentierendes Unterfangen gerechtfertigt werden müssen.

Unser Blick auf das Ensemble dieser Kontroversen und besonders auf den Beitrag Humes ist ziemlich abhängig von den zentralen Interessen heutiger Philosophie. Mit Alvin Plantinga und Nicholas Wolterstorff hat die Religionsphilosophie gegen Ende des 20. Jahrhunderts eine beachtliche Neubelebung unter dem Namen „*Reformed epistemology*" erfahren. Diese Schule kritisiert die These, der zufolge religiöse Überzeugungen als solche suspekt sind und gerechtfertigt werden müssen, um die Bewährungsprobe des Skeptizismus bestehen zu können. Diese reformierte Erkenntnistheorie hat der Ethik der Überzeugungen im Rahmen einer Theorie der epistemischen Tugenden eine große Bedeutung verliehen.[3] Sie ist an der Lockeschen Form interessiert, die als Reidsche Form der verstehenden Haltung aufgefaßt wird. Die Autoren, die sich dieser Schule verschrieben haben, tendieren dazu, Hume zu einem Prügelknaben zu machen, der den radikalen Skeptizismus und die psychologische Objektivierung der Glaubensüberzeugungen verkörpere. Die wahren Sachverhalte sind indessen nicht ganz so einfach.

Denn wenn es auch gewiß nicht zu bezweifeln ist, daß ein Hauptbeitrag Humes zur Religionsphilosophie darin besteht, in Anbetracht von Glaubensüberzeugungen eine objektivierende Haltung einzunehmen – letztlich praktiziert er eine Naturgeschichte religiöser Überzeugungen –, hat Hume es jedoch andererseits auch verstanden, in den Dialog mit den Philosophen zu treten, die eine verstehende Haltung einnahmen und natürlich mußte auch er über die Merkmale der Vernünftigkeit und der Natürlichkeit Rechenschaft ablegen. Im dritten Teil des *Dialogues concerning Natural Religion* präsentiert Cleanthes ein Argument, das ich als ‚pragmatisch' qualifizieren möchte. In der Forschung bezieht man sich traditio-

---

[3] Zur Darlegung des Interesses an der von Locke und Reid reformierten Erkenntnistheorie vgl. Nicolas Wolterstorff, John Locke and the Ethics of Belief, Cambridge 1996, X-XX. Zum aktuellen Diskussionsstand vgl. die Übersicht von Roger Pouivet (Qu'est-ce que croire?, Paris 2003) und die Kritik von Jacques Bouveresse (Peut-on ne pas croire? Sur la vérité, la croyance et la foi, Marseille 2007).

nell unter dem Namen „Argument des Irregulären" darauf. Diese Bezeichnung sollte meines Erachtens jedoch einem Aspekt des pragmatischen Arguments vorbehalten sein.[4] Dem pragmatischen Argument zufolge haben wir keinen Anlaß dazu, der theistischen Folgerung zu mißtrauen, die uns die Organisation lebendiger Wesen als ein Zeichen der Intelligenz des Schöpfers verstehen läßt, und wir bedürfen keiner zusätzlichen Gründe dafür, uns auf diese Folgerung zu verlassen, da wir uns ihrer immer schon natürlich im Rahmen unserer Beziehung mit dem Anderen bedienen. Dieses Argument ist voll und ganz der Ausdruck einer verstehenden Haltung, welche die Merkmale Vernünftigkeit und Natürlichkeit gleichzeitig betont. Deswegen ist es interessant, diesem besonderen Argument etwas mehr Aufmerksamkeit zu schenken und seine Reichweite hinsichtlich der Vorbedingungen und Terminologie der Diskussion über die Rationalität der religiösen Erfahrung in der britischen Aufklärung zu beurteilen.

Die in diesem Beitrag verteidigte These besteht darin, daß das pragmatische Argument keine bloße Neuformulierung des Beweises für den experimentellen Theismus ist und daß seine Bedeutung sich nicht auf das rhetorische Geschäft der *Dialogues concerning Natural Religion* beschränkt. Es handelt sich um ein Argument, dessen Status von dem teleologischen Argument abweicht, welches in Kapitel II der *Dialogues* einen *ad rem*-Beweis für einen vorsehenden Schöpfer darstellt. Das pragmatische Argument ist bereits von Berkeley in den *Principles of Human Knowledge* und im *Alciphron* verwendet worden[5] und wird, allerdings beträchtlich transformiert, von Reid in seinen *Essays on the Intellectual Powers of Man*[6] aufgegriffen.[7] Seine Untersuchung erlaubt, Fortdauer und Problemgemeinschaft der fast ein Jahrhundert lang andauernden rationalen Theologie der britischen Philosophie zu ermessen und zu begreifen, daß der Humesche Beitrag, obwohl er eine Ausnahme zum apologetischen *mainstream* von Berkeley bis zu Reid bildet, dennoch mit seinen schottischen Kontrahenten die exakten Eckpfeiler der Fragestellung teilt.[8]

---

[4] Eine sehr summarische Aufstellung der Hauptinterpretationen des „Arguments der Irregulären", findet sich bei David O'Connor, Hume on Religion, London 2001, Kap. 5.

[5] Beide Texte werden zitiert nach: Michael A. Ayers (Ed.), George Berkeley, Philosophical Works, London 1993.

[6] Zitiert nach: Derek. R. Brookes (Ed.), Thomas Reid, Essays on the Intellectual Powers of Man, Edinburgh 1988.

[7] Auf diese Wiederverwendung durch Reid ist von Beryl Logan (The Irregular Argument in Hume's Dialogues, in: Hume Studies, 18/2 [1992], 483–500) aufmerksam gemacht worden, doch hat der Autor die Reidsche Unterscheidung zwischen primitiver natürlicher Gläubigkeit, die unmittelbar und Teil der Intelligenz ist – dieser Glauben ist in unserem täglichen Handeln mit dem Anderen am Werk – und dem Argument, das die rationale Theologie im Ausgang von dieser Gläubigkeit konstruiert, verwischt. Siehe hierzu unten.

[8] Zum geschichtlichen Überblick vgl. Derya Gurses Tarbuck, Rethinking the Secularist Enlightenment Project in Scotland, in: Intellectual History Review 17/3 (2007), 337–344.

## II. Die Frage nach der Rationalität der religiösen Erfahrung
### und das teleologische Argument

In seinen *Dialogues concerning Natural Religion* entwickelt Hume eine Diskussion, die sich im Wesentlichen mit der Legitimität desjenigen Teils der Metaphysik befaßt, den die rationale Theologie einnimmt, und dabei spezieller noch mit genau jenem Teil der rationalen Theologie, der aposteriorisch argumentiert und von den Protagonisten der *Dialogues* als „natürliche Religion"[9] bezeichnet wird. Es empfiehlt sich, zwischen dem metaphysischen Glauben an einen mit Verstand begabten Urheber und den religiösen Überzeugungen zu unterscheiden, die von den Angehörigen dieser oder jener besonderen Religion vertreten werden. In anderen Texten führt Hume eine Geschichtsschreibung religiöser Überzeugungen und ihrer kausalen Ursprünge vor, womit er die objektivierende Haltung mobilisiert. Da das Thema in den *Dialogues* die Gültigkeit der Folgerungen der rationalen Theologie ist, werden die Protagonisten zu einer Diskussion über die Relevanz einer verstehenden Haltung geführt, welche die Vernünftigkeit des Glaubens im Gebiet der rationalen Theologie ernst nimmt und sich fragt, auf welche Weise und bis zu welchem Punkt der metaphysische Glaube an einen Urheber der Natur gerechtfertigt ist.[10]

Die Humesche Religionsphilosophie gliedert sich in einen metaphysischen und einen historischen Teil. Diese Teile entsprechen den zwei Arten der Neugierde, die in *The Natural History of Religion* dargestellt werden. Die Folgerung, die uns über den „sichtbaren Ablauf der Dinge" hinaus zu einer „unsichtbaren intelligenten Macht" führt, kann nicht ohne Motiv sein. Aufgrund eines Theorems, welches im *Treatise of Human Nature* aufgezeigt wird und sich aus der These der Machtlosigkeit der Vernunft ableitet, ist dieses Motiv notwendigerweise affektiver Natur. Diese Schlußfolgerung reiht sich in diejenige Tradition ein, die

[9] Oder, wenn man so will, als „natürliche Theologie", in einer spezielleren Verwendung dieses formelhaften Ausdrucks, der traditionell den theologischen Inbegriff dessen bezeichnet, was auf *natürlicher* Ausübung der Vernunft und nicht auf der Offenbarung beruht. In den Dialogen sind „natural theology" und „natural religion" Synonyme für die ausgehend von der Naturbeobachtung argumentierende Theologie. Demea ist ein Gegner der natürlichen Theologie in Humes Auffassungsweise, doch der a priorische kosmologische Beweis, den er in Teil IX verteidigt, ist eine Wiedererrichtung natürlicher Theologie im geläufigen Sinne.

[10] Die Interpretation der *Dialogues concerning Natural Religion* ist aufgrund von Humes Gebrauch des Genres des ‚wahren' Dialogs heikel. Zu dieser sehr umstrittenen Frage vgl. insbesondere die Analysen in Jonathan Dancy, 'For Here the Author is Annihilated' : Reflections on Philosophical Aspects of the Use of the Dialogue Form in Hume's *Dialogues Concerning Natural Religion*, in: Timothy Smiley (Ed.), Philosophical Dialogues. Plato, Hume, Wittgenstein. David Hicks Lectures on Philosophy, Oxford 1995, (Proceedings of the British Academy 85), 29–60, und Martin Bell, The Relation between Literary Form and Philosophical Argument in Hume's *Dialogues concerning Natural Religion*, in: Hume Studies 18/2 (2001), 227–246.

der Religion wie auch den Nachforschungen über die Natur eine gemeinsame Quelle in der Neugierde zuspricht. Aber es empfiehlt sich, zwischen einer ,spekulativen Neugierde', d.h. der Wissensbegier, und den ,gewöhnlichen Affektionen des menschlichen Lebens' zu unterscheiden. Diese zweite Neugierde, die den volkstümlichen Religionen zugrunde liegt, besteht letztlich aus Todesangst, Rachedurst und ähnlichen Dingen.[11] Die *Dialogues concerning Natural Religion* nehmen eine parallele Unterscheidung zwischen Frömmigkeit und natürlicher Theologie vor.[12]

Im Inneren der rationalen Theologie empfiehlt es sich, eine Unterscheidung zwischen den beiden Aufgaben vorzunehmen, aus denen sie besteht. Gemäß der *Enquiry concerning Human Understanding* (IV, 1) hat die Vernunft tatsächlich zwei Arten von Gegenständen: die Beziehungen zwischen Ideen *(relations of ideas)* und die Fragen nach den Tatsachen *(matters of facts)*. Die Mathematik liefert Beispiele für die Beziehungen zwischen Ideen. Die Sätze, die diese Beziehungen ausdrücken, besitzen entweder intuitive oder demonstrative Gewißheit. Die Sätze, die sich mit Fragen nach den Tatsachen befassen, wie der, daß die Sonne morgen aufgehen wird, sind nicht beweisbar, denn ihre Negation impliziert keinen Widerspruch und sie sind zudem kein Objekt der Anschauung. Parallel dazu kann die rationale Theologie, insoweit sie auf der Ausübung der Vernunft beruht, a priori oder a posteriori sein.

Schlüsse über Tatsachen basieren auf der Kausalitätsbeziehung, denn einzig diese Relation erlaubt es, die Gegebenheiten der Erinnerung oder der Empfindung zu übersteigen und zu einer Folgerung von einem gegenwärtigen hin zu einem abwesenden Sachverhalt überzugehen. „Ein Mann, der eine Uhr oder ein anderes Gerät auf einer einsamen Insel findet, schließt daraus, daß eines Tages bereits menschliche Wesen auf dieser Insel gewesen sein müssen". Diese Schlußfolgerung bildet eine Glaubensüberzeugung im Humeschen Sinn: Sie ist eine Zustimmung zu einem Satz, der sich mit den Tatsachen befaßt und der die Existenz dessen bejaht, was über die Sinne oder die Erinnerung hinausreicht.

Man erkennt in der Humeschen Unterscheidung zwischen den beweisbaren und den ,moralischen', d.h. den wahrscheinlichen Schlüssen eine Neuformulierung der Lockeschen Unterscheidung zwischen Erkenntnis und Wahrscheinlichkeit. Locke bediente sich dieser Unterscheidung, um Kontinuität sowie Verschiedenheit der Ausübung der Vernunft durch ihre unterschiedlichen Bereiche hindurch zu bekräftigen – Mathematik, Moraltheorie, Physik und Chemie, Religion usw. Hume hingegen gebrauchte sie als ein disjunktives Werkzeug, das die Beseitigung sophistischer Sätze erlaubt, seien es solche, die Quantität und die Anzahl betreffen, oder solche, die Existenz und Tatsachenfragen betreffen. In dem einen

---

[11] NHR (wie Anm. 2), 32.
[12] DNR (wie Anm. 2), 146; Gaskin (wie Anm. 2), 32.

wie in dem anderen Fall kann der jeweilige Satz wahr oder falsch sein. Aber eine dritte Art von Sätzen gibt es nicht. Wie die Schlußfolgerung des XII. Teils der *Enquiry concerning Human Understanding* auf provokative Weise bekräftigt, sind ein theologisches Werk oder eine metaphysische Scholastik, sofern sie nicht Sätze der einen oder anderen Art beinhalten, „ins Feuer zu werfen".

Nun behauptet die von Cleanthes in den *Dialogues* verteidigte natürliche Religion jedoch, auf einer Argumentation in puncto Tatsachen zu basieren. Ist dieser Anspruch legitim? Beginnen wir damit, uns das teleologische Argument in seiner ersten Formulierung im Teil II[13] in Erinnerung zu rufen:

(1) Im gesamten Universum weisen die Lebewesen einen komplexen organisierten Aufbau auf. Das Universum seinerseits ist in seiner Eigenschaft als Ganzes organisiert.

(2) Diese Organisation ähnelt unter mehreren Aspekten derjenigen technischer Objekte.

(3) Ein technischer Aufbau setzt eine technische Intelligenz voraus, die ihn erzeugt.

(4) Ausgehend von (2) und (3) und per Analogie schlußfolgert man, daß das Universum von einem planvoll schaffenden Gott erzeugt worden ist, dessen Intelligenz derjenigen einer technischen Intelligenz ähnelt.

Cleanthes präsentiert dieses Argument als eine Folgerung, die sich ganz und gar a posteriori entwickelt. Unter diesem Aspekt muß die Folgerung Regeln gehorchen, die gewöhnlich für kausale Folgerungen gelten und das Verhältnis zwischen Ursache und Wirkung und die wechselseitige Beziehung zwischen der Gleichartigkeit der Ursachen und der der Wirkungen betreffen. Die Proportionsregel setzt also Cleanthes' Argument der Gefahr des Anthropomorphismus aus, wie Teil IV aufzeigen wird: der Schöpfer wird einem Techniker gleichgesetzt, dessen Intelligenz dem technischen Objekt entsprechend diskursiv und endlich ist. Um den Anthropomorphismus umgehen zu können, müßte die Eminenz und Transzendenz Gottes bekräftigt werden, jedoch wäre das teleologische Argument in diesem Fall sehr geschwächt. Die Regel der Gleichartigkeit führt ebenfalls zu einigen Schwierigkeiten, die im Teil II behandelt und im Teil V entwickelt werden: Wir verfügen über keine Erfahrung, die uns erlaubte, über die Gleichartigkeit der Wirkungen oder über die der Ursachen zu sprechen, denn die Erschaffung des Universums ist kein sich häufig wiederholendes Ereignis, dessen nähere Umstände und Randerscheinungen wir beobachten können. Zudem schmälern wir jedes Mal die Wahrscheinlichkeit der theistischen Folgerung, wenn wir Motive dafür haben, den Grad der Gleichartigkeit der Wirkungen zu verringern.

---

[13] DNR (wie Anm. 2), 161 f.; Gaskin (wie Anm. 2), 45.

Wie John Mackie unterstrichen hat, kann man bezweifeln, daß das teleologische Argument gänzlich a posteriori ist. Wenn es so wäre, würde seine Unzulänglichkeit ins Auge stechen, denn wir verfügen nicht über eine Erfahrung, welche die theistische Erklärung wahrscheinlicher macht als etwa eine materialistische oder eine evolutionistische. Um irgendeine Glaubhaftigkeit zu vermitteln, muß das teleologische Argument von der These Gebrauch machen, nach welcher ein organisierter Aufbau sich besser durch intellektuelle Faktoren als durch materielle Faktoren erklären läßt: Es wäre demgemäß unmöglich, sich vom Aufbau der Materie Rechenschaft abzulegen, wenn man dabei nicht auf eine gedankliche Ordnung zurückgriffe. Nun läuft aber diese These darauf hinaus, das teleologische Argument auf das kosmologische Argument zu stützen und folglich aus ihm ein teilweise apriorisches Argument zu machen. Aus diesem Grund fallen die Schwächen des kosmologischen Arguments, die von der Kontingenz der Welt ausgehen, um die Notwendigkeit eines ersten Grundes zu schlußfolgern, auf das teleologische Argument zurück.[14]

In der Auffassung von Cleanthes ist das teleologische Argument ein aposteriorischer Gedankengang, der auf Prämissen und Regeln der Folgerung beruht. Der Glaube, daß das Universum von einem intelligenten Schöpfer erzeugt worden ist, wird auf der Basis von Glaubensgründen erlangt, die im Lockeschen Begriffsverständnis den Status von Wahrscheinlichkeiten besitzen.

### III. Das pragmatische Argument: die Erkenntnis des Anderen als Paradigma der Gotteserkenntnis

Es war wichtig, die wesentlichen Einwände gegen das formale teleologische Argument vorab zu präsentieren, weil der Rückgriff auf ein zweites, pragmatisches Argument relativ zu diesen Einwänden begriffen werden muß. Dieses neue Argument hat den Status einer indirekten, gegen den Standpunkt des Einwendenden gerichteten Erwiderung oder, wenn man es vorzieht, den Status eines *argumentum ad hominem*, das die Überzeugungen des Gemeinsinns gegen die Einwände der skeptischen Philosophie zurückwendet.[15] Genau so führt Cleanthes das Argument des dritten Teils vor:

---

[14] John L. Mackie, The Miracle of Theism. Arguments for and against the Existence of God, Oxford 1982, 144.

[15] Zur Erwiderung vgl. Laurent Jaffro, Les recours philosophiques au sens commun dans les Lumières britanniques, In: Pierre Guenancia, Jean-Pierre Sylvestre (Ed.), Le Sens commun, Dijon 2004, 19–45.

> Your objections, I must freely tell you, are no better than the abstruse cavils of those philosophers who denied motion; and ought to be refuted in the same manner, by illustrations, examples, and instances, rather than by serious argument and philosophy.[16]

Das zweite Argument ist also wie ein Beweis der Bewegung durch das Gehen. Auch Reid versichert, daß unsere Fähigkeit, den Anderen als Person zu erkennen, gar nicht erst angefochten werden könne, ohne daß man bereits „*particular instances*"[17] produziere, welche die Absurdität gerade dieser Anfechtung aufzeigten. Es geht hierbei nicht um einen formalen Schluß, sondern um die Beglaubigung des Einflusses einer unmittelbaren unwiderstehlichen Überzeugung, dem sogar der Skeptiker unterliege. Diese Überzeugung dränge sich dem Philosophen genau so wie dem allerdümmsten Menschen auf. Ohne daß es sich um eine exakte und vollständige Wiederaufnahme des im III. Teil von Cleanthes hervorgehobenen pragmatischen Arguments handelte, gesteht auch Philon in Teil XII ein, daß niemand auf Dauer um die Überzeugung herumkomme, daß am Ursprung des Universums eine Kausalität analog zu derjenigen einer Intelligenz existiere: „A Purpose, an Intention, a Design, strikes every where the most careless, the most stupid Thinker; and no man can be so harden'd in absurd Systems, as at all times to reject it".[18] Man kann sagen, daß Reid und die beiden Humeschen Dialogpartner, Cleanthes und Philon, sich des pragmatischen Arguments in verschiedenen Formen bedienen.

Betrachten wir einmal, auf welche Weise Cleanthes das tut: „Consider, anatomize the Eye: Survey its Structure and Contrivance; and tell me, from your own Feeling, if the Idea of a Contriver does not immediately flow in upon you with a Force like that of Sensation".[19] Wenn man mit Philon behauptet, daß das teleologische Argument den ‚Prinzipien der Logik' widerspricht – ‚Logik' schließt hier Regeln wahrscheinlicher Schlüsse hinsichtlich von Tatsachenfragen ein –, bleibt doch die Tatsache bestehen, daß es einen „universellen, unwiderstehlichen Einfluß"[20] gibt und daß er, wenn man es so sagen darf, funktioniert. Genau in dieser Hinsicht wird das Argument als ‚irregulär' bezeichnet, wie das Schöne, das gefällt, obgleich es keinem kritischen Kanon genügt.

Es ist umstritten, ob das teleologische Argument des II. Teils und das irreguläre Argument des III. Teils der *Dialogues* zwei Versionen des gleichen Arguments oder zwei verschiedene Argumente darstellen. Zur Klärung dieses Punktes muß man damit beginnen zu unterscheiden zwischen der ersten Ebene des irregulären Arguments, d. h. dem Beweis für den teleologischen Zweck durch seine An-

---

16  DNR (wie Anm. 2), 173; Gaskin (wie Anm. 2), 54 f.
17  Reid, Essays (wie Anm. 6), 504.
18  DNR (wie Anm. 2), 245; Gaskin (wie Anm. 2), 116.
19  DNR (wie Anm. 2), 176 f.; Gaskin (wie Anm. 2), 56.
20  DNR (wie Anm. 2), 177; Gaskin (wie Anm. 2), 57.

zeichen in der Natur – die unwiderstehliche Überzeugung –, und der zweiten Ebene des pragmatischen Arguments – der Beglaubigung des Einflusses der unwiderstehlichen Überzeugung –, welche zeigt, daß sich das irreguläre Argument allen
aufdrängt. Das Genie Humes besteht darin, im III. Teil kontrafaktische Kontexte
vorzuschlagen – und zwar die zwei von Cleanthes dargelegten Denkerfahrungen
der Stimme, die durch die Wolken hindurch spricht, und lebende Bücher – die es
als evident erscheinen lassen, daß wir mit größter Leichtigkeit und Vertrauen zu
der Folgerung voranschreiten, von welcher der Skeptiker behauptet, sie sei
schwierig und nicht vertrauenswürdig. Unabhängig von diesen Denkerfahrungen
drückt sich das pragmatische Argument wie folgt aus: „Whatever Cavils may be
urg'd; an orderly World, as well as a coherent, articulated Speech, will still be re-
ceiv'd as an incontestible Proof of Design and Intention".[21]

In dieser Passage wird das irreguläre Argument eigentlich vom „proof of design
and intention" gebildet, d. h. einer aus Zeichen abgeleiteten Schlußfolgerung. Das
pragmatische Argument besteht darin, daß wir uns nicht davon abhalten können,
auf natürliche Weise zu der Folgerung zu kommen, von der Kritiker formaler Ar-
gumentationen sagen, daß sie keine hinreichenden Gründe aufweisen. Zusammengefaßt läuft das pragmatische Argument auf die Existenz eines irregulären
Arguments hinaus, welches sich jedem auferlegt, den Skeptiker eingeschlossen,
der das reguläre Argument anficht. Die Natürlichkeit der Schlußfolgerung – und
die Abwesenheit von Glaubensgründen, die Wahrscheinlichkeiten sind, aber als
explizite Beweise verstanden werden – verhindern nicht ihre Vernünftigkeit, wie
Cleanthes betont:

> The declar'd Profession of every reasonable Sceptic is only to reject abstruse, remote,
> and refin'd arguments; to adhere to common Sense and the plain Instincts of Nature;
> and to assent, wherever any Reasons strike him with so full a Force that he cannot, with-
> out the greatest Violence, prevent it.[22]

Kurz gesagt, ist das pragmatische Argument nicht eine simple Neuformulierung
des ersten, sondern unterscheidet sich von ihm exakt in der Weise, wie ein indi-
rektes *argumentum ad hominem* von dem direkten *argumentum ad rem* abweicht,
an dessen Stelle es tritt. Im Gegenzug behält das pragmatische Argument den kognitiven Kern der theistischen Schlußfolgerung, aber es verleiht ihm den Status
einer unwiderstehlichen Überzeugung und nicht den eines formalen Vernunft-
schlusses. Nur unter diesem Aspekt, der dem entspricht, was ich oben als erstes
Niveau bezeichnet habe, kann man dafür eintreten, daß die Teile II und III das gleiche Argument betreffen.

---

[21] DNR (wie Anm. 2), 178; Gaskin (wie Anm. 2), 57.
[22] DNR (wie Anm. 2), 176; Gaskin (wie Anm. 2), 56.

Dieses *ad hominem* Argument wurde von Berkeley und zwar hauptsächlich im vierten Dialog von *Alciphron* formuliert. Die Person gleichen Namens fordert einen Beweis von Gott, der einer Tatsachenfrage angeglichen sei, schließlich handele es sich um die Existenz Gottes. Rekonstruieren wir das Argument, so wie es in der Diskussion zwischen Euphranor und Alciphron auftritt:

(1) Um P zu glauben, braucht man Gründe dafür, daß P, ansonsten handle es sich bei der Überzeugung um ein einfaches Vorurteil, von dem man loskommen sollte.

(2) Da P hier ist, daß Gott existiert, braucht es, um zu glauben, daß P, Gründe dafür, es zu glauben, welche ein Existenzurteil ausmachen: Nun heißt es aber, „daß eine Tatsachenfrage nicht mit Begriffen, sondern mit Tatsachen bewiesen wird".[23] Es gilt also Beobachtungstatsachen zu entdecken, welche die Existenz Gottes beglaubigen.

(3) Nun praktizieren wir aber spontan und tagtäglich diesen Folgerungstyp in unseren Beziehungen zu anderen Personen.[24]

(4) Es wäre inkohärent, diese Folgerung nur im Fall der Erkenntnis des Anderen für gültig zu halten und nicht auch im Fall der Erkenntnis von Gott.

Es ist bemerkenswert, daß dieses Argument, das die beiden Merkmale der Natürlichkeit und der Vernünftigkeit vereinigt, als Erwiderung hinsichtlich der Anfangsthese Alciphrons präsentiert wird, der nur das glaubt, was er sieht. Nun kann er aber nicht verneinen, daß er den Anderen ‚sieht' oder wenigstens Anzeichen für den Anderen sieht. Der epistemische Zugang zur Person des Anderen, so wie sie sich durch ihre Gesten, ihren Körper und ihr Sprechen bezeichnet, und der epistemische Zugang zu Gott als Naturschöpfer haben exakt den gleichen Status. Als Alciphron bestreitet, daß man einen epistemischen Zugang zur Existenz Gottes haben könne, entgegnet ihm Euphranor, daß es bereits einen solchen epistemischen Zugang in der Erfahrung des Gesprächsaustauschs mit dem Anderen gebe. Das pragmatische Argument ist kohärentistisch.

Der vierte Dialog des *Alciphron* entwickelt Ausführungen Berkeleys in §§ 146–148 der *Principles of Human Knowledge*. Hier konzentriert sich die Argumentation auf zwei Thesen: (1) Die intelligente Ursache wird durch eine sinnlich wahrnehmbare Wirkung angezeigt; (2) man kann diese Wirkung im engeren Sinne sehen, man kann aber auch den intelligenten Grund im übertragenen Sinne ‚sehen', insoweit er durch die sichtbare Wirkung angezeigt wird. Es ist offensichtlich, daß diese beiden Thesen im interpersonellen Austausch Anwendung finden. Doch wäre es inkohärent, sie nicht auch für die Erkenntnis Gottes anzuwenden,

---

[23] Berkeley, Alciphron (wie Anm. 5), IV.3.
[24] Vgl. ebd., IV.5.

dessen Wirkung die Natur ist, oder genauer gesagt das Ganze der Natur. Denen, die vorgeben, Gott nicht zu sehen, muß man antworten, daß man Gott genau in der Weise sehen kann, wie man einen anderen Menschen sieht:

> We do not see a man, if by *man* is meant that which lives, moves, perceives, and thinks as we do: but only such a certain collection of ideas, as directs us to think there is a distinct principle of thought and motion like to ourselves, accompanying and represented by it. And after the same manner we see God; all the difference is, that whereas some one finite and narrow assemblage of ideas denotes a particular human mind, whithersoever we direct our view, we do at all times and in all places perceive manifest tokens of the divinity: everything we see, hear, feel, or any wise perceive by sense, being a sign or effect of the Power of God; as is our perception of those very motions, which are produced by men.[25]

Gott, der Grund für alles in der Natur ist, wird durch alles angezeigt. In diesem Sinne kann Berkeley sagen, daß die Existenz Gottes sogar offensichtlicher ist als die des Anderen, der durch nichts als durch eine beschränkte Indizienansammlung angezeigt wird. Man kann gegen Berkeley zunächst einwenden, daß das Argument, weit davon entfernt zu zeigen, daß Gott der Grund für alles ist, ihn tatsächlich voraussetzt. Man wird jedoch sehen, daß ein Argument dieses Typs nicht den Anspruch erhebt, ein Beweis für die Existenz Gottes zu sein. Ein seriöserer Einwand besteht darin, daß, wenn alles Gott anzeigt, die dadurch bezeichnete Person viel weniger determiniert und singularisiert ist als der Andere im Fall des Menschen. Das Sprechen, die Taten und die Gesten Gottes sind überall, so daß ihnen Endlichkeit und Partikularität der Zeichen fehlt, die sich in unserer Erfahrung des Anderen als diskriminierend erweisen.

Meine Untersuchung über das irreguläre Argument geht bis auf Berkeley zurück. Ein Mediävist aber dürfte seine Geschichte noch weiter entlang der Kommentare zu *De Anima* (II, 6) zurückverfolgen, wo es um die Frage nach dem akzidentell Sinnlichen geht: Nach Aristoteles wird der Sohn des Diares nicht direkt wahrgenommen, sondern das Weiße. Aber da es der Sohn des Diares ist, welcher weiß ist, kann man sagen, daß man den Sohn des Diares akzidentell wahrnimmt. Das pragmatische Argument läuft darauf hinaus zu sagen, daß man Gott nicht anders als akzidentell wahrnehmen kann, sobald man die Dinge der Natur direkt betrachtet.

### IV. Philons Zugeständnis: metaphysisch oder religiös?

Einigen Kommentatoren folgend, könnte man denken, daß das pragmatische Argument von Philon in der Konklusion der *Dialogues* akzeptiert worden ist. Dieser so umstrittene Punkt verdient eine Untersuchung. Im vorletzten Paragraph des

---

[25] Berkeley, Principles of Human Knowledge (wie Anm. 5), 149 f., § 148.

XII. Teils steht Philons Zugeständnis einer Proposition, die das, was im experimentellen Theismus zulässig ist, resümiert, unter einer Bedingung. Die Proposition lautet: „The Cause or Causes of Order in the Universe probably bear some remote Analogy to Human Intelligence".[26]

Philon insistiert auf der Unbestimmtheit dieses Satzes. Diese schließt die Pluralität der Gründe nicht aus und bildet in dieser Hinsicht kein Weiterkommen bezüglich des Stands der Debatte zu Beginn des VI. Teils. Die Proposition erwähnt nur eine entfernte Analogie mit technischer Intelligenz. Aufrechterhalten werden kann sie unter den Bedingungen:

(1) daß sie nicht weiter spezifiziert wird;
(2) daß sie die Handlung und allgemeiner das Leben nicht beeinflußt;
(3) daß sie eine Analogie allein mit der Intelligenz erwähnt und nicht mit den „anderen Eigenschaften des Geistes".

Diese drei Bedingungen haben nicht genau den gleichen Status. Die zweite Bedingung ist unabhängig von der Haltung desjenigen erfüllt, der seine Zustimmung zu der Proposition gibt. Bei dieser handelt es sich ja um einen spekulativen Satz, der einen Vernunftschluß ausdrückt, der als solcher weder eine aktive Handlung noch irgendein passives Befinden induzieren kann. Denn die Proposition repräsentiert einen Tatbestand bezüglich der Welt. Oder genauer gesagt, sie gibt vor, diesen zu repräsentieren und zwar im Unterschied zu Propositionen überhaupt der Religion, die zur Umgestaltung unseres Lebens anregen und das mit dem Mittel der affektiven Dispositionen erreichen, die sie begleiten. Diese zweite Bedingung jedoch bezieht sich nicht auf den Inhalt der Proposition, sondern auf ein allgemeines Merkmal der Vernunft – ihr motivationales Unvermögen –, das von der ausgeübten Überzeugung, diese Proposition für wahr zu halten, mitvollzogen wird. Wie Demea es bereits zu Beginn des VI. Teils gesagt hat: „To all the Purposes of Life, the Theory of Religion becomes altogether useless".[27]

Die erste Bedingung ist nicht automatisch erfüllt, denn sie betrifft das, was man in die Proposition legt: Es hängt von dem ab, der diesen spekulativen Vorschlag für wahr hält, sich zu untersagen, ihm einen wohlbestimmteren Inhalt zu verlei-

---

[26] DNR (wie Anm. 2), 260; Gaskin (wie Anm. 2), 129.

[27] DNR (wie Anm. 2), 195; Gaskin (wie Anm. 2), 72. Siehe den Essay *The Sceptic:* „Some passions or inclinations, in the enjoyment of their object, are not so steady or constant as others, nor convey such durable pleasure and satisfaction. Philosophical devotion, for instance, like the enthusiasm of a poet, is the transitory effect of high spirits, great leisure, a fine genius, and a habit of study and contemplation: But notwithstanding all these circumstances, an abstract, invisible object, like that which natural religion alone presents to us, cannot long actuate the mind, or be of any moment in life" (zitiert nach: Eugene F. Miller (Ed.), David Hume, Essays – Moral, Political, Literary, Indianapolis 1987, 167).

hen, sei es in der Richtung Cleanthes' – ein einziger, persönlicher Gott, dessen Intelligenz technischer Natur ist –, sei es in einer der von Philon avisierten exzentrischen Richtungen, wenn er seiner metaphysischen Einbildungskraft freien Lauf läßt. Am Ende des V. Teils widmet sich Philon exakt in bezug auf die Unbestimmtheit der Proposition einer Reihe von Mutmaßungen über den kindlichen, den inkompetenten oder den dementen Gott.[28] Doch die Unbestimmtheit der Proposition ist derart, daß die minimale metaphysische Überzeugung genauso gut die eines Atheisten wie die eines Theisten sein kann. Wie Philon etwas weiter unten im Teil XII gezeigt hat, insistiert der Theist, je gottesfürchtiger er ist, desto mehr auf der Abgelegenheit der Analogie zwischen göttlichem und menschlichem Geist, um die Transzendenz des ersteren zu unterstreichen. Doch genau dann, wenn diese Analogie weit hergeholt ist, wird der Atheist auch nicht die Zustimmung zu ihr ablehnen können.[29] Die Kontroverse ist rein verbal, wie jede Kontroverse, die sich mit der Frage der näheren Bestimmung eines Grades an Qualität beschäftigt, d. h. mit dem, was nicht genau meßbar ist. Bis zu einem gewissen Punkt gibt es eine Analogie zwischen der menschlichen Intelligenz und der Qualität des Ursache oder der Ursachen für die Ordnung des Universums. Aber bis zu welchem Punkt? Eine Präzision ist in diesem Fall aufgrund der Vorbedingungen der Frage ausgeschlossen.

Die dritte Bedingung befaßt sich ebenfalls mit dem Inhalt der Proposition. Sie drängt sich denen auf, die die Resultate der Teile X und XI als definitive Errungenschaften ansehen, also davon überzeugt sind, daß die Existenz des natürlichen Bösen in der Welt keine höhere Bedeutung hat und nicht teleologisch erklärt werden kann. Von der Existenz dieses Bösen kann eine Zusammenfügung materieller Umstände Rechenschaft ablegen. Sie ist mit der Zuschreibung moralischer Eigenschaften an die Ursache der Welt inkompatibel.

Es ist zudem wichtig zu unterstreichen, daß diese Proposition Gegenstand einer Zustimmung ist, welche von Philon als „philosophisch" bezeichnet wird. Wie ist das zu verstehen? Bedeutet es, daß die minimale Proposition der natürlichen Religion kein Gegenstand einer natürlichen Überzeugung im Sinne einer spontanen und gemeinsamen Überzeugung ist, sondern Gegenstand einer ziemlich ausgearbeiteten theoretischen Überzeugung? Steht hier ‚philosophisch' gegen ‚natürlich', wie das bei Hume häufig der Fall ist? Man kann dies bezweifeln. Es ist vernünftiger anzunehmen, daß ‚philosophisch' hier ‚religiös' d. h. ‚Religion betreffend', entgegengesetzt ist. Die Fortsetzung des Paragraphen bestätigt diese Interpretation, da klar ist, daß das motivationale Unvermögen dieser philosophischen Überzeugung und der „natural reason"[30] durch einen Zusatz an Motivation, der

[28] DNR (wie Anm. 2), 194; Gaskin (wie Anm. 2), 71.
[29] DNR (wie Anm. 2), 249; Gaskin (wie Anm. 2), 119.
[30] DNR (wie Anm. 2), 261; Gaskin (wie Anm. 2), 130.

aus der geoffenbarten Religion hervorgeht, kompensiert werden kann. Kurzum, im Rahmen der von Philon gebrauchten Begrifflichkeit zu Ende des XII. Teils vermag die Philosophie es nicht ohne Anlehnung an die eigentliche Religion, ein vollständiges System der Theologie zu bilden. Man muß sich allerdings davor hüten, diese Schlußfolgerung Philons mit der These von Demea zu verwechseln, der zu Beginn der *Dialogues* einen Skeptizismus hinsichtlich der Vernunft als Vorbereitung des christlichen Glaubens praktiziert. Wir haben mindestens einen Grund dafür, die Aussage, nach welcher der philosophische Skeptizismus eine erste Stufe hin zum christlichen Glauben ist, *cum grano salis* zu nehmen. Philons Erwiderung zählte zu ihren Bedingungen, daß die durch die minimale Proposition dargelegte Analogie nicht anderweitige Qualitäten des Geistes als die der Intelligenz betrifft. Folglich sind von der Analogie moralische Attribute ausgenommen, die jedoch für den christlichen Begriff eines tröstenden und erlösenden Gottes wesentlich sind.

Außerdem ist zu beachten, daß die wohlverstandene motivationale Kraft der Religion nicht ausreichen könnte, um das motivationale Unvermögen der minimalen metaphysischen Gläubigkeit zu kompensieren. Philon hat vorher aufgezeigt, daß auch die Religion durch eine motivationale Instabilität gekennzeichnet ist: „Religious motives, where they act at all, operate only by Starts and Bounds, and it is scarcely possible for them to become altogether habitual to the Mind".[31] Religiöse Überzeugungen sind von affektiven Dispositionen begleitet, die zwar einen Einfluß allerdings instabiler Art auf das allgemeine Betragen haben, der eher den Störungen als den Regelungen zuzurechnen ist. Stabile Motivationen sind eher solche der Moral und der Gerechtigkeit.

In welchem Maß läuft das Zugeständnis Philons auf das Eingeständnis der Gültigkeit des pragmatischen Arguments hinaus, das Cleanthes im III. Teil präsentiert hat? Es gibt gemeinsame, die spontane und sofortige Folgerung betreffende Merkmale, auf die sich das pragmatische Argument stützt, und solche hinsichtlich der philosophischen Zustimmung zur Minimalproposition der natürlichen Religion. Aber es gibt auch Unterschiede. Der wichtigste betrifft selbstverständlich die Bedingungen der Zustimmung, welche von Philon im vorletzten Paragraphen des XII. Teils dargelegt werden und welche die Tragweite der theistischen Folgerung drastisch beschränken. Ein weiterer nicht zu vernachlässigender Unterschied bezieht sich auf die Tatsache, daß das pragmatische Argument laut Cleanthes zu verstehen gibt, daß die theistische Glaubensüberzeugung zugleich natürlich – sie beruht auf der gewöhnlichen psychologischen Ausstattung des Menschen – und spezifisch religiös ist, denn sie ist identisch mit der Haltung, die wir einnähmen, wenn wir uns direkt in einer göttlichen Offenbarungssituation befänden. Dieses ist für

---

[31] DNR (wie Anm. 2), 253; Gaskin (wie Anm. 2), 123.

Cleanthes wortwörtlich ein „religious argument".[32] Im XII. Teil dagegen ist die Zustimmung, die man der Minimalproposition der natürlichen Religion geben kann, vom religiösen Glauben wohl unterschieden. Es ist eine rein philosophische Zustimmung, die sich deutlich vom christlichen Glauben unterscheidet, den sie vorbereitet. Für die Berkeleysche Formulierung des Evidenzbeweises der Gotteserkenntnis war die Verwechslung metaphysischer und christlicher Überzeugungen charakteristisch. Cleanthes' pragmatisches Argument im III. Teil erneuert diese Verwechslung, aber Philons Zugeständnis im Teil XII setzt ihr ein Ende.

Es scheint darüber hinaus, daß Hume darum bemüht ist, zwischen der Spontaneität der religiösen Überzeugung, die er akzeptiert, und ihrer angeblichen Primitivität, die er in Frage stellt, zu unterscheiden. In *The Natural History of Religion*, wo es um die Frage der Volksreligionen und nicht um die rationale Theologie geht, unterstreicht Hume, daß die „Bereitschaft, an eine unsichtbare intelligente Macht" zu glauben, „universell" sei, aber es widerstrebt ihm, ihr den Status eines „ursprünglichen Instinkts" zu verleihen.[33] Zu Beginn desselben Werks hatte Hume präzise dargelegt, daß diese Universalität der religiösen Tatsachen nicht absolut und von einer extremen inhaltlichen Vielfalt begleitet sei und zwar dermaßen, daß man eigentlich nicht von einem religiösen Instinkt sprechen solle.[34] Man könnte sich allerdings vorstellen, daß insofern die metaphysische Frage des Theismus von der historischen Frage nach den religiösen Tatsachen unterschieden werden muß und die metaphysische Überzeugung, die sich jedem „rational enquirer"[35] auferlegt, auch als absolut universell erachtet werden könnte. Aber wenn es wahr ist, daß Hume dieser metaphysischen Überzeugung den Aspekt einer natürlichen Überzeugung verleiht, indem er unterstreicht, daß ein rationaler Forscher diese nicht kontrolliere und sie nicht aufzuheben vermöge, dann kann sie aus dem einfachen Grund nicht wirklich primitiv sein, weil sie spekulativ ist.

Man darf daran erinnern, daß das Motiv des Forschers nicht in einer alltäglichen Leidenschaft, sondern in spekulativer Neugier liegt, was ein gewisses Raffinement unterstellt. Man muß sich außerdem fragen, in welchem Ausmaß es sich wirklich um eine Überzeugung handelt.

Wie der Appendix des *Treatise of Human Nature* insistiert, verfügen wir nicht über eine direkte Kontrolle unserer Überzeugungen, obwohl wir unsere einfachen begrifflichen Gebilde sehr wohl kontrollieren können, wie offensichtlich im Fall von Einbildungen.[36] Die Produkte der Einbildungskraft sind nur vom Wider-

---

[32] DNR (wie Anm. 2), 176; Gaskin (wie Anm. 2), 56.
[33] Vgl. NHR (wie Anm. 2), 93.
[34] Ebd., 25.
[35] Ebd.
[36] Vgl. hierzu Gabriel Nuchelmans, Judgment and Proposition from Descartes to Kant, Amsterdam 1983, 156 ff.

spruch begrenzt und rufen unabhängig von jeglicher Erfahrung keine diskriminierende Anbindung unter zwei gleichermaßen möglichen, also auch gleichermaßen imaginierbaren Systemen hervor. Wir haben nämlich keinen Grund, mit dem einen mehr als mit dem anderen verbunden zu sein, und wenn wir eines dem anderen vorziehen, so ist das nur arbiträr.[37] Mit anderen Worten gibt es einen sehr starken phänomenologischen Gegensatz zwischen der Art und Weise, in der sich Überzeugungen (die sich auf Wirkliches richten) unserem Willen entziehen, und der Art und Weise, in der die Imagination (die sich auf Mögliches richtet) nach Belieben regierbar ist. Wir können uns dieses Merkmals als Kriterium bedienen, um die Tragweite der minimalen metaphysischen Überzeugung, die Philon im Teil XII konzediert, zu bewerten.

Was ein vernünftiger Forscher glaubt, ist, daß „eine Ursache oder mehrere Ursachen" existieren, die „wahrscheinlich eine entfernte Analogie mit menschlicher Intelligenz aufweisen". Er kann sich selbst nicht davon abhalten, dieses zu denken. Doch diese Ursache oder Ursachen zu spezifizieren, sie auf die eine oder andere Weise zu charakterisieren, liegt im Belieben des Gläubigen und ist insoweit kein Teil seiner Überzeugungen. Die theistische Überzeugung ist eine eigentliche Überzeugung nur, sofern ihr Inhalt unbestimmt bleibt, denn die Festlegung ihres Inhalts ist frei und als solche nicht Objekt einer Überzeugung, sondern Festlegung einer ungebundenen Einbildungskraft. Gewöhnlich ist die Festlegung des Inhalts einer Glaubensüberzeugung nicht frei: Ich kann mich nicht davon abhalten, daran zu glauben, daß die Sonne morgen aufgehen wird, und das ist nicht dasselbe, wie zu glauben, daß etwas Bestimmtes geschehen wird, ohne präzise zu wissen was.[38]

---

[37]  DNR (wie Anm. 2), 165; Gaskin (wie Anm. 2), 47.

[38]  Es unterläuft Hume zuweilen, die metaphysische Überzeugung so zu präsentieren, als ob ihr Inhalt festgelegt wäre, wie z. B. in der folgenden Passage aus *The Natural History of Religion*: „Were men led into the apprehension of invisible, intelligent power by a contemplation of the works of nature, they could never possibly entertain any conception but of one single being, who bestowed existence and order on this vast machine [...]" (NHR [wie Anm. 2], 30; siehe auch ebd., 45). Der Kontext dieser Passage besteht in einer Gegenüberstellung von polytheistischen religiösen Schlußfolgerungen, die aus Sorge um Ereignisse des menschlichen Lebens die erklärenden Handlungsträger multiplizieren, und der monotheistischen Schlußfolgerung, die man nur als Teil einer Kontemplation der Werke der Natur ziehen könne. Wenn die teleologische Schlußfolgerung ausgehend von der Naturordnung kontrafaktisch sei, dann deswegen, weil sie keinen Teil der monotheistischen Motivationsquelle der Volksreligionen darstelle: „Even at this day, and in Europe, ask any of the vulgar, why he believes an omnipotent creator of the world; he will never mention the beauty of final causes, of which he is wholly ignorant" (NHR [wie Anm. 2], 50).

## V. Das pragmatische Argument und die Glaubensüberzeugung nach Reid

Thomas Reid gibt im VI. Kapitel seiner *Essays on the Intellectual Powers of Man* (1785) eine Antwort auf die Humesche Kritik des teleologischen Arguments, ohne jedoch die *Dialogues concerning Natural Religion* zu zitieren.[39] Er stützt sich weitgehend auf die Passagen von Berkeley, die weiter oben kommentiert worden sind, wobei auch er sich auf die aristotelische Idee des akzidentell Sinnlichen stützt.[40] Nach Reid hat Hume die in diesem Argument gezogene Schlußfolgerung dadurch falsch interpretiert, daß er sie als eine kausale Folgerung präsentiert, deren Wahrscheinlichkeit schwach ist, da sie sich nicht auf die Beobachtung einer konstanten Verbindung stützt. Für Reid handelt es sich um eine Folgerung, deren Gewißheit vergleichbar mit jener Gewißheit der Folgerung ist, anhand derer wir die Existenz des Anderen als intelligentes Lebewesen verstehen. Nun basiert diese Folgerung aber in diesem Fall weder auf Vernunftgründen noch auf der Erfahrung. Wir brauchen gewiß nicht zu urteilen, um zu glauben, daß der Andere als intelligentes Lebewesen existiert. Aber wir glauben dies auch nicht auf der Basis einer Erfahrung. Das nämlich ist unmöglich, weil der Andere als Geist im Gegensatz zu dem Anderen als Körper keine Erfahrungstatsache ist. Der Andere gibt mir wahrnehmbare Zeichen von Intelligenz, von Geist, wenn er mit mir spricht, aber ich beobachte niemals eine konstante Verbindung zwischen der Wirkung, die in seinem Sprechen besteht und der Ursache, die seine Intelligenz darstellt. Ich brauche eine solche Beobachtung auch nicht, um die Existenz des Anderen zu folgern. Die Folgerung bringt zwei Begriffe in Verbindung, von denen einer nicht Gegenstand einer Beobachtung ist.

Indem Reid zeigt, daß man weder durch Vernunftargumentation noch durch experimentelle Lernprozesse zur Erkenntnis des Anderen gelangt, legt er fest, daß die solipsistische Hypothese einfach im Gegensatz zum Gemeinsinn steht. Ihm zufolge ist die Existenz des Anderen nicht zweifelhafter als die Existenz physischer Objekte, die unserer Sinneswahrnehmung gegeben sind, obwohl ihre Gegebenheitsweise ein völlig andere ist.[41] Man muß, ausgehend von meiner Erfahrung meines eigenen Geistes, zu den gleichen Schlußfolgerungen kommen: Ich habe

---

[39] Es gibt keinen Zweifel daran, daß Reid das postume Werk Humes kannte. Zum Schweigen der Gegner Humes die *Dialogues* betreffend und zu ersten Erwiderungen vgl. M.A. Stewart, Religion and Rational Theology, in: Alexander Broadie (Ed.), The Cambridge Companion to the Scottish Enlightenment, Cambridge 2003, 31–59, hier 50–52.

[40] „The understanding of another man is no immediate object of sight, or of any other faculty which God hath given me; and unless I can conclude its existence from tokens that are visible, I have no evidence that there is understanding in any man" (Reid, Essays [wie Anm. 6], 512).

[41] „It is no less a part of the human constitution, to judge of mens characters, and of their intellectual powers, from the signs of them in their actions and discourse, than to judge of corporeal objects by our senses" (ebd., 504).

eine Erfahrung meiner Gedanken, aber nicht direkt meines Geistes, obwohl die Verbindung zwischen meinem Geist und meinen Gedanken notwendig ist.[42] Aus diesem Grund können Schlußfolgerungen dieses Typs nicht wie kausale empirische Schlußfolgerungen angesichts der Natur betrachtet werden. Eine wichtige Konsequenz daraus ist, daß die theistische Schlußfolgerung nicht wahrscheinlich, sondern gewiß ist.

Hier wird von Reid eine logische Gedankenfolge übernommen und abgewandelt, die Philon im Teil II der *Dialogues* gegen den experimentellen Theismus Cleanthes' ausarbeitet und in der ein „Argument ausgehend von der Erfahrung" die Beobachtung von Wirkung und Ursache voraussetzt. Nun verfügen wir aber über keine „Erfahrung des Ursprungs der Welt", also kann der Theismus nicht auf einem Erfahrungsargument begründet werden. Das bedeutet für Philon, daß es dem Theismus überhaupt an einer Grundlage fehlt; für Reid heißt es dagegen, daß er keiner empirischen Grundlegung bedarf. Reid weist das teleologische Argument in seiner ersten Formulierung, die ihm von Cleanthes gegeben wurde – d. h. als vermeintlich auf Erfahrung gegründet – zurück, doch akzeptiert er es, insoweit es auf einer natürlichen und ursprünglichen Schlußfolgerung ruht.

Ein möglicher Einwand besteht darin, Reid beim Wort zu nehmen und der vermeintlichen natürlichen Überzeugung von der Existenz Gottes abzuverlangen, daß sie den Kriterien genüge, die zeigen, daß eine Proposition von einer Beweisführung entbunden sei. Dabei handele es sich um die Universalität ihrer zugelassenen Gültigkeit und die Abwesenheit einer Berufung auf Beweise – ersetzt durch eine Anrufung des Gemeinsinns – bei jenen Theoretikern, die sie formulieren. Nun steht aber fest, daß die Überzeugung von der Existenz eines vorsehenden Schöpfers eben nicht universell eingeräumt wird. Außerdem sind gerade die Theologen die ersten gewesen, die sich auf Existenzbeweise Gottes berufen haben, von deren Kernsätzen sie behaupteten, beweisbar zu sein. In diesem Fall ist klar, daß die Überzeugung von der Existenz Gottes Objekt einer Vernunftargumentation ist, der gegenüber es angemessen ist, nach ihrer Gültigkeit zu fragen, und daß ihr daher nicht der Status einer primitiven Überzeugung zukommt. Doch eine aufmerksame Untersuchung von Reids Text legt nahe, daß er eine Unterscheidung zwischen der primitiven Überzeugung und der Vernunftargumentation, die diese Überzeugung auf die Existenz Gottes anwendet, aufrechterhält.

Dieser letzte Punkt wird einfach durch die Struktur des pragmatischen Arguments bestätigt. Es handelt sich um eine indirekte Erwiderung, die zeigt, daß es zwar nicht absolut widersprüchlich, aber inkohärent ist – Reid spricht von Kon-

---

[42] Ebd., 508.

sistenz[43] – zuzugeben, daß wir unmittelbar erkennen, daß es da irgendeinen Anderen, einen anderen Geist in unserem Austausch gibt, und dieses im Fall des Ausdrucks ‚Gott' in der Natur zurückzuweisen. Es handelt sich um prinzipielle Einförmigkeit auf unterschiedlichen Gebieten. Denn Reid spricht von der Anwendung desselben Prinzips in zwei *unterschiedlichen* Feldern: „I know of no person who ever called in question the principle now under our consideration, when it is applied to the actions and discourses of men".[44] In Kapitel V hatte er mit derselben Ausrichtung geschrieben, daß „the very same argument applied to the works of nature, leads us to conclude, that there is an intelligent Author of nature".[45] Ich glaube, daß Reid trotz eines sichtlichen Zögerns der Auffassung ist, daß die Anwendung des Prinzips im theologischen Feld Anlaß einer Vernunftargumentation und nicht einfach einer unmittelbaren und unüberlegten Folgerung ist. Auf die von mir zitierte Passage folgt schließlich dieser Hinweis: „so that it may be doubted whether men, by the mere exercise of reasoning, might not as soon discover the existence of a Deity, as that other men have life and intelligence".[46]

Zur Klärung dieses Punktes könnte es nützlich sein, zwischen vorausgehender und nachfolgender Überlegung anläßlich des ersten Prinzips zu unterscheiden. Ersichtlich kann es keine zu einem ersten Prinzip führenden vorausgehenden Überlegungen geben, da es sich sonst nicht um das ja gerade erste Prinzip handelte. Es ist in diesem Sinne, daß man festhalten muß, nicht auf dem Weg einer Vernunftargumentation zur Erkenntnis des Anderen zu gelangen.

Aber sobald man eine solche hat, d. h. sobald man dazu in der Lage ist anzuerkennen, daß da eine andere Person ist und man angemessen auf ihre Zeichen reagieren kann, so wie das Baby auf seine Amme reagiert,[47] verfügt man über die Fähigkeit zu Überlegungen, die sich nachfolgend zum Prinzip verhalten. Gemäß meiner Interpretation ist es eben der „Vollzug der Vernunftargumentation", worauf Reid den teleologischen Beweis beziehen möchte. Die in guter pflichtschuldiger Form vollzogene theistische Folgerung verhält sich nachfolgend zur Basisüberzeugung oder zum ‚ersten Prinzip'. Das teleologische Argument stützt sich auf eine natürliche Überzeugung, ist aber selbst keine natürliche Überzeugung. Wenn diese Interpretation korrekt ist, dann macht Reid vom pragmatischen Argument und seiner Komponente, dem irregulären Argument, nicht denselben Gebrauch wie Cleanthes. Während Cleanthes zu zeigen beabsichtigt, daß, selbst wenn seine theistische Folgerung kein einwandfreier Schluß ist, sie dennoch eine

---

[43] „It seems then, that the man who maintains, that there is no force in the argument from final causes, must, if he will be consistent, see no evidence of the existence of any intelligent being but himself" (ebd., 512).

[44] Ebd., 509.

[45] Ebd., 483.

[46] Ebd.

[47] Ebd., 482.

unwiderstehliche Überzeugung bleibt, meint Reid, daß man eine theistische Folgerung konstruieren kann, die ein korrekter Schluß sei und eine Anwendung der Basisüberzeugung konstituiere. Anders ausgedrückt, ersetzt für Cleanthes das irreguläre Argument den Schluß des experimentellen Theismus und übernimmt die Aufgabe, während für Reid das irreguläre Argument die Matrix darstellt, die es erlaubt, den Schluß des (nicht experimentellen!) Theismus zu konstruieren.

Deswegen zögert Reid nicht, den teleologischen Beweis bzw. das Argument, das von Endursachen in einem Syllogismus ausgeht, zu formalisieren,[48] dessen Obersatz darin besteht, daß (1) die Intelligenz der Ursache mit Gewißheit durch ihre Anzeichen innerhalb der Wirkung bestätigt werden könne; dessen Untersatz lautet, daß (2) es höchst klare Anzeichen von Intelligenz innerhalb der Natur gibt; und dessen Schlußsatz darlegt, daß (3) die „Werke der Natur die Wirkung einer weisen und intelligenten Ursache sind".[49]

## VI. Der Umgang mit dem Anderen und die Gotteserfahrung

Wenn man dieses Argument mit der Frage nach Gottesbeweisen vergleicht, bemerkt man, daß der Akzent hier eher epistemologischer als ontologischer Natur ist. Seit der Formulierung des Argumentes durch Berkeley handelt es sich nicht darum, zu beweisen, daß Gott existiert, sondern zu beweisen, daß wir wissen, daß Gott existiert. Wenn wir die Organisation der Natur in Betracht ziehen, so können wir nicht daran zweifeln, daß ihr eine Gottheit zu Grunde liegt, deren Attributen diese Organisation zuzuschreiben ist.

Nach Berkeley müssen wir daraus eine Lehre über den Status unserer Gotteserkenntnis ziehen: „Hence it is evident, that God is known as certainly and immediately as any other mind or spirit whatsoever, distinct from ourselves".[50] Damit es sich um eine Erkenntnis Gottes handeln kann und nicht um einen Irrtum oder eine Illusion, ist es natürlich notwendig, daß Gott existiert. Deshalb muß man sich, sobald man einmal das Berkeleysche Argument akzeptiert hat, fragen, ob man durch einen ergänzenden Beweis die Existenz Gottes sicherstellen kann oder ob man auf Reidsche Art und Weise bedenkt, daß wir es hier mit einer Grundüberzeugung oder wenigstens mit einer Folgerung zu tun haben, die sich aus einer Grundüberzeugung ableitet, welche wiederum als solche kein ergänzendes Fundament erfordert.

Die erste der alternativen Sichtweisen ebnet dem Skeptizismus den Weg. Der Gläubige interpretiert die Naturtatsachen oder die Ereignisse seines Lebens als

---

[48]  Ebd., 509.
[49]  Ebd., 510 f.
[50]  Berkeley, Principles of Human Knowledge, in: Philosophical Works (wie Anm. 5), 149, § 147.

göttliche Zeichen. Es ist möglich, daß diese natürlichen Schlußfolgerungen, die wir uns in unseren Beziehungen mit den anderen intelligenten Lebewesen angeeignet haben, ganz einfach irreführend sind, sobald sie über ihren üblichen Gültigkeitsbereich hinaus vollzogen werden. Der schwächere Skeptizismus wird von Hume gelegentlich als Weigerung definiert, „beyond the reach of our faculties"[51] hinaus zu gehen. Außerdem wäre es eine *petitio principii* zu behaupten, daß die Zeichen Gottes einen Beweis für seine Existenz bilden. In der Tat bleibt zu beweisen, daß diese Zeichen auch solche für die Existenz Gottes sind und nicht für andere Dinge (oder für gar nichts).

Die zweite Sichtweise besteht darin, die natürlichen Folgerungen ernst zu nehmen und sich ihnen wieder vertrauensvoll zuzuwenden. Selbst wenn ich durch häufige Cartesianische Lektüren von der Theorie der Tiermaschinen durchdrungen bin, gelingt es mir nicht, sobald mein Hund mich mit Zärtlichkeit anblickt, mich davon zu überzeugen, daß es sich um nichts weiter als um eine Miene handelt und ich weiß, daß er bei meinem Anblick zärtliche Gefühle hegt. Es ist wahr, daß ich dieses Tier gut kenne. Alltäglicher Umgang seit längerer Zeit erlaubt mir nicht mehr, wenn er Hundeaugen macht, daran zu zweifeln, daß er das einfach tut, weil er seinen Anteil am Festessen einfordert oder traurig ist. Mein Hund hat Absichten und Gefühle. Er drückt sie auf seine Weise aus. Ich verstehe sie, ohne mich zu irren, und brauche mich dafür nicht auf Wahrscheinlichkeiten zu stützen.

Sobald es um die Erkenntnis Gottes geht, liegt eine Schwierigkeit bei der Anwendung dieses Modells der Erkenntnis des Anderen darin, daß – wenn natürliche Folgerungen ins Spiel kommen – sie das außerhalb eines ihnen wesentlichen, gewissermaßen vertrauten Kontextes heraus tun. Was der religiösen Erfahrung fehlt, um die gleiche Sicherheit wie die Kenntnis des Anderen bieten zu können, sind nicht die Prämissen und die Regeln des Schlußfolgerns, welche eine Vernunftargumentation erfordert, sondern der Kontext, den die alltägliche Praxis im Umgang mit dem Anderen schafft. Angesichts dieses Umgangs ist der Glaube an die Existenz des Anderen eine ursprüngliche Überzeugung, zu der man weder über den Weg eines experimentellen Lernprozesses noch eines Schlusses gelangt. Sie ist zugleich Axiom und ein pragmatisches Erfordernis dieses Umgangs. Mit dem Anderen umzugehen heißt, wie Reid es zutreffend erkannt hat, sich auf Anhieb in das Verständnis der Existenz des Anderen als Person einzulassen, ohne jemals das B-A-BA der Theorie oder der Beobachtung durchlaufen zu müssen. Verfügen wir über eine solche Vertrautheit in der Gotteserfahrung? Einige behaupten, daß die Praktiken der Gläubigen dafür stehen. Die Atheisten sind nicht die Einzigen, die dies verneinen. Wie Demea im Teil III betont – gegen Cleanthes' Argument bekräftigt er die Transzendenz Gottes und seine Unbegreiflichkeit – tritt man, während man ein Werk liest, mitfühlend in die Gedanken sei

---

[51] DNR (wie Anm. 2), 152; Gaskin (wie Anm. 2), 37.

nes Autors ein, doch beinhalte das Buch der Natur keinen allgemein verständlichen Diskurs, sondern sei ein „grandioses und unerklärliches Rätsel".[52]

(Übersetzung: Henning Kniesche)

*Die vorliegende Studie behandelt die Frage der Rationalität der religiösen Erfahrung im Rahmen der britischen Aufklärung und befaßt sich insbesondere mit Religionsphilosophien nach Locke, und zwar denen von David Hume und Thomas Reid. Im Mittelpunkt steht die Prüfung eines Arguments nicht direkt zugunsten der Existenz Gottes, sondern des Wissens, daß er existiert. Gemäß diesem erkenntnistheoretischen Argument, dessen erste Formulierung sich im Werk George Berkeleys findet, erfordert die Erkenntnis Gottes keine andere kognitive Ausstattung als die der Erkenntnis des Anderen. Im historischen Zusammenhang ist das Argument von Interesse, weil es von Hume kritisiert, von Reid jedoch verteidigt wurde. Genau deswegen kann es auch als Prisma dienen, um eine bedeutende Kontroverse hinsichtlich ‚Vernunft' und ‚Natürlichkeit' des religiösen Glaubens besser verstehen und damit einen Großteil des Schicksals der rationalen Theologie im empiristischen Kontext erfassen zu können.*

*This paper tackles the question of the rationality of religious experience in the British Enlightenment, and deals specifically with post-Lockean accounts of religious belief in the works of David Hume and Thomas Reid. The main point under discussion is an argument that shows, not directly that God exists, but that we know that God exists. According to this epistemological argument, of which we find a first formulation in George Berkeley's works, the knowledge of God requires the very same cognitive equipment as the knowledge of other minds. From an historical standpoint, the argument is interesting, because it has been the object of Hume's critique and also of Reid's defence, so that it allows us to understand an important controversy over the reasonableness and naturalness of religious belief and thus to grasp a good deal of the fate of rational theology in an empiricist context.*

Prof. Dr. Laurent Jaffro, Université de Paris I Panthéon-Sorbonne, 17, rue de la Sorbonne, F-75231 Paris Cedex 05, E-Mail: jaffro@univ-paris1.fr

---

[52] DNR (wie Anm. 2), 179; Gaskin (wie Anm. 2), 58.

ACHIM LOHMAR

# Humes Kritik religiösen Glaubens

In seinem Essay *Of Superstition and Enthusiasm* bemäntelt Hume die Radikalität seiner Religionskritik, indem er seine Leser glauben macht, er würde nicht jede Form von Religion, sondern nur eklatant irrationale oder besonders verderbliche Auswüchse religiösen Denkens und religiöser Praxis zurückweisen. Ein wesentlicher Teil seiner rhetorischen Strategie besteht in der gezielten Einstreuung von direkten und indirekten Anspielungen auf die *wahre Religion* („true religion"). Die Rede von einer wahren Religion suggeriert natürlich, daß Humes Kritik alleine auf die ‚unwahren' oder ‚falschen' Formen religiösen Glaubens gemünzt ist, nicht aber den Glauben an Gott selbst treffen will. Den Gläubigen unter seinen Lesern verschafft Hume damit die Möglichkeit, sich als von seiner Religionskritik nicht betroffene Anhänger des wahren Glaubens zu fühlen.

Hume wählt damit eine Strategie, die auch Philo in Teil XII der *Dialogues Concerning Natural Religion* wählt. Im Anschluß an die Erörterung des Problems des Übels, bei der aus Sicht von Cleanthes nicht weniger auf dem Spiel stand als eine Verteidigung des Glaubens an die Existenz Gottes, findet Philo beruhigende und versöhnliche Worte, mit denen er einen Schlußstrich unter die spekulativen Debatten philosophischer Theologie ziehen und eine Grundlage schaffen möchte, auf der er Cleanthes seine uneingeschränkte Kritik jeder wirklich praktizierten Religion zumuten kann. Daß er der natürlichen Theologie eines Cleanthes scheinbar recht gibt und die Werke der Natur als einen Beweis für die Existenz einer Gottheit erklärt, ist dabei nicht einmal der wichtigste Teil seiner Strategie. Rhetorisch von herausragender Bedeutung ist zweifellos die appellative Kraft des Kontrasts zwischen einer erhabenen, verehrungswürdigen wahren Religion auf der einen und dem verabscheuungswürdigen populären Aberglauben auf der anderen Seite. Daß Philo in Wirklichkeit keinerlei Zugeständnis an den von Cleanthes vertretenen Theismus macht, wird durch seine Rhetorik so weit verschleiert, daß jemand wie Cleanthes es nicht bemerkt. Philos (und Humes) Rhetorik der verehrungswürdigen wahren Religion kann gerade deshalb ihre Kraft entfalten, weil Philo keinerlei Anstalten macht, den theologischen Gehalt der wahren Religion zu explizieren. Und er unternimmt keinen Versuch in diese Richtung, weil es für ihn

Aufklärung 21 · © Felix Meiner Verlag 2009 · ISSN 0178-7128

(wie auch Hume) keine Religion gibt, die in einem epistemologisch interessanten Sinn als wahre Religion gelten könnte.

Jeder religiöse Glaube – das ist die zentrale These, die ich hier entwickeln möchte – ist aus der Sicht Humes epistemisch irrational. Die epistemische Irrationalität des religiösen Glaubens zeigt sich unter anderem in der Beharrlichkeit und Widerstandskraft, die er auch (oder gerade) im Angesicht starker und substantieller Anfechtungsgründe entwickelt. Im ersten Abschnitt zeige ich, daß Humes *Dialoge*, was einige Autoren bestreiten, auch von der Existenz Gottes handeln. Aber was heißt es, die Existenz Gottes zu bejahen oder zu verneinen? Das ist eine der zentralen Kontroversen in den *Dialogen*. Im zweiten Abschnitt diskutiere ich eine ‚funktionalistische‘ Konzeption Gottes, die Hume Philo in den Mund gelegt hat, und zeige, daß sowohl Cleanthes als auch Demea diese Konzeption als pseudotheologisch zurückweisen müssen. Ob auch Hume sie zurückweist, kläre ich im dritten Abschnitt, in dem ich Humes Theorie der Entstehung religiösen Denkens und Glaubens darstelle. Die ‚funktionalistische‘ Konzeption kann auch in Humes Sicht nicht als genuine Konzeption Gottes aufgefaßt werden. Daher kann wahre Religion nicht in der Auffassung bestehen, daß es irgend etwas gibt, das Ursache dieses Universums ist. Im vierten Abschnitt entwickele ich die Kritik, die Cleanthes am Mystizismus Demeas übt, und zeige, daß sie in allen Belangen berechtigt ist, so daß weder eine reine noch eine moderate negative Theologie als wahre Religion gelten können. Im fünften Abschnitt zeige ich, daß Hume mit den Teilen X und XI der *Dialoge* zeigen möchte, daß das Problem des Übels den Theismus unterminiert. Im letzten Abschnitt behandle ich den für viele rätselhaften letzten Teil der *Dialoge*. Hume führt uns hier an der Figur von Cleanthes vor Augen, daß die Quellen religiösen Glaubens nahezu unabhängig von epistemischer Rechtfertigung operieren. Anhand der Figur Philos führt er vor, daß spekulative Diskussionen über die Religion mehr oder weniger zwecklos sind, und daß unser eigentliches Interesse der Religion als einem sozialen Phänomen gelten sollte.

## I. Die Existenz Gottes als Thema der Dialoge

Wenn die Rede von einer wahren Religion bloße Rhetorik und die Idee einer wahren Religion eigentlich leer ist und es keine wahre Religion gibt, dann gibt es auch keinen wahren religiösen Glauben. Wenn wir Hume die Auffassung zuschreiben, daß es keine wahre Religion gibt, müssen wir ihn daher als jemanden zu interpretieren bereit sein, der nicht nur bestimmte Formen der Religiosität, sondern jeden Gottesglauben zurückweist. Humes religionsphilosophisches Hauptwerk, die *Dialogues Concerning Natural Religion,* scheinen nun aber schon aufgrund ihrer (vermeintlich) eingeschränkten Themenstellung gar nicht das Material für eine solche Interpretation liefern zu können. Der *natural-belief*-Interpretation zu Folge gilt die kritische Stoßrichtung der *Dialoge* ausschließlich der natürlichen Theologie, nicht aber dem Glauben an Gott. Diese Interpretation nimmt Philos Worte in Teil XII für bare Münze und schreibt Hume die Auffassung zu, daß der Glaube an Gott wie etwa der Glaube an die Existenz einer Außenwelt oder der Glaube an die Uniformität der Natur ein *natürlicher* Glaube ist.[1] Wie für jeden anderen natürlichen Glauben gilt dann auch vom Glauben an Gott, daß er als ein Glaube, den wir aufgrund unserer menschlichen Natur nicht anders denn akzeptieren können, nicht rechtfertigungsbedürftig ist. Nach dieser Interpretation gelten Philo und mit ihm Hume als Vertreter einer *fideistischen* Theologie.

Was die *Dialoge* betrifft, sehen einige Autoren die Auffassung, daß Humes Religionskritik selektiv und nicht radikal ist, dadurch gestützt, daß es in den Diskussionen der *Dialoge* nach den ausdrücklichen Worten sowohl von Demea als auch von Philo nicht um die Existenz, sondern nur um die Essenz oder das Wesen (die Natur) Gottes gehen kann. Demea drückt sich zu Beginn von Teil II so aus:

> But this [the Being of a God which is the fundamental principle of all religion], I hope, is not, by any means, a question among us. No man, no man at least, of common sense, I am persuaded, ever entertained a serious doubt with regard to a truth so certain and self-evident. The question is not concerning the *being*, but the *nature* of God (DNR, 43).[2]

Anschließend hören wir Philo sein uneingeschränktes Einverständnis mit Demea zum Ausdruck bringen:

> But surely, where reasonable men treat these subjects, the question can never be concerning the *Being*, but only the *Nature*, of the Deity. The former truth, as you well observe, is unquestionable and self-evident. Nothing exists without a cause; and the original cause of this universe (whatever it be) we call God […] (DNR, 44).

Aufgrund dieser Stellen schließt etwa Jens Kulenkampff:

> Es geht in den Dialogen ausdrücklich nicht um die Frage nach dem Dasein Gottes; das gilt als ausgemachte Wahrheit, von der sich alle Gesprächspartner überzeugt geben. Es geht vielmehr um die Frage, ob etwas und was über Gottes Natur […] aufgrund vernünftiger Überlegungen ausgemacht werden kann.[3]

---

[1] Überzeugend ist die Kritik von J.C.A. Gaskin, Hume on Religion, in: The Cambridge Companion to Hume, ed. by David Fate Norton, Cambridge 1993, 313–344. Die genannte Interpretation stolpert bereits über Humes ausdrückliche Behauptung, daß der religiöse Glaube nicht universal ist. Vgl. David Hume, Natural History of Religion, in: David Hume, Principal Writings on Religion, ed. with an Introduction and Notes by J.C.A. Gaskin, Oxford 1993, 134–193, hier 134. Im folgenden verweise ich auf die *Natural History* in der genannten Ausgabe mit der Sigle „NHR".

[2] Die Sigle „DNR" verweist auf Humes *Dialogues* in der Ausgabe von Gaskin, David Hume, Dialogues Concerning Natural Religion, in: Hume, Principal Writings on Religion (wie Anm. 1), 29–130.

[3] Jens Kulenkampff, David Hume, München ²2003, (Denker), 157.

Und bei H. O. Mounce lesen wir: „He [Hume] repeatedly stresses that what is at issue in the *Dialogues* is not the *existence* of God but his *nature* ".[4] Diese Interpretation scheint mir jedoch aus einer ganzen Reihe von Gründen nicht haltbar zu sein.

Es ist unumstritten, daß, wenn überhaupt einer der drei Protagonisten der *Dialoge* als ‚Sprachrohr' Humes gelten darf, Demea auf keinen Fall derjenige ist, der für Hume spricht. Ohne die explizite Zustimmung durch Philo könnte man daher der Tatsache, daß Demea die Diskussion auf das Wesen Gottes beschränkt sehen möchte, kaum Gewicht beimessen. Nun ist es aber so, daß Philos Zustimmung nicht wirklich ernst genommen werden kann. Daß das Dasein Gottes nicht ernsthaft in Frage gestellt werden kann, begründet Philo an dieser Stelle mit einer verkürzten Version des kosmologischen Arguments (in den *Dialogen* als „argument *a priori*" bezeichnet). Es ist aber klar, daß Philo das kosmologische Argument, das in Teil IX eine denkbar knappe Diskussion erfährt und im Verlauf der Diskussionen sonst weiter keine Rolle spielt, für unschlüssig hält.[5]

Abgesehen davon, daß die beiden Stellen die genannte Interpretation nicht stützen, gibt es aber gewichtige Gründe, die gegen die Auffassung sprechen, in den *Dialogen* gehe es ausschließlich um die Frage der Möglichkeit einer natürlichen Theologie der Eigenschaften Gottes. Der wichtigste Einwand gegen diese Auffassung ergibt sich aus der Tatsache, daß Cleanthes das teleologische Argument[6] (in den *Dialogen* als „argument *a posteriori*" bezeichnet) ausdrücklich als das Argument präsentiert, das allein geeignet ist, die Existenz Gottes (bzw. einer Gottheit) zu beweisen: „By this argument *a posteriori*, and *by this argument alone*, do we prove at once the existence of a Deity, and his similarity to human mind and intelligence" (DNR, 45, zweite Herv. A.L.).

Diese Stelle ist in zweierlei Hinsicht interessant. Erstens wendet sich Cleanthes hier implizite gegen die Behauptung der Selbstevidenz und Gewißheit der Existenz Gottes (bzw. einer Gottheit); zweitens legt sich Cleanthes mit dieser Behauptung darauf fest, daß eine effektive Kritik an seinem Argument den Glauben

---

[4] Howard O. Mounce, Hume's Naturalism, London, New York 1999, 105. Vgl. auch William H. Capitan, „Part X of Hume's *Dialogues*", in: Vere C. Chappell (ed.), Hume, London, Melbourne 1968 (Modern Studies in Philosophy), 384–395, hier 385 ff., und George J. Nathan, Hume's Immanent God, in: ebd., 396–424.

[5] Schon die lapidare, geradezu provokant heruntergeleierte Präsentation des Arguments macht deutlich, daß es Philo damit nicht ernst ist. So redet niemand, der wirklich glaubt, was er sagt, sondern jemand, der einer abertausende Male wiederholten philosophischen ‚Formel', der er keinerlei Glauben schenkt, überdrüssig ist. Mehr als verwunderlich ist auch die Tatsache, daß Philo dieses enthymematische Argument direkt im Anschluß an die Behauptung präsentiert, das Dasein Gottes sei *selbstevident*. William Session sieht diesen Widerspruch als Beleg für die Unernsthaftigkeit von Philos Zustimmung. Vgl. William Lad Sessions, Reading Hume's Dialogues. A Veneration of True Religion, Bloomington 2002, 58.

[6] In der englischsprachigen Literatur üblicherweise als „argument from design" bezeichnet.

an die Existenz Gottes unterminieren würde. Entsprechend schockiert zeigt sich Demea von Cleanthes' Auffassung und sieht seine Hoffnung, daß die Existenz Gottes unter Menschen von gesundem Verstand unmöglich zur Disposition stehen kann, enttäuscht: „Good God! Cried Demea, interrupting him [Cleanthes], where are we? Zealous defenders of religion allow, that the proofs of a Deity fall short of perfect evidence!" (DNR, 47).

Bereits an Demeas Reaktion auf Cleanthes' Präsentation des Arguments *a posteriori* als dem einzigen Argument für die Existenz Gottes kann man festmachen, daß Cleanthes und Demea keineswegs nur über das Wesen (die Natur) Gottes streiten. Cleanthes und Demea haben auch miteinander unvereinbare Auffassungen über den epistemologischen Status der Proposition *Gott existiert*. Nach Cleanthes' Auffassung ist die Wahrheit von *Gott existiert* nicht selbstevident, nach Demeas Auffassung ist sie genau das – selbstevident. Nach Cleanthes' Auffassung ist *Gott existiert* mit großer Wahrscheinlichkeit wahr, für Demea ist die Wahrheit von *Gott existiert* gewiß. Aufgrund der Diskussion des kosmologischen Arguments in Teil IX wissen wir außerdem, daß Cleanthes und Demea inkompatible Ansichten über den modalen Status von *Gott existiert* vertreten. Nach Cleanthes' Auffassung ist es nicht notwendig, sondern nur kontingenter Weise wahr, daß Gott existiert; Demea müssen wir dagegen die Auffassung zuschreiben, daß *Gott existiert* eine notwendige Wahrheit ist.

Gibt es darüber hinaus aber auch Gründe für die Auffassung, daß (der Glaube an) die Existenz Gottes auch Thema der *Dialoge* ist? Oder ist, daß Gott existiert, eine von allen einhellig akzeptierte und darum im Hintergrund bleibende Auffassung, die von den sonstigen Kontroversen unberührt bleibt? Richtig ist, daß es keine Stelle gibt, an der Cleanthes oder Demea oder Philo die Existenz Gottes ausdrücklich verneinen, und daß es auch keine Stelle gibt, an der einer der drei die Existenz Gottes ausdrücklich in Frage stellt. Aber das besagt für sich genommen fast gar nichts. Wie wir gesehen haben, vertritt Cleanthes die Auffassung, daß einzig und allein das Argument *a posteriori* den Glauben an die Existenz Gottes rechtfertigt. Die ausgedehnte kritische Diskussion von Cleanthes' Argument in den Teilen II bis VIII ist daher, aus seiner Sicht, eine Diskussion darüber, ob der religiöse Glaube als Glaube an die Existenz (eines) Gottes epistemisch gerechtfertigt ist. Aus Cleanthes' Sicht über die theologische Bedeutung des teleologischen Arguments folgt, daß Philo und Demea durch ihre Kritiken die gesamte Rechtfertigungsbasis des religiösen Glaubens und damit auch diesen selbst grundsätzlich in Frage stellen. Kurz, aus der Perspektive von Cleanthes ist es nicht wahr, daß die Diskussion des teleologischen Arguments nur eine Diskussion darüber ist, ob, und wenn ja, welche Eigenschaften wir Gott auf der Basis von Schlußfolgerungen aus der Erfahrung zuschreiben können. Aus seiner Perspektive ist die Diskussion des teleologischen Arguments eine Diskussion darüber, ob der Glaube an die Existenz Gottes gerechtfertigt ist, und damit eine Diskussion darüber, ob *Gott existiert* wahr ist.

Eine weitere wichtige Evidenz liefert die Stelle, an der Cleanthes behauptet, daß der Mystizismus Demeas ununterscheidbar vom Atheismus ist: „They [mystics] are, in a word, atheists, without knowing it" (DNR, 61). Cleanthes macht hier gegen die negative Theologie Demeas geltend, daß ein intelligentes Wesen zu sein zur Natur Gottes gehört, so daß, was kein intelligentes Wesen ist, einfach nicht Gott sein kann: „For though it be allowed, that the Deity possesses attributes, of which we have no comprehension; yet ought we never to ascribe to him any attributes, which are incompatible with *that intelligent nature, essential to him*" (ebd., Herv. A.L.). Diese Stelle zeigt, daß die Verteidigung des Theismus gegen die negative Theologie aus der Sicht von Cleanthes nicht nur die Verteidigung einer positiven Lehre vom Wesen oder den Attributen Gottes gegen die These der Unzugänglichkeit und Unbegreifbarkeit der göttlichen Natur ist. Die Verteidigung des Theismus gegen die negative Theologie *ist* für Cleanthes die Verteidigung des Glaubens an das Dasein Gottes gegen den theologischen Skeptizismus. Natürlich findet diese Sicht der Dinge keine Zustimmung bei Demea, und Philo scheint diese Interpretation des Mystizismus als einer Spielart des Atheismus abzulehnen.[7] Aber das spricht nur für (und nicht etwa gegen) die hier vertretene Auffassung, daß es keinen von allen Figuren anerkannten Glauben an die Existenz (eines) Gottes gibt, der von ihren Auseinandersetzungen über Möglichkeit und Inhalt theologischer Erkenntnis unberührt bleibt.

## II. Gott als wie-auch-immer-beschaffene Ursache des Universums?

Daß die Existenz oder das Dasein Gottes ein echtes Thema in den *Dialogen* ist, erklärt sich daraus, daß zumindest zwischen Cleanthes und Demea umstritten ist, was es eigentlich heißt, an Gott zu glauben, und entsprechend auch umstritten ist, was es heißt, die Existenz Gottes zu verneinen. Bereits im vorigen Abschnitt, in dem es mir nur darum ging, deutlich zu machen, daß das Dasein Gottes ein Thema der *Dialoge* ist, haben wir ein Beispiel für diesen Aspekt der Kontroverse in Cleanthes' gegen Demea gerichteten Atheismus-Vorwurf gesehen. Das hier zu-

---

[7] In der kurzen Passage (DNR, 61 f.), in der er sich gegen die Identifikation eines Mystizismus à la Demea mit dem Atheismus ausspricht, weist Philo nur darauf hin, daß Cleanthes die Anzahl der Atheisten erheblich vermehrt (und damit zugleich die der wirklich Gläubigen erheblich verringert), indem er gezwungen ist, auch Menschen von der inbrünstigen Religiosität eines Demea dazu zu rechnen. Philo – und das ist bemerkenswert – nennt aber nicht einen einzigen Punkt, in dem sich Mystiker und Atheisten *substantiell* unterscheiden.

tage tretende Problem der angemessenen oder richtigen *Konzeption* Gottes ist eines der zentralen Themen der *Dialoge* und mindestens genauso wichtig, wie das vordergründig dominierende *epistemologische* Thema der Erkenntnis Gottes. Das Problem der angemessenen Konzeption Gottes begegnet uns in den *Dialogen* als eine Kontroverse darüber, ob Gott als ein dem Menschen ähnliches Wesen gedacht werden kann oder ob Gott angemessen nur als ein Wesen *sui generis,* das keinerlei Ähnlichkeit mit dem Menschen hat, zu denken ist. Die erstgenannte, von Demea (und Philo) mit polemischer Intention als „Anthropomorphismus" bezeichnete Auffassung wird von Cleanthes, die letztere, von Cleanthes mit polemischer Intention als „Mystizismus" bezeichnete Auffassung wird von Demea vertreten.

Interessanter Weise finden wir in den *Dialogen* neben diesen beiden noch eine weitere Auffassung repräsentiert, die der Ähnlichkeitsfrage gegenüber neutral ist, aber gerade deshalb weder von Cleanthes, noch von Demea akzeptiert werden kann. Die der Ähnlichkeitsfrage gegenüber neutrale Auffassung wird durch eine Bemerkung Philos ausgedrückt: „the original cause of this universe (*whatever it be*) we call God" (DNR, 44, Herv. A.L.).

Die Neutralität gegenüber der Ähnlichkeitsfrage ergibt sich daraus, daß der Ausdruck ‚Gott' in Philos Bemerkung funktionalistisch interpretiert wird, als ein Terminus also, dessen Bedeutung durch eine funktionalistische Beschreibung fixiert ist. *Was auch immer* die ursprüngliche Ursache des Universums ist, ist Gott; oder Gott ist, mit anderen Worten, *was auch immer* die Rolle einer (ursprünglichen) Ursache des Universums ausfüllt. Die Natur dessen, was diese Rolle ausfüllt (wenn sie denn ausgefüllt ist), bleibt dabei völlig offen. Zu sagen, daß Gott existiert, heißt nicht mehr als zu sagen, daß *irgend etwas* ursprüngliche Ursache des Universums ist. Und wer behauptet, daß es keinen Gott gibt, behauptet nicht mehr als daß die Welt nicht (ursprünglich) verursacht ist.

Das aber können weder Cleanthes noch Demea akzeptieren. Die funktionalistische Definition des Ausdrucks ‚Gott', die Hume hier recht beiläufig in den Mund von Philo gelegt hat, kann weder aus der Sicht von Cleanthes noch aus der Sicht von Demea als eine echte Konzeption Gottes gelten. Die Gründe dafür sind vielfältig. So wird durch die funktionalistische Definition zum Beispiel nicht ausgeschlossen, daß Gott, wenn er existiert, nur ‚anstoßende', nicht aber ‚erhaltende' Ursache der Welt ist. Es wird durch diese Interpretation auch nicht ausgeschlossen, daß Gott vergänglich ist. Ja, es wird nicht einmal ausgeschlossen, daß Gott oder was auch immer die Welt ursprünglich hervorgebracht hat, *jetzt* nicht mehr existiert. Andererseits schließt die funktionalistische Definition aber auch etwas aus, was positiv zum Kernbestand der Theologie von Cleanthes und Demea gehört: daß Gott, wenn er existiert, die Welt auch nicht hätte hervorbringen können.

Der am nächsten liegende und wichtigste Grund, aus dem die funktionalistische Definition nicht als eine Konzeption Gottes gelten kann, ist aber der, daß
auch eine *nicht-personale* Entität Gott sein könnte, wenn Gott nichts anderes
ist als *was auch immer* dieses Universum verursacht hat. Eine nicht-personale Entität kann aber weder für Cleanthes noch für Demea dasselbe wie Gott sein. Was
Cleanthes betrifft, ist die Sache offensichtlich. Aus seinem bereits angesproche-
nen Atheismus-Vorwurf gegen Demea geht hervor, daß man sich, wenn man sich
auf Gott bezieht, auf eine *notwendigerweise personale* Entität bezieht. Was kein
geistiges Wesen ist und kein Bewußtsein seiner selbst als einer distinkten Entität
hat und kein Wissen von sich selbst hat, kann für Cleanthes einfach nicht Gott sein.
Bei Demea liegen die Dinge weniger offen zutage. Wenn Demea affirmativ Ma-
lebranches Diktum anführt, daß wir Gott eigentlich deshalb *Geist* nennen, um zu
verdeutlichen, daß er nicht Materie ist, müssen wir ihm wenigstens die Auffassung zuschreiben, daß keine nicht-personale Entität Gott ist.[8] Daß Demea aber
auch (positiv) auf die Personalität Gottes festgelegt ist, geht deutlich aus seiner
Theodizee hervor. Die gegenwärtigen Übel, behauptet Demea, werden – natürlich
durch Gott – an anderer Stelle oder zu anderen Zeiten *berichtigt.* „And the eyes of
men", fährt er fort, „being then opened to larger views of things [...] trace, with
adoration, the benevolence and rectitude of the Deity, through all the mazes and
intricacies of his providence" (DNR, 101). Die bloße Tatsache alleine, daß Demea
mit einer Deutung der Welt aufwartet, in der die Übel metaphysisch gesehen
gleichsam nicht das letzte Wort haben, zeigt nicht nur, daß seine Theologie keinerlei Gemeinsamkeit aufweist mit der von Philo geäußerten funktionalistischen
Definition von ‚Gott'. Sie zeigt vielmehr auch, daß er diese Definition als Pseu-
dotheologie zurückweisen muß.

Die Erklärung dafür ist einfach. Demea bietet seine Theodizee als eine Antwort
auf den Vorwurf des Atheismus bzw. der Gottlosigkeit an.[9] Würde eine ‚umfas-
sendere Sicht der Dinge' zeigen, daß nicht nur die Erde („The whole earth, believe
me, PHILO, ist cursed and polluted" [DNR, 96]), sondern das Universum insgesamt verdorben und elend ist, würde das nach Demeas Auffassung für ein gottlo-
ses Universum, d. h. gegen die Existenz Gottes sprechen. Wenn Gott jedoch nichts
anderes ist als was auch immer das Universum ursprünglich verursacht (hat), kann
es – und das ist der springende Punkt – ein die Grundlagen aller Theologie betref-
fendes Problem des Übels gar nicht geben. Interpretieren wir ‚*Gott existiert*' im

---

[8] Vgl. DNR, 43: „One ought not so much (says he [Malebranche]) to call God a spirit, in order to
express positively what he is, as in order to signify *that he is not matter* [...]" [Herv. A. L.].

[9] Cleanthes' Ausruf: „If you can make out the present point, and prove mankind to be unhappy
or corrupted, there is an end at once of all religion" (DNR, 101), veranlaßt Demea zu dem Kommentar: „[...] nothing can be more surprising than to find a topic like this, concerning the wickedness
and misery of man, charged with no less than atheism and profaneness" (ebd.).

Sinne der funktionalistischen Definition, ist ‚*Gott existiert*' offensichtlich verträglich mit ‚*Die Welt ist voll von sinnlosen und niemals berichtigten Übeln*'. Die Existenz von sinnlosen und niemals berichtigten Übeln mag zwar als Evidenz dafür gelten, daß die Welt, wenn sie eine Ursache hat, dann nicht von einem zugleich allmächtigen, vollkommen guten und allwissenden Wesen verursacht wurde. Die Existenz solcher Übel kann aber nicht Evidenz dafür sein, daß die Welt keine Ursache hat. Und daher kann sogar die Existenz von sinnlosen und niemals berichtigten Übeln keine Evidenz dafür sein, daß es keinen Gott gibt, wenn ‚Gott' definiert ist als ‚was auch immer die ursprüngliche Ursache dieser Welt ist'.

Aus der Tatsache, daß es für Demea ein Problem des Übels und die Notwendigkeit einer Apologie des religiösen Glaubens gibt, folgt also, daß der funktionalistisch definierte Terminus ‚Gott' nach Demeas Auffassung keine theologische Bedeutung hat. Während Cleanthes aus Demeas Sicht eine zwar falsche aber dennoch wirklich von Gott handelnde Auffassung vertritt, stellt die funktionalistische Definition von ‚Gott' für Demea überhaupt keine Konzeption Gottes dar. Ein Sprecher, in dessen Mund der Satz „Es gibt einen Gott" dasselbe bedeutet wie der Satz „Es gibt eine Ursache des Universums", stimmt daher weder mit Demea noch mit Cleanthes überein, wenn er behauptet, daß Gott existiert. Denn im Mund von Demea wie auch im Mund von Cleanthes schließt die Behauptung „Gott existiert" nicht nur ein, daß die Welt eine Ursache hat, sondern schließt auch ein, daß die Welt eine *personale* Ursache und damit eine personale oder intentionale Erklärung hat.

### *III. Humes Theorie des Ursprungs und der Natur religiöser Vorstellungen*

Was den pseudotheologischen Charakter der funktionalistischen Definition betrifft, werden beide, Cleanthes und Demea, von Humes Theorie der Entstehung der Religionen bestätigt. Die funktionalistische Definition legt die Bedeutung des Ausdrucks ‚Gott' ohne Bezug auf irgendeine religiöse Praxis oder Weltanschauung fest, macht ihn zu einem *terminus technicus* der Kosmologie und erhebt nicht einmal den Anspruch, den Sinn einzufangen, den die Rede von Gott im Mund irgendeines Gläubigen oder irgendeiner Glaubensgemeinschaft hat.[10]

---

[10] Natürlich ist Gott in den drei großen monotheistischen Religionen Schöpfer und ursprüngliche Ursache der Welt. Gott wird aber von keiner dieser Religionen als ‚Erfüller' der Rolle eines Weltverursachers verstanden. Der Unterschied ist tiefgreifend und grundsätzlich, und die funktionalistische Interpretation ist keinesfalls eine ‚abgespeckte' minimalistische Version des traditionellen Theismus, sondern sogar *inkompatibel* mit dem Theismus. Auf einige die Unverträglichkeit mit dem Theismus einschließende Implikationen der funktionalistischen Definition habe ich bereits im Text

Aber könnte es sich bei der funktionalistischen Definition nicht um eine reformierende Definition von ‚Gott' handeln, durch die sich eine revisionäre philosophische Theologie von populären Religionen mit ihrer traditionellen Theologie bewußt abgrenzt? Und könnte Hume nicht gerade diese revisionäre Theologie meinen, wenn er von der ‚wahren' Religion spricht?

Eine in diese Richtung gehende Interpretation übersieht, daß konzeptuellen Reformen religiöser Ideen nach Humes eigener Theorie Grenzen gesetzt sind. Nach Humes Auffassung haben religiöse Ideen – Vorstellungen von Gott oder von Gottheiten – ihren Ursprung in der menschlichen Natur. Charakteristisch für religiöse Ideen ist der besondere Mechanismus ihrer Entstehung. Ideen von Gott oder von Gottheiten lassen sich nicht auf Sinneseindrücke (*impressions*) zurückführen, sind also keine Abbilder (*copies*) von Sinneseindrücken.[11] Sie sind aber auch nicht, wie die Idee eines goldenen Berges oder die Idee eines geflügelten Pferdes, Kombinationen von Abbildern von Sinneseindrücken. Die Vorstellung eines geflügelten Pferdes ist eine freie Konstruktion der Imagination; sie ist uns als *unsere* Konstruktion bewußt und daher auch nicht mit einer Disposition, an die Existenz des Vorgestellten zu glauben, verbunden. Religiöse Ideen dagegen sind keine willentlicher Kontrolle unterliegenden Konstruktionen aus Abbildern von Sinneseindrücken. Sie sind, nach Hume, zwar Produkte der Einbildungskraft, sie sind uns im Unterschied zu jenen als Konstruktionen transparenten Vorstellungen aber nicht als Produkte der Einbildungskraft bewußt. Sie müssen sich also unbewußten und nicht willentlich kontrollierten Tendenzen oder Mechanismen des Geistes verdanken.

Daß wir überhaupt Ideen von Gott oder von Gottheiten haben, verdankt sich einer natürlichen und universellen Disposition des menschlichen Geistes zur Projektion menschlicher Charakteristika auf die nicht-menschliche Natur:

> There is an universal tendency among mankind to conceive all beings like themselves, and to transfer to every object, those qualities, with which they are familarly acquainted, and of which they are intimately conscious. We find human faces in the moon, armies in the clouds; and by a natural propensity, if not corrected by experience and reflection, ascribe malice or good-will to every thing, that hurts or pleases us (NHR, 141).

Die Disposition der menschlichen Einbildungskraft zur anthropomorphen Repräsentation auch der nicht-menschlichen Wirklichkeit hat die Funktion, fremdarti-

---

hingewiesen. Hier ist eine weitere. Wenn Gott das ist, was auch immer ursprüngliche Ursache dieses Universums ist, dann würde, gäbe es diese Welt nicht, auch Gott nicht existieren.

[11] Die Stelle im zweiten Abschnitt des *Enquiry Concerning Human Understanding*, an der Hume Lockes Auffassung, daß die Idee Gottes der Reflexion auf die Operationen des eigenen Geistes entspringe, aufgreift, ist nicht vereinbar mit der von Hume in der *Natural History of Religion* dargelegten Theorie. Paul Russell argumentiert, daß es gute Gründe gibt, diese Stelle des *Enquiry* nicht ganz ernst zu nehmen. Vgl. Paul Russell, Hume on religion, in: The Stanford Encyclopedia of Philosophy, ed. by Edward N. Zalta, <http://plato.stanford.edu/entries/hume-religion/#2>.

ge, unerklärte oder schwer verstehbare Aspekte der Wirklichkeit als von vertrauter Art zu repräsentieren, d. h. Fremdartiges so zu repräsentieren, daß gewohnte Erklärungsmethoden auf es angewendet werden können. Im Falle religiöser Ideen wird der Mechanismus zur anthropomorphen Repräsentation durch Ereignisse oder Phänomene ausgelöst, die sich menschlicher Kontrolle entziehen, deren Ursache unbekannt sind und die zugleich einen bedeutenden, direkt sichtbaren Einfluß auf das Wohl und Wehe der Menschen haben, so daß ihr Eintreten entweder erhofft oder befürchtet wird. Der ‚Output' dieses Mechanismus sind Ideen, die die schicksalhaften Ereignisse als durch personale Wesen hervorgebrachte Ereignisse repräsentieren. Die unbekannten Ursachen der Naturereignisse werden als absichtsvoll handelnde und durch Gefühle und Wünsche motivierte Gottheiten repräsentiert, die Ereignisse als Manifestationen göttlicher Absichten und damit als der willentlichen Kontrolle geistiger Wesen unterworfene Phänomene. Die Hoffnungen und Befürchtungen richten sich dann nicht mehr auf die Naturereignisse selbst, sondern auf die diese Ereignisse kontrollierenden Ursachen, den Willen der agierenden Gottheiten.

Humes Erklärung zeigt uns, daß die Religionen das naturalistische ontologische Inventar nicht nur um zusätzliche nicht-naturalistische Entitäten erweitern, sondern vielmehr eine Änderung in der Auffassung des gesamten ontologischen Inventars mit sich bringen. Sie impliziert außerdem, daß die Religion nicht nur ein besonderes Glaubenssystem, sondern wesentlich auch eine Praxis ist. Die existentielle Abhängigkeit des Menschen von der nicht-menschlichen Natur wird im religiösen Denken zu einer existentiellen Abhängigkeit des Menschen von den Absichten und Plänen in den Weltverlauf eingreifender oder ihn (mit)bestimmender Gottheiten. Religiöse Praxis sind alle sich an dieses Verständnis der eigenen Lage anschließenden Aktivitäten, durch die die Menschen in eine persönliche Beziehung zu den Gottheiten treten, um ihrem Schicksal und ihren Interessen wohlwollende Aufmerksamkeit zu verschaffen. Religiöse Praxis, besonders in einer stark institutionalisierten Form, wirkt sich wiederum bestärkend auf den religiösen Glauben aus, so daß Argumente und schlußfolgerndes Denken für die Aufrechterhaltung religiösen Glaubens genauso wenig eine Rolle spielen wie für seine Entstehung.

Die projektivistische Theorie, die den Kern von Humes *Natural History* bildet, ist allerdings nicht nur als eine Theorie der Entstehung polytheistischer Religionen gedacht, sondern als eine Erklärung religiösen Denkens und Glaubens in allen seinen Erscheinungsformen. Der grundlegende Mechanismus der Einbildungskraft, der den Polytheismus erklärt, liegt, Humes Theorie zu Folge, auch dem Theismus zu Grunde. Dogmatisch oder weltanschaulich betrachtet sind Theismus und Polytheismus natürlich unvereinbar miteinander und durchaus auch für Hume durch eine tiefe Kluft getrennt. Genealogisch gesehen gibt es aber für Hume keinen Bruch, sondern eine Kontinuität zwischen diesen so unterschiedlichen religiösen Systemen, da der Theismus, nach seiner Auffassung, aus dem Polytheismus durch einen Prozeß imaginativer Abstraktion hervorgeht:

> The mind rises gradually from inferior to superior: By abstracting from what is imperfect, it forms the idea of perfection: And slowly distinguishing the nobler part of its own frame from the grosser, it learns to transfer only the former, much elevated and refined, to its divinity (NHR, 136).

Die Kontinuität zwischen dem Glauben an viele unvollkommene Gottheiten und dem Glauben an den einen vollkommenen Gott ist gewahrt, weil die Abstraktion kein eigenständiger, sondern ein an den projektiven Mechanismus angeschlossener Prozeß ist. Die Abstraktion generiert keine anthropomorphe Repräsentation wie die Projektion, sondern operiert auf den durch die Einbildungskraft erzeugten anthropomorphen Ideen von einer Gottheit. Die zwischen Polytheismus und Monotheismus bestehende genealogische Kontinuität spiegelt sich daher in einer sehr grundlegenden Einheitlichkeit religiöser Ideen wider: Aufgrund ihrer gemeinsamen Quelle in den Gefühlen und Bedürfnissen des Menschen sind Vorstellungen von Gott oder von Gottheiten ihrer Natur nach Vorstellungen von (einem) *personalen* Wesen.

Daß religiöse Ideen im Kern und ihrer Natur nach anthropomorph sind, steht dabei nicht im Widerspruch zu der Tatsache, daß die Idee von Gott als dem höchst vollkommenen Wesen das Gefühl und die Vorstellung eines unüberbrückbaren Abstands zwischen Mensch und Gott mit sich bringt. So schreibt Hume in seinem Essay *Of the Dignity or Meanness of Human Nature*:

> Among the other excellencies of man, this is one, that he can form an idea of perfections much beyond what he has experience of in himself; and is not limited in his conception of wisdom and virtue. He can easily exalt his notions and conceive a degree of knowledge, which, when compared to his own, will make the latter appear very contemptible, and will cause the difference between that and the sagactiy of animals, in a manner, to disappear and vanish.[12]

Daß der Unterschied zwischen Mensch und Tier angesichts des Unterschieds zwischen Mensch und Gott geradezu verschwindet, heißt aber nicht, daß die Idee von Gott als dem höchst vollkommenen Wesen die Idee von einem unsere begrifflichen Fähigkeiten oder unsere Vorstellungskraft transzendierenden Wesen ist. Selbst Anselms Konzeption Gottes als dem Wesen, über das hinaus Größeres nicht gedacht werden kann, enthält als der menschlichen Natur entspringende

---

[12] David Hume, Of the Dignity or Meanness of Human Nature, in: David Hume, Essays. Moral, Political, and Literary, ed. by Eugene F. Miller, revised edition Indianapolis 1987, 80–86, hier 83. Hume widerspricht damit Descartes, der in der dritten Meditation für die Angeborenheit der Idee Gottes mit der Begründung argumentiert, daß wir als endliche Substanzen nicht fähig seien, die Idee der unendlichen Substanz zu erzeugen. Vgl. René Descartes, Meditationes de prima philosophia/ Meditationen über die Grundlagen der Philosophie, hg. von Lüder Gäbe, Hamburg ²1977, 83 f.

Idee die Vorstellung von einem personalen Wesen. Humes naturalistische Erklärung religiösen Denkens und Glaubens aus einem projektiven Mechanismus der menschlichen Einbildungskraft schließt, wie wir gesehen haben, aus, daß eine nicht-personalistische Vorstellung der Ursache des Universums eine religiöse Vorstellung oder eine Idee von Gott ist. Sie schließt aber auch aus, daß es eine reine negative Theologie geben könnte. Die Kritik des Mystizismus in den *Dialogen* zeigt die Unmöglichkeit einer reinen negativen Theologie und liefert damit eine indirekte Bestätigung der naturalistischen Genealogie religiöser Ideen.

## IV. Die Kritik des Mystizismus

Die theologische Kontroverse zwischen Cleanthes und Demea dreht sich um die Frage, ob Gott irgendeine Ähnlichkeit mit dem Menschen besitzt. Während Cleanthes diese Frage positiv beantwortet, wird sie von Demea entschieden verneint. Daß Gott keinerlei Ähnlichkeit mit dem Menschen hat, ergibt sich für Demea daraus, daß Gott das höchste oder das höchst vollkommene Wesen ist. Denn was irgendeine auch nur entfernte Ähnlichkeit mit dem Menschen hat, teilt mit dem Menschen dessen Unvollkommenheit und kann daher nicht das höchst vollkommene Wesen sein. Aus dem Fehlen jeglicher Ähnlichkeit zwischen Gott und Mensch folgt für Demea dann weiterhin die *Unbegreiflichkeit* Gottes. Die Behauptung, daß Gott für uns unbegreiflich (*incomprehensible*) ist, wird in den *Dialogen* von allen drei Protagonisten sowohl im epistemologischen als auch im semantischen Sinn gedeutet. Nach der ersten, epistemologischen Lesart ist mit „Unbegreiflichkeit" *Unerkennbarkeit* gemeint. Zu sagen, daß Gott unbegreiflich ist, heißt dann behaupten, daß uns Gottes Wesen epistemisch nicht zugänglich ist. Nach der anderen, semantischen Lesart ist mit „Unbegreiflichkeit" *Ineffabilität* gemeint. Zu sagen, daß Gott unbegreiflich ist, heißt dann zu behaupten, daß Gottes Wesen unsere begrifflichen Fähigkeiten (vollständig) transzendiert. Keiner unserer Begriffe kann auf Gott zutreffen. Die Unerkennbarkeitsthese und die Ineffabilitätsthese haben in Demeas Theologie nicht denselben Rang. Die epistemische Unzugänglichkeit des Wesens Gottes sieht Demea in der *Ineffabilität* der göttlichen Natur begründet. Zusammenfassend läßt sich der Kern von Demeas Theologie durch (1) die Vollkommenheits-, (2) die Unähnlichkeits-, (3) die Ineffabilitäts- und (4) die Unerkennbarkeitsthese charakterisieren, wobei jede These die ihr folgende begründet und von der ihr vorangehenden begründet wird:

(1) Gott ist das höchste (das unendlich vollkommene) Wesen.

Daher:

(2) Gott besitzt keinerlei Ähnlichkeit mit dem Menschen (oder irgendeinem anderen Wesen).

Daher:

(3) Gottes Wesen ist uns begrifflich nicht zugänglich.

Daher:

(4) Gottes Wesen ist uns epistemisch nicht zugänglich.

Gegen Demeas Mystizismus vertritt Cleanthes die Auffassung, daß wir etwas über Gottes Wesen wissen können, daß Gottes Wesen uns begrifflich zugänglich ist und daß Gottes Wesen Ähnlichkeiten mit dem des Menschen aufweist. Nach Demeas Auffassung bestreitet Cleanthes damit nichts Geringeres als (1): daß Gott das höchste oder unendlich vollkommene Wesen ist. Bereits der für die natürliche Theologie charakteristische Anspruch der Erkennbarkeit Gottes (also die Negation von [4]) kommt für Demea einer Bestreitung der absoluten Vollkommenheit Gottes gleich. Das erklärt, warum die Zurückweisung der natürlichen Theologie für Demea nicht so sehr eine Frage der Epistemologie, sondern vielmehr eine Frage der rechten Frömmigkeit ist:

> The essence of that supreme mind, his attributes, the manner of his existence, the very nature of his duration; these and every particular, which regards so divine a Being, are mysterious to men [...] They [his infinite perfections] are covered in a deep cloud from human curiosity: It is profaneness to attempt penetrating through these sacred obscurities: And next to the impiety of denying his existence, is the temerity of prying into his nature and essence, decrees and attributes. (DNR, 43)

Die Anerkennung Gottes als des höchsten Wesens setzt für Demea die Anerkennung unserer epistemischen und begrifflichen Begrenztheit voraus. Natürliche Theologie versagt dem höchsten Wesen eben diese Anerkennung, ist Ausdruck kreatürlichen Hochmuts und unvereinbar mit der frommen Verehrung der unendlichen Vollkommenheiten Gottes.

Cleanthes wichtigste Einwände gegen die negative Theologie Demeas sind erstens, daß die negative Theologie sich eines Mißbrauchs der Sprache (*abuse of terms*) schuldig macht,[13] zweitens, daß die negative Theologie inhaltslos ist,[14]

---

[13] Vgl. DNR, 61.

[14] „The Deity, I can readily allow, possesses many powers and attributes, of which we can have no comprehension: But if our ideas, so far as they go, be not just and adequate, and correspond to his real nature, I know not what there is in this subject worth insisting on. Is the name, *without any meaning*, of such mighty importance?" (DNR, 60, Herv. A.L.)

und schließlich, daß der Mystizismus vom Atheismus nicht wirklich unterscheid-
bar ist.[15] Mit seinen Kritikpunkten benennt Cleanthes das zentrales Problem der
negativen Theologie: ob es sich überhaupt um eine kohärente Position handelt.
Das Kohärenzproblem betrifft vor allem die *Rechtfertigung* der Ineffabilität Gottes: Ist die Ineffabilitätsthese (3) überhaupt vereinbar mit der Vollkommenheitsthese (1), die ihre Rechtfertigungsbasis darstellt?[16]

Demea bezeichnet Gott unter anderem als den höchsten Geist („that supreme
mind" [DNR, 43]). Das ist konsequent, da Gott als höchst vollkommenes Wesen
auch der höchste Geist sein muß: Denken und Erkennen sind ‚Vollkommenheiten'
und Gott wäre nicht höchst vollkommen, wenn er entweder kein denkendes oder
erkennendes Wesen wäre, oder wenn er diese ‚Vollkommenheiten' nicht in vollkommener Weise besäße.[17] Um an seiner Ineffabilitätsthese festhalten zu können,
muß Demea zugleich aber Cleanthes' Behauptung, daß Gott ein geistiges Wesen
oder eine Intelligenz ist, zurückweisen. Die daraus resultierende Behauptung, daß
Gott der höchste Geist, aber dennoch kein geistiges Wesen ist, ist aber offensichtlich widersprüchlich.

Der drohenden Inkonsistenz scheint Demea durch die kontextualistische Zu-
satzannahme entgehen zu können, daß der Ausdruck „Geist", wenn er auf Gott
angewandt wird, etwas anderes bedeutet, als wenn er auf Menschen angewandt
wird. Er bezieht sich dann nämlich auf ein Denken, betont Demea, das keinerlei
Ähnlichkeit mit dem menschlichen Denken habe: „ […] none of the *materials* of
thought are in any respect similar in the human and in the divine intelligence. Now,
as to the *manner* of thinking; how can we […] suppose them any wise resembling"
(DNR, 58). Insbesondere aufgrund seiner vollkommenen Unveränderlichkeit und
Einfachheit soll das göttliche Denken oder der göttliche Geist keinerlei Ähnlichkeit mit dem menschlichen haben. Während wir Menschen Absichten haben und
Wünsche und Überzeugungen, und von allen diesen unterschiedlichen Zuständen
wiederum jeweils verschiedene, kann es im göttlichen Geist, weil er vollkommen
einfach ist, weder von Absichten verschiedene Überzeugungen, noch voneinander verschiedene Überzeugungen geben. Aber dann hat Gott weder Absichten
noch Überzeugungen; und dann ist Gott auch kein geistiges Wesen. Daß geistige
Wesen notwendigerweise eine innere Struktur aufweisen und nicht vollkommen
einfach oder strukturlos sein können, hebt Cleanthes in seiner Kritik hervor:

---

[15] Vgl. DNR, 61 und 62.

[16] Eine ausführliche Kritik der negativen Theologie und der Ineffabilitätsthese bietet Keith
Yandell, The Epistemology of Religious Experience, Cambridge 1995.

[17] Zu sagen, daß Gott höchst vollkommen oder daß er das *ens perfectissimum* ist oder daß er das
ist, über das hinaus Größeres nicht gedacht werden kann, *bedeutet* für die Anselmsche Tradition, daß
Gott alle Vollkommenheiten (und nichs anderes als Vollkommenheiten) in sich vereinigt *und* daß er
jede Vollkommenheit (jede Vollkommenheit verleihende Eigenschaft) auf vollkommene Weise
exemplifiziert.

A mind, whose acts and sentiments and ideas are not distinct and successive; one, that is wholly simple, and totally immutable; is a mind which has no thought, no reason, no will [...] or in a word, is no mind at all. It is an abuse of words to give it that appellation (DNR, 61).

Interessanter Weise stimmt Demea dieser Auffassung zu, wenn er sagt: „[...] were we to remove these circumstances [of our thought], we absolutely annihilate its essence, and it would, in such a case, be an abuse of terms to apply to it the name of thought or reason" (DNR, 58 f.). Anders als Cleanthes sieht Demea darin aber kein Problem für seinen Mystizismus. Er meint die Verwendung solcher Ausdrücke wie „Denken" und „Geist" in bezug auf Gott rechtfertigen zu können: Um uns nicht jeder Möglichkeit zu begeben, unserer Frömmigkeit und Ehrerbietigkeit mit Worten Ausdruck zu geben, ist es auch im Kontext religiöser Rede von Gott durchaus erlaubt, Ausdrücke wie „Geist" oder „Intelligenz" zu verwenden; jedoch nur unter der Voraussetzung, daß wir uns dabei bewußt bleiben, daß diese Ausdrücke im Kontext religiöser Rede ihre gewöhnliche Bedeutung vollständig eingebüßt haben: „[...] if it appear more pious and respectful (as it really is) still to retain these terms, when we mention the supreme Being, we ought to acknowledge, that their meaning, in that case, is totally incomprehensible [...]" (DNR, 59).[18]

Die von Demea hier präsentierte Auffassung ist mehr als abenteuerlich. Wenn die Ausdrücke unserer Sprache im Kontext religiöser Rede eine andere als ihre gewöhnliche Bedeutung annehmen, diese andere Bedeutung uns aber zugleich vollkommen unzugänglich ist, wissen wir, sobald wir von Gott sprechen, nicht mehr, was wir sagen. Religiöse Rede ist dann, mit anderen Worten, ein *Sinnlosigkeiten* generierender Kontext: Die Anwendung von Ausdrücken wie „Geist" oder „Denken" auf Gott führt zu lauter unverstehbaren, sinnlosen Sätzen. Wenn wir aber nichts Verständliches oder Sinnvolles über Gott sagen können, haben wir keine *Idee* von Gott. Und wenn keine unserer Ideen eine Idee von Gott ist, gibt es keinen religiösen Glauben.

Cleanthes hebt daher zurecht hervor, daß der Name ‚Gott' unter den Händen von Demeas Mystizismus zu einem Namen ohne Bedeutung wird – zu einem Na-

---

[18] Vgl. Philos (ironische) Zustimmung zur negativen Theologie: „Wisdom, thought, design, knowledge; these we justly ascribe to him [the divine Being]; because these words are honourable among men, and we have no other language or other conceptions, by which we can express our adoration for him. But let us beware, lest we think, that our ideas any wise correspond to his perfections, or that his attributes have any resemblance to these qualities among men" (DNR, 44). Die passende Diagnose der Geistesverfassung des Mystikers ist Keith Yandells: „The defender of ineffability wants both to retain the interest, indeed fascination, of the Ineffable without sacrificing the Ineffable's ineffability. So one is provided with a classic case of simultaneous approach and avoidance [...]" (Keith Yandell, Hume's ,Inexplicable Mystery. His Views on Religion, Philadelphia 1990, 155).

men, der mit keiner Idee verbunden ist, und mit dem keine Idee verbunden werden kann. Und da Demeas Mystizismus somit impliziert, daß es keinen gerechtfertigten religiösen Glauben gibt, hat Cleanthes auch recht mit seiner polemischen Spitze, daß ein Mystiker à la Demea sich von einem Skeptiker oder Atheisten substantiell nicht unterscheidet.[19] Demeas Flucht in die Unverständlichkeit religiöser Rede ist noch in einer weiteren Hinsicht selbstmörderisch. Wenn wir keine Idee oder Vorstellung davon haben können, was Reden über Gott bedeuten, muß natürlich auch die Vollkommenheitsthese unverständlich sein. Daher zerstört die Ineffabilitätsthese ihre eigene Rechtfertigungsbasis: Wenn man die Ineffabilitätsthese akzeptiert, kann man die Vollkommenheitsthese nicht akzeptieren, und wenn man die Vollkommenheitsthese nicht akzeptiert, gibt es keinen Grund an die Ineffabilitätsthese zu glauben.[20]

Daß die negative Theologie in Reinform nicht verteidigt werden kann, läßt noch die interessante Möglichkeit einer eingeschränkten oder moderaten negativen Theologie offen. Philo präsentiert einen moderaten Unbegreiflichkeitsanspruch im Kontext der Diskussion des Problems des Übels in einer kritische Anfrage an Cleanthes:

> And is it possible, CLEANTHES [...] that after all these reflections, and infinitely more, which might be suggested, you can still preserve in your anthropomorphism, and assert the moral attributes of the Deity, his justice, benevolence, mercy, and rectitude, to be of the same nature with these virtues in human creatures? (DNR, 100).

An anderer Stelle finden wir den gleichen Gedanken so ausgedrückt: „[...] we have no more reason to infer, that the rectitude of the supreme Being resembles human rectitude than that his benevolence resembles the human" (DNR, 114).

Die auf die moralischen Eigenschaften Gottes eingeschränkte negative Theologie besagt, daß unsere *moralischen* Begriffe keine Anwendung auf Gott haben. Gottes Gerechtigkeit ist von ganz anderer Art als das, was wir uns unter Gerechtigkeit vorstellen; Gottes Wohlwollen ist von ganz anderer Art als das, was wir uns bei Menschen unter Wohlwollen vorstellen. Obwohl moderater, hat diese Theorie ähnlich absurde Implikationen, wie der uneingeschränkte Mystizismus. Wenn Cleanthes sagt, daß Gott vollkommen gerecht ist, dann kann das nach der Theorie, die wir vor uns haben, nicht wahr sein, weil Cleantes' Begriff der Gerechtigkeit nicht auf Gott zutreffen kann. Ist Gott dann ungerecht? Nein, auch unser Begriff

---

[19] Unter einem Atheisten versteht Cleanthes dabei „[someone] who asserts, that the first cause of All is unknown and unintelligible" (DNR, 60).

[20] Eine interessante Folgerung daraus ist, daß entweder die Vollkommenheitsthese (1) nicht die Unähnlichkeitsthese (2) impliziert, oder daß die Unähnlichkeitsthese (2) nicht die Ineffabilitätsthese (3) impliziert.

der Ungerechtigkeit kann nicht auf Gott zutreffen.[21] Also folgt, daß wir Gott überhaupt keine moralischen Eigenschaften zuschreiben können, wenn unsere Ideen von Gerechtigkeit, Güte und Wohlwollen seine moralische Natur unmöglich repräsentieren können. Wie schon beim uneingeschränkten Mystizismus folgt dann auch hier, daß die Rede von Gott als dem höchst vollkommenen Wesen unverständlich und leer wird. Gerechtigkeit, Güte und Wohlwollen gelten als Vollkommenheiten und das höchst vollkommene Wesen muß sie in vollkommener Weise besitzen. Unser Begriff der Vollkommenheit ist mit unseren Begriffen der verschiedenen Vollkommenheiten verbunden; wenn unsere Begriffe der Vollkommenheiten in einem interessanten Sinn *unsere* sind und darum keine Anwendung auf Gott haben können, kann auch unser Begriff der Vollkommenheit keinen Anwendung auf Gott haben, so daß die Aussage, daß Gott das höchst vollkommene Wesen ist, einfach nicht wahr ist. Die Zuflucht in die Unbegreifbarkeit der moralischen Eigenschaften Gottes ist daher keine gangbare Apologie des Glaubens, sondern die Aufgabe des Glaubens.

## V. Das Problem des Übels und die Revision des Theismus

Die Frage, ob wir Gott irgendwelche moralischen Eigenschaften zuschreiben können und, wenn ja, welche, ist aus Sicht von Humes Theorie der Religion seltsam schief. Die Idee Gottes ist nämlich nach Humes Theorie eine Idee von einem Wesen mit moralischen Eigenschaften. Das heißt unsere Vorstellungen von Gerechtigkeit, Güte, Rechtschaffenheit und Wohlwollen gehören zur Idee Gottes. Und gerade deshalb ist das Problem des Übels ein so zentrales Problem für den religiösen Glauben. Am Anfang von Teil X legt Hume Demea seine eigene Auffassung in den Mund,[22] wenn er ihn sagen läßt: „It is my opinion […] that each man […] from a consciousness of his imbecility and misery, rather than from any reasoning, is led to seek protection from that Being, on whom he and all nature is dependent" (DNR, 95).

Wer bei Gott Schutz vor Krankheit, Tod, Zerstörung, Unglück, Verlust, Angst und Hoffnungslosigkeit sucht, stellt sich Gott als ein personales Wesen vor, mit dem man in eine persönliche Beziehung treten kann; und er stellt sich das eigene Leben als vom Willen Gottes abhängig vor und den Willen Gottes als einen

---

[21] Bei Nikolaus von Kues finden wir die Behauptung, daß es weder so sei, daß Gott ist, noch so sei, daß er nicht ist, noch so sei, daß er sowohl ist als auch nicht ist. Formalisiert: (~ P & ~ ~ P) & ~ (P & ~ P). Was für Nikolaus die „am ehesten zutreffende Antwort auf jede Frage nach der ersten, einfachsten, unaussagbaren Seinsheit [ist]" ist zweifellos nicht zutreffend, da diese Aussage auf nichts zutreffen kann. Vgl. Nikolaus von Kues, De coniecturis/Mutmaßungen, hg. von Josef Koch und Winfried Rapp, Hamburg ² 1988, 25.

[22] Vgl. David O'Connor, Hume on Religion, London, New York 2001, 164 ff.

menschlichen Bedürfnissen und menschlichem Verhalten gegenüber sensitiven Willen. Entsprechend gehört es, nach Humes Theorie, zur Natur religiöser Vorstellungen, Gott als ein mit moralischen Eigenschaften ausgestattetes Wesen zu repräsentieren.

Daß Menschen Trost und Hoffnung im Glauben suchen, wäre allerdings vollkommen unverständlich, würden sie sich Gott als eine Person vorstellen, die nicht die Macht besitzt, sie vor Übeln zu bewahren, oder als eine Person vorstellen, die nicht weiß, wie man Übel von der Welt abwenden kann, oder wenn sie sich Gott als ‚malevolent‘ oder auch nur als ein Wesen vorstellten, dem das Schicksal der Menschen vollkommen gleichgültig ist. Es ist daher nicht überraschend, daß es eine natürliche Tendenz der Entwicklung religiöser Ideen gibt. Die Funktion der Religion kann nur erfüllt werden, wenn der Glaube sich auf Wesen bezieht, die Menschen an Macht, Wissen und Wohlwollen übertreffen. Die Imagination tendiert daher zur Hervorbringung der Idee Gottes als eines zugleich allmächtigen, allwissenden und vollkommen gütigen Wesens.

Daraus ergibt sich aber eine paradoxe Situation: Gerade die Lebensumstände des Menschen, die den theistischen Glaubens an Gott als dem höchst vollkommenen Wesen begünstigen, sind zugleich Umstände, die die Wahrheit eben dieses Glaubens in Frage stellen.[23] Philos Verhalten deckt diese Paradoxie auf, indem er Demea zunächst zustimmt, daß der Sinn für Religion nur durch die Erfahrung oder die Darstellung von Elend und Bösartigkeit der Welt geweckt und bestärkt wird, sich dann aber von der Frage der Psychologie des Glaubens abwendet und die skeptische Frage aufwirft, wie denn die Übel in der Welt erklärt werden können, wenn Gott sowohl willens als auch fähig ist, sie zu verhindern.

Die Teile X und XI liefern nun keine auch nur annähernd zufriedenstellende Antwort auf diese Frage. Für die Interpretation außerordentlich bedeutend ist hierbei die Tatsache, daß Hume das Problem des Übels zum Thema der Diskussion macht, nachdem er zuvor in Teil IX das kosmologische Argument (das Argument *a priori*) in den Mittelpunkt gerückt hat. Demea, das ist ganz klar, hat das Argument gegen die Kritiken von Cleanthes und Philo nicht verteidigen können. Insbesondere die Humes eigene Auffassung wiedergebende Kritik von Cleanthes, daß es keine *a priori* Beweise von Tatsachen geben kann, weil alles, was existiert, auch nicht existieren könnte, ist nicht angefochten worden.[24] Das Problem des Übels stellt sich daher mit aller Macht. Denn wenn es keinen schlüssigen *a priori* Beweis für die Existenz Gottes gibt – wie Cleanthes und Philo (und Hume) annehmen und wie Demea das Gegenteil zumindest nicht anzunehmen berechtigt ist –,

[23] Vgl. John L. Mackie, Das Wunder des Theismus, Argumente für und gegen die Existenz Gottes, Stuttgart 249 f.
[24] Vgl. DNR, 91.

ist eine Apologie des Glaubens notwendig.[25] Und das akzeptiert nicht nur Cleanthes, sondern auch Demea.

Demeas Theodizee ist als Apologie freilich vollkommen wertlos. So wie er selbst die Welt geschildert hat – als durch und durch elend, krank, übel und verdorben –, und so wie er selbst und Philo das menschliche Leben geschildert haben – als ein freudloses, jammervolles Dasein, das besser heute als morgen beendet wird, und an dem man nur aus Angst vor dem Tod festhält –, haben wir starke Evidenzen gegen den Theismus. Das wird auch von Cleanthes richtig bemerkt, wenn er sagt: „If you [Philo] can make out the present point, and prove mankind to be unhappy or corrupted, there is an end at once of all religion" (DNR, 101). Demeas Theodizee ist nun dialektisch wertlos, weil sie offenbar die Existenz Gottes voraussetzt. Er spricht als gläubiger Mensch und äußert sein Credo, beruft sich also gerade auf das, was in Frage steht, wenn er sagt:

> The present evil phenomena […] are rectified in other regions, and in some future period of existence. And the eyes of men being then opened to larger views of things […] trace, with adoration, the benevolence and rectitude of the Deity, through all the mazes and intricacies of his providence (DNR, 101).

Demea versteht die dialektische Situation, in die er sich unter engagierter Mithilfe Philos selbst gebracht hat, einfach nicht.[26] Und das liegt daran, daß er die Epistemologie des Glaubens nicht trennen kann von der Psychologie des Glaubens, was Hume uns zeigt, indem er Demea am Anfang von Teil X die Worte in den Mund legt:

> It is my opinion, I own […] that each man feels, in a manner, the truth of religion within his own breast […]. Wretched creatures that we are! What resource for us amidst the innumerabel ills of life, did not religion suggest some methods of atonement […] (DNR, 95).

Cleanthes geht zwei Wege, um seinen Theismus zu verteidigen. Zunächst streitet er ab, daß die Welt wirklich so schlecht und voller Übel ist wie Demea und Philo behauptet haben: „The only method of supporting divine benevolence (and it is what I willingly embrace) is to deny absolutely the misery and wickedness of man" (DNR, 102). Es wird Cleanthes aber schnell klar gemacht, daß die Schilderungen Demeas und Philos als Übertreibungen abzutun das Problem des Übels nicht beseitigt. Philo macht ihn darauf aufmerksam, daß es rätselhaft sein muß, warum überhaupt irgendein Elend oder Unglück in der Welt ist, wenn unendliche Macht zusammen mit unendlicher Weisheit und unendlicher Güte die Geschicke

---

[25] Vgl. Nelson Pike, „Hume über Übel", in: Analytische Religionsphilosophie, hg. von Christoph Jäger, Paderborn u. a. 1998, 227–244, hier 240.

[26] Hume macht das überdeutlich, indem er Demea erst am Ende von Teil XI sich darüber klar werden läßt, daß Philo sich nur aus strategischen Gründen zeitweilig mit Demea verbündet, aber niemals für dessen Sache Partei ergriffen hat. Vgl. DNR, 114 f.

der Welt bestimmt. Auf diesen Einwand hin läßt Cleanthes seine erste Strategie fallen, und wählt eine andere – die der Revision der *Idee* Gottes. Die Revision ist eine Absage an die Idee Gottes als des höchst vollkommenen Wesens. An die Stelle dieser Idee tritt die Vorstellung eines Wesens, dessen ‚Vollkommenheiten' endlich sind. Der Kontext der Stelle, an der Cleanthes diese Revision vorschlägt, ist so wichtig, daß ich ihn mit zitiere:

> [A.] Thus, in the present subject [the problem of evil], if we abandon all human analogy, as seems your intention, Demea, I am afraid, we abandon all religion, and retain no conception of the great object of our adoration. [B.1] If we preserve human analogy, we must for ever find it impossible to reconcile any mixture of evil in the universe with infinite attributes; much less can we prove the latter from the former. [B.2] But supposing the Author of nature to be finitely perfect, though far exceeding mankind; a satisfactory account may then be given of natural and moral evil [...] (DNR, 105).

Cleanthes ersten Punkt [A.] haben wir bereits untermauert: Negative Theologie ist nur dem Namen nach ‚Theologie', denn sie impliziert, daß wir keine Idee von Gott haben. Die Flucht in die Unbegreiflichkeit kann daher auch keinen Beitrag zur Apologie liefern. Wenn die Idee Gottes anthropomorph ist (wie sie nach Humes Theorie sein muß), dann können wir uns Gott als von aller Begrenztheit frei denken [B.1] oder uns Gott vorstellen als Wissen, Macht und Güte des Menschen weit übertreffendes Wesen, das aber trotzdem in allen diesen Aspekten begrenzt ist [B.2]. Eine wichtige Beobachtung ist zunächst, daß Cleanthes ausdrücklich die *Inkompatibilität* des traditionellen Theismus mit der Existenz von Übeln behauptet. Hier zeigt sich noch einmal in aller Deutlichkeit, daß es in den Dialogen nicht nur um die Frage geht, was wir aufgrund unseres empirischen Wissens über die Eigenschaften Gottes wissen können. Cleanthes sagt weiterhin ausdrücklich – und stimmt darin Philo zu –, daß damit natürlich auch ausgeschlossen ist, auf der Basis unseres empirischen Wissens ließe sich der traditionelle Theismus beweisen: Es gibt nach Cleanthes keine natürliche Theologie des traditionellen Theismus. Hier muß man sich klar machen, daß Hume diese Behauptungen nicht in den Mund von Philo, sondern in den Mund von Cleanthes legt, der noch zu Beginn der *Dialoge* einen uneingeschränkten Optimismus bezüglich der Möglichkeiten natürlicher Theologie vertreten hat: Cleanthes gesteht hier eine Niederlage ein. Die Revision der Konzeption Gottes schlägt Cleanthes vor, um die Niederlage einzugrenzen und nicht alle Religion aufgeben zu müssen.

Das Ergebnis der Revision ist eine ‚neue Theorie': „[...] in a word, benevolence, regulated by wisdom, and limited by necessity, may produce such a world as the present" (ebd.). Cleanthes sagt hier nicht mehr, als daß die gegenwärtige Welt durch einen limitierten Gott hervorgebracht worden sein *könnte*. Und das heißt nicht mehr, als daß die Existenz von Übeln der Existenz eines limitierten Gottes nicht widerspricht. Diese Theorie hat jedoch einen entscheidenden Nachteil. Es scheint gar nichts zu geben, was *für* sie – für ihre Wahrheit – spricht.

Daß mit dieser Theorie das logische Problem des Übels umgangen ist oder daß dieses Problem für diese Theorie nicht auftritt, spricht natürlich nicht für ihre Wahrheit. Auffällig ist, daß Hume den Teil XI ganz anders komponiert hat als die vorangehenden. Er gibt Philo extensiven Raum zur Attacke auf Cleanthes' revidierten Theismus, läßt Cleanthes aber nicht zur Verteidigung gegen Philos Einwände antreten. So bleibt zum Schluß Philos Resümee unwidersprochen, daß die *bei weitem wahrscheinlichste* Hypothese über die Natur der ersten Ursachen des Universum die ist, daß sie weder Güte noch Bösartigkeit besitzen.[27] Daß Cleanthes seine neue Theorie nicht verteidigt, ist aber nicht nur auffällig, weil Philo eine Reihe substantieller Einwände gegen sie vorbringt. Es ist auch deshalb auffällig, weil Cleanthes mit seinem Eingeständnis, daß die Existenz von Übeln eine Revision des Theismus erfordert, zugleich eingesteht, daß sein teleologisches Argument (das Argument *a posteriori*) unschlüssig ist. Die entscheidende Prämisse von Cleanthes' Argument stellt er selbst so dar: „[The world is] nothing but one great machine, subdivided into an infinite number of lesser machines […]" (DNR, 45). Auch wenn wir diese Prämisse eher als die Behauptung rekonstruieren sollten, daß die Welt einer großen Maschine *gleicht*, ist klar, daß Cleanthes sie in Teil XI nicht mehr aufrecht erhalten kann. Der Grund dafür ist, daß er eingestanden hat, daß es eine unbestimmt große Anzahl ‚funktionsloser' Phänomene in der Welt gibt: alle die Übel, die man nicht wegerklären und denen man auch keinen Sinn abgewinnen kann. Selbst wenn es mehr Freude, Glück und Schönheit als Elend in der Welt geben sollte – die Tatsache, daß es unbestimmt viel ‚funktionsloses' Elend in der Welt gibt, schließt die Falschheit der Prämisse ein, daß die Welt einer großen aus unendlich vielen kleinen Maschinen komponierten Maschine gleicht. Da diese Argument aber, nach Cleanthes' Auffassung, das einzige ist, durch das die Existenz Gottes bewiesen werden kann, befindet er sich in der Situation, eine Theorie zu vertreten, für die er überhaupt keine Rechtfertigung anbieten kann. Teil XI bietet uns damit das Bild eines großen Scheiterns: die Zuflucht zu einer neuen Theologie, die, obwohl sie einer Verteidigung und Rechtfertigung bedarf, weder verteidigt noch gerechtfertigt wird.

---

[27] Vgl. DNR, 114.

## VI. Die Irrationalität religiösen Glaubens

Während Demea am Ende von Teil XI unter einem Vorwand, wie es heißt, die Diskussionsrunde verläßt, finden wir Cleanthes in Teil XII vollkommen unbeeindruckt von der Diskussion über das Problem des Übels. Hume präsentiert ihn uns als einen Enthusiasten in Reinform:[28]

> The most agreeable reflection, which it is possible for human imagination to suggest, is that of genuine theism, which represents us as the workmanship of a Being perfectly good, wise, and powerful; who created us for happiness, and who, having implanted in us immeasurable desires of good, will prolong our existence to all eternity, and will transfer us into an infinite variety of scenes, in order to satisfy those desires, and render our felicity complete and durable (DNR 126).

Wie kann es sein, daß Cleanthes, nachdem er sich zuvor zu einer Revision des traditionellen Theismus genötigt sah, jetzt im abschließenden Gespräch mit Philo den Glauben an Gott als ein vollkommen gutes, vollkommen weises und vollkommen mächtiges Wesen als die *wahre Relgion* präsentiert? Wie kann es sein, daß Cleanthes noch weit über diese Charakterisierung hinaus geht und Gott als ein ausschließlich um das Wohl der Menschen besorgtes Wesen darstellt, dessen Schöpfung keinem anderen Zweck dient, als uns glücklich zu machen?

Humes Theorie über die Entstehung des religiösen Glaubens schließt aus, daß gläubige Menschen aufgrund von Schlußfolgerungen zum religiösen Glauben kommen. Die traditionellen Argumente der philosophischen Theologie sind aus Humes Sicht nichts anderes als Versuche, einen aus ganz anderen Quellen stammenden Glauben *ex post* zu rationalisieren. Das Scheitern dieser Argumente, sagt Humes Theorie voraus, führt deshalb nicht dazu, daß die Leute ihre Religion aufgeben. Gerade weil sich der religiöse Glaube nicht schlußfolgerndem Denken verdankt, ist er überaus robust und beharrlich auch im Angesicht von epistemischen Anfechtungsgründen. Kurz, der religiöse Glaube ist aus Humes Sicht ein Phänomen, das sich gegen den Vorwurf der epistemischen Irrationalität als resistent erweist. Eben das verdeutlicht Hume an der Figur von Cleanthes. Bei genauer Lektüre zeigt sich nämlich, daß Cleanthes gar nicht die Figur ist, für die viele ihn halten. Cleanthes ist alles andere als ein Denker, dem es nur um Wahrheit geht und der bereit ist, sich ausschließlich von der Konsequenz seines Denkens leiten zu lassen, egal wohin auch immer es ihn führen mag. Woran Cleanthes *von vorneherein* glaubt – der ‚genuine‘ Theismus – steht für ihn nie wirklich zur Disposition. Den ersten Teil der *Dialoge* läßt Hume Cleanthes sogar mit folgenden Worten beschließen:

---

[28] Enthusiasmus entspringt einem Geisteszustand, „[in which] [e]very thing mortal and perishable vanishes as unworthy of attention" (David Hume, Of Superstition and Enthusiasm, in: Hume, Essays. Moral, Political, and Literary (wie Anm. 12), 73–79, hier 74.

[...] surely, nothing can afford a stronger presumption, that any set of principles are true, and ought to be embraced, than to observe, that they tend to the confirmation of true religion, and serve to confound the cavils of atheists, libertines, and freethinkers of all denominations (DNR, 42).

Diese Äußerung hätte auch gut von Demea stammen können. Wer behauptet, daß Prinzipien, die geeignet sind, die wahre Religion zu stützten, darum auch als wahr angesehen werden dürfen und angenommen werden müssen, der ist kein ‚Evidentialist‘ und der hält natürliche Theologie für ein Unternehmen, das im Falle des Erfolgs zwar willkommen ist, auf das man im Falle des Scheiterns aber auch getrost verzichten kann. Und genau das zeigt uns Hume in der Komposition der *Dialoge*. Cleanthes unternimmt einen ausgedehnten Versuch, einen Beweis für den Theismus zu verteidigen; er scheitert damit und sieht selbst ein, daß er gescheitert ist; dieses Scheitern läßt ihn aber letztlich unbeeindruckt und zwar so unbeeindruckt, daß er einem durch Vernunft und Erfahrung völlig unkontrolliertem phantastischen Optimismus die Zügel schießen läßt.

Der letzte Teil der *Dialoge* vermittelt daher die Botschaft, daß sich über Religion zwar rational diskutieren läßt, daß rationale Diskussionen aber so gut wie keinen Einfluß auf die Einstellungen der Menschen zur Religion haben. Das Scheitern aller natürlichen Theologie und sogar der Erfolg natürlicher A-theologie haben, wenn überhaupt, nur geringe Auswirkungen auf die Religion, da die Quellen des religiösen Glaubens unabhängig von rationalen Argumenten operieren. Religion ist, aus Humes Sicht, ein durch und durch irrationales Phänomen. Entsprechend ist auch das Bild der Theologie, das die *Dialoge* vermitteln, das Bild einer Pseudowissenschaft, die nicht an Wahrheit orientiert ist, keinerlei methodologische Disziplin hat und deren Gegenstand alle Zeichen der Flüchtigkeit und Instabilität menschlicher Imagination trägt.

Für Hume gibt es also keine wahre Religion. Die Rede von einer wahren Religion ist bei Hume bloße Rhetorik, genauso wie sie bei Philo im letzten Teil der *Dialoge* bloße Rhetorik ist. Philo geht es nur darum, einen Schlußstrich unter die spekulativen Diskussionen philosophischer Theologie zu ziehen, um die moralischen, sozialen und politischen Folgen der Religionen in den Mittelpunkt der Aufmerksamkeit rücken zu können. In Cleanthes findet Philo mit seiner Rhetorik der wahren Religion ein im wahrsten Sinne des Wortes *dankbares* Opfer. Nicht mehr im Brennpunkt kritischer Einwände zu stehen, seinen Glauben nicht in Frage gestellt zu sehen, endlich zustimmende und versöhnliche Worte sogar von seinem schärfsten Gegner zu hören und nicht zuletzt sein eigener Wille zu glauben, machen Cleanthes gegenüber den Worten Philos unkritisch und leichtgläubig. Cleanthes scheint insbesondere einige Signale zu überhören, die stark darauf hindeuten, daß Philos Rede von der wahren Religion seinen Theismus keineswegs bestätigt.

Direkt zu Beginn des letzten Teils gibt sich Philo fast reumütig und tut alle Argumente und alle kritischen Punkte, die er im Laufe der gesamten bisherigen Diskussion gegen Cleanthes angeführt hat, als uninteressant und wertlos ab, indem er sie zum Ausdruck einer idiosynkratischen Vorliebe für ausgefallene Argumente („my love of singular arguments" [DNR, 116]) erklärt. Jeden rationalen Menschen muß eine solche undifferenzierte und pauschale Geste des Widerrufs aller vorangehenden Behauptungen stutzig machen – besonders, wenn sie in Kombination mit Beteuerungen eines außerordentlich tiefen religiösen Sinns („no one has a deeper sense of religion impressed on his mind" [ebd.]) und der reinsten ungetrübten Verehrung Gottes („[no one] pays more profound adoration to the divine Being" [ebd.]) auftritt. Und wenn Philo direkt zu Beginn auch noch behauptet, was er vorher mit so guten Gründen bestritten hat, daß auch Cleanthes zwischenzeitlich von dieser Auffassung abgerückt ist – daß nämlich alles in der Welt einen Zweck, eine Absicht und einen Plan manifestiert („A purpose, an intention, a design strikes everywhere the most careless […] thinker […]" [ebd.]) – ist die beste Erklärung seines Verhaltens nicht die, daß er einen authentischen Eindruck seiner Gefühls- und Gedankenwelt vermitteln möchte, sondern die, daß er seine Worte strategisch einsetzt.

Hier sind einige starke Evidenzen für den rhetorischen Charakter von Philos Ausführungen. Allein Demea hatte versucht zu beweisen, daß es eine erste unverursachte Ursache aller Dinge geben muß. Weder Cleanthes noch Philo haben sein Argument dafür akzeptiert und es als unschlüssig verworfen. Sie haben den Gedanken einer unverursachten und damit nicht kontingenten Ursache sogar für absurd erklärt. In Teil XII redet Philo jedoch ohne irgendeinen intellektuellen Skrupel von Gott als der ersten und höchsten Ursache (und das muß eine unverursachte Ursache sein).[29] Es scheint klar zu sein, daß Philo hier nur den Jargon rationalistischer Theologie imitiert und sich nicht auf die Metaphysik der Erstverursachung festlegt. Eine weitere Evidenz liefert eine Stelle, an der Philo ein gewisses Zugeständnis an Cleanthes' These der Ähnlichkeit des göttlichen mit dem menschlichen Geist zu machen scheint:

> […] I ask him [the atheist], whether […] there be not a certain degree of analogy among all the operations of nature […] whether the rotting of a turnpike, the generation of an animal, and the structure of human thought be not energies that probably bear some remote analogy to each other […] and I ask him, if it be not probable, that the principle which first arranged, and still maintains, order in this universe, bears not also some remote inconceivable analogy to the other operations of nature, and among the rest to the œconomy of human mind and thought (DNR, 120).

Diese Stelle ist in zweierlei Hinsicht interessant. Sie enthält, erstens, einen geradezu unverschämt unverhohlenen Sarkasmus. Behauptet wird, daß es eine entfernte Analogie zwischen dem menschlichen Denken und dem *Verfaulen einer Rübe* gibt; und dann wird behauptet, daß es eine entfernte Analogie zwischen

---

[29] Vgl. DNR, 119.

Gott (dem Ursprung der Ordnung des Universums) und den Operationen der Natur und auch zum menschlichen Geist gibt. Philo gibt uns damit zu verstehen, daß es eine entfernte (und natürlich unbegreifliche) Analogie zwischen *Gott* und dem Verfaulen einer Rübe gibt. Der Effekt dieser Stelle, die ‚Ridikülisierung' der Theologie, wird von Cleanthes freilich nicht bemerkt. Dieser Effekt kann nicht unintendiert sein. Hume wäre zweifellos nicht der große Schriftsteller, der er ist, wäre gerade diese Stelle seiner stilistischen Kontrolle entgangen. Der zweite Punkt ist, daß Philo deutlich durchscheinen läßt, daß die Rede von ‚entfernten Analogien' und natürlich auch die Rede von ‚entfernten und unbegreiflichen Analogien' vollkommen inhaltsleer ist. Wenn für jedes Paar der unterschiedlichsten Dinge A und B gilt, daß sie eine entfernte Analogie zueinander haben, dann liefert uns die Behauptung, daß B eine entfernte Analogie zu A hat, selbst dann keine Informationen über B, wenn wir ein sehr detailliertes Wissen über A haben. Die Botschaft dieser Stelle ist also: Wenn wir von irgend etwas sagen, daß es eine entfernte Analogie mit irgend etwas anderem hat (das wir kennen), dann haben wir damit nichts über die erste Sache gesagt; wir haben unser Wissen nicht erweitert. Die Behauptung, daß es eine entfernte (und unbegreifliche) Analogie oder Ähnlichkeit zwischen Gott und dem menschlichen Geist gibt, könnte dann auch von Demea unterschrieben werden, denn sie gestattet uns nicht darauf zu schließen, daß Gott Überzeugungen hat oder daß er Absichten hat oder daß er um etwas besorgt ist usw. Im Lichte dieser Stelle wird auch klar, daß sich Philo mit dem Satz „[…] *the cause or causes of order in the universe probably bear some remote analogy to human intelligence* […]" (DNR, 129) auf nichts festlegt.

Betrachten wir den Satz noch kurz etwas genauer. Er bezieht sich nicht auf eine Ursache (oder Ursachen) des Universums, sondern auf eine Ursache (oder Ursachen) *der Ordnung des Universums.* Daß die Ursache der Ordnung des Universums zugleich eine Ursache des Universums ist, wird hier nicht behauptet. Die genannte Behauptung ist verträglich mit der Auffassung einer den Bausteinen des Universums immanenten Ordnung. Philo verlangt außerdem, daß dieser Satz keiner Extension, Variation oder genaueren Explikation fähig ist. Nur dann könne man ihm zustimmen. Aber das heißt unter anderem, daß wir Philos Satz nicht einmal so verstehen dürfen, als würde er implizieren, daß die Ursache der Ordnung des Universums ein absichtsvoll handelndes Wesen ist. Wenn Philos Satz nicht einmal das einschließt, ist er aber ohne jeden religiösen Gehalt. Weil er keine Information über die Beschaffenheit der Ursache der Ordnung des Universums enthält, läßt sich Philos Satz auch nicht als eine Hypothese verstehen, zu der es irgendwelche alternativen Hypothesen gäbe. Ihn zu akzeptieren verändert und verbessert unser Verständnis der Ordnung des Universum in keiner Weise. Die von Philo selbst stipulierten Sinnrestriktionen berauben seinen Satz also jeden Inhalts. Darum ist er auch frei, ihn zu äußern. Er legt niemanden auf irgend etwas fest.

*Ich stelle Humes Religionskritik als eine radikale Kritik des religiösen Glaubens dar. Hume kritisiert in den* Dialogen *nicht nur die natürliche Theologie und auch nicht nur Behauptungen über das Wesen Gottes. Aus der in den* Dialogen *dargestellten Kritik an der negativen Theologie von Demea und am Theismus von Cleanthes geht vielmehr hervor, daß der Glaube an Gott epistemisch irrational ist. Nach Humes Theorie resultiert religiöser Glaube allerdings nicht aus schlußfolgerndem Denken. Argumente für den Glauben sind ex post Rationalisierungen, von deren Erfolg oder Mißerfolg das Weiterbestehen religiösen Glaubens nicht tangiert wird. An der Figur von Cleanthes, der trotz Einwänden, die nach seiner eigenen Auffassung den Theismus zu Fall bringen, unbeeindruckt an seinem Theismus festhält, zeigt uns Hume, wie wenig vernünftiges Denken in religiösen Dingen ausrichtet. Philos und Humes Rede von einer ,wahren Religion' wird als ein rein rhetorisches Mittel interpretiert, das sie auf keine religiöse Auffassung festlegt.*

*In this paper I present Hume's critique of religion as a radical one the target of which is religious belief as such. In his* Dialogues *Hume's interest goes far beyond an examination of natural theology or of claims as to the nature of God. There are arguments against both, Demea's mysticism and the traditional theism as represented by Cleanthes, which, in the light of the* Dialogues, *demonstrate both positions to be epistemic irrational. According to Hume, religious belief is not the upshot of reasoning or inferential processes, however. Arguments for religious beliefs are rationalisations the success or failure of which have almost no influence on the maintenance of religion. Hume illustrates this point by means of his figure Cleanthes who, in the face of arguments he himself accepts as undermining theism, sticks almost unimpressed to his worldview. Philo's as well as Hume's talk of ,true religion' is interpreted as a pure rhetorical device and thus as not committing them to any religious view.*

PD Dr. Achim Lohmar, Universität zu Köln, Philosophisches Seminar, Albertus-Magnus-Platz, 50923 Köln, E-Mail: achim.lohmar@uni-koeln.de

ALEXEI N. KROUGLOV

# Die Theologie der Vernunft bei J.N. Tetens

In der Forschungsliteratur ist von der Behandlung der theologischen Probleme bei Johann Nikolaus Tetens (1736–1807) bis heute wenig zu lesen. Es ist zwar richtig, daß die Theologie nicht im Zentrum von dessen Philosophie stand. Dennoch sind die theologischen Schriften von Tetens nicht nur für ein angemessenes Verständnis seiner Philosophie, sondern auch für ein besseres Verständnis der deutschen Aufklärung von Nutzen.

## I. Die Religion im Leben von Tetens

Bei der Beschäftigung mit den religiösen Fragen bei Tetens könnte das biographische Material eine gute Hilfe leisten, aber es ist nicht so umfangreich. Von der Kindheit Tetens' und von seiner Familie ist nicht viel bekannt. Die Ursache liegt nicht zuletzt darin, daß er ebenso wie sein großer Zeitgenosse Immanuel Kant (1724–1804) aus ganz einfachen Verhältnissen kommt: Die Eltern von Tetens waren beide Vollwaisen. Er selbst hat praktisch keine Erinnerungen an diese Zeit hinterlassen. Zeitgenössische Berichte sind aus den oben erwähnten Gründen kaum zu erwarten. Es ist überhaupt überraschend, daß man dennoch einiges über diese Periode im Leben von Tetens erfahren kann. Aus dem Verzeichnis des Nachlasses nach dem Tod seines Vaters im Jahre 1762 ist bekannt, daß die Familie unter anderem eine *Christliche Tugend Lehre*, die *Kleine Augsburgische Confession*, ein *Catechismus Frag Buch* und eine Ausgabe der Andachten Benjamin Schmolcks (1672–1737) besaß.[1]

---

[1] Vgl. Otto Hintze, Die Eiderstedter Ahnen und die Lehrer des Philosophen Johann Nicolaus Tetens. Zu seinem 200. Geburtstag am 16. IX. 1936, Garding 1936, 13 f. Gemeint ist wohl eine Ausgabe wie diese: Benjamin Schmolck, Der vor Seinem Gott Bußfertig-erscheinende Sünder [...] In auserlesenen Buss-Beicht vnd Communition-Andachten, wie auch Die sieben Buß-Psalmen Nebst denen Gott-geheiligten alltäglichen Morgen- und Abend-Andachten Benjamin Schmolckens, Frankfurt 1745.

Aufklärung 21 · © Felix Meiner Verlag 2009 · ISSN 0178-7128

Tetens hat in der Stadtschule Tönning und dann auch in der Lateinklasse derselben Stadt studiert. Aus der Schrift des Rektors der Schule, Johann Christoph Kleffels (1704–1764), geht hervor, daß seine Schüler im Jahre 1753 an einer Rede-Übung von der Notwendigkeit des Studii Antiquarii teilgenommen haben. Die Schüler haben dabei versucht zu beweisen, daß ein solches Studium „sich auf ausdrückliche Befehle Gottes gründet", viel Nutzen für die Theologie, darunter bei der Überzeugung der Juden, sowie in der Widerlegung des Papsttums erweist.[2] Bei dieser Rede-Übung war Tetens nur Zuhörer. Aber zwei Jahre später, am 17. April 1755, hielt er eine Abgangsrede, „ob die weltlichen Studia der Religion und Gottesfurcht zuwider oder schädlich seyn".[3]

Bei wem Tetens an den Universitäten Kopenhagen und Rostock studiert und welche Kurse er besucht hat, ist nicht mehr genau zu ermitteln. Fest steht aber, daß er sich am 23. Mai 1755 an der Universität Rostock immatrikuliert hat.[4] Zwei Jahre später, am 30. April 1757, kommt Tetens an die Universität Kopenhagen als „Student der Theologie" aus Rostock.[5] Im Unterschied zu Kant ist es also ganz klar und belegbar, an welcher Fakultät Tetens studiert hat. Es ist auch klar, daß er mit diesem Studium nicht völlig zufrieden war, denn er kam nach Kopenhagen, um dort vor allem Naturwissenschaften und Mathematik zu studieren. Aber auch die exakten Wissenschaften waren nicht die letzte Station seines Studiums: Im Jahr 1759 kam Tetens nach Rostock zurück und wurde am 7. Oktober 1759 Magister der Philosophie.[6] In seinem Brief an den Herzog von Mecklenburg vom 25. Oktober 1760 schrieb Tetens, er hätte zuerst Geistlicher werden wollen, aber diese Laufbahn wegen seiner physischen Schwächen für eine solche Tätigkeit abgelehnt.[7] Dennoch scheint es mehr als wahrscheinlich, daß auch andere Gründe die Entscheidung von Tetens beeinflußt haben. Seine philosophische und theologische Ausbildung hat er vor allem in Rostock genossen. Von den Pro-

---

[2] Vgl. Johann Christoph Kleffel, Abhandlung von Vorzügen der alten Nordischen Seekunst vor den Römern und Griechen, womit zur Anhörung einer Redeübung in unserer Schule einladet Johann Christoph Kleffel, Rector der Tönningischen Stadt-Schule, Kiel 1753, 30.

[3] Kleffel, Vierte Abhandlung von Vorzügen der alten Nordischen Seekunst vor den Römern und Griechen, und zwar besonders von der Handlung und Kaufmanschaft, womit zu Anhörung einer Rede, mit welcher Johannes Nicolaus Tetens aus unserer Schule öffentlichen Abschied nehmen wird, alle Liebhaber der Wissenschaften und Schulen geziehmend einladet Johann Christoph Kleffel, Rector der Schule in Tönning, Kiel 1755, 115.

[4] Vgl. Die Matrikel der Universität Rostock, Bd. 4: Mich. 1694 – Ost. 1789. Anhang: Die Matrikel der Universität Bützow. Mich. 1760 – Ost. 1789, hrsg. von Adolph Hofmeister, Rostock 1904, 282 (ND: Nendeln/Lichtenstein, 1976).

[5] Vgl. Kjøbenhavns Universitets Matrikel, udg. af Sophus Birket-Smith, Bd. 3: 1740–1829, Kjøbenhavn 1912, 166.

[6] Vgl. Diplom: UB Rostock, Sondersammlungen, Sammlung Familienpapiere, Personalakten von J.N. Tetens.

[7] Vgl. UA Rostock, Personalakten alt, J.N. Tetens.

fessoren, die auf Tetens sicherlich – direkt oder indirekt – einen Einfluß gehabt haben, sind vor allem drei Namen zu nennen: Franz Albert Aepinus (1673–1750), dessen Sohn Angelius Johann Daniel Aepinus (1718–1784) und Johann Christian Eschenbach (1719–1759). Nachdem der Herzog von Mecklenburg versucht hatte, in Bützow eine neue Akademie zu eröffnen und die alte Universität in Rostock (erfolglos) zu schließen, bewarb sich Tetens an dieser neuen Anstalt um eine Stelle, und A.J.D. Aepinus hat in einem Brief an den Herzog vom 19. November 1760 das Gesuch von Tetens massiv unterstützt. Seinen jungen Kollegen beschrieb er als einen Mann, der Gott fürchtet.[8] Franz Albert Schulz (1692–1763) hatte zwei Jahre früher in einer ähnlichen Situation Kant extra gefragt: „Fürchten Sie auch Gott von Herzen?"[9]

In Bützow hat Tetens nicht nur an der Universität unterrichtet, sondern auch einige Jahre das Pädagogium geleitet (1765–1768), das er nach einem scharfen Konflikt mit den Lehrern verließ. Die Absolventen der theologischen Fakultät der Universität Rostock oder der Akademie in Bützow, die während der Suche nach einer Pfarrer-Stelle am Pädagogium unterrichteten, hatten ihren Vorgesetzten wegen der Mißachtung des Gotteswortes und der Setzung der Philosophie über die Religion angeklagt. Tetens wehrte sich gegen diese Anschuldigungen: Zwar betrachte er das Christentum als das einzige Fundament der Erziehung, aber er komme deswegen nicht auf die Idee, während des Unterrichts bei den Kindern ohne große Notwendigkeit Gottesnamen zum Ausdruck zu bringen und die biblische Sprache zu benutzen.[10] In Bützow herrschten damals die Pietisten um den von dem pietistisch gesonnenen Herzog von Mecklenburg aus Halle bestellten Christian Albert Döderlein (1714–1789). Die Umstände waren für Tetens an der Grenze des Erträglichen. Dennoch ist es ihm gelungen, in Bützow 15 Jahre zu verbringen und zu unterrichten. Vermutlich hat Tetens das geschafft, weil er damals vor allem als Physiker gegolten hat. Darüber hinaus konnten selbst die Pietisten ihm persönlich wenig vorwerfen.[11] Bei der ersten besten Gelegenheit aber verließ er die Universität Bützow und siedelte nach Kiel um.

---

[8] Vgl. ebd.

[9] Ludwig Ernst Borowski, Darstellung des Lebens und Charakters Immanuel Kant's (1804), in: Immanuel Kant. Sein Leben in Darstellungen von Zeitgenossen. Die Biographien von L.E. Borowski, R.B. Jahmann und E.A. Ch. Wasianski, hg. von Felix Gross. Mit einer Einleitung von Rudolf Malter, Darmstadt 1993, 16.

[10] Von der Tätigkeit Tetens' am Pädagogium und von dem Konflikt vgl. UA Rostock, Rektorat Universität Bützow, Manuskripte zu Berichten der Direktoren J.N. Tetens und V.C. Möller über das Pädagogium 1760–1776, B 11/3; Verordnungen und Schriftwechsel unter dem Direktorat von Prof. J.N. Tetens des Pädagogiums 1765–1766, B 11/8; 1767–1768, B 11/9; 1769–1770, B 11/10.

[11] Vgl. Uvo Hölscher, Urkundliche Geschichte der Friedrichs-Universität zu Bützow, in: Jahrbücher des Vereins für mecklenburgische Geschichte und Alterskunde 50 (1885), 71.

Schon in Kiel nahm Tetens den Pastor Berner zu Tempzien gegen die Anklagen der Pietisten aus Bützow in Schutz. Seine Schrift über die Unterstützung der Freiheit des Geistes ist ein Plädoyer für Toleranz in Deutschland[12] und wohl in einem gewissen Sinne mit der Abhandlung Moses Mendelssohns (1729–1786) *Jerusalem oder über religiöse Macht und Judentum* (1783) zu vergleichen. Nicht ohne Ironie stellt Tetens seine in Rostock und in Bützow verbrachte Zeit gegenüber:

> Ich erinnere mich der Zeiten, wo zu Rostock in dem *collegiis antipietisticis* eifrig genug dagegen [pietistische Vorstellungen], als gegen fanatische Irrthümer declamirt ward. Aber gegenwärtig soll sie die einige wahre Lehre der Kirche seyn, wovon jede Abweichung ein grundstürzender Irrthum ist, der den Geist des wahren Glaubens verdrängt, und den Seelenzustand des Menschen in Gefahr setzet.[13]

Eine der wichtigen Ursachen für die Empörung der Pietisten über Pastor Berner bestand nach Tetens darin, daß seine Schrift „in dem Ton eines Mannes, der denkt, nicht in dem energischen Ton der Mystik, der bey unsern Pietisten der Ton der Salbung ist",[14] geschrieben ist. Tetens hofft, daß Mecklenburg, wo er studiert und mehrere Jahre unterrichtet hat, trotz der Bemühungen der Pietisten nie ein „protestantisches Bayern"[15] wird: „Die neuern Schriften, die zur Aufklärung in Religionssachen gehören, haben einen freyen Eingang in unser Land, werden fleißig gelesen [...]".[16] Eine noch größere Bedrohung für die Toleranz sah Tetens freilich in der französischen Revolution.[17]

---

[12] [Tetens], Beytrag zur Geschichte der Toleranz in protestantischen Ländern (aus einem Briefe aus dem Mecklenburgischen), in: Neues kielisches Magazin vor die Geschichte, Statsklugheit und Statenkunde, hg. von Valentin August Heinze, Kopenhagen 1786, Bd. 1, St. 2 (ND: Tetens, Die philosophischen Werke, Bd. 4, Hildesheim 2005). Vgl. dazu auch die Schriften seiner Opponenten: Christian Albert Döderlein, Ueber Toleranz und Gewissensfreyheit nach den Grundsätzen des allgemeinen und protestantischen Kirchenrechts nebst einer actenmäßigen Erzählung dessen, was mit dem gewesenen Präposito zu Wahren Herrn Hermes, wegen seiner ausgestreueten irrigen Lehren in Mecklenburg vorgegangen, Bützow 1776; Chr. A. Döderlein's Nachtrag zu seiner Abhandlung über Toleranz und Gewissensfreyheit, nach den Grundsätzen des allgemeinen und protestantischen Kirchen-Rechts, Bützow 1777.

[13] Tetens, Beytrag zur Geschichte der Toleranz (wie Anm. 12), 166.

[14] Ebd., 163 f.

[15] Ebd., 172.

[16] Ebd., 173.

[17] Ihre Folgen vergleicht er mit den schrecklichen Folgen der Kreuzzüge und der alten Religionskriege. Nur der Anlaß zum Krieg lautet jetzt anders: „Schreckliche Deklamationen über Freiheit und Menschenrechte", die in einer kriegerischen Ausführung zum „stromweise vergossenen Blut" führen, sowie die so genannten „höheren Zwecke der Menschheit, die Zivilisierung, Einführung besserer Kultur, Veredelung der Menschheit, Freimachung, Gleichmachung und dergleichen". Tetens setzt diese Sätze mit einem Vergleich fort, der sie in bitter Karikatur erscheinen läßt: „Die alten Religionskriege waren darin doch gutmütiger, daß es ein Himmelreich war, was man den Völkern aufzwingen wollte, womit weder Freiheit, noch Kultur, noch Humanität verglichen werden kann" (Tetens, Betrachtungen über die gegenseitigen Befugnisse der kriegführenden Mächte und der

Wie Tetens' Verhältnis der Kirche gegenüber war, davon kann man nur indirekt urteilen. In der letzten Periode seines Lebens wohnte er in Kopenhagen und gehörte wie die meisten Deutschen zur Gemeinde der St. Petri Kirche (auf deren Friedhof er auch beigesetzt ist). Es liegen, im Unterschied zu Kant,[18] keine Berichte vor, daß Tetens so gut wie nie am Gottesdienst teilgenommen hat. Vermutlich war sein Verhalten eher typisch und von anderen Männern seines Kreises kaum zu unterscheiden.

## II. Gottesbeweise

Mit der theologischen Thematik beschäftigt sich Tetens in einer frühen Schrift über die Gottesbeweise sowie in einigen späten Aufsätzen über den Begriff der Gottheit sowie über die göttliche Gerechtigkeit. Zum ersten Mal behandelt er die theologischen Probleme in der *Abhandlung von den vorzüglichsten Beweisen des Daseins Gottes* (1761). Der 25jährige Privat-Dozent erörtert hier das Problem der Gottesbeweise anders als viele seiner Zeitgenossen. Er betont, daß bei den Gottesbeweisen die Apodiktizität und die Leichtigkeit für das Verständnis nicht im Einklang stehen, und setzt sich zur Aufgabe zu bestimmen, „welcher Beweis für Gottes Dasein unter den leichtesten der stärckste, und unter den starcken der evidenteste sei".[19] Er versucht Beweise aufzustellen, die nicht nur stark wären, sondern gleichzeitig auf alle Menschen einen Eindruck machen könnten, auch auf diejenigen, die nur einen ‚schwachen' Verstand besitzen.[20] Dafür eignen sich am besten Argumenta a posteriori.[21] Die ihnen entgegengesetzten Argumente a priori erklärt Tetens entsprechend der Tradition als diejenigen Beweise, die die Existenz der wirklichen Dinge nicht voraussetzen und ausschließlich von der Idee von dem höchsten Wesen ausgehen. Unter den Philosophen, die solche Beweise ausgeführt haben, nennt er Anselm, Descartes, Leibniz und Wolff.[22] Viel einfacher und anschaulicher sind dagegen die aposteriorischen Argumente, die etwas Wirkliches voraussetzen.[23] Neben der Differenz zwischen den apriorischen und den aposte-

---

Neutralen auf der See, Kiel 1802, III f., Anm. 32. Vgl auch die spätere erweiterte französische Ausgabe: Considérations sur les droits réciproques des puissances belligérantes et des puissances neutres sur mer: avec les principes du droit de guerre en général, Copenhague 1805).

[18] Vgl. Christian Friedrich Reusch, Kant und seine Tischgenossen, Königsberg 1848, 5.

[19] Johann Nicolaus Tetens, Abhandlung von den vorzüglichsten Beweisen des Daseins Gottes, Bützow, Wismar 1761, 16 (ND: Tetens, Die philosophischen Werke, Bd. 3, Hildesheim 2005).

[20] Vgl. ebd., 18.

[21] Es ist möglich, daß auf die aposteriorische Argumentation von Tetens die folgende Dissertation einen Einfluß ausgeübt hat: Johann Aegidius Strauch, Certum demonstrationis a posteriori in comprobanda existentia Dei a dubitationibus Cel. D. Humii […] publ. Vidicabit, Wittenberg 1758, vgl. auch Tetens, Abhandlung von den vorzüglichsten Beweisen (wie Anm. 19), 22.

[22] Vgl. ebd., 16.

[23] Vgl. ebd., 58.

riorischen Argumenten unterscheidet Tetens auch zwischen den apodiktischen oder metaphysischen einerseits und den wahrscheinlichen Beweisen andererseits.[24] Seine eigene Position stellt Tetens Hume, dem „Pyrhonisten unserer Zeiten, dessen vortrefliche Phantasie oft durch Irwische von dem rechten Wege abgeleitet wird",[25] sowie Epikur und den „Gottesläugnern", darunter auch den „Atheisten"[26] gegenüber. Unter den Denkern, in bezug auf die Tetens neutral ist, sind Descartes, Newton, Lambert und Maupertius.[27] Aufgrund dieser frühen Schrift läßt sich keine eindeutige Antwort geben, ob Tetens den ontologischen Beweis für kompliziert, aber korrekt hält oder ob er dessen Korrektheit und Evidenz bezweifelt.

In bezug auf die aposteriorischen Beweise spricht Tetens von der „Uebereinstimmung der Theile zu einer gewissen Absicht, ihre[r] Ordnung und Lage gegeneinander" und von der Überlegung, nach der die Dinge nicht durch die Natur allein sondern von einem Werkmeister hervorgebracht wurden.[28] Sie alle haben „eine algemeine Tour".[29] Die beste Kombination der Stärke, der Apodiktizität und der Verständlichkeit für alle Menschen findet Tetens in der traditionellen Demonstration der Existenz Gottes von der ersten Ursache,[30] also im kosmologischen Gottesbeweis. Die Neuerung von Tetens selbst besteht darin, daß er versucht, diesen Beweis mathematisch, mit der Benutzung von Symbolen zu erklären und ihm dadurch noch mehr Gründlichkeit zu geben. Von der Kraft dieses Beweises ist der junge Tetens so überzeugt, daß er seine Schrift mit großem Pathos schließt:

> *Es ist ein GOtt*
> nicht nur aus dem Grunde des Poeten:
> es ruft es die Natur
> Der ganze Bau der Welt zeigt seiner Hände Spur,
> sondern auch weil die Vernunft erkennet,
> dass das Gegentheil ungereimt sei.
> Es ist wahrhaftig, der unendliche *GOtt*. Welch eine erhabene und fruchtbare Wahrheit. Wie sehr sind diejenigen zu bedauern, die ihn in ihren Speculationen verlohren haben.[31]

Später wird sich Tetens nie wieder in einem solchen Stil und mit einer solchen Überzeugungskraft zu den theologischen Fragen äußern.

Vergleicht man die Schrift von Tetens mit der Abhandlung Kants *Der einzig mögliche Beweisgrund zu einer Demonstration des Daseyns Gottes* (1763), so las-

---

[24] Vgl. ebd., 19, 21.
[25] Ebd., 21.
[26] Ebd., 24, 62.
[27] Vgl. ebd., 41, Anm. 55, 43, 49, 53 f.
[28] Ebd., 27, 29.
[29] Ebd., 18.
[30] Vgl. ebd., 61 f., 74 f.
[31] Ebd., 76.

sen sich sowohl Unterschiede als auch wesentliche Ähnlichkeiten feststellen. Wenn man von Anfang an die Tatsache berücksichtigt, daß Kant nach dem Gottesbeweis mit dem „höchsten Grad mathematischer Gewissheit"[32] sucht, während Tetens auf der Suche nach den für einen ‚schwachen' Verstand überzeugenden Gottesbeweisen ist, weswegen er auch den ontologischen Gottesbeweis praktisch außer Acht läßt, dann gibt es zwischen den beiden Denkern mehr Ähnlichkeiten als Differenzen. So behauptet Kant, es seien nur zwei Gottesbeweise möglich, nämlich der kosmologische und der ontologische. Wenn man die kantische Auffassung des kosmologischen Beweises annimmt, dann sieht auch die Position von Tetens ähnlich aus. Kant unterscheidet zwischen den zwei Arten der Gründe für den Gottesbeweis, und zwar zwischen denjenigen, die „aus den Verstandesbegriffen des bloß Möglichen", und denen, die „aus dem Erfahrungsbegriffe des Existierenden, hergenommen werden".[33] Dies alles entspricht der Unterscheidung Tetens' zwischen den apriorischen und den aposteriorischen Argumenten. Der kosmologische Beweis wird von beiden hochgelobt. Kant behauptet z. B.:

> So bald es auf logische Genauigkeit und Vollständigkeit ankommt, so ist es der ontologische, verlangt man aber Faßlichkeit für den gemeinen richtigen Begriff, Lebhaftigkeit des Eindrucks, Schönheit und Bewegkraft auf die moralische Triebfedern der menschlichen Natur, so ist dem kosmologischen Beweise der Vorzug zuzugestehen.[34]

Der prinzipielle Unterschied zwischen Tetens und Kant besteht in der Einschätzung der Möglichkeit eines strengen und evidenten Gottesbeweises auf kosmologischem Wege. Tetens ist der Meinung, daß sich ein solcher Beweis streng mathematisch begründen läßt. Kant ist damit nicht einverstanden. Wenn man auch von den Kausalschlüssen auf eine erste Ursache schließen kann, so kann man keinesfalls von der ersten Ursache auf die Eigenschaften des absolut notwendigen Wesens schließen:[35] „Bei aller dieser Vortrefflichkeit ist diese Beweisart doch immer der mathematischen Gewißheit und Genauigkeit unfhig".[36] Eine solche Gewißheit und Schärfe wäre nur von dem ontologischen Gottesbeweis zu erwarten.[37] Deshalb geht Kant davon aus, daß es „entweder gar kein strenger Beweis hievon

---

[32] Immanuel Kant, Der einzig mögliche Beweisgrund zu einer Demonstration des Daseyns Gottes, A 188, in: Kant, Werke in zehn Bänden, hg. von Wilhelm Weischedel, Darmstadt 1983, Bd. 2.

[33] Ebd., A 189.

[34] Ebd., A 201.

[35] Vgl. ebd., A 193 f.

[36] Ebd., A 199. Später bezeichnet Kant den kosmologischen Gottesbeweis als transzendental, weil er die Existenz der vorhandenen Welt voraussetzt (vgl. Kant, Welches sind die wirklichen Fortschritte […], A 132, in: Werke in zehn Bänden, hg. von Wilhelm Weischedel, Darmstadt 1983, Bd. 5).

[37] Vgl. Kant, Der einzig mögliche Beweisgrund (wie Anm. 32), A 201.

möglich sei",[38] oder daß er sich auf den Beweisgrund stütze, den Kant angeführt hat:

> Die innere Möglichkeit, die Wesen der Dinge sind nun dasjenige, dessen Aufhebung alles Denkliche vertilgt. Hierin wird also das eigene Merkmal von dem Dasein des Wesens aller Wesen bestehen. Hierin sucht den Beweisthum [...] Es ist durchaus nöthig, daß man sich vom Dasein Gottes überzeuge; es ist aber nicht eben so nöthig, daß man es demonstrire.[39]

Tetens' Verhältnis dem ontologischen Gottesbeweis gegenüber ist nicht klar: Ganz bewußt hat er diese Frage beiseite gelassen. Dennoch kann man, bei allen Unterschieden, in den Überlegungen, die Kant und Tetens am Schluß ihrer Schriften anführen, wiederum Parallelen finden. Die Idee Kants, es sei wichtig, vom Dasein Gottes überzeugt zu sein, es sei aber nicht notwendig, dieses Dasein zu beweisen, könnte auch Tetens naheliegen. Schließlich klingt die Zeile aus dem Gedicht bei Tetens über die Vernunfterkenntnis, nach der das Gegenteil der Existenz Gottes „ungereimt sei", dem von Kant gesuchten Beweisgrund ziemlich ähnlich.

## III. Drei Arten der Vernunfterkenntnis in der Theologie

Die nächsten Aufsätze von Tetens über die theologischen Fragen stammen aus den Jahren 1778–1783, als Tetens bereits die Professur für Philosophie und Mathematik an der Universität Kiel bekleidet hat. Sie sind auf den Einfluß von Johann Andreas Cramer zurückzuführen. Seit 1774 war dieser Professor der Theologie, später Prokanzler und – seit 1784 – Kanzler der Universität Kiel. Obwohl seine geistlichen Werke von manchen Zeitgenossen verlacht wurden,[40] genoß er eine gewisse Autorität, wenigstens im Norden des heutigen Deutschlands. Auf seine Bitte[41] hin hat Tetens einige Aufsätze für die von ihm herausgegebene Zeitschrift *Beyträge zur Beförderung theologischer und andrer wichtigen Kenntnisse von Kielischen und auswärtigen Gelehrten* geschrieben. In diesen Beiträgen interessiert sich Tetens nicht für die Gottesbeweise wie in der frühen Schrift, sondern für die Realität unseres Begriffs von der Gottheit. Zum Teil geht er dabei von den prinzipiellen Aufgaben aus, die noch von Gottfried Wilhelm Leibniz (1646–1716) gestellt worden sind.

---

[38] Ebd., A 204.

[39] Ebd., A 205.

[40] Vgl. z.B. die Ironie über die 14 Bände der Predigten Cramers: Friedrich Nicolai, Leben und Meinungen des Herrn Magister Sebaldus Nothanker, Berlin 1960 ([1]1773), 83.

[41] Vgl. Tetens, Ueber die göttliche Gerechtigkeit, den Zweck der göttlichen Strafen, in: Beyträge zur Beförderung theologischer und andrer wichtigen Kenntnisse von Kielischen und auswärtigen Gelehrten, hg. von Johann Andreas Cramer, Tl. 4, Kiel, Hamburg 1783, 249 f. (ND: Tetens, Die philosophischen Werke [wie Anm. 12]).

Den Ausgangspunkt bilden im ersten Aufsatz *Ueber die Realität unsers Begriffs von der Gottheit. Erste Abtheilung über die Realität unsers Begriffs von dem Unendlichen* (1778) zwei Thesen. Erstens, „der reine Begriff von dem Unendlichen gehört zuverlässig nicht zu denen, worauf Menschenverstand geradezu und zuerst verfällt".[42] Zweitens, „unsere Begriffe von der Gottheit sind nur relative Begriffe in dem Sinn, daß jedes Prädikat von ihr nichts anders bezeichnet, als so etwas, worinn sie mit andern Dingen ähnlich, oder von andern verschieden ist".[43] Die Art, wie die Vernunft dabei vorgeht und mit den gewonnenen Begriffen von der Gottheit operiert, ist nach Tetens zweifach.

Die erste Art nennt Tetens die metaphysische. Als Grundlage dafür dient der Satz „*Gott ist das unendliche Wesen, das All der Vollkommenheiten oder Realitäten, die in Einem Wesen beysammen seyn können*".[44] Zu dieser metaphysischen Art gehören zwei verschiedenen „Wege": „*der Weg der Absonderung oder der Verneinung* (via negationis) *und der Weg der Erhebung* (via eminentiae)".[45] Die zweite Art der Gotteserkenntnis durch die Vernunft ist „der bekannte *Weg der Kaussalität* (via caussalitatis), *die Schlußart aus den Würkungen, die analogische*".[46] Diese Unterscheidung ist nicht ganz neu, sie geht auf eine uralte Tradition zurück und findet sich in dieser oder jener Form auch bei Alexander Gottlieb Baumgarten (1714–1762), Johann August Eberhard (1738–1809) oder auch Kant.[47] Sie findet auch mehrere Parallelen in der russischen orthodoxen Theologie.[48]

---

[42] Tetens, Ueber die Realität unsers Begriffs von der Gottheit. Erste Abtheilung über die Realität unsers Begriffs von dem Unendlichen, in: Beyträge zur Beförderung (wie Anm. 41) Tl. 2, 137.

[43] Ebd., 138.

[44] Ebd., 140.

[45] Ebd.

[46] Ebd.

[47] Vgl. Alexander Gottlieb Baumgarten, Metaphysica, Halle ⁴1757, 337, § 826 (ND: Kant's gesammelte Schriften, hg. von der Königlich Preußischen Akademie der Wissenschaften [AA], Bd. 17, Berlin 1926); Johann August Eberhard, Vorbereitung zur natürlichen Theologie zum Gebrauch akademischer Vorlesungen, Halle 1781, 26, § 19. (ND: AA, Bd. 18, Berlin 1926). Vgl. auch Kants Vorlesungen über die Religionslehre (Pölitz) und Refl. 6286, in: AA, Bd. 18, 554. In bezug auf die via caussalitatis vgl. den Artikel „Gott" in: Johann Heinrich Zedler, Grosses vollständiges Universal Lexicon, Bd. 10, Halle 1735, 1701–1708.

[48] Vgl. Fedor A. Golubinskij, Lekcii filosofii (Vorlesungen in Philosophie), Tl. 4, Moskau 1884, 14; Petr S. Avsenev (Archimandrit Feofan), Iz zapisok po psichologii (Aus den Notizen über Psychologie), in: Sbornik iz lekcij byvših professorov Kievskoj Duchovnoj Akademii, archimandrita Innokentija, protoiereja I. M. Skvorceva, P. S. Avseneva (archimandrita Feofana) i Ya. K. Amfiteatrova, izdannyj akademiej po slučaju pjatidesjatiletnego jubileja ee (1819–69) (Sammlung der Vorlesungen der ehemaligen Professoren der Kiever Geistlichen Akademie, des Archimandrits Innokentij, des Priesters I. M. Skvorcev, des Archimandrits Pheophan [P. S. Avsenev] und des Professors Ja. K. Amfiteatrov, anlässlich des finfzigjärigen Jubiläums der Akademie [1819–69], Kiev 1869, 7.

Im ersten Teil des Aufsatzes über den Begriff der Gottheit behandelt Tetens die metaphysische Art der Vernunft in der Theologie. Dabei fällt auf, daß Tetens sich hier einige Mal über Christian Wolff (1679–1754) sehr positiv äußert, auch in Verbindung mit der Ausarbeitung der metaphysischen Art in der Theologie.[49] Um aber die alten Fragen besser zu beantworten, hielt er es für notwendig, eine neue Theorie des Unendlichen zu etablieren.[50] Bei deren Herausarbeitung entstehen drei wichtige Fragen, die mit dem Begriff des unendlichen Wesens zu tun haben:

1) Ist der Begriff von dem All der Vollkommenheiten in Einem, ein möglicher Begriff?[51];
2) Bleibet er ein möglicher Begriff, wenn der gemeine Begriff von der Vollkommenheit oder Realität näher bestimmt wird? Zunächst noch allgemein und transcendent?[52];
3) Bleibet er besonders dann noch ein möglicher Begriff, wenn wir in den nähern Bestimmungen weiter gehen und geistige Prädikate hinzusetzen?[53]

Auf diese drei Fragen antwortet Tetens im Grunde genommen positiv, aber im Unterschied zu seinen früheren Schriften führt er hier ‚Etwas' und ‚Nichts' als „Elementar-Notionen" ein, die die transzendenten Begriffe übersteigen, die vor allem für die Erkenntnis des Endlichen zuständig sind, und bei der Erkenntnis des Unendlichen helfen.[54]

Im zweiten Teil seines Aufsatzes über den Begriff der Gottheit mit dem Untertitel *Ueber den Verstand in der Gottheit gegen Hume* (1783) erläutert Tetens die zweite, analogische Art der Vernunft in der Theologie, nämlich den Weg der Kausalität.[55] Im Zentrum steht hier die Frage nach Gott als erster Ursache der Welt. Tetens wendet sich dagegen, Gott als die erste vernünftige Ursache der Welt zu

[49] Uebele war sogar der Meinung, daß Tetens in diesem Aufsatz Wolff folgt, vgl. Wilhelm Uebele, J.N. Tetens zum 100jährigen Todestag, in: Zeitschrift für Philosophie und philosophische Kritik, 132 (1908), 143.

[50] Vgl. Tetens, Ueber die Realität unsers Begriffs von der Gottheit. Erste Abtheilung (wie Anm. 42), 142.

[51] Ebd., 143.

[52] Ebd., 144.

[53] Ebd.

[54] Vgl. dazu ausführlicher: Alexei N. Krouglov, Die Ontologie von Tetens und seiner Zeit, in: Quaestio. Jahrbuch der Geschichte der Philosophie 9 (2009) (im Druck).

[55] Vgl. zum Begriff der Kausalität bei Tetens: Alexei N. Krouglov, Die Kausalität im Denken Kants, in: Quaestio. Jahrbuch der Geschichte der Philosophie, Bd. 2: La causalità. Causality. La causalité. Die Kausalität, hg. von Costantino Esposito und Pasquale Porro, Brepols 2002; ders., Zum Begriff der Kausalität bei I. Kant, in: Norbert Hinske, Nelly Motroschilowa (Hg.), Kant im Spiegel der russischen Kantforschung heute, Stuttgart-Bad Cannstatt 2008.

bezeichnen, und plädiert dafür, in diesem Zusammenhang von der „vorstellenden Ursache" oder wenigstens von der „übervernünftigen Ursache" zu reden.[56] Dieser Aufsatz ist von großem Interesse, weil Tetens hier seine Polemik gegen Hume, die er vorher bereits in den *Philosophischen Versuchen über die menschliche Natur und ihre Entwickelung* (1777) zum Ausdruck gebracht hat, weiterentwickelt. Das aber liegt außerhalb der Grenzen der Theologie.

Besonders ungewöhnlich ist für Tetens sein Aufsatz *Ueber die göttliche Gerechtigkeit, den Zweck der göttlichen Strafen* (1783). Er stellt hier hauptsächlich zwei Fragen. Erstens, „Ob der Zweck göttlicher Strafen, nach Grundsätzen der Vernunft, in der Besserung des Bestraften entweder allein, oder doch so vorzüglich gesetzt werden müsse, daß wenn keine Besserung möglich sey, auch keine Strafe mehr Statt finden könne".[57] Und zweitens, „ob aus dem Begriff der vollkommensten Gerechtigkeit, auf den die Vernunft führet, Folgerungen fließen, die mit der Lehre unserer Kirche von einer stellvertretenden Genugthuung unvereinbar sind?"[58] Bei der Antwort auf diese Fragen definiert Tetens die göttliche Gerechtigkeit folgendermaßen: *„Die Gerechtigkeit Gottes ist seine weise Güte gegen die moralischen Wesen, in Hinsicht ihrer freyen Handlungen. Güte liegt in dem Begriff der Gerechtigkeit zum Grunde. […] Die Güte ist eine Neigung, Wohl und Glückseligkeit zu befördern".[59]* Solche Fragen beziehen sich mehr auf das Problem der Theodizee als auf die Probleme der traditionellen theologia rationalis der Metaphysik des 18. Jahrhunderts. Tetens selbst weist dabei nicht zufällig auf Leibniz hin.[60] Wie sieht aber das Verhältnis von Tetens zur theologia rationalis der Metaphysik seiner Zeit aus? Und welche Rolle spielt in seinen Schriften theologischer Thematik das Leitmotiv „nach Grundsätzen der Vernunft"?

## IV. Vernunft in der Theologie

Kurz vor dem Beginn des Ersten Weltkriegs hat Wilhelm Uebele (1868–1923), einer der besten Kenner der Philosophie von Tetens, eine neue Ausgabe von dessen Schriften zum Druck vorbereitet. Bis heute gilt sie als eine der besten Ausgaben von Tetens. Dennoch ist dieses Buch an einer Stelle mangelhaft: anstatt „Theologie der Vernunft" wie in der Originalschrift *Ueber die allgemeine specu-*

---

[56] Vgl. Tetens, Ueber die Realität unsers Begriffs von der Gottheit. Zwote Abtheilung. Ueber den Verstand in der Gottheit gegen Hume, in: Beyträge zur Beförderung (wie Anm. 41), Tl. 4, 69.

[57] Tetens, Ueber die göttliche Gerechtigkeit (wie Anm. 41), 249.

[58] Ebd. 249 f.

[59] Ebd., 251.

[60] Vgl. ebd. Darüber hinaus beschäftigt sich Tetens in diesem Aufsatz auch mit den Problemen der Ethik, wie Pflichten gegen uns selbst und gegen andere (vgl. ebd., 269 f.).

*lativische Philosophie* (1775)[61] steht hier „Theorie der Vernunft".[62] Man könnte zwar einen Druckfehler vermuten, aber dieser Ausdruck wird von dem Herausgeber noch ein Mal im Kolumnentitel der Seite wiederholt, was eine andere Erklärung plausibler macht: die Wortverbindung „Theologie der Vernunft" klang für Uebele so seltsam, daß er vermutlich davon ausging, es sei ein Fehler, der zu korrigieren wäre. Was bedeutet denn diese selbst für Uebele ungewöhnlich klingende ‚Theologie der Vernunft'?

Die theologischen Ausführungen von Tetens, seine dreifache Unterscheidung der Erkenntnis der Gottheit sind an sich wohl nur in Details originell. Wichtig ist aber, daß Tetens seine drei viae oder, wie sie später Eberhard nennt, „drei Arten der Bestimmungen in Gott" nur in bezug auf die Vernunft, „die aufgeklärte nämlich, die allein hier nur zu rechtfertigen ist",[63] betrachtet. Seine Theologie ist die „Theologie der Vernunft",[64] die im wesentlichen auch für den „nicht metaphysischen aber gesunden und aufgeklärten Menschenverstand"[65] zugänglich ist; seine Religion ist die aufgeklärte Religion, die mit dem Fanatismus, mit der Mystik und der geistigen Sensibilität nichts zu tun hat.[66]

Ein Mal während seiner gesamten Tätigkeit als akademischer Lehrer hat Tetens einen Kurs unter dem Titel *Theologie der Vernunft* angeboten. Das war im Wintersemester 1786/87 an der Königlichen Dänischen Universität zu Kiel. Wie groß das Interesse der Studenten an diesem Kurs war, zeigt die Zahl der Zuhörer, nämlich 68. Mehr Zuhörer hat Tetens kein einziges Mal in Kiel gehabt (die Zahl seiner Zuhörer in Bützow ist nicht mehr zu ermitteln, sie war aber nach indirekten Quellen geringer als in Kiel). Aber nicht nur das: Dieses Kolleg von Tetens war der meistbesuchte Kurs überhaupt während seiner Zeit an der Universität Kiel. Selbst so erfolgreiche Dozenten wie Daniel Gotthilf Moldenhauer (1753–1823) oder Martin Ehlers (1732–1800), die ständig wenigstens 40 Zuhörer hatten, konnten diese Zahl der Studenten nicht überbieten.

Leider ist vom Inhalt dieses Kurses von Tetens so gut wie nichts bekannt. Aus seinem Bericht nach dem Wintersemester 1786/87 geht hervor, daß er den deutschen Ausdruck „Theologie der Vernunft" durch die lateinische Wortverbindung

---

[61] Tetens, Ueber die allgemeine speculativische Philosophie, Bützow, Wismar 1775, 14.

[62] Vgl. Tetens, Über die allgemeine speculativische Philosophie. Philosophische Versuche über die menschliche Natur und ihre Entwickelung, Bd. 1, besorgt von Uebele, Berlin 1913, 10.

[63] Tetens, Ueber die Realität unsers Begriffs von der Gottheit. Erste Abtheilung (wie Anm. 42), 139 f.

[64] Ebd., 141.

[65] Ebd.

[66] Vgl. Tetens, Reisen in die Marschländer an der Nordsee zur Beobachtung des Deichbaus in Briefen, Bd. 1, Leipzig 1788, 153 f.

„theologia rationalis" zu erklären versucht hat.[67] Es kann aber nicht sein, daß er dabei einfach den vierten Teil der traditionellen Metaphysik gelesen hat. Solche Vorlesungen hat er für seine Studenten regelmäßig angeboten, und wäre das der Fall, so wäre es unerklärlich, warum so viele Studenten das hören wollten, was sie jedes Jahr problemlos, wenn auch in einer nicht so ausführlichen Form, besuchen konnten. Allem Anscheinen nach hat Tetens gerade seine ,aufgeklärte', sich auf die „Grundsätze der Vernunft" stützende „Theologie der Vernunft" gehalten. Wenn Kant also im Laufe der Zeit im Jahrhundert der Aufklärung von der theologia rationalis zu seiner „Vernunftreligion" kommt, geschieht bei Tetens etwas ähnliches in der Form der „Theologie der Vernunft".

Ein neues Licht auf den möglichen Inhalt dieser Theologie der Vernunft könnte die Veröffentlichung des vor kurzem aufgetauchten Manuskripts mit den Metaphysikvorlesungen von Tetens aus den späteren Jahren werfen. Dann wird es auch möglich zu vergleichen, wie stark sich die theologia rationalis bei A.G. Baumgarten, W.J. Gravesande, J.G.H. Feder und J.A.H. Ulrich, nach deren Lehrbüchern Tetens zuerst die Metaphysikvorlesungen gehalten hat, von seiner „Wissenschaft von Gott, der *Theologie der Vernunft*"[68] aus dem Metaphysikkolleg der Jahre 1778–89 unterscheidet, als er die Metaphysik bereits „nach seinen geschriebenen Grundsätzen" hielt.[69]

Aber schon jetzt ist klar, welche Stimmung den Kurs *Theologie der Vernunft* begleitete; man kann es an dem im selben Jahr erschienenen Aufsatz *Beytrag zur Geschichte der Toleranz in protestantischen Ländern* (1786) ablesen. Tetens richtet seine Kritik gegen den „winselnden schleichenden Fanatismus" und plädiert für die herzliche Liebe der Wahrheit des Evangelii „mit Kenntniß und mit Vernunft". Wer das tut, der wird „nicht jede Abweichung in den Vorstellungsarten, die blos heuchlerische Mückenfeigerey als gefährlich ausschreyet, für Ketzerey ansehen, oder Ausdrücke eines Volkslehrers nach der scholastischen Terminologie der fein gesponnenen Dogmatik gerichtet haben wollen".[70] Vernünftige freie Untersuchungen sind keine Bedrohungen für die wahre Religion:

> Ist die Lehre der Kirche denn ein Chartenhaus der Kinder, das keinen einzigen Hauch der freyen Vernunft, nicht nur keinen gerade darauf zu, sondern auch keinen nur neben

---

[67] Vgl. Tetens, Verzeichniß der Vorlesungen und Zuhörer im Winter Halben Jahr 1786–1787 vom 28. Mai 1787, in: LASH, Verzeichnisse der gehaltenen Vorlesungen und Lectionscataloge 1775–1788, Abt. 65.2 Nr. 529.

[68] Metaphysik bey dem H. Professor Tetens, Manuskript, Privatbesitz, 1, § 1.

[69] Vgl. dazu ausführlicher Alexei N. Kruglov, Tetens, Kant i diskussija o metafizike v Germanii vtoroj poloviny 18 veka (Tetens, Kant und die Diskussion über die Metaphysik in Deutschland in der zweiten Hälfte des 18. Jahrhunderts), Moskau 2008.

[70] Tetens, Beytrag zur Geschichte der Toleranz (wie Anm. 12), 172.

hin aushalten kann, ohne einzustürzen, und wenn auch selbst der Haucher beyde Arme herumlegt, um es zu decken und zu halten?[71]

Die wirkliche Gefahr für die Religion und für die Theologie ist eine andere: „Und behüte Gott, daß es doch nicht dahin komme, daß ein *denkender* Christ eine *contradictio in adjecto* werde, wozu es gewisse Dumköpfe bey uns so gerne machen mögten".[72] Zu solcher Liberalität, Zurückhaltung und zu solchem Gleichgewicht sowohl in der Philosophie als auch in der Theologie ist Tetens auf dem Wege eines echten Selbstdenkers gekommen, der versucht hat, die Wahrheit überall zu suchen.

*Obwohl Theologie nie im Zentrum des philosophischen Interesses von Johann Nikolaus Tetens (1736–1807) stand, trug er zu der Herausarbeitung der theologischen Probleme in der Zeit der Aufklärung bei. Die Religion und die Theologie spielten eine wichtige Rolle im Leben von Tetens, wenn er auch trotz seiner ursprünglichen Absicht kein Geistlicher wurde. In seinen frühen Schriften schlug er einige Verbesserungen der traditionellen Gottesbeweise vor. Später beschäftigte er sich mit den drei verschiedenen Arten der Vernunfterkenntnis in der Theologie. Besonders originell ist aber die Transformation der traditionellen ‚theologia rationalis‘ in die ‚Theologie der Vernunft‘, die gemäß Tetens' aufgeklärter Philosophie gegen Fanatismus, Mystizismus und geistige Sensibilität gerichtet war und die freie vernünftige Untersuchung in den theologischen Fragen gefordert hat.*

*The theology was not the centre of philosophical researches of Johann Nikolaus Tetens (1736–1807). But he contributed to working out theological problems in the Age of the Enlightenment. Religion and theology played an important role in the whole life of Tetens who in his youth wished to become a priest. In the former writings he suggested some improvements of the traditional God's proofs. Later he dealt with three different kinds of the reason knowledge in the theology. However, especially original is the transformation of traditional „theologia rationalis" in the „theology of the reason" by Tetens. According to his philosophy the „theology of the reason" was directed against fanaticism, mysticism and spiritual sensitivity. It demands free reasonable investigation in theological questions.*

Prof. Dr. Alexei N. Krouglov, Philosophische Fakultät, Russische Staatliche Universität für Geisteswissenschaften, Miusskaja Pl. 6; 125993 Moskau; Russland; E-Mail: akrouglov@mail.ru

---

[71] Ebd., 168.
[72] Ebd.

CostanTino Esposito

# Die Schranken der Erfahrung und die Grenzen der Vernunft

## Kants Moraltheologie

> „Es liegt hier daran auszumachen
> ob es nicht hier wirklich Grenzen gebe
> welche nicht durch die Schranken
> unserer Vernunft [...] festgesetzt seyn".[1]

## I. ‚Schranke‘ und ‚Grenze‘

Wie eine Mantra wirkt mitunter die Festlegung der kritischen Philosophie auf eine Wissenschaft von den Grenzen der Vernunft, was immer auch darunter zu verstehen sei. Grenzen nämlich können a) definiert werden als klassische Form der vernünftigen Selbstkontrolle gegenüber den exzessiven Ansprüchen des metaphysischen Dogmatismus einerseits, des antimetaphysischen Skeptizismus andererseits, beides unrechtmäßige Lösungen, insofern eben nicht kritisch kontrolliert; b) interpretiert werden als Zeichen von Nüchternheit seitens eines Denkens, das die eigenen Erkenntnisse nicht absolut setzt, sondern seine besten Zeugnisse liefert, in der Abgrenzung von Zuständigkeitsbereichen (den theoretischen einerseits, den praktischen andererseits) und in der Verteilung von Kompetenzen (Sinnlichkeit, Verstand, Vernunft); c) aufgefaßt werden als eine Art Bereitschaft der kritischen Vernunft, einen Freiraum zu lassen für etwas, das ihre Grenzen übersteigen möchte und also in seiner Andersartigkeit bewahrt würde durch den unhintergehbaren Charakter der kritischen Selbstbegrenzung.

Hinter oder in diesen Formulierungen steckt jedoch die Duplizität der Kantischen Vorstellung von dem, was er einmal mit Schranke, ein andermal mit Grenze bezeichnet. Worin besteht aber das Problem – wenn es denn eines ist – des Verhältnisses von Schranke und Grenze im Kantischen Denken?

Im Großen und Ganzen verwendet Kant die Begriffe indifferent, gleichbedeutend, vom jeweiligen Kontext bestimmt. Doch läßt sich im Verlauf der kritischen

---

[1] Immanuel Kant, Brief an Moses Mendelssohn, 8. April 1766, Ak. X/1,72. Kants Werke werden nach der Ausgabe der Königlichen Preußischen Akademie der Wissenschaften (und Nachfolger) zitiert (Ak.), und zwar unter Angabe des Bandes in römischen, der Seitenzahl in arabischen Ziffern.

Aufklärung 21 · © Felix Meiner Verlag 2009 · ISSN 0178-7128

Philosophie so etwas wie eine Entwicklung verfolgen, welche zur Spezifizierung und Verkehrung der beiden Termini führt, bis hin zu einer ‚Verwandlung' der Grenze in eine Schranke. Doch handelt es sich dabei um eine Aufspreizung, die am Ende, wenn die Vorstellung von der Vernunft als ein Horizont entstanden ist, erneut auf eine Koinzidenz hinausläuft.

## II. Die Metaphysik: Wissenschaft von den Schranken/
## Wissenschaft von den Grenzen

Gehen wir von den Anmerkungen aus, die Kant 1764 seinen *Bemerkungen zu den Beobachtungen über das Gefühl des Schönen und Erhabenen* hinzufügt. Darin ist das Feld umrissen, in dem die spezifisch Kantische Bedeutung der Begrenztheit in Bezug auf die Vernunft und deren höchste Erkenntnisfähigkeit, i. e. die metaphysische Wissenschaft, deutlich wird:

> Man könnte sagen die Metaphysik sei eine Wissenschaft von den Schranken der Menschlichen Vernunft. Die Zweifel derselben heben nicht die nützliche sondern die unnütze Gewißheit auf. Die Metaphysik ist darin nützlich daß sie den Schein aufhebt der schädlich sein kann. In der Metaphysik ist auf der entgegengesetzten Seite nicht auch Denken Parteilichkeit u. es nicht sagen auch Lüge in Handlungen ist es anders.[2]

Die Schranken bilden demnach Thema und Gegenstand der Metaphysik in dem Maße, wie diese sich als die reinigende Tätigkeit der Vernunft darbietet, durch welche sich die Gewißheit dem Schein gegenüber herausbilden mag. Der Anspruch auf Totalität, den die Metaphysik darstellte, wird also zur Skepsis; von einer begrifflichen Ableitung wird sie zu einer Verifizierung der Erfahrung. Deshalb schließt die Eigenschaft, Wissenschaft von den Schranken zu sein (und nicht der deduktiven Konstruktion der Welt), nicht aus, daß die Metaphysik eine unparteiische oder grundlegende Wissenschaft wäre: Im Gegenteil ist gerade die Schranke das, was ihren Wahrheitscharakter in angemessener Weise zu bestimmen erlaubt.

Das Problem findet zwei Jahre später in den *Träume[n] eines Geistersehers, erläutert durch Träume der Metaphysik* eine signifikative Weiterentwicklung. Hier jedoch nimmt die ‚Schranke' langsam eine andere Bedeutung an und wird zu einem anderen Begriff. Kant stigmatisiert die ungesunde Ableitung, zu der ein dogmatischer Gebrauch der Metaphysik führte, da damit zuletzt die dieser eigentümliche Erkenntnis mit einer spiritualistischen Halluzination à la Swedenborg in eins fiele – das geschieht jedoch mit Blick auf die Wolff-Schule und deren Versuch, die ontologische Wirklichkeit von der bloßen analytischen Denkbarkeit

---

[2] Immanuel Kant, Bemerkungen zu den Beobachtungen über das Gefühl des Schönen und Erhabenen, Ak. XX, 181.

der Begriffe abzuleiten – und macht sich daran, das klar umrissene Feld der in Frage stehenden Wissenschaft gegen ihre bilderreichen Nachahmungen genau abzugrenzen. Und dabei verzichtet er nicht darauf, die korrosive Dekonstruktion, die er soeben in seiner „antikabbalistischen" Schrift vorgenommen hat, durch eine recht eigentliche Absichtserklärung zugunsten der Metaphysik auszubalancieren – jener Wissenschaft „in welche ich das Schicksal habe verliebt zu sein, ob ich mich gleich von ihr nur selten einiger Gunstbezeugungen rühmen kann".[3] Denn (so Kant in der Folge) die Metaphysik weist zwei Vorzüge auf: Zuerst tut sie „denen Aufgaben ein Gnüge […] die das forschende Gemüth aufwirft, wenn es verborgenern Eigenschaften der Dinge durch Vernunft nachspähet". Dabei handelt es sich jedoch um einen nur scheinbaren Vorzug und um eine Hoffnung, die dazu bestimmt ist, aufgrund eben der Beschränktheit unserer Erkenntnisfähigkeiten enttäuscht zu werden. Aber es gibt einen weiteren Vorzug, der dagegen „der Natur des menschlichen Verstandes mehr angemessen" erscheint und nicht so sehr darin besteht, das zu erkennen, was man *wissen will* (das ontologische Arkanum), als vielmehr darin, „ob die Aufgabe aus demjenigen, was man wissen kann, auch bestimmt sei und welches Verhältnis die Frage zu den Erfahrungsbegriffen habe, darauf sich alle unsre Urtheile jederzeit stützen müssen".[4] Die *Grenzen der Erkenntnis* verstehen sich also nicht als ein bloßes Unvermögen der Erfahrung sondern kehren sich in ihrer rein (selbst)kritischen Funktion allmählich um in eine recht eigentliche *Erkenntnis der Grenzen*. Genau in diesem Moment werden die ‚Schranken' zu ‚Grenzen', wennschon in einer noch negativen Bedeutung: als Bezug auf etwas, was *nicht* zu erreichen ist, worin man sich verlieren kann und wogegen sich die metaphysische Vernunft mithin abgrenzen muß.

> In so fern ist die Metaphysik eine Wissenschaft von den *Grenzen der menschlichen Vernunft*, und da ein kleines Land jederzeit viel Grenze hat, überhaupt auch mehr daran liegt seine Besitzungen wohl zu kennen und zu behaupten, als blindlings auf Eroberungen auszugehen, so ist dieser Nutze der erwähnten Wissenschaft der unbekannteste und zugleich der wichtigste, wie er denn auch nur ziemlich spät und nach langer Erfahrung erreicht wird.[5]

In diesem Absatz sehen wir das Nebeneinander der beiden Bedeutungen von Begrenzung in ein und demselben Begriff: Grenze. Die menschliche Erkenntnis, die sich auf die Erfahrungstatsachen gründet, stellt sich als ein kleines, allseits begrenztes Gebiet dar – man möchte sagen: belagert, eng und in seine Schranken verwiesen –, ein Terrain, das in Besitz zu nehmen ist, aber auch gehalten und verteidigt werden muß gegen alles das, was es umgibt (will sagen, was es bedroht

---

[3] Immanuel Kant, Träume eines Geistersehers, erläutert durch Träume der Metaphysik, Ak. II, 367.
[4] Ebd., 367 f. (kursiv vom Vf.).
[5] Ebd., 368.

oder was es illusorisch verführt), und in das sich hineinzubegeben eitel und gefährlich sei, als ob man in eine Traumvision eindringen wollte, ohne sich zuvor der Festigkeit des Erfahrungsgrundes, auf dem man mit eigenen Füßen steht, versichert zu haben. Kant fährt fort mit dem Eingeständnis, daß er „diese Grenze hier zwar nicht genau bestimmt", sondern sich darauf beschränkt habe, sie anzuzeigen, was ausreiche, da der Leser sich für freigestellt von weiteren unnützen Forschungen erachten solle zu einem Thema, dessen Data notwendig „in einer andern Welt, als in welcher er empfindet, anzutreffen sind".

Nun besteht in Kants Augen ein gewisser Bezug zwischen dem, was eine Wissenschaft als wesentliche Fragestellung ihrer Forschung zu behandeln hat, nämlich der Gegenstand ihrer spezifischen Zuständigkeit einerseits, und andererseits dem, was sie als ihre Erkenntnismöglichkeiten übersteigend anerkennen muß. Wenn nämlich eine „durch Erfahrung gereifte Vernunft"[6] das Themengebiet der Wissenschaft wählen soll, muß man „vorher selbst das Entbehrliche, ja das Unmögliche kennen", um letztlich zur Bestimmung der Grenzen zu gelangen, die ihr von der Natur der menschlichen Vernunft gesetzt sind. Aufgrund dieses rationalen Urteils liegen alle die „bodenlosen Entwürfe", wiewohl „an sich selbst nicht unwürdig", „außer der Sphäre des Menschen" und sind somit im „*Limbus* der Eitelkeit" als eitle Forschungen einer Spekulation anzusiedeln, die unkontrolliert und illusorisch Syllogismen produziert. Die Metaphysik kann sich daher mit der illusorischen Anstrengung einer Vermehrung von Wissen (die erste oben vorgestellte Nutzanwendung) identifizieren, oder sie kann, ja sie muß vielmehr, als endgültige Lösung des Verhältnisses dienen zwischen dem, was innerhalb der wissenschaftlichen Begrenzung liegt und dem, was *darüber hinausgeht* (die zweite Nutzanwendung). Und dies nicht, weil die Metaphysik die Erkenntnis der ersten durch die der zweiten Nutzanwendung erweitern könnte, sondern weil in ihr die Termini des Verhältnisses selbst sich verändern, welches nun nicht mehr zwischen dem aufgrund von Erfahrung erklärbaren Gegenstand und dem, was wesentlich nicht erfahrbar bleibt, auftritt, sondern zwischen dem durch Wissenschaft erkannten Gegenstand und dem Verstand, der diesen erkennt.

> Wenn diese Nachforschung aber in Philosophie ausschlägt, die über ihr eigen Verfahren urtheilt, und nicht die Gegenstände allein, sondern deren Verhältniß zu dem Verstande des Menschen kennt, *so ziehen sich die Grenzen enger zusammen* und die *Marksteine* werden gelegt, welche die Nachforschung aus eigenthümlichen *Bezirke* niemals mehr ausschweifen lassen. [...] Denn in den Verhältnissen der Ursache und Wirkung, der Substanz und der Handlung dient anfänglich die Philosophie dazu, die verwickelte Erscheinungen aufzulösen und solche auf einfachere Vorstellungen zu bringen. Ist man aber endlich zu den Grundverhältnissen gelangt, so hat das Geschäfte der Philosophie ein Ende, und wie etwas könne eine Ursache sein oder eine Kraft haben, ist unmöglich

[6] Ebd., 369.

jemals durch Vernunft einzusehen, sondern diese Verhältnisse müssen lediglich aus der Erfahrung genommen werden.[7]

Wir werden sehen, daß Kant eben durch diese Verschiebung der Termini des Verhältnisses den Begriff der Schranke, den die Vernunft ihren Gegenständen setzt, neu überdenken kann, indem er ihn als eine Grenze innerhalb der Vernunft selbst versteht.

### III. Schranken festlegen, Grenzen überschreiten

Das doppelte Register der philosophischen Forschung, in dem sich die Verknüpfung von Schranke/Grenze artikuliert, wird in der *Kritik der reinen Vernunft* deutlicher und geht einher mit einer genaueren semantischen Bestimmung des Terminus *Grenze,* was dann entscheidend wird für die Ansetzung und Lösung des gesamten Problems.

In diesem Zusammenhang sei an die Vorrede zur zweiten Auflage des Werks (1787) erinnert, wo Kant unmittelbar nach der Feststellung der Analogie zwischen seinem Unternehmen und dem des Kopernikus eine alte Idee aus den sechziger Jahren wieder aufgreift (was der Verweis auf die *Träume* anzeigen sollte) und von den zwei Teilen spricht, aus denen sich die Metaphysik zusammensetzt. Der erste beschäftigt sich „mit Begriffen a priori [...] davon die korrespondierenden Gegenstände in der Erfahrung jenen angemessen gegeben werden können", und das ist wiederum möglich durch den Umstand, daß wir „von den Dingen nur das a priori erkennen, was wir selbst in sie legen".[8] Allein in diesem Sinn kann die Metaphysik auf dem „sicheren Gang der Wissenschaft" angesiedelt werden. Das ist jedoch ein Weg, der nicht nur aufgrund der und im Hinblick auf die empirischen Bedingungen der Erkenntnis gangbar ist, sondern (in der weitest gefaßten systematischen Perspektive der kritischen Philosophie) auch aufgrund des und im Hinblick auf das Problem, was jene Bedingungen überwindet. Einerseits ist der Ausgang dieses ersten Teils in Bezug auf das „allgemeine Ziel" der Metaphysik bloß „negativ", insofern hier definitiv festgestellt wird, daß wir „nie über die Grenze möglicher Erfahrung hinauskommen können"; darin hatte ja das wesentliche, aber auch trügerischste Bestreben der Schulmetaphysik bestanden. Aber dieser Ausgang impliziert andererseits etwas Überraschendes, um Kants eigene Worte zu gebrauchen: *ein befremdliches Resultat,* eben in bezug auf das, was über die Grenze unserer Erkenntnis hinausgeht und womit sich der zweite Teil der Meta-

---

[7] Ebd., 369 f. (kursiv vom Vf.).

[8] Dieses und die folgenden Zitate: Immanuel Kant, Kritik der reinen Vernunft (= KrV), B XVIII-XIX. Die Kritik der reinen Vernunft wird nach der ersten (A) bzw. zweiten Ausgabe (B) zitiert.

physik beschäftigt.[9] Würden wir nämlich das, was bloß ein empirisches Objekt ist, mit der Sache an sich selbst identifizieren, wären wir genötigt, das Unbedingte nicht mehr zuzulassen, da dies letztere im Widerspruch stünde zu den sinnlichen und verstandesmäßigen Bedingungen, welche die Erfahrung bestimmen. Wenn wir dagegen deutlich die gegenständliche Darstellung von der Sache an sich unterscheiden, dann kann der leere Raum jenseits des Phänomens („leer" nach empirischer Bestimmung) zu einem ‚Freiraum' werden, das Unbedingte ohne Widerspruch zu denken.

Das eröffnet genau die Möglichkeit für den zweiten Teil der Metaphysik, den man beinahe für schlechthin unmöglich erachtet hätte: Wenn sie schon ihre Daten nicht in einer rein verstandesmäßigen Erkenntnis, d. h. im Bereich der „spekulativen Vernunft", findet, und sie niemals dort wird finden können, wird sie sie hingegen in einer praktischen Erkenntnis der Vernunft – „dem Wunsche der Metaphysik gemäß, über die Grenze aller möglichen Erfahrung hinaus [...] zu gelangen"[10] – finden können. Es ist interessant, in diesem Zusammenhang an das zu erinnern, was Kant einige Zeilen zuvor beobachtet hatte: Was uns notwendig treibt, über „die Grenze der Erfahrung und aller Erscheinungen hinaus zu gehen", ist das Unbedingte selbst, aber dieses wird seinerseits lediglich als etwas verstanden, was die Vernunft selbst „in den Dingen an sich selbst nothwendig und mit allem Recht [...] verlangt",[11] damit sie die Reihe der Bedingungen beschließen kann, die sie selbst im übrigen bereits a priori für die Phänomene festgelegt hatte. Die Schranke der Erkenntnis hatte sich so sehr als ‚absolut' dargeboten, daß jen-

---

[9] Vgl. KrV, B XIX. – Bevor noch das Verhältnis zwischen theoretischem und praktischem Bereich in Anschlag kommt, erweist sich das doppelte Register der Grenze bereits als notwendig für die Abgrenzung der Sphäre der empirischen Erkenntnis. In diesem Zusammenhang hat Strawson zu Recht bemerkt, daß für Kant „to set limits to coherent thinking" bedeutet „to think both sides of those limits" (Peter F. Strawson, The Bounds of Sense. An Essay on Kant's ‚Critique of Pure Reason', London 1966, 44). Es handelt sich jedoch um ein höchst problematisches Unterfangen, insofern es als allgemeine Theorie der Erfahrung etwas vorführt, das prinzipiell nicht in die empirische Erkenntnis gehört: „Now if someone should ask in general [d.h. jenseits der Gegebenheit dieser oder jener empirischen Beschränkung] why there should be any limits at all to what could be conceived of as constituting a possible experience, we should think his question absurd. [...] For it is quite clear that there is no sense in the idea that we might look to facts altogether outside our experience in order to find an explanation of there being this or that limit" (271). Dies führe dann Strawson zufolge dazu, eine ebenso problematische Theorie des transzendentalen Idealismus zu formulieren: „The doctrine is not merely that we can have no knowledge of a supersensible reality. The doctrine is that reality is supersensible and that we can have no knowledge of it" (38). Wir stellen die Hypothese auf, daß Kants Versuch eben darin bestand, die Nicht-Erkennbarkeit nicht nur in negativem Sinn, sozusagen nachträglich zur Zulassung des Übersinnlichen, zu verstehen, sondern als konstitutiv für dieses, da es eben übersinnlich ist, nicht nur weil es unerkennbar ist, sondern vor allem weil es als solches denkbar erscheint.

[10] KrV, B XXI.

[11] KrV, B XX.

seits ihrer die Erfahrung nicht an ‚etwas' anderes oder an irgendein anderes Gebiet, das außerhalb läge, angrenzen kann. Die Grenze grenzt nicht an, es sei denn an einen leeren Raum, der offen und unablässig gespannt ist ‚über' die leere Anforderung der spekulativen Vernunft hinaus: ein Raum nicht jenseits der Vernunft, sondern innerhalb ihrer und nur *durch* sie ermöglicht.

Und bei einem solchen Verfahren hat uns die speculative Vernunft zu solcher Erweiterung immer doch wenigstens Platz verschafft wenn sie ihn gleich leer lassen mußte, und es bleibt uns also noch unbenommen, ja wir sind gar dazu aufgefordert, ihn durch praktische *Data* derselben, wenn wir können, auszufüllen.[12]

Das empirische Objekt ist bestimmt durch die Vernunft im spekulativen Sinn oder auch als ein ‚Produkt' des Verstandes. Das Ding an sich als unbedingtes ist hingegen ein gefordertes Objekt, dem stets von der Vernunft nachgegangen werden kann, ja muß, allein in einem anderen Sinn: dem einzig möglichen Sinn, in dem das Datum mit dem Gewollten und das Sein mit der Pflicht zusammenfällt.

## *IV. Über die Grenze aller möglichen Erfahrung hinaus: die moralische Welt*

Die praktischen Daten dieser Grenzüberschreitung können – im Kontext der *Kritik der reinen Vernunft* – in dem Begriff einer moralischen Welt oder einer schlichtweg intelligiblen Welt zusammengefaßt werden. Wir befinden uns in der „Transzendentale[n] Methodenlehre", (welche die formalen Bedingungen eines vollständigen Systems der reinen Vernunft bestimmt), insbesondere dort, wo Kant Sinn und Funktion eines „Kanon der reinen Vernunft" beschreibt: Dieser versammelt bekanntlich die Gesamtheit der Prinzipien a priori eines ‚korrekten' Gebrauchs der reinen Vernunft, und kann daher nicht für deren verkehrten spekulativen (oder dialektischen) Gebrauch gelten, für den eher eine „Disziplin der reinen Vernunft" oder eine negative Gesetzgebung als System zur Vorsicht und Selbstkontrolle gegenüber dem falsch vernünftelnden Schein in Anschlag kommen muß. Der rechtmäßige Kanon der reinen Vernunft soll also allein deren praktischen Gebrauch betreffen.[13]

Tatsächlich ist der größte, vielleicht der einzige Nutzen der ganzen Philosophie der reinen Vernunft – so Kant noch einmal – einzig und allein negativ: kein Organon zur Erweiterung der Erkenntnis, sondern nur eine Disziplin zur Grenzbestimmung und zur Verhütung von Irrtümern. Dennoch muß es ‚irgendwo' einen Quell von ‚positiven Erkenntnissen' der Vernunft oder genauer gesagt eine Ursa-

---

12 KrV, B XXI-XXII.
13 Vgl. KrV, A 797/B 825. Zur „Disziplin der reinen Vernunft", vgl. A 711/B 739.

che für sie geben: Wenn dies nicht so wäre, bliebe unsere „nicht zu dämpfende Begierde durchaus über die Grenze der Erfahrung hinaus irgendwo festen Fuß zu fassen", schlichtweg unerklärlich und absurd.[14]

Über die Grenzen hinausgehen bedeutet daher nichts weniger als den Endzweck des reinen Gebrauchs unserer Vernunft zu erfüllen. Schon bei der Verhandlung der psychologischen Paralogismen (genauer im Rahmen der Zurückweisung von Moses Mendelssohns Behauptung von der Beharrlichkeit der Seele nach dem Tod aufgrund ihrer einfachen Natur) hatte Kant davon gesprochen, daß unbeschadet der Tilgung derartiger dogmatischer Vorgaben in theoretischem Zusammenhang – oder besser: genau ihretwegen – es möglich war, die *Notwendigkeit* eines künftigen Lebens aufgrund dessen zu denken, daß die Vernunft „als praktisches Vermögen an sich selbst, ohne auf die Bedingungen der letzteren [= die Ordnung der Natur] eingeschränkt zu sein, die erstere [= die Ordnung der Zwecke] und mit ihr unsere Existenz über die Grenzen der Erfahrung und des Lebens hinaus zu erweitern berechtigt ist".[15]

Somit enthüllt sich der Endzweck des Menschen, oder besser der Endzweck all dessen, was sich im Menschen befinden kann, wenn dieser sich innerlich dazu berufen fühlt, dank seines rechten Betragens in *dieser* Welt – d. h. dank seiner mit dem moralischen Gesetz konformen Intention –, ein guter Bürger einer besseren Welt zu werden. Ein solches Ergebnis ist weit mehr als bloße Konformität einer beliebigen Lebensbestimmung mit einem spezifischen Lebensziel, da der Mensch ja mit dem Gesetz durch den Gebrauch seiner Freiheit, mithin über die bloße Naturordnung hinaus, in Übereinstimmung gelangt. Die bessere Welt, deren Bürger er werden kann, ist diejenige, die er in seiner eigenen Vorstellung hat. Worin aber besteht die Idee dieser Welt im besonderen?

> Ich nenne die Welt, so fern sie allen sittlichen Gesetzen gemäß wäre (wie sie es denn, nach der *Freiheit* der vernünftigen Wesen sein *kann*, und nach den nothwendigen Gesetzen der *Sittlichkeit*, sein *soll*) eine moralische Welt. Diese wird so fern bloß als intelligibele Welt gedacht, weil darin von allen Bedingungen (Zwecken) und selbst von allen Hindernissen der Moralität in derselben (Schwäche oder Unlauterkeit der menschlichen Natur) abstrahirt wird.[16]

Diese moralische Welt ist also eine *praktische Idee* der Vernunft, d. h. eine Idee, „die wirklich ihren Einfluß auf die Sinnenwelt haben kann und soll, um sie dieser so viel als möglich gemäß zu machen". Eine derartige Idee der moralischen Welt muß also eine eigene „objektive Realität" besitzen, aber nicht – wie Kant sich zu präzisieren beeilt – deshalb, weil diese den Gegenstand einer intelligiblen Anschauung (als solche völlig unmöglich) darstellte, sondern insofern sie sich auf

---

[14]  KrV, A 795 f./B 823 f.
[15]  KrV, B 425. Für das Folgende vgl. B 425 f.
[16]  KrV, A 808/B 836.

die sinnliche Erfahrung dieser Welt nicht nur mehr als erkennbarer und erkannter Gegenstand (Phänomen) bezieht, sondern als „Gegenstand der reinen Vernunft in ihrem praktischen Gebrauche". In diesem Sinn wird die Sinnenwelt als ein „corpus mysticum" gedacht, will sagen als „durchgängige systematische Einheit": eine Einheit, die sich in jedem vernünftigen Wesen findet, in dem sich die Konformität von Sinnenwelt und intelligibler Welt (von Natur und Freiheit) einstellt, die aber auch zwischen einem freien Wesen und der Freiheit aller anderen vernünftigen Wesen besteht[17].

Nicht zufällig steht die Verhandlung dieser moralischen Welt in dem Abschnitt der *Kritik der reinen Vernunft*, der dem Ideal des höchsten Guts gewidmet ist, verstanden als „einem Bestimmungsgrunde des letzten Zwecks der reinen Vernunft", d. h. der umfassenden Bestimmung des Menschen, womit sich eben die Moralphilosophie beschäftigt.[18] Das höchste Gut ist nichts anderes als die intelligible Welt selbst, insofern sie aus der notwendigen Verbindung von Glückseligkeit (als da wäre die vollkommene Befriedigung des Menschen auf dieser Welt, sinnlich erfahren) und Verdienst eines freien Vernunftwesens (sein infolge der Verpflichtung auf das moralische Gesetz der Glückseligkeit Würdigwerden) hervorgeht. Die Begründung der *Notwendigkeit* jener Verbindung findet sich jedoch in der Idee einer „höchsten Vernunft", die zugleich ein moralisches Gebot und eine natürliche Kausalität ist. Daher müssen die zwei Elemente, die das höchste Gut, das dem Vernunftwesen zugänglich ist, bilden – Kant nennt es „abgeleitetes höchstes Gut" –, ihre Übereinstimmung über das Ideal eines *ursprünglichen höchsten Guts* begründen, und dieses Ideal ist die einzige vernünftige Bedeutung des Begriffs „Gott".[19]

An anderem Ort hatte Kant in der Entwicklung seiner Kritik an aller Transzendentaltheologie, die auf spekulativen Prinzipien der Vernunft begründet sei, von einer „Moraltheologie" als einer der beiden Bestimmungen (neben der Physikotheologie) gesprochen, durch welche die „natürliche Theologie" gedacht werden könne. Es sei in diesem Zusammenhang daran erinnert, daß in der allgemeinen Gliederung, die Kant vornimmt, die primäre Unterscheidung verläuft zwischen einer *theologia rationalis* (in der die Erkenntnis des Urwesens auf bloßer Vernunft begründet ist) und einer *theologia revelata* (in der diese Erkenntnis auf Offenbarung begründet ist).[20] Im Fortgang des Problemaufrisses unterteilt sich die vernünftige Theologie ihrerseits in transzendentale Theologie und natürliche Theologie. Die transzendentale Theologie kann als „Ontotheologie" verstanden werden, da sie ihr ‚Objekt', besser die Existenz ihres Objekts, mithilfe einfacher Tran-

---

[17] Vgl. KrV, A 808/B 836.
[18] Vgl. KrV, A 804/B 832, A 840/B 868.
[19] Vgl. KrV, A 810 f. /B 838 f.
[20] Siehe KrV, A 631/B 659.

szendentalbegriffe denkt (*ens originarium*, *ens realissimum*, *ens entium*), ohne in irgendeiner Weise auf die Erfahrung zurückzugreifen. Die Existenz Gottes kann jedoch auch von einer Welterfahrung überhaupt abgeleitet werden (derart daß, wenn etwas existiert, wie zumindest ich existiere, es ein absolut notwendiges Wesen geben muß) ohne jedwede weitere Spezifikation hinsichtlich der Attribute *dieser* unserer sinnlichen Welt. In diesem Fall heißt die transzendentale Theologie „Kosmotheologie". Wenn er dann zum anderen allgemeinen Teil der vernünftigen Theologie übergeht, setzt Kant außer der transzendentalen Theologie, wie gesagt, eine „natürliche Theologie" an. „Die natürliche Theologie schließt auf die Eigenschaften und das Dasein eines Welturhebers, aus der Beschaffenheit, der Ordnung und Einheit, die in dieser Welt angetroffen wird, in welcher zweierlei Causalität und deren Regel angenommen werden muß, nämlich Natur und Freiheit".[21]

Allein für den Fall, daß man auf eine höchste Intelligenz zurückgeht und diese als Ursprung jeder Ordnung und jeder natürlichen Vollkommenheit versteht, handelt es sich um eine Physikotheologie, während in dem Fall, daß man dazu kommt, Gott als Ursprung aller Ordnung und moralischer Vollkommenheit zu betrachten, von einer „Moraltheologie" zu sprechen ist. Allerdings gilt es, den wesentlichen Unterschied zwischen einer Moraltheologie und einer theologischen Moral zu beachten. Die Moraltheologie nämlich ist „nicht theologische Moral; denn sie enthält sittliche Gesetze, welche das Dasein eines höchsten Weltregierers voraussetzen, da hingegen die Moraltheologie eine Überzeugung vom Dasein eines höchsten Wesens ist, welche sich auf sittliche Gesetze gründet".[22]

In dieser Idee einer Moraltheologie beobachten wir also, wie eine Linie, welche die gesamte vernünftige Erkenntnis durchzieht, in doppelter Verzweigung dort auseinandertritt, wo die Schranken der sinnlichen Welt sich mit den Grenzen der intelligiblen überlagern: Die Existenz dessen, was die Erfahrung übersteigt, kann niemals eine *Voraussetzung* sein, und dennoch muß es eine *Überzeugung* aufgrund einer genauen Verpflichtung sein, die, wenn sie schon die Schranken der spekulativen Vernunft, genauer gesagt des Verstandesvermögens, überschreitet, nie jenseits der Vernunft auskommt, sondern streng innerhalb deren Grenzen bleibt. In moralischer Hinsicht ist die Theologie mithin bloß eine Weise, auf die man jenem ‚jenseits‘ der Grenze, das die Erfahrung übersteigt, begegnen kann. Sie bildet jedoch die ausgeführteste Modalität, durch welche die Schranken der Welt als Grenzen der Vernunft neu begriffen werden. Dies wird im Jahr 1783 in den *Prolegomena* und der akademischen Vorlesung über die *Philosophische Religionslehre* deutlich sichtbar.

[21]  KrV, A 632/B 660.
[22]  KrV, A 633/B 661 (Anm.).

## V. Die reine Vernunft auf Grenzwacht

„Von der Grenzbestimmung der reinen Vernunft" lautet der Titel zum Abschluß der *Prolegomena*. Es scheint uns bezeichnend, daß das Problem als zusammen-fassender und synthetischer *topos* einer Schrift angesiedelt ist, die ihrerseits wie-derum als ein wesentliches und ,populäres' Kompendium des *metaphysischen* Unternehmens der ersten *Kritik* gedacht ist: ein Übergang von der In-Frage-Stel-lung des metaphysischen Dogmatismus der Schule (auch dank der Beiträge der empiristischen Strömung) zur Einsetzung einer neuen Möglichkeit von Metaphy-sik in der Form einer kritischen Wissenschaft. Die *Prolegomena* sind eben als der Versuch anzusehen, diesen Übergang ausdrücklich zu behandeln, wobei er im Üb-rigen als Resultat der gesamten *Kritik der reinen Vernunft* aufgezeigt wird.

Es wäre eine Ungereimtheit – schreibt Kant im Schlußteil –, bloß zu hoffen, daß man andere Objekte jenseits derer, die in den Bereich der Erfahrung fallen, erken-nen zu können, da ja das Problem ungelöst bliebe, wie sie zu bestimmen seien au-ßerhalb der einzigen Bedingungen, durch die sich Erfahrung herstellen kann, nämlich durch die raum-zeitlichen Anschauungen und die Begriffe des Verstan-des. Andererseits wäre es aber eine noch größere Ungereimtheit, auf keinen Fall Dinge an sich zuzulassen und zu glauben, daß „die einzig mögliche Erkenntnisart der Dinge" die Erfahrung sei.

> Unsere Prinzipien, welche den Gebrauch der Vernunft bloß auf mögliche Erfahrung einschränken, könnten demnach selbst *transcendent* werden, und die Schranken unse-rer Vernunft vor Schranken der Möglichkeit der Dinge selbst ausgeben, wie davon *Humes* Dialogen zum Beispiel dienen können, wenn nicht eine sorgfältige Kritik die Grenzen unserer Vernunft auch in Ansehung ihres empirischen Gebrauchs bewachte, und ihren Anmaßungen ein Ziel setzte.[23]

So wie wir nicht annehmen können, daß die Prinzipien unserer empirischen Er-kenntnis nach der inneren Verfassung der Dinge bemessen sind, ist es uns auch versagt, als universale Bedingungen der Sachen an sich auszuweiten, was Bedin-gungen der Erfahrungsgegenstände sind, und die Prinzipien unseres diskursiven Verstandes als Prinzipien jedes möglichen Verstandes anzunehmen. Das Verbot, die Schranken zu übertreten wird zur Möglichkeit, wenn nicht zur Notwendigkeit, diese zu überschreiten. Die Kritik übt also eine dem Grenzwächter analoge Funk-tion aus, deren Aufgabe nicht nur darin besteht, die Erkenntnis nicht aus den Schranken der Erfahrung zu entlassen, sondern auch die Erwartungen der Ver-nunft nicht in diesen Schranken zu halten und deren Befriedigung zu begünstigen durch den Ausgang in Gebiete, an die jene Schranken angrenzen. Das heißt, daß die Vernunft mit Sicherheit nicht nur *weiß*, was sich innerhalb der Schranken be-

---

[23] Immanuel Kant, Prolegomena zu einer jeden künftigen Metaphysik, die als Wissenschaft wird auftreten können, Ak. IV, 351.

findet, sondern auch das, was jenseits der Grenzen liegt. Diese Grenzen bestehen eben *in* der Vernunft. „Grenzen (bei ausgedehnten Wesen) setzen immer einen Raum voraus, der außerhalb einem gewissen bestimmten Platze angetroffen wird und ihn einschließt; Schranken bedürfen dergleichen nicht, sondern sind bloße Verneinungen, die eine Größe afficiren, so fern sie nicht absolute Vollständigkeit hat".[24]

Die Anspielung geht hier auf das Spezifische der Metaphysik gegenüber den anderen Wissenschaften: Sie ist zu verstehen als eine recht eigentlich transzendentale Wissenschaft, nämlich als Wissenschaft von den Bedingungen der Erkenntnis und *damit zugleich* als Wissenschaft vom Unbedingten. Die anderen Wissenschaften hingegen, wie die Mathematik oder die Physik, bedenken einen ‚gleichartigen‘ Gebrauch der vernünftigen Erkenntnis und kennen daher keine Grenzen, sondern lediglich Schranken. Gewiß gibt es außerhalb dieser zuletzt genannten Wissenschaften immer auch etwas anderes, wohin diese nie durchdringen können, doch dadurch werden nicht ihre jeweiligen Erklärungen beeinträchtigt, welche innerhalb derselben bestens fortschreiten können – ja müssen –, indem sie von Mal zu Mal sehr wohl ihre Schranke verschieben, ohne daß aber je diese Schranke zur Grenze werden könnte, also einer Kontaktstelle zu dem, was die eigene Domäne überschreitet, oder einem Übergang zu einem anderen Gebrauch der Vernunft in Bezug auf dasselbe Objekt. Für die Metaphysik hingegen gilt:

> Allein Metaphysik führt in den dialektischen Versuchen der reinen Vernunft (die nicht willkürlich, oder muthwilliger Weise angefangen werden, sondern dazu die Natur der Vernunft selbst treibt) auf Grenzen; und die transcendentale Ideen, eben dadurch, daß man ihrer nicht Umgang haben kann, daß sie sich gleichwohl niemals wollen realisiren lassen, dienen dazu, nicht allein uns wirklich die Grenzen des reinen Vernunftgebrauchs zu zeigen, sondern auch die Art, solche zu bestimmen.[25]

Die Grenzen bestimmen heißt den Raum (oder die Welt) sowohl *innerhalb* als auch *außerhalb* ihrer denken. Die Grenzen der Metaphysik kehren sich um in die Metaphysik der Grenzen. Kant umreißt ihre Aufgabe folgendermaßen:

> [Wir haben] Schranken der Vernunft in Ansehung aller Erkenntniß bloßer Gedankenwesen angezeigt; jetzt [...] können wir auch die Grenzen der reinen Vernunft bestimmen; denn in allen Grenzen ist auch etwas Positives (z.B. Fläche ist die Grenze des körperlichen Raumes, indessen doch selbst ein Raum, Linie ein Raum, der die Grenze der Fläche ist, Punkt die Grenze der Linie, aber doch noch immer ein Ort im Raume), dahingegen Schranken bloße Negationen enthalten.[26]

---

[24] Ebd., 352.
[25] Ebd., 353.
[26] Ebd., 354.

Es sei bemerkt, daß in einer ersten Beschreibung die ‚Positivität' der Grenze mit der abgrenzenden Linie selbst identifiziert wird, welche nicht nur zurückführbar oder zurückbeziehbar auf das ist, was begrenzt wird, sondern bereits die Bestätigung von etwas, das hinausgeht über das, was im Innern der Abgrenzung enthalten ist. Nur daß, wie zu lesen war, auch diese sich *im Raum* befindet: im Raum der reinen Vernunft nämlich, nicht in einem Raum außerhalb der Vernunft. Die Metaphysik ist die Demarkationslinie, die zur Übergangslinie wird. Indem sie auf die Grenze führt, indem sie sich auf dieser Grenze festsetzt, bestimmt die Metaphysik (als ‚Kritik') gleichzeitig das Erkennbare und das Denkbare, wie wenn eine Barriere zugleich als Verbindung und als Abtrennung fungiert.

Dementsprechend fragt sich Kant, wie sich unsere Vernunft in der Verknüpfung von Bekanntem und Unbekanntem verhält, genauer noch, auf welche Weise sie eine solche Verbindung bestimmen könne: „[W]ir sollen uns denn also ein immaterielles Wesen, eine Verstandeswelt, und ein höchstes aller Wesen (lauter Noumena) denken", ohne sie je an sich erkennen zu können. Dennoch müssen wir sie notwendig notwendig denken, weil sonst nicht der Tendenz zur ‚Erfüllung' und zur ‚Befriedigung' Rechnung getragen wäre, die der Natur der Vernunft innewohnt. Dabei bedenke man, daß die Verbindung kaum empirisch oder psychologisch sein kann, sondern streng *a priori* sein muß.

Wir können also das Verbot, transzendente Urteile zu fällen, mit dem Gebot verbinden, das uns auferlegt, uns zu Begriffen zu erheben, die den empirischen Gebrauch übersteigen, und

> so werden wir inne, daß beide zusammen bestehen können, aber nur gerade auf der *Grenze* alles erlaubten Vernunftgebrauchs; denn diese gehört eben so wohl zum Felde der Erfahrung, als dem der Gedankenwesen [...]. Wir halten uns aber auf dieser Grenze, wenn wir unser Urtheil blos auf das Verhältnis einschränken, welches die Welt zu einem Wesen haben mag, dessen Begriff selbst außer aller Erkenntniß liegt, deren wir innerhalb der Welt fähig sind.[27]

Darum wiederholt Kant einige Seiten weiter, daß der *Verstand*, „eben darum, weil er die Gegenstände der Erfahrung vor bloße Erscheinungen erkennt", auch die Dinge an sich als Noumena anerkennen muß: Daher kommt es, daß „in unserer Vernunft [...] beide zusammen befaßt"[28] sind, nämlich die Erfahrung und das, was sie von außen her beschränkt, der von sinnlichen Daten erfüllte und der ‚leere' Raum der reinen Verstandeswesen ohne Anschauung, und zwar derart, daß das Verhältnis zwischen den beiden Seiten nicht dem zwischen Erkenntnis und Nicht-Erkenntnis gleichkommt, da die Begrenzung immer auch eine Erkenntnis ist, in welcher die Vernunft die Form der intelligiblen Dinge denkt (wohlverstan-

---

[27] Ebd., 356 f.; vgl. unten, Anm. 60.
[28] Ebd., 360.

den nie die Dinge an sich), und mithin nichts anderes als dieses Verhältnis selbst
erkennt.

### VI. Von der Moral zur Religion: die theologische Grenze der Vernunft

In einem weiteren Schritt, der hier nachgezeichnet werden soll, kommt Kant dazu,
die metaphysische Grenze der Vernunft als strukturell ‚theologisch' (und als solche auch als psychologisch und kosmologisch) zu definieren.

Nach der Beobachtung, daß die Vernunfterkenntnis – eben auf der Grenze –
genauso wenig einfach in der Erfahrung beschlossen bleibt, wie sie exaltiert außerhalb ihrer umherschweift, sondern das Verhältnis bestimmt zwischen dem,
was außerhalb und dem, was innerhalb der Begrenzung liegt, stellt Kant immer
noch im Zusammenhang der *Prolegomena* fest:

> Die natürliche Theologie ist ein solcher Begriff auf der Grenze der menschlichen Ver-
> nunft, da sie sich genöthigt sieht, zu der Idee eines höchsten Wesens (und, in praktischer
> Beziehung, auch auf die einer intelligibelen Welt) hinauszusehen, nicht, um in Anse-
> hung dieses bloßen Verstandeswesens, mithin außerhalb der Sinnenwelt etwas zu be-
> stimmen, sondern nur, um ihren eigenen Gebrauch innerhalb derselben nach Principien
> der größtmöglichen (theoretischen sowohl als praktischen) Einheit zu leiten, und zu
> diesem Behuf sich der Beziehung derselben auf eine selbständige Vernunft, als der Ur-
> sache aller dieser Verknüpfungen, zu bedienen[29].

Zur gleichen Zeit wie in den *Prolegomena* thematisiert Kant in seinen *Vorlesungen über die philosophische Religionslehre* die Art und Weise, in der die Vernunft,
insofern sie eben ihre Grenzen absteckt, zu der Forderung kommt, ein höchstes
Wesen zu denken, welches sich für die Vernunft in einer Weise *sui generis* zu erkennen gibt. Punkt für Punkt an den kanonischen Formulierungen der *Schulmetaphysik* (Eberhard und Baumgarten) entlang und dabei ständig auf die beschrän-
kende Linie bezogen, die zur Grenze wird, ist die Theologie für Kant im strikten
Sinne zu begreifen als „das System unserer Erkenntnis vom höchsten Wesen",
wobei unter System nicht mehr der „Inbegriff aller möglichen Erkenntnisse
von Gott, sondern [...] was bei Gott von der menschlichen Vernunft angetroffen
wird"[30] verstanden werden darf.

---

[29] Ebd., 361.
[30] Immanuel Kant, Vorlesungen über die philosophische Religionslehre (1783/84, postum hg.
von Karl Heinrich Ludwig Pölitz, Leipzig 1817, ²1830), in Ak. XXVIII. 2/2, 989–1126, hier 995 (im
folgenden zitiert als: Religionslehre Pölitz). – Zu Kants Verwendung von Handbüchern der ‚Schule',
zum philosophischen und theologischen Kontext dieser Vorlesungen und zur Entstehung der Problematik im Lauf der kritischen Philosophie sei verwiesen auf die Einführung des Herausgebers der
italienischen Übersetzung: *Lezioni di filosofia della religione*, a cura di Constantino Esposito,
Napoli 1988; dort: 11–91, bes. §§ 6, 7 und 9.

Wenn aber ‚Gott' eine Idee darstellt, die sich nie auf die Bestimmung eines Objekts (als empirisches oder anschaubares Objekt) beziehen kann, muß seine spezifische ‚Objektivität' in seinem noetischen Statut aufgesucht werden, d. h. in der Weise oder in den Weisen, wie dieses gedacht werden kann. Das thematisiert Kant, wenn er sich fragt, ob die theologische Erkenntnis unserer Vernunft, trotz des Mangels an theoretischer Bestimmung ihres Gegenstandes, gleichwohl irgendeinen Wert oder irgendeine Würde besitzt, „welche der Würde derselben angemessen ist".[31]

Die Transzendentaltheologie – so wie Kant sie im ersten Teil dieser Vorlesungen artikuliert, wenn er die Lehrbücher der ‚Schule' kommentiert, wie sie in den drei bekannten Versuchen, die Existenz Gottes mittels des ontologischen, kosmologischen und physikotheologischen Gottesbeweises zu beweisen – beschränkt sich (zumindest unter dem Gesichtspunkt der kritischen Philosophie) darauf, die alleinige „Möglichkeit des Begriffes von Gott" bereitzustellen. Auch die begrifflichen Bestimmungen, die dieses ‚Objekt' konstituieren, das von Fall zu Fall als *ens originarium, ens summum* und *ens entium,* in allem als auf die Idee eines *ens realissimum* zurückführbar verstanden wird, in welchem die ‚Wirklichkeit' in ihrer höchst möglichen Bestimmung präsent sei, werden von Kant sozusagen von innen heraus dekonstruiert. Gott auf diese Weise denken bedeutet, ihn „bloß als Ding"[32] denken, von dem sich auf bestimmte Weise einzig „die logische Möglichkeit des Begriffes", d. h. die Tatsache, ohne Widerspruch gedacht werden zu können, behaupten läßt. Das ist die einzige „objective Realität",[33] die die transzendentale Theologie sicherzustellen vermag. Dabei handelt es sich in Kants Augen um einen wahrlich unbedeutenden Gewinn, da er, wiewohl grundsätzlich in noetischem Sinn, theoretischer Bestimmungen (ausgehend von oder in Hinblick auf die Erfahrung) gänzlich ermangelt. So erkennt Kant in diesen Vorlesungen ausdrücklich an, daß auf transzendentaler (d. h. theoretischer und kognitiver) Ebene der Wert der Theologie recht ‚gering' ist. Dabei handelt es sich eben um jenes „Minimum der Theologie, insofern sie erforderlich zur Religion ist",[34] das in nichts anderem besteht als in der bloßen logischen Denkbarkeit Gottes oder in seinem nicht-im-Widerspruch-zu-den-Verstandesgesetzen-Stehen, also um „das kleinste möglichste Erforderniß", das für sich genommen keinen Wert hätte, wenn es nicht in der Moral eine Stütze fände. Für Kant besteht die Religion in der „Anwendung der Theologie auf die Moralität, d.i. auf gute Gesinnungen" und folglich in „ein[em], dem höchsten Wesen wohlgefällige[n], Verhalten",[35] gewiß nicht,

---

[31] Religionslehre Pölitz, Ak. XXVIII. 2/2, 997.
[32] Ebd., 1013.
[33] Ebd., 1013, 1015 f.
[34] Ebd., 998.
[35] Ebd., 997.

weil das Verhalten vom Wollen dieses Wesens abhinge, vorausgesetzt, daß es allein durch das Moralgesetz verpflichtet ist, sondern im Gegenteil, weil Gott zu
denken ist als „das moralische Gesetz selbst, aber personifiziert gedacht".[36]

Wenn Kant also die Frage stellt, ob es einen Wert oder eine Würde der theologischen Erkenntnis in unserer Vernunft gebe, welche dem Gegenstand angemessen seien, gelangt er zu der Antwort, daß dies im spekulativ-transzendentalen Gebrauch jener Erkenntnis nicht vorkommt, sondern nur in ihrem *praktischen Gebrauch:* Darin nämlich, und d.h. in der Moral, hat nicht nur oder nicht so sehr
der Gegenstand der Erkenntnis eine Würde, sondern „auch die Erkenntnis [ent-
hält] Würde". Die höchste Würde der Theologie ist es, uns – wie gesagt – eben
darum zur Religion zu führen, weil die Religion Gott als von der praktischen Vernunft selbst erfordert oder besser in der Moralordnung als ‚postuliert' erachtet.[37]
Es ist ja Gott der Moral, nicht etwa die Moral Gott zuzuordnen (daher gilt, wie
Kant ausdrücklich bemerkt, daß der Wert der theologischen Erkenntnis auch abgesehen von der effektiven Existenz Gottes unberührt bliebe), und so bildet die
Moraltheologie gewissermaßen eine Erkenntnis ohne Gegenstand. Die Transzendenz des Objekts oder seine Ansiedlung jenseits der Schranken der Erfahrung
wird sozusagen in die kritische Funktion der Grenzüberschreitung umgebogen:
von der Spekulation zur Moral.

Auf diese Weise wird die Theologie einerseits nicht mehr nur als *metaphysica
specialis* betrachtet, wie noch – wenn schon in Kontrast zur dogmatischen Schule
– in der transzendentalen Dialektik ersten *Kritik.* Andererseits aber entsteht diese
weder aus einer Offenbarung noch aus einer religiösen Disposition des Menschen.
Im Gegenteil ist sie es, die zur Religion *führt*, und weit davon entfernt, sich auf sie
zu gründen, ist sie in Wirklichkeit ihre ‚Bedingung'. Wenn es nämlich stimmt, daß
„die natürliche Religion [...] als das Substratum aller Religion, die Stütze und Festigkeit aller moralischen Grundsätze [ist]", so wird das seinerseits möglich dadurch, daß „die natürliche Theologie [...] einen Wert [enthält], der sie über

---

[36] Ebd., 1076. Es sei an die Definition der Religion erinnert, die Kant in der *Kritik der praktischen
Vernunft* gibt: „Auf solche Weise führt das moralische Gesetz durch den Begriff des höchsten Guts,
als das Object und den Endzweck der reinen praktischen Vernunft, zur *Religion*, d.i. zur *Erkenntniß
aller Pflichten als göttlicher Gebote, nicht als Sanctionen, d.i. willkürliche*, für sich selbst *zufällige
Verordnungen, eines fremden Willens*, sondern als wesentlicher *Gesetze* eines jeden freien Willens
für sich selbst" (Ak. V, 233); vgl. auch *Kritik der Urteilskraft*, Ak. V, 481. – Für eine historische
Einordnung der Entwicklung des Problems der Religion bei Kant sei verwiesen auf: Rainer Wim-
mer, Kants Kritische Religionsphilosophie, Berlin-New York 1990; Friedo Ricken, François Marty
(Hg.), Kant über Religion, Stuttgart, Berlin, Köln 1992; Nestore Pirillo (Hg.), Kant e la filosofia
della religione, Brescia 1996; Norbert Fischer (Hg.), Kants Metaphysik und Religionsphilosophie,
Hamburg 2004.

[37] In diesen Vorlesungen thematisiert Kant erstmalig ein „*nothwendiges Postulat der praktischen
Vernunft*", das er dann in der zweiten Kritik entwickelt; vgl. Religionslehre Pölitz, Ak. XXVIII. 2/2,
1012, 1072.

alle Spekulationen erhebt, inwiefern sie die Hypothesis aller Religion ist, und allen unsero Begriffen von Tugend und Rechtschaffenheit Gewicht gibt".[38]


## VII. Im Horizont der Moraltheologie

Drei Fragen verdienen m. E. hier wieder aufgegriffen zu werden, um besser zu verstehen, welche Rolle und Dynamik die ‚grenzwertige' Erkenntnis hat, die für Kant die Religion als Anwendung der Theologie auf die Moral ist.[39]

Die erste Hervorhebung betrifft den Sachverhalt, daß für Kant Gott „ein *moralischer* Begriff und *praktisch nothwendig*"[40] ist. Diese Notwendigkeit – wie sie schon in der ersten *Kritik* auftaucht und in der zweiten dann weiter entwickelt wird – verdankt sich dem Umstand, daß die stets mögliche Diskrepanz zwischen dem sich-der-Glückseligkeit-würdig-erwiesen-Haben seitens eines tugendhaften Menschen, der das Gebot des Moralgesetzes befolgt, einerseits und das effektive sinnliche Wohlbefinden oder die in der Welt erreichbare Glückseligkeit andererseits zu einem unerträglichen „Widerspruch zwischen dem Laufe der Natur und der Moralität" wird. Deshalb stellt „ein Wesen […], welches selbst *nach Vernunft* und *moralischen Gesetzen* die *Welt regieret*" nicht nur eine der Vernunft innewoh-

---

[38] Religionslehre Pölitz, Ak. XXVIII. 2/2, 997 f. Die Frage wird wieder aufgegriffen in der Schrift über die Religion: „Moral also führt unumgänglich zur Religion, wodurch sie sich zur Idee eines machthabenden moralischen Gesetzgebers außer dem Menschen erweitert, in dessen Willen dasjenige Endzweck (der Weltschöpfung) ist, was zugleich der Endzweck des Menschen sein kann und soll" (Immanuel Kant, Die Religion innerhalb der Grenzen der bloßen Vernunft, Ak. VI, 6). – Der Weg, den Kant beschreitet, kann als ein doppelter Übergang begriffen werden: als eine Transformation der ‚vernünftigen Theologie' in ‚Religionsphilosophie' und als eine Neufassung der letzteren als einen Teil der Ethik. In diesem Zusammenhang kommt den Arbeiten von Konrad Feiereis, Die Umprägung der natürlichen Theologie in Religionsphilosophie. Ein Beitrag zur deutschen Geistesgeschichte des 18. Jahrhunderts, Leipzig 1965, bes. 139–151, und Walter Jaeschke, Die Vernunft in der Religion. Studien zur Grundlegung der Religionsphilosophie Hegels, Stuttgart-Bad Cannstatt 1986, bes. 11, 43, besondere Bedeutung zu. – Über Kants Theologie im Allgemeinen sei verwiesen auf Allan W. Wood, Kant's Rational Theology, Ithaca and London 1978 (der die kritische Abhandlung Kants auf den scholastischen Kanon zurückzuführen sucht), und Alois Winter, Der andere Kant. Zur Philosophischen Theologie Immanuel Kants, Hildesheim, Zürich, New York 2000 (der sich darum bemüht, in der Theologie einen Überschuß in Bezug auf den kritischen Rationalismus zu finden).

[39] Zum Folgenden verweisen wir auf eine ausführlichere Verhandlung in: Costantino Esposito, Il posto cruciale della filosofia della religione nel pensiero di Kant, in: Rivista di storia della filosofia 50 (1995), 277–311; C. E., Sulla dottrina kantiana della religione, in: Pirillo (Hg.), Kant e la filosofia della religione (wie Anm. 36), 223–246; C. E., Kant: von der Ethik zur Religion (und zurück), in: Norbert Fischer (Hg.), Kants Metaphysik und Religionsphilosophie (wie Anm. 36), 265–291.

[40] Hierzu und zum Folgenden: Religionslehre Pölitz, Ak. XXVIII. 2/2, 1071 f.

nende Idee dar, sondern zugleich eine unabrufbare Erfordernis der Vernunft selbst; ihre radikale Forderung nach Erfüllung und damit einhergehend ihre notwendige Antwort auf eine derartige Nachfrage. Allein die Postulierung Gottes kann die unumkehrbaren Gesetze meiner vernünftigen Natur, d. h. die moralischen Pflichten, nicht nur ‚subjektiv notwendig', sondern auch mit einer *objektiven Realität* – der Terminus kehrt hier wieder – begabt erscheinen lassen. Damit wird noch einmal deutlicher, daß die Moraltheologie keinesfalls eine äußerliche Zutat zu der reinen Moral der Vernunft ist, die ausschließlich auf dem Gebot des Gesetzes basiert; denn wenn die Funktion Gottes darin besteht, rigoros über meinen Verdienst zu entscheiden und mich in einem zukünftigen Leben nach genauer Maßgabe meiner Tugendhaftigkeit an der Glückseligkeit teilhaben zu lassen, so bildet diese Idee das Paradigma einer Vernunft, die nicht nur jede empirische Bestimmung auf das Unbedingte hin überschreitet, sondern vielmehr in sich solche Unbedingtheit ‚realisiert'. In dieser Unbedingtheit aber muß notwendig auch die natürliche und die sinnliche Welt inbegriffen sein.

Die *Moraltheologie* wird somit als die wahre *natürliche* Theologie verstanden, insofern sie den rein rationalen Charakter, den anzunehmen der theologische Diskurs berufen ist, bestens zum Ausdruck bringt und voll verwirklicht. Viel mehr als nur ein ‚Residuum' oder eine letzte *Chance*, nachdem der Zugang zu jeder spekulativen Theologie verwehrt worden ist, zeigt die Moraltheologie ein erheblich ehrgeizigeres Bestreben: Sie ist auf nichts weniger angelegt, als endlich einen angemessenen Begriff von Gott zu bilden. „Die Moral gibt mir auch allein einen *bestimmten* Begriff von Gott",[41] versichert Kant, der dieser Aufgabe weiter nachgeht – stets im Sinn der traditionellen ‚dogmatischen' Prädikate von Gott –, wenn er die klassischen Attribute der göttlichen *bonitas*, *sanctitas* und *iustitia* als ideale Selbstverwirklichung der moralischen Natur des Menschen behauptet: „Die Vernunft leitet uns auf Gott, als einen heiligen Gesetzgeber, unsere Neigung für Glückseligkeit wünscht sich in ihm einen gütigen Weltregierer, und unser Gewissen stellet uns ihn als den gerechten Richter vor Augen".[42]

Diese scheinbare Subjektivierung des Gottesbegriffs ist in Wirklichkeit die äußerste – theologische – Verallgemeinerung der menschlichen Vernunft. Selbst die Verbindung von Tugend und Glückseligkeit ist nicht zu verstehen als die Wiedergewinnung der sinnlichen Individualität gegenüber der notwendigen Verpflichtung des Gesetzes (welche sich von sich aus von jeglicher empirischen Begründung absetzen muß), sondern als Erfüllung der vernünftigen Notwendigkeit. Die Glückseligkeit ist nämlich „ein System zufälliger Zwecke [...] nur nach Verschiedenheit der Subjecte nothwendig", während die Moral „das absolut nothwendige System *aller Zwecke*" ist, das als „*Grund der Moralität einer Handlung*" fungiert.

---

[41] Ebd., 1073.
[42] Ebd., 1075.

Der Gott aber, von dem die Moraltheologie uns eine absolute Gewißheit verschafft, gilt wesentlich als „ein Princip nothwendiger Zwecke, ohne welches diese
selbst nur *Chimäre* sein würden".[43]

Der zweite Punkt, den es in den *Vorlesungen über die philosophische Religionslehre* herauszustreichen gilt, ist der Umstand, daß von der Moraltheologie –
d. h. von der Anwendung der Theologie auf die Moralität, die sich in der vernünftigen Religion verwirklicht – ein „moralische[r] Glaube" abgeleitet wird, der
ebensowohl so absolut notwendig ist, daß, würde ein mit Vernunft und Freiheit
begabtes Wesens ihn verwerfen, eine recht eigentlich irrationale Situation ent-
stünde. Aus diesem Grund behauptet Kant, daß über die typische Ungereimtheit
des theoretischen Urteils hinaus (die gleiche Ungereimtheit, die uns schon in den
*Prolegomena* begegnet ist, oder aber ein *absurdum logicum*) ein recht eigentliches
*absurdum practicum*[44] angenommen werden muß, was sich verifiziert, wenn die
Negation von etwas – in diesem Fall die Verweigerung des moralischen Glaubens
– unvermeidlich mit einem schurkischen Verhalten übereinkommt.

Wenn das theoretische Wissen von Gott jede Moral unterdrückte, da es uns
dazu veranlasste, aus sinnlichen Beweggründen wie der Furcht vor Strafe oder
dem Wunsch nach Belohnung zu handeln, ist der Glaube an Gott für Kant dagegen
das, was paradoxerweise die erfüllte Autonomie des vernünftigen Willens und die
engste Bindung von Freiheit und moralischem Gesetz (wovon er abschließend in
der *Kritik der praktischen Vernunft* handelt) sicherstellen kann. Kant schreibt also
der Moraltheologie die Aufgabe eines entschiedenen Ausgangs aus dem Bereich
der metaphysischen Erkenntnis zu, und verbindet damit die Idee, daß das, was die
Erfahrung der Natur übersteigt, zugelassen werden muß als notwendig einig –
prinzipiell jedenfalls, wenn auch nicht tatsächlich – mit der sinnlichen Welt. In
diesem Sinn gründet sich der moralische Glaube nicht auf bloße Hypothesen
oder wahrscheinliche Ansichten (wie wenn man von der Betrachtung der Kontingenz der Welt zur Existenz eines höchsten Urhebers kommt), sondern auf
„schlechthin nothwendige Dat[a]",[45] die in der Moral die gleiche Bündigkeit
und die gleiche Strenge besitzen, die wir den Daten der Mathematik zuerkennen.

Die dritte relevante Fragestellung endlich ist eine Art von Gegenprobe, der
Kant selbst seine Reformulierung der moralischen Attribute Gottes als der Vernunft innewohnende Instanzen unterzieht. Diese Gegenprobe stimmt mit den Ent-
gegnungen überein, welche die Möglichkeit und Wirklichkeit des Bösen in der
Welt betreffen. Eben weil die Moraltheologie und der Glaube, der von dieser ausgeht, eine Art von praktischer Selbstbestimmung der Vernunft bilden, stellt sich –

---

[43] Ebd. Als eine Zuspitzung dieser Problematik vgl. die Studie von Daniela Tafani, *Virtù e felicità
in Kant*, Firenze 2006.
[44] *Religionslehre Pölitz*, Ak. XXVIII. 2/2, 1083.
[45] Ebd.

im Zuge der Leibnizschen Theodizee – die Anzweiflung der Heiligkeit Gottes (woher kommt das Böse?), seiner Güte (warum gestattet er das physische Übel?) und seiner Gerechtigkeit (woher die ungleiche Verteilung von gut und böse in offenkundigem Mißklang zur Moral in der Welt?) immer zwingender dar.

Im Unterschied zu dem, was zu Recht bekannt ist als die klassische Kantische Lösung des Problems und wovon die Religionsschrift von 1793 handelt – wenn sie das Andauern eines „radikal Bösen" thematisiert, das die Grundlage aller Maximen erschüttert und als eingeborene Neigung nicht aus menschlicher Kraft auszutilgen ist, obwohl es von der reinen Moral der Vernunft besiegt werden kann[46] –, finden wir in den zehn Jahre früheren Vorlesungen eine einigermaßen abweichende Lösung, die schon von den Zeitgenossen als stimmiger zum aufklärerischen Geist des Autors begrüßt wurde im Vergleich mit dem gedruckten Werk, das Konfessions- und Zensurbedingungen unterlag. Tatsache ist, daß in den *Vorlesungen* das Böse von Kant als „die unvollständige Entwicklung des Keims zum Guten"[47] betrachtet wird: Dies taucht auf, sobald der Mensch sich den Instinkten überläßt, aber es hat keinen spezifischen ‚Keim' und besteht eher in einer Negation oder Beschränkung des Guten. Es zeigt sich uns mithin bloß „als eine Nebenfolge", als die erste noch gänzlich rohe und unausgebildete Entwicklung unserer Vernunft zum Guten hin. Aus diesem Gesichtspunkt kann das Böse mit der allmählichen Ausbreitung der „allgewaltige[n] Entwicklung der Keime zur Vollkommenheit"[48] ganz und gar eliminiert werden. Und wenn die Vernunft dazu gelangt, nicht mehr dem Trieb, sondern vielmehr der Verpflichtung durch das Moralgesetz zu folgen (d. h. wenn sie nur noch sich selbst Folge leistet), „hört das Böse von selbst auf".

Daß Gott dem Bösen gegenüber gerechtfertigt wird, bedeutet letztlich, daß die Vernunft in sich eindrücklich eine notwendige Bestimmung zur Selbsterfüllung trägt, „einen herrlichen Ausgang", den der Mensch notwendig verfolgt – Kant schreibt: „das menschliche Geschlecht" oder aber „eine Klasse von Geschöpfen […], die sich von ihren Instinkten, vermöge ihrer Natur, entfesseln und losreißen sollen".[49] Es kehrt die Idee wieder, daß die Schranken der sinnlichen Welt, die nun

---

[46] Vgl. *Die Religion innerhalb der Grenzen der bloßen Vernunft*, Ak. VI, 37.

[47] Dieses und die folgenden Zitate: Religionslehre Pölitz, Ak. XXVIII. 2/2, 1078 f. Was die positive Aufnahme durch Autoren wie Schiller und Goethe betrifft, vgl. Costantino Esposito, *Introduzione* zur italienischen Übersetzung der *Lezioni di filosofia della religione* (wie Anm. 30), 18 ff. – Zur Entwicklung des Problems im gesamten Kantischen Werk ist die gewissenhafte Studie von Pranteda M. Antonietta heranzuziehen: Il legno storto. I significati del male in Kant, Firenze 2002 (zu den in Frage stehenden Vorlesungen insbesondere Kap. 1: „Il male e Dio").

[48] Religionslehre Pölitz, Ak. XXVIII. 2/2, 1078. Das folgende Zitat ebd., 1079.

[49] Ebd., 1079. – Die Kantische Lösung des Problems des Bösen (als Befreiung der Vernunft von den Instinkten) wird erreicht durch einen Wechsel von der theologisch-spekulativen auf eine geschichtsphilosophische Ebene, in der Perspektive einer ethischen Erfüllung des vernünftigen Lebens: vgl. Immanuel Kant, Recensionen von J.G. Herders Ideen zur Philosophie der Geschichte der Menschheit (1785), Ak. VIII, 43–66.

nicht nur in kognitivem Sinn zu verstehen sind, sondern auch als physische und moralische Schranken, in Grenzen verwandelt werden müßten. Gleichzeitig aber klärt sich die Idee, daß jene Grenzen auf nichts anderes ‚gehen‘ und sich nicht auf irgendetwas anderes beziehen, als auf eine weitere teleologische Entwicklung der Vernunft. Und so verwandelt sich in einer derartigen Erfüllung der Gebrauch der Vernunft selbst in Bestimmung, und ihre eigene Beschränkung wird zum Horizont. Daher kann die Frage nach der Erfüllung niemals beanspruchen, den Ursprung zu berühren, d. h. das letzte Warum der Vernunft zu erfassen, da dieser Ursprung entweder als bloße psychologische Begebenheit verstanden ist und als solche für eine Transzendentalphilosophie von geringer Bedeutung bleibt, oder als beinahe pleonastische Frage erscheint, denn für ein vernunftbegabtes Wesen wahrhaft wichtig sei, sich der Glückseligkeit im Verhältnis zum eigenen Verdienst würdig zu erweisen.

Wenn man aber so weit gehen sollte, nun noch zu fragen: warum schuf Gott mich, oder überhaupt den Menschen also? – so ist das schon *Vermessenheit*, indem das eben so viel heißt, als die Frage: warum machte Gott die große Kette der Naturdinge durch das Daseyn eines Geschöpfes, wie der Mensch ist, vollzählig und aneinanderhängend? Warum ließ er nicht lieber in derselben eine *Lücke*? Warum machte er nicht lieber den Menschen zum Engel? Aber wäre er dann auch noch Mensch gewesen?[50]

Mit gutem Grund muß die Frage dann stehen bleiben, wenn die vernünftige Religion in Betracht gezogen wird (wie Kant es in den abschließenden Seiten der Vorlesungen unternimmt), d. h. die gänzlich im Innern der Vernunft laufende theologische Grenze zwischen Sinnlichkeit und Moral als einzig möglichem „Probierstein“[51] jeder höheren (und äußeren) Offenbarung. Einerseits nämlich könnte niemand es für ‚unmöglich‘ halten, daß Gott den Menschen „gewisse zur Glückseligkeit nöthige Wahrheiten“[52] offenbart habe, andererseits jedoch würde die Vernunft diese Notwendigkeit gegenüber der inneren Verpflichtung der moralischen Bestimmung nie begreifen können, will sagen: „wie etwas für die ganze Menschheit zu ihrer Wohlfahrt nothwendig seyn soll, welches doch nicht in ihrer Vernunft schon lieget, sondern alle Vernunft übersteigt“.[53]

Im Grunde handelt es sich um eines jener „Naturgeheimnisse“, die auch in der Vernunftreligion vorkommen, und denen gegenüber die Vernunft ein „tiefes Stillschweigen“ bewahren muß: Ich kann niemals sagen, daß ich alles das Gute getan habe, das mir möglich gewesen wäre, noch kann ich alles das Gute bestimmen, das ich tun sollte. Anderseits aber kann ich mich nicht auf einen Gott berufen, der

---

[50] Religionslehre Pölitz, Ak. XXVIII. 2/2, 1079.
[51] Ebd., 1117.
[52] Ebd., 1119.
[53] Ebd., 1120.

mit seinen Taten meine Mängel auffinge, noch vorgeben zu wissen, mit welchem
Mittel er das bewerkstelligen soll, weil dies seinem Charakter als gerechter Gott
zuwider liefe (d.h. der strengen Autonomie der moralischen Verpflichtung und
der Angemessenheit von Glückseligkeit und Verdienst). Von allem dem läßt
sich nichts *wissen:* Es genügt – wie Kant noch in der Religionsschrift wiederholt
–, daß „es […] meine Pflicht [ist], durch die möglichste Bestrebung dem moralischen Gesetze gemäß zu handeln, und mich eines solchen Mittels erst *fähig und
werth* zu machen".[54]

## *VIII. Physikotheologie, Moraltheologie und Ethikotheologie*

Das Problem der Moraltheologie als ‚Grenz-Linie' der Vernunft hat verständli-
cherweise die Kantische Reflexion nach den *Vorlesungen* weiterhin beschäftigt,
und zwar in einer dreifachen Aufgliederung: 1) als Horizont für die Lehre der Po-
stulate (über die Grenze zwischen Tugend und Glückseligkeit, die ausführlich in
der *Kritik der praktischen Vernunft* verhandelt wird); 2) als Perspektive, die physische Theologie in ihrem Verhältnis zum moralischen Endzweck des Menschen
zu denken (über die Grenze zwischen Kausalität der Natur und ihrem Endzweck,
wovon die *Kritik der Urteilskraft* handelt); 3) als hermeneutisches Prinzip für das
Verstehen und die moralische Verwirklichung des Christentums (über die Grenze
zwischen reiner Vernunftreligion und geschichtlicher Offenbarung, in zugleich
biblischem wie kirchlichem Sinn, wovon außer der *Religionsschrift* auch der
*Streit der Fakultäten* handelt).

Wir beschränken uns hier darauf, zwei einschlägige Passagen für unser Thema
anzuführen. Die erste findet sich im Anhang zur „Methodenlehre der teleologischen Urteilskraft" in der *Kritik der Urteilskraft.* Schon die systematische Anord-
nung des Problems erweist sich als ausgesprochen interessant: In der Enzyklopädie der Wissenschaften verteilt sich die philosophische Wissenschaft auf den
theoretischen und den praktischen Teil des Systems des Wissens. Vom theoretischen Teil wird sie entweder der Naturwissenschaft zugerechnet (der Lehre von
den Körpern oder von der Seele oder aber der allgemeinen Kosmologie), die er-
wägt, „was Gegenstand der Erfahrung sein kann", oder sie wird der Theologie zugeordnet als Lehre „von dem Urgrunde der Welt als Inbegriff aller Gegenstände
der Erfahrung".[55] An dieser Aufteilung ist bemerkenswert, daß die Theologie immer noch gemäß dem System der scholastischen Dogmatik als die höchste theoretische Wissenschaft angenommen wird. Das Problem, das Kant sich stellt, be-

---

[54] Ebd., 1120 f. Vgl. Die Religion innerhalb der Grenzen der bloßen Vernunft, Ak. VI, 52 (im
folgenden: Religion).
[55] Kritik der Urteilskraft, Ak. V, 416.

steht darin, welcher Ort in dieser Systematik der ‚Teleologie' zuzuweisen sei: Diese kann weder zur spekulativen Theologie gehören (da die Teleologie ja das schöpferische Prinzip der Naturproduktion nicht mit einem bestimmenden Urteil, sondern mit einem reflektierenden Urteil belegt), noch ist sie der Naturwissenschaft zuzurechnen (da auch sie, und in höherem Maße, Prinzipien benötigt, die zur Bestimmung der Gegenstände taugen, nicht aber solcher Prinzipien bedarf, die die Endzwecke reflektieren).

Bleibt also noch die eine Möglichkeit, daß die Theologie keiner der beiden angeführten Wissenschaften zugehört, sondern dem „Übergange aus einer in die andere, weil dieser nur die Articulation oder Organisation des Systems und keinen Platz in demselben bedeutet". In diesem Sinne möchte man sagen, daß die Teleologie zu keiner Doktrin gehört, sondern nur in dem Maße zur Kritik des Urteilsvermögens, wie über die Natur geurteilt wird „nach dem Prinzip der Endursachen". Nur als *Methodenlehre* übt die Teleologie „wenigstens negativen Einfluß auf das Verfahren in der theoretischen Naturwissenschaft und auch auf das Verhältniß, welches diese in der Metaphysik zur Theologie, als Propädeutik derselben, haben kann".[56]

In Zusammenhang mit dieser teleologischen Methode ergeben sich zwei Richtungen, in die man sich im Übergang von der Physik zur Theologie bewegen kann: Man kann entweder ausgehend von der Betrachtung jener Endzwecke der Natur, die wir empirisch erkennen, zur höchsten Ursache der Natur und ihrer Eigenschaften vordringen (das wäre der schon vorweggenommene Fall der Physikotheologie), oder zu dieser Ursache hin vom a priori erkannten moralischen Endzweck der vernunftbegabten Wesen (das wäre der Fall der Moraltheologie oder Ethikotheologie).

Wenn wir – aus unserer Naturerkenntnis heraus – nach dem Warum der Existenz der Dingen fragen, können wir uns nicht darauf beschränken, deren Ursprung mit dem Naturmechanismus selbst zu identifizieren, sondern sind dazu angehalten, vor allem in Anbetracht der ‚organisierten' Wesen einen „*nexus finalis*" zwischen ihnen anzuerkennen, d. h. uns ein Prinzip vorzustellen, das als ihre intelligente und effiziente Ursache gilt, und aufgrund dessen diese von Mal zu Mal zweckgemäß erscheinen. Nun sind aber in der Natur alle Gegenstände nur zweckgemäß, insofern sie notwendige Mittel in Hinsicht auf andere Naturwesen sind, und keines von ihnen ist ein Selbstzweck – außer dem Menschen, der von Kant bekanntlich in einer doppelten Weise verstanden wird, „als Naturzweck", gleich allen anderen organisierten Wesen, und zugleich als „Endzweck" oder „hier auf Erden als de[r] letzte Zweck der Natur".[57]

---

[56] Ebd., 417.
[57] Ebd., 429. Für die folgenden Zitate: ebd., 435 f.

In dieser zweiten Weise wird der Mensch nicht nur als in einer Kette von natürlichen Ursachen eingegliedert (*homo phaenomenon*) gesehen, sondern auch und vor allem als davon unabhängig: Er ist das einzige Naturwesen, das durch ein übersinnliches Vermögen, nämlich seine Freiheit, charakterisiert ist (*homo noumenon*). Als ein moralisches Wesen stellt der Mensch mithin den Endzweck der Schöpfung dar, das wahre Prinzip des Systems aller Zwecke, dem die gesamte Natur „teleologisch untergeordnet" ist, weil allein in ihm die Gesetzgebung (als moralische) schlechthin unbedingt ist. Aufgrund der Freiheit des Menschen können wir uns ein abweichendes Kausalitätsgesetz gegenüber den mechanischen Ursachen der Natur vorstellen (teleologisch oder praktisch-intentional), und darüber hinaus ein diesem Gesetz angemessenes Objekt bestimmen, nämlich die Verwirklichung des höchsten Gutes in der Welt (die Einheit von Tugend und Glückseligkeit, Sinnlichkeit und Freiheit, Natur und Moral).

Aus diesem Grund kann niemals eine Physikotheologie ausreichen, zum wahren Endzweck der Schöpfung zu gelangen, da sie, innerhalb einer einfachen physischen Teleologie befangen, uns nie aus der empirischen Ordnung der natürlichen Kausalität hinaus ließe und im übrigen den Gottesbegriff noch aufgrund des theoretischen Gebrauchs der Erkenntnis bestimmte (der im Fall von Gott nur unbestimmte Begriffe hervorbrächte). So wie die physische Teleologie sich notwendig für eine moralische Theologie hat öffnen müssen, als einzigen Weg, auf die Frage nach dem Warum der Schöpfung zu antworten, so muß nun diese moralische Teleologie ihrerseits eine Theologie begründen, in welcher sich, eben weil der Endzweck der Schöpfung der Mensch selbst ist, ein ursprüngliches Wesen als intelligente und gerechte Kausalität denken läßt, als Gesetzgeber der Natur nicht minder denn als des Reiches der Zwecke.

Von diesem Gesichtspunkt aus kann Kant legitimerweise behaupten, daß „aber die Vernunft, vermittelst ihrer moralischen Principien zuerst den Begriff von Gott habe hervorbringen können",[58] und daß auf diese Weise die Teleologie großartig, wie zuvor angedeutet, ihre Rolle als Übergang von der Naturwissenschaft zur Theologie erfüllt. In anderen Worten: Wenn die Betrachtung der Natur als ein System der Zwecke dazu führt, den Bereich der Phänomene im Hinblick auf die moralische Ordnung der Freiheit zu überschreiten, so verlangt diese Ordnung ihrerseits ein oberstes Prinzip, das es erlaubt, auf die erscheinende Natur zurückzukommen, nicht nur als das, was zu überschreiten wäre, um in das intelligible Reich der Freiheit zu gelangen, sondern ausgehend genau von diesem Reich und in Übereinstimmung mit ihm, d. h. in Hinblick auf das höchste Gut. Hier bestätigt sich offenkundig, daß der Theologie im Kantischen System die spezifische Funktion zukommt, die moralische ‚Beugung' der Vernunft in sich selbst zur Erfüllung zu bringen, d. h. ihre teleologische Selbstbezüglichkeit. „Es ist also wohl

---

[58] Ebd., 447.

eine Ethikotheologie möglich; denn die Moral kann zwar mit ihrer Regel, aber nicht mit der Endabsicht, welche eben dieselbe auferlegt, ohne Theologie bestehen, ohne die Vernunft in Ansehung der letzteren im bloßen zu lassen".[59]

Die Moraltheologie stellt mithin die angemessenste Weise dar, warum die Vernunft ursprünglich sich selbst das Gesetz gibt und zugleich „deren Befolgung [...] als reines praktisches Vermögen *bewirkt*". Die Idee von Gott stimmt hier mit der *Pflicht* einer Vernunft überein, die sich selbst *will*.[60]

## IX. Die Rückkehr in die ‚Schranken‘ der bloßen Vernunft

Die Verknüpfung von Schranke und Grenze wird ein weiteres Mal (dies ist die zweite und letzte Passage, die wir anzeigen wollen) in der *Religion innerhalb der Grenzen der bloßen Vernunft* thematisiert. Nachdem der Grund der kritischen

[59] Dieses und das folgende Zitat: ebd., 485.

[60] Die Verwendung, die Kant in diesem Zusammenhang vom Analogien-Diskurs macht – als eine Art glücklicher Aporie im Kantischen System der Moraltheologie und der reinen Vernunftreligion – ist von einigen Interpreten zu Recht hervorgehoben worden. Es genügt, daran zu erinnern, was in den Vorlesungen zur Religionsphilosophie steht, wo er präzisiert, daß die Analogie nicht zu verstehen ist als „unvollkommene Ähnlichkeit der Dinge untereinander" denn in diesem Fall wäre es sehr ungewiß, Gott etwas zuzuschreiben von wegen der Unvollkommenheit des Realen, das in die Ähnlichkeit eingehe –, sondern als „die vollkommene Ähnlichkeit der Verhältnisse", gleich der mathematischen Proportion, die nur zwischen Verhältnissen, nie zwischen Dingen besteht. Diese Analogie wäre Kant zufolge ausreichend, auf Gott „ganz philosophisch schließen zu können". Und er gibt folgendes Beispiel: „Wir sehen nämlich so wie in der Welt ein Ding als die Folge von einem andern Dinge, das der Grund desselben ist, angesehen wird, die ganze Welt als eine Folge von ihrem Grunde, *von Gott*, an und schließen nun nach der Analogie. Z.B. So wie die Glückseligkeit eines Menschen (die Aufhebung des Elendes) sich verhält zu der Güte eines andern Menschen; so verhält sich die Glückseligkeit aller Menschen zu der Güte Gottes" (Religionslehre Pölitz, Ak. XXVIII. 2/2, 1023). So wird es auch in den *Prolegomena* formuliert, à propos des Umstandes, daß auf der Grenze zu stehen, seitens der Vernunft bedeutet, unser Urteil auf das bloße Verhältnis zu beschränken, das zwischen der Welt und einem obersten Wesen bestehen kann, ohne vorzugeben, irgendetwas über dieses Wesen *an sich* auszusagen. Die Welt ansehen, *als ob* sie ein Werk des Intellekts oder des Willens Gottes wäre (eines Gottes, der im übrigen rigoros „unbekannt" bleibt), heißt nur erkennen, „was es [das Unbekannte] für mich ist, nämlich in Ansehung der Welt, davon ich ein Theil bin". Wenn jeder „dogmatische Anthropomorphismus" zurückgewiesen sei, bliebe als einzig legitim ein „symbolischer Anthropomorphism", der „nur die Sprache und nicht das Object selbst angeht" (Prolegomena, Ak. IV, 357; vgl. auch oben, Anm. 27). Siehe auch Kritik der reinen Vernunft (A 179/ B 222) und Kritik der Urteilskraft (Ak. V, 463 – 465). Von den zahlreichen Studien zu diesem Thema bleibt die beste und engagierteste die von Virgilio Melchiorre, Analogia e analisi trascendentale. Linee per una nuova lettura di Kant, Milano 1991. Unsererseits bleibt die Frage bestehen, ob der Wortgebrauch der Analogie einen wirkungsvollen kognitiven Sprung darstellt, quasi einen theoretischen Fluchtpunkt im dichten moralischen Gewebe der Kantischen Theologie, oder ob er ausschließlich im Innern dieses Gewebes funktionieren kann, es also noch stärker in sein System einschließt.

Metaphysik der reinen Vernunft gelegt worden ist, der auf der Grenze zwischen
dem Bereich der sinnlichen Erfahrung und dem der intelligiblen Freiheit steht,
und nachdem diese Abgrenzung nicht zwischen der Vernunft und dem anderen
zu ihr, sondern im Innern der Vernunft selbst zwischen den beiden Möglichkeiten
ihres Gebrauchs – dem spekulativen und dem praktischen – nachgezeichnet worden ist, ‚inflektiert‘ sich die Grenze, die nun zum äußersten Horizont geworden ist,
sozusagen, um wieder zur Schranke zu werden. Diesmal aber ist der Sinn von
Schranke nicht aus- sondern einschließend; er beschränkt sich nicht im Hinblick
auf das, was man in seinem Bereich nicht erkennen kann, sondern führt es tendenziell in seine eigenen ‚Umgrenzungen‘ zurück.

    Ab den ersten Seiten der *Religionsschrift* stellt Kant das notwendige Verhältnis
heraus, das zwischen biblischer Theologie und philosophischer Theologie
herrscht. Letztere „muß volle Freiheit haben, sich, so weit, als ihre Wissenschaft
reicht, auszubreiten", „wenn sie nur innerhalb der Grenzen der bloßen Vernunft
bleibt, und zur Bestätigung und Erläuterung ihrer Sätze die Geschichte, Sprachen,
Bücher aller Völker, selbst die Bibel benutzt aber nur für sich, ohne diese Sätze in
die biblische Theologie hineinzutragen".[61]

    Im Fall eines ungehörigen Übergriffs hätten die Mitglieder der theologischen
Fakultät das Recht, die Philosophen zu zensieren. Wann aber bewahrheitet sich
eigentlich ein solches *Überschreiten der Grenzen*? Kant zufolge gewiß weder
dann, wenn der Philosoph sich darauf beschränkt, ein Element der biblischen
Theologie zu entlehnen, „um es zu seiner Absicht zu brauchen", noch dann,
wenn er jene Elemente in „einer der bloßen Vernunft angemessenen, der letztern
[der biblischen Theologie] aber vielleicht nicht gefälligen Bedeutung" benutzt,
sondern allein dann, wenn der Philosoph in diese letztere „etwas *hineinträgt*,
und sie dadurch auf andere Zwecke richten will als es dieser ihre Einrichtung ver-
stattet". Natürlich stellt sich das Problem: Wer entscheidet, welches diese Disposition oder Einrichtung der biblischen Theologie sei? Eines immerhin ist klar:
Der Philosoph, oder besser gesagt die philosophische Theologie, *darf* sich der Unterstützung der biblischen Theologie in dem Bewußtsein versichern, daß diese
rechtmäßig in die Vernunftarbeit übertragbar sei und sich von ihr vollgültig an-
eignen läßt, da diese sich selbst den Endzweck der gesamten Schöpfung setzt
(und es auch ist). Die biblische Theologie hingegen ginge für den Fall, daß sie
der Vernunft den Krieg erklärte, nicht nur unter, sondern mehr noch *muß* sie in
deren Bereich eintreten, bis dahin, daß sie sich mit den gleichen Instrumenten
wie die Philosophie wappnet. Das gilt nicht nur in dialektischem oder polemi-
schem Sinn, sondern als Eintrag ihres spezifischen Gegenstandes in die Perspektive a priori der reinen Vernunft in ihrem moralischen Gebrauch. „Da mag nun der
biblische Theolog mit dem Philosophen einig sein oder ihn widerlegen zu müssen

---

[61] Religion, Ak. VI, 9.

glauben: wenn er ihn nur hört. Denn so kann er allein wider alle Schwierigkeiten, die ihm dieser machen dürfte, zum voraus bewaffnet sein".[62] Und nicht zufällig macht Kant zum Abschluß der akademischen Unterweisung in Biblischer Theologie den Vorschlag, „jederzeit noch eine besondere Vorlesung über die reine philosophische Religionslehre" anzuhängen.

Innerhalb der biblischen Theologie selbst gilt es also, die Kritik zu entwickeln, der die Vernunft sich selbst unterziehen sollte; dabei hat diese bekanntlich zum Ziel, den biblischen Inhalt und die kirchliche Form der christlichen Religion auf die Vorschriften der rein moralischen Religion der Vernunft zurückzuführen. Daher rührt das berühmte Bild von den zwei konzentrischen Kreisen, von denen Kant in der Vorrede zur zweiten Auflage der Schrift spricht. Die Offenbarung kann *auch* die reine Vernunftreligion in sich begreifen, während diese nicht das geschichtliche Moment der Offenbarung umfassen kann; somit bildet die Vernunftreligion eine enger umschriebene Sphäre im Innern der weiter gefaßten Sphäre der Offenbarung. Es sei aber angemerkt, daß die größere Weite der historisch-geoffenbarten Religion nicht so sehr Anzeichen einer Ausbreitung des Gegenstandes ist als vielmehr, im Gegensatz dazu, Index seiner Reduzierbarkeit auf die enger bemessene Essenz des moralischen Gehalts jeder Offenbarung, die nicht unmittelbar aus der Vernunft selbst hervorgeht. Das Verhältnis besteht mithin nicht zwischen einem begrenzten oder immanenten Bereich einerseits und einem transzendenten Bereich andererseits, sondern genau umgekehrt zwischen einer geschichtlich-weltlichen ‚Hülle' (den kirchlichen Lehren, wie sie einem noch ‚unmündigen' Ich auferlegt werden) und einem rein idealen Kern (dem Gesetz, das eine erwachsene Vernunft sich selbst auferlegt).[63]

---

[62] Ebd., 10. – Eine Anwendung eines derartigen Vorgehens liefert Kant in dem Versuch, den akademischen Konflikt zwischen der Theologischen und der Philosophischen Fakultät einzuebnen: „Aber selbst wider die Idee einer philosophischen Schriftauslegung höre ich die vereinigte Stimme der biblischen Theologen sich erheben: sie hat, sagt man, erstlich eine naturalistische Religion und nicht Christenthum zur Absicht. *Antwort:* das Christenthum ist die Idee von der Religion, die überhaupt auf Vernunft gegründet und so fern natürlich sein muß. Es enthält aber ein Mittel der Einführung derselben unter Menschen, die Bibel, deren Ursprung für übernatürlich gehalten wird, die (ihr Ursprung mag sein, welcher er wolle), so fern sie den moralischen Vorschriften der Vernunft in Ansehung ihrer öffentlichen Ausbreitung und inniglicher Belebung beförderlich ist, als Vehikel zur Religion gezählt werden kann und als ein solches auch für übernatürliche Offenbarung angenommen werden mag" (Der Streit der Fakultäten, Ak. VII, 44).

[63] Zur Befreiung der Religion von den „*Hüllen*, unter welchen der Embryo [*sc.* der reinen Moral] sich zuerst zum Menschen bildete", vgl. Religion, Ak. VI, 121. Das Erreichen der Mündigkeit durch die Vernunft als Ausgang aus der Unmündigkeit in Sachen der Religion war die programmatische Absicht der *Beantwortung der Frage: Was ist Aufklärung?* (1784), Ak. VIII, 41. – Es läßt sich gewiß behaupten, wie Habermas in einer im übrigen langen Interpretationstradition zuletzt dargelegt hat, daß bei Kant „[…] die *epistemische Abhängigkeit* der philosophischen Begriffs- und Theoriebildung *von der Inspirationsquelle der religiösen Überlieferung* überdeutlich" ist (Jürgen Habermas, Die Grenze zwischen Glauben und Wissen. Zur Wirkungsgeschichte und aktuellen Bedeutung von

Zwei Bewegungen nämlich sind möglich zwischen diesen beiden konzentrischen Kreisen, aber beide Richtungen drücken eine einzige Tendenz aus. Der Philosoph „als reiner Vernunftlehrer (aus bloßen Principien a priori)" muß sich innerhalb der engeren Sphäre halten, „hiebei also von aller Erfahrung abstrahiren". Dies wäre genau der Fall der philosophischen Religionslehre als Anwendung der Theologie auf die Moral, wie zuvor betont. Nur daß es noch eine zweite Bewegung gibt,

> nämlich von irgend einer dafür gehaltenen Offenbarung auszugehen und, indem ich von der reinen Vernunftreligion [...] abstrahire, die Offenbarung als *historisches System* an moralische Begriffe bloß fragmentarisch halten und sehen [kann], ob dieses nicht zu demselben reinen *Vernunftsystem* der Religion zurück führe, welches zwar nicht in theoretischer Absicht [...] aber doch in moralisch-praktischer Absicht selbständig und für eigentliche Religion [...] hinreichend sei.[64]

Dies ist die alleinige Bedingung, die eine Religion *wahr* macht: daß das historische Moment der Offenbarung in ihr als „Vernunftbegriff a priori" erhalten bleibt, als etwas also, das übrig bliebe, selbst wenn alle empirischen Bestandteile verschwänden. Nun also bilden nicht mehr das Meta-empirische, nicht mehr das Transzendente das Jenseits der Grenze, sondern das Datum der Erfahrung selbst, nicht verstanden als rein natürliche Bestimmung, sondern als unvorhersehbares geschichtliches Geschehnis. Daher mag man sagen, daß bei Kant, paradoxerweise jede Grenze der Welt immer schon überschritten ist (bei der Rückkehr) in der Schranke der Vernunft.

(Übersetzung: Sabine Beck)

---

Kants Religionsphilosophie, in: J. H., Zwischen Naturalismus und Religion, Frankfurt am Main 2005, 216–257, hier 234). Bleibt immerhin der Umstand, daß eine derartige Abhängigkeit und Inspiration, die Kant selbst nie verborgen hat, das Projekt einer radikalen vernünftigen Moralisierung der Offenbarung als Geschichte nicht weniger entschieden, sondern im Gegenteil entschiedener werden läßt. Die kritisch-transzendentale Theorie findet eben in der religiösen Reduktion einen der prägnantesten Orte, um das rein moralische ‚Residuum' der Vernunft zu beglaubigen.

[64] Religion, Ak. VI, 12.

*Der Artikel versucht, die strategische Bedeutung herauszuarbeiten, die den Begriffen ,Schranke' und ,Grenze' im Kantischen Denken zukommt: Diese geben die doppelte Funktion der kritischen Metaphysik an, die einerseits den Bereich der Erfahrung beschränkt, indem sie den Gegenstand der Erkenntnis bestimmt, andererseits die Sphäre der Erfahrung übersteigt, indem sie die Dinge bestimmt, die als der bloßen Vernunft immanente reine Objekte aus der strengen Begrenzung des Verstandes hinausweisen. In diesem Sinne ist die kritische Philosophie nicht einfach als eine Philosophie von den Grenzen der Vernunft zu verstehen, sondern als eine Philosophie, welche die Grenzen innerhalb der Vernunft bezeichnet, wenn sie die Wächterposition für den Grenzbereich zwischen spekulativem und praktischem Feld übernimmt. Der Wortgebrauch von ,Schranke' und ,Grenze' wird, im Ausgang von den Träumen eines Geistersehers und vor allem der Kritik der reinen Vernunft, mit besonderer Berücksichtigung der Prolegomena rekonstruiert. Als Moment von hervorragender Bedeutung für das Verständnis der Kantischen Metaphysik der Grenze wird dabei die Interpretation der Moraltheologie vorgeführt, wie Kant sie in den Vorlesungen über die philosophische Religionslehre (hg. von Pölitz) entwickelt und in der Kritik der Urteilskraft sowie der Religion innerhalb der Grenzen der reinen Vernunft aufgreift. Aus der Untersuchung geht hervor, daß die metaphysische Öffnung auf das Unbedingte hin, das Kant als der Vernunftnatur eigentümlich bezeichnet hatte, Ziel und Erfüllung in der Tendenz der Vernunft selbst findet, den transzendenten Raum jenseits ihrer Grenzen in sich wieder aufzunehmen.*

*This article brings into focus the strategic role played in Kant's thought by two concepts – 'Schranke' and 'Grenze' – which manifest the twofold function of the critical metaphysics. Indeed, Kant's metaphysics bounds and, at the same time, oversteps the field of experience: determining the object of knowledge it also determines those things that go beyond the bounds of the intellect. Those things are the pure objects immanent to the pure reason. From this perspective Kant's critical philosophy has to be considered not as a philosophy about the bounds of reason but rather as a philosophy that within reason traces out its boundaries, keeping watch on the distinction between the theoretical and the practical sphere. In the article the meaning of 'Schranke' and 'Grenze' is investigated: in particular in Kant's Träume eines Geistersehers, Kritik der reinen Vernunft and Prolegomena. However, to properly understand the metaphysics of the boundaries it is sketched the interpretation of moral theology given by Kant in the Vorlesungen über die philosophische Religionslehre (ed. Pölitz). This interpretation is then developed in the Kritik der Urteilskraft and Kant's work on Religion innerhalb der Grenzen der reinen Vernunft. From this investigation comes out that the metaphysical openness to the unconditioned – which according to Kant defines the nature of reason – reaches its fulfilment in the tendency of reason to absorb within itself the transcendent spaces beyond its boundaries.*

Prof. Dr. Costantino Esposito, Dipartimento di Scienze filosofiche, Università degli Studi di Bari, Palazzo Ateneo, Piazza Umberto I, I -70121 Bari, E-Mail: esposito@filosofia.uniba.it

Wilhelm Schmidt-Biggemann

# Praktische Philosophie als Provokation

## Christian Wolffs Philosophie in der Ideenpolitik der Frühaufklärung

## I. Christian Wolffs Situation im Jahre 1721

In der vorliegenden Skizze wird eine ideenpolitische Konstellation umrissen, die mit der Vertreibung Christian Wolffs historisch konkret wurde. Deshalb müssen die Biographien der Hauptbeteiligten Christian Wolff und August Hermann Francke in den Grundzügen mit vorgestellt werden.[1] Es zeigt sich, daß die Philosophie Christian Wolffs keineswegs abstrakte Begriffsschieberei und Glasperlenspiel war, sondern durchaus als Teil des institutionell faßbaren, hochstrittigen Prozesses zu sehen ist, in dem die fromme Theologie zurückgedrängt und die Philosophie als Leitwissenschaft installiert wurde. Hier wird in Umrissen nur der erste Akt dieses Dramas erzählt, der 1723 mit der Vertreibung Christian Wolffs aus Halle endet. Die Peripetie, von der nicht mehr berichtet wird, ereignete sich zwischen 1730 und 1735, als die zunächst siegreiche theologische Partei den öffentlichen Erfolg der Schriften Wolffs nicht verhindern konnte. Das Ende des Dramas war für die pietistische Theologie tragisch, für die Philosophie komisch: 1740 kehrte Wolff, vom preußischen König rehabilitiert, im Triumph nach Halle zurück. Bei seinem Tode am 9. April 1754 war er Reichsfreiherr und Edler, Erb-, Lehn- und Gerichtsherr auf Klein-Dölzig, Sr. Königlichen Majestät in Preußen und Churfürstlicher Durchlauchtigkeit zu Brandenburg Geheimer Rat und beständiger Kanzler der Universität Halle sowie Professor für Naturrecht und Mathematik. Aber bis dahin war es ein weiter Weg.

Christian Wolff war am 24. Januar 1679 in Breslau geboren, hatte das dortige Magdalenengymnasium besucht. Er habe dort, berichtet er, schöne Wissenschaften, scholastische Philosophie und Mathematik gelernt, sei dort auch mit Descartes bekannt geworden. Sein Interesse an Mathematik sei durch Euklid, Christoph

---

[1] Die ausführlichen historischen und bio-bibliographischen Details finden sich bei Carl Hinrichs, Preußentum und Pietismus. Der Pietismus in Brandenburg-Preußen als religiös-soziale Reformbewegung, Göttingen 1971.

Aufklärung 21 · © Felix Meiner Verlag 2009 · ISSN 0178-7128

Clavius und vor allem Heinrich Horchs *Elementa arithmeticae* (Leipzig 1695) befriedigt worden.

1699 begann er sein Philosophiestudium in Jena bei Johann Philipp Treuner und hörte Mathematik bei Georg Albert Hamberger, der Sturm's *Mathesis enucleata* als Lehrbuch benutzte. Zugleich studierte er Theologie. Ehrenfried Walter von Tschirnhaus' *Medicina Mentis* weckte seine naturphilosophischen Interessen, er kam mit Tschirnhaus auch persönlich zusammen.

1702 wechselte er nach Leipzig und legte dort 1703 sein Examen als Magister ab. Das Thema der Dissertation: *Philosophia Practica universalis, mathematica methodo conscripta.* Er lehrte Mathematik mit großem Zulauf, zugleich begann der Briefwechsel mit Leibniz. Mit den Disputationen *Dissertatio prima de rotis dentatis* (1703) und *Dissertatio algebraica de algorithmo infinitesimali differentiali* (1704) habilitierte er sich und wurde in Leipzig Assessor – das entsprach dem heutigen Privatdozentenstatus. 1706 bekam er gleichzeitig zwei Rufe auf Lehrstühle für Mathematik, in Gießen und in Halle. Er nahm den Ruf nach Halle an.

Als Hallenser Professor war er publizistisch und institutionell von Beginn an außerordentlich fruchtbar: Er wurde sogleich Mitglied des Collegiums der „Acta Eruditorum" in Leipzig. 1710 erschienen seine *Anfangsgründe der Mathematischen Wissenschaften.* Dieses erste seiner großen Lehrbücher, das vor allem praktische Mathematik, also Architektur, Fortifikations- und Artilleriekunde darstellte, wurde sofort ein ‚Renner'; es wurde in den folgenden 50 Jahren immer wieder neu gedruckt.

Ab 1709 begann Wolff als Mathematiker auch Logikkurse zu geben. Aus diesen Vorlesungen wurde dann 1712 die deutsche Logik: *Vernünfftige Gedancken von den Kräften des menschlichen Verstandes und ihrem richtigen Gebrauche in Erkenntnis der Wahrheit.*

Daneben knüpfte er an seine Erfolge als mathematischer und physikalischer Lehrbuchautor an: 1715 erschienen die *Elementa Matheseos universae,* 1716 das *Mathematische Lexicon.* 1718 bewies er seine Kompetenz in Biologie: *Entdeckung der wahren Ursache von der wunderbaren Vermehrung des Getreides.*

Bis zu diesem Zeitpunkt erwies sich Wolff als ein Wissenschaftler, wie er für die Effektuierung des Staates wünschbar war: Seine Bücher waren für Agrarwissenschaft und Militär nützlich; seine Vernunftlehre verhieß, daß Argumente verläßlich und Sachlichkeit garantiert waren. Er war ein Philosoph wie die Staatslehre der Frühaufklärung sich ihn erträumte. Entsprechend war sein Erfolg im In- und Ausland. Er wurde zum preußischen Hofrat ernannt und Mitglied in der preußischen und der königlich großbritannischen (wohl Göttinger) Akademie der Wissenschaften. 1721 wurde ihm eine erhebliche Gehaltszulage aus den Geldern der erledigten juristischen Professur gewährt. Zusätzlich wurde er zum Prorektor der Universität ernannt.

Zugleich braute sich etwas zusammen: Wolf hatte, durchaus von der theologischen Fakultät beobachtet, in der Lehre immer stärker die Philosophie als Ganze vertreten und dabei eine durchaus rationalistische Richtung vertreten. 1719/20 – Wolff war 40 Jahre alt – wurde diese Wende auch öffentlich sichtbar. Er hörte nämlich weitgehend auf, Mathematik und Logik zu lehren und betrachtete sich als Philosoph mit einem universalen Anspruch –theoretisch und praktisch –, nicht mehr vornehmlich als Mathematiker und Physiker. Es ist unklar, welches die inneren Gründe für diese Wendung zur allgemeinen Philosophie waren, die nicht mit der Universität abgesprochen war und Wolffs Lehrstuhlbezeichnung nicht entsprach.

Der Veränderung in der Lehre entsprachen die Publikationen: Er veröffentlichte 1720 seine Metaphysik mit dem Titel *Vernünfftige Gedancken von Gott, der Welt und der Seele des Menschen, auch allen Dingen überhaupt*. Noch im selben Jahr kam die deutsche Ethik heraus: *Vernünfftige Gedancken von der Menschen Tun und Lassen, zur Beförderung ihrer Glückseligkeit*. Beide Bücher waren große buchhändlerische und philosophische Erfolge. Ein Jahr später, 1721, folgte die Politik: *Vernünfftige Gedancken von dem gesellschaftlichen Leben der Menschen insonderheit dem gemeinen Wesen*.

Am 12. Juni 1721 hielt Wolff zum Abschluß seines Prorektorats eine aufsehenerregende Vorlesung mit dem Titel *De Sinarum philosophica practica*. Das war der Tropfen, der universitäts- und ideenpolitisch das Faß zum Überlaufen brachte. Denn mit dieser Vorlesung machte Wolff deutlich, daß er mit seiner Philosophie und seiner universalen praktischen Philosophie die Theologen, die ihrerseits einen Universalanspruch auf die Bestimmung der frommen Praxis stellten, provozierte. Wolffs Anspruch mußte August Herrmann Francke alarmieren, den einflußreichen Chef des Halleschen Waisenhauses und Professor für Theologie und Orientalische Sprachen an der Universität. Wolff machte mit dieser Rede schließlich öffentlich unüberhörbar, daß er nicht mehr nur Mathematiker und Physiker sein wollte, sondern Philosoph mit weltweitem Anspruch. Sein philosophischer Anspruch bestand darin, die Vernunft als autonom und universal unabhängig von der Theologie zu installieren. Deshalb war die Vorlesung über die ‚Sittenlehre der Sineser' keine modische Chinoiserie, sondern der Beleg dafür, daß praktische Philosophie ohne Christentum möglich und erfolgreich war. Wolff geht sehr weit: Er schreibt den Chinesen weder eine natürliche Religion noch Gotteserkenntnis zu; er qualifiziert sie vielmehr im Sinne auch der natürlichen Theologie als Atheisten. Das ist ein erheblicher Unterschied zur *Deutschen Politik* und zur *Deutschen Metaphysik*. Gleichwohl attestiert er den Chinesen eine vorbildlich funktionierende Ethik und Politik.[2]

---

[2] Christian Wolff, Rede über die praktische Philosophie der Chinesen, übersetzt, eingeleitet und hg. von Michael Albrecht, Hamburg 1985, 27: „Weil die alten Chinesen, von denen hier die Rede ist,

Die Theologen opponierten. Johann Justus Breithaupt predigte gegen Wolff, seine Schriften wurden einer erneuten Prüfung durch die theologische Fakultät unterzogen. Die Fakultät war zu diesem Schritt berechtigt, denn sie stellte die Zensoren. Man fand in Wolffs Schriften theologisch heikle Behauptungen, die vor allem mit der pietistischen Fassung der Hallenser Theologie nicht übereinstimmten. Es wurden Streitschriften wohl in der Absicht gedruckt, Wolffs Hinwendung zur allgemeinen Philosophie rückgängig zu machen und ihn wieder auf Mathematik und Physik zu reduzieren. Wolff weigerte sich, zu seinem alten Lehrgebiet zurückzukehren, und die Sache kam vor den König. Dieser sah in Wolffs Wende zur allgemeinen Philosophie Insubordination und verfügte Wolffs Ausweisung. Über diese Reaktion des Königs waren selbst die Theologen in Halle überrascht.

Der König hatte zwei Argumente: Er wollte einen nützlichen Philosophen – Wolffs neue Philosophie lehrte nach seiner Ansicht erstens „unnütze Subtilitäten und Fratzen" –, dahinter stand die Idee, daß Wissenschaft dem Staate nützlich sein müsse, wie sie Thomasius vertrat und wie Wolff sie so vorbildlich bedient hatte. Wolffs Philosophie führe darüber hinaus zum ‚Atheismus'. Dieser Vorwurf ist die Konsequenz aus der Chinesenrede, deren Pointe durchaus zutreffend so interpretiert wurde, daß Ethik ohne Christentum möglich sei – und das bedeutete in der christlichen Sicht des Königs, daß eine atheistische Ethik möglich sei. Eine ähnliche Position hatte, wenn auch mit anderen Argumenten und theologischen Implikationen, zwar schon Pierre Bayle 1688 in seinen *Pensées diverses sur le Comète* vertreten, aber in der Hallenser Situation von 1721 war diese Behauptung hochprovokativ. Die pietistische Theologie hatte nämlich ihrerseits den Gedanken einer universalen praktischen Weltmission, und sie fühlte sich von Wolff in ihrem christlichen Hauptanliegen, der Generalreformation für die Welt, attackiert.

## II. August Hermann Franckes universales Reformprogramm

Christian Wolff lehrte nicht in einem politisch luftleeren Raum – im Gegenteil: Die philosophische Situation in Halle war alles andere als entspannt. Es waren zwei Parteien, die innerhalb und außerhalb der Philosophie das Philosophiekonzept zu bestimmen versuchten: Es handelte sich einmal um Thomasius und seine Schule der ‚eklektischen Philosophie', zum anderen um die Pietisten im Gefolge

den Schöpfer der Welt nicht kannten, hatten sie keine natürliche Religion; noch viel weniger waren ihnen irgendwelche Zeugnisse der göttlichen Offenbarung bekannt. Darum konnten sie sich nur der Kräfte der Natur – und zwar solcher, die frei von jeder Religion sind – bedienen, um die Ausübung der Tugend zu befördern. Daß sie sich dieser Kräfte aber höchst erfolgreich bedienten, wird bald vollständiger feststehen".

August Hermann Franckes. Francke, der Gründer des Halleschen Waisenhauses
mit den zugehörigen Anstalten, zugleich Professor für Orientalistik und Theologie
an der Universität, war die entscheidende Hintergrundfigur und der eigentliche
Gegenspieler der Philosophie insgesamt – sowohl der von Christian Thomasius
als auch später der Christian Wolffs.

Francke war am 22. März 1663 in Lübeck geboren, Sohn eines Rechtsanwalts,
der 1666 Justizrat bei Herzog Ernst dem Frommen in Gotha geworden war. Ernst
der Fromme war Anhänger der protestantischen Universalreform und setzte sie in
seinem Herzogtum um; so war Francke schon früh mit dieser Tradition des theologisch-politischen
Luthertums vertraut. Er blieb diesem Reformprogramm, das
die geistliche Reorganisation der Welt als Ziel hatte, verpflichtet. Sein Vater starb
1670, er wurde privat erzogen und kam sechzehnjährig an die Universität Erfurt,
dort blieb er aber nur ein halbes Jahr, begann aber ernsthaft mit dem Hebräischstudium.
Danach ging er mit einem Familienstipendium nach Kiel, wo er bei Christian
Kortholt studierte, dem eine gewisse Nähe zu Phillip Jacob Spener nachgesagt
wurde. Ein zweimonatiger Intensivkurs in Hebräisch bei Esra Edzardi in
Hamburg bildete den Auftakt seiner ernsthaften philologischen Studien, die er
in Leipzig mit Französisch, Englisch, Italienisch und ‚Rabbinisch‘ fortsetzte.
1685 wurde er Magister und habilitierte sich in Leipzig mit einer Disputation
*De grammatica Hebraea*. Zunächst lehrte er in Leipzig, bis er 1687 als Prediger
der Michaeliskirche nach Lüneburg berufen wurde. Dort hatte er sein Erweckungserlebnis.
In Hamburg, wo er im Anschluß an diese Bekehrung bei Pastor
Johann Winkler wohnte, traf er Nikolaus Lange, den Bruder des späteren Hallenser
Theologieprofessors Joachim Lange, der hartnäckiger Gegner von Christian
Wolff werden sollte. 1688 lebte Francke zunächst zwei Monate bei Spener, mit
dem ihn enge Freundschaft verband, in Dresden und kehrte dann nach Leipzig zurück,
wo er ein „Collegium philobiblicum" gründete. In diesem Kreise lernte er
auch den späteren Hallenser Theologen Paul Anton kennen. In Leipzig steigerten
sich die Spannungen zwischen den Pietisten – die jetzt erstmals zum Spott diesen
Namen bekamen – und den orthodoxen Theologen, deren Haupt der Pastor an St.
Thomas, Joh. Benedikt Carpzov war. Zwar bekam Francke 1690 durch Vermittlung
von Joachim Justus Breithaupt, damals Pastor an der Predigerkirche in Erfurt,
eine Predigerstelle am Augustinerkloster in Erfurt, aber schon 1691 wurde
eine Kommission mit dem Ziel eingesetzt, „die unter dem Schein der Gottseligkeit
von Francke angerichteten Irrungen gründlich auszutilgen".[3] 1691 wurde er
aus Erfurt ausgewiesen. Inzwischen war Breithaupt als Professor für Theologie an
die neugegründete Universität Halle berufen worden und erreichte, daß Francke

---

3 Gustav Kramer, Art. „Francke, A. H.", in: Real-Enzyklopädie für Protestantische Theologie
und Kirche, hg. von Johann Jakob Herzog und Gustav Leopold Plitt, Bd. 4, Leipzig 1879 (2. Aufl.),
613.

als Professor für orientalische Sprachen an die Universität berufen und zum Pfarrer in Glaucha bestimmt wurde. Halle wurde Hauptwirkungsfeld Franckes, hier starb er 1627.

Entscheidend war die Entwicklung des Halleschen Waisenhauses zu einer universalen Erziehungs- und Missionsanstalt. Francke verwirklichte in gewisser Weise mit dieser Institution die utopisch-christlichen Erziehungspläne, die Johann Valentin Andreae mit seiner *Christianopolis* (1618), Johann Amos Comenius mit seinem *Seminarium universale* und Ernst der Fromme in Gotha mit der Reform seines Herzogtums verfolgt hatten. Freilich war Francke erheblich rigoroser als seine Vorbilder. Die entscheidende Grundlage seiner Theologie – da zeigte sich Francke durchaus als pessimistischer Lutheraner – war die Sündentheologie und die Möglichkeit, ‚sola fide, sola scriptura‘ das Heil zu erlangen. Das war aber nur möglich, wenn die Bibel tatsächlich auch gelesen wurde. Hier spielte nun die Institution des Waisenhauses eine bedeutende Rolle. Seit 1695 unterrichtete Francke die Kinder seiner Pfarrei und gründete eine Armen- und Bürgerschule, zunächst in Glaucha, dann in Halle. Stiftungen machten es möglich, daß er die Schule mit einem Waisenhaus verband; innerhalb von drei Jahren wurde die Institution zu einer kompletten, theologieorientierten Bildungsanstalt für die gesamte Region und übernahm zugleich die schulische Vorausbildung für die Universität. An der Universität verstanden es Francke und Breithaupt, die gesamte theologische Fakultät mit Pietisten – faktisch ihren Freunden – zu besetzen. Paul Anton war Mitglied des „Collegium philobiblicum" in Leipzig gewesen, ehe er Theologe in Halle wurde – er lehrte vor allem Kontroverstheologie; der Theologieprofessor Johann Joachim Lange war der Bruder von Franckes Hamburger Freund. Der einzige, der nicht unmittelbar in diesen Zusammenhang paßte, war Johann Franz Budde, er lehrte seit 1693 in Halle Philosophie, ehe er 1705 als Theologe nach Jena berufen wurde. Budde vertrat in der Philosophie Positionen, die denen des Christian Thomasius nahekamen; als Theologe stand er den Pietisten zumindest nicht im Wege.

Nun war die theologische Fakultät in Halle alles andere als nur ein Verwandtschafts- und Freundesklüngel. Vielmehr stand sie ganz im Zeichen der pietistischen Organisation, die Francke aufgebaut hatte. Der Plan war, Halle zum Zentrum einer universalen, weltweiten Reformation zu machen und so durch Verchristlichung der Welt die Sündenfolgen zu überwinden[4] – sofern sie überhaupt überwindbar waren. Es ging also einmal um das Seelenheil – das war die Ausbildungsaufgabe der Bibelerziehung von der ABC-Schule bis zur Universität und von da aus, gemeinsam mit den Cansteinschen Bibelanstalten, in die ganze weite

---

[4] Hinrichs, Preußentum und Pietismus (wie Anm. 1), 53: Die pietistische Praxis sollte wirken gegen „die herrschende Sünde und Bosheit, wie sich dieselbe überall und in allen Ständen ausgebreitet hat und eine Ursache ist alles übrigen Verderbens, Elendes, Jammers in der Welt".

Welt. Vom Halleschen Waisenhaus wurde diese Universalmission organisiert, die den Zweck hatte, der Welt das Evangelium zu verkünden und mit dieser Verkündigung auch die ‚Praxis pietatis' zu verbinden.

August Herrmann Francke, der gute Beziehungen zum preußischen Hof hatte und eine Zeitlang Hofprediger war, hatte sein Reformprogramm mit der politischen Privilegierung seines Waisenhauses verbunden; die königlichen Privilegien garantierten ihm die Steuerfreiheit und die Freiheit von finanzieller Überwachung seiner Anstalten, die völlige Organisationsfreiheit und damit zugleich die Freiheit von der orthodoxen Konsistorialüberwachung. Ein besonderes Privileg war die Befreiung von der Soldatenwerbung, die auch für die Universität galt und die vor allem 1713, bei Antritt der Regierung des ‚Soldatenkönigs' Friedrich Wilhelms I. verteidigt werden mußte. Schließlich hatte er das Privileg zur Bestimmung seines Nachfolgers. Schon diese Liste zeigt, wie konkret er seine universal angelegte Organisation in den juristischen und politischen Kontext Preußens stellte. Er erwarb diese Rechte nicht zuletzt mit Hilfe frommer Offiziere unter Friedrich (Kurfürst von Brandenburg und seit 1701 König in Preußen) und verteidigte sie mit Geschick gegen den Soldatenkönig Friedrich Wilhelm I. Unter Friedrich Wilhelm I. mußte er allerdings seine Universalpläne erheblich reduzieren und seine Erziehungsaufgaben zunächst auf Preußen konzentrieren. Das bedeutete, daß nach Halleschem Vorbild in Berlin und Potsdam ein Waisenhaus eingerichtet wurde und die Soldatenkinder von hallesisch-pietistischen Pastoren und Lehrern unterrichtet wurden. Vor allem hatten Franckes Theologen die Aufgabe, Feldprediger und Militärseelsorger auszubilden, die dem Heer die rechte Frömmigkeit beizubringen hatten. Diese Aufgabe war gewiß der persönlichen Frömmigkeit des Soldatenkönigs geschuldet; aber es stand auch außer Frage, daß fromme Heere sich als besonders schlagkräftig erwiesen hatten. Die Einbindung in die preußische Innenpolitik reduzierte für kurze Zeit die Möglichkeit einer universalen Weltwirkung; aber der Erfolg des Frankeschen Pietismus war in Preußen im ersten Drittel des 18. Jahrhunderts sicher mindestens so groß wie die der Wolffschen Philosophie.

Der Hintergrund der pietistischen Pläne Franckes war die Utopie- und Reformdiskussion der protestantischen Intellektuellen des 17. Jahrhunderts – allen voran Johann Valentin Andreae mit der Utopie *Christianopolis* und Johann Amos Comenius mit seinen pansophischen Schriften und seinem universalen Erziehungsprogramm. Die Bibliothek des Waisenhauses hat systematisch die Schriften dieser beiden Utopisten, Spekulanten und Pädagogen gesammelt – die Handschrift von Comenius' *De rerum emendarum Consultatio catholica* fand sich z. B. in der Bibliothek des Waisenhauses.[5] Die leitende Idee der protestantischen

---

[5]  Vgl. Johann Amos Comenius, De rerum humanarum emendatione consultatio Catholica, Prag 1966, 10.

Utopisten war die „Allgemeine und Generalreformation für die ganze Welt".
Francke hat diese Pläne – mit Bezug auf die Quellen im 17. Jahrhundert – detail-
liert in seinem *Großen Aufsatz* beschrieben; der ursprüngliche Titel lautete: *Großes Projekt von einer Universalverbesserung in allen Ständen*.[6] Der *Große Aufsatz* war die Programmschrift, die ihre institutionelle Realisierung im „Seminarium Universale et Nationum" und im „Collegium universale" des Waisenhauses
bekommen sollte. Francke war von seinem göttlichen Auftrag, diese Universalreform durch praktische Frömmigkeit herbeizuführen, überzeugt. Die begnadeten
und befruchtenden Institutionen, die diese Universalreform anstoßen sollten, waren das Waisenhaus und die Universität Halle. Hier sollte das Reformwerk allmählich, noch vor der Wiederkunft des Herrn und dem göttlichen Endgericht,
„zu einer Maturität und Perfektion gebracht werden".[7] Zu diesem Zweck mußten
Philosophie und Theologie zusammenwirken – die Rolle der Philosophie bestand
darin, auf die Theologie vorzubereiten. Ihre konkrete Aufgabe entsprach der ‚Ek-
lektik' in der Schule von Christian Thomasius: Bekämpfung der Scholastik. Die
*Grundlegung der Theologie* seines Schülers und Schwiegersohnes Freylinghau-
sen sollte die Studenten instand setzen, die in „vielen scholastischen Terminis ein-
gewickelte [Theologie] deutlich und zu rechter Erbauung dem Volke in deutscher
Sprache vorzutragen [und] Joachim Langes schönes Buch ‚medicina mentis' be-
freie die Philosophie von unzähligen Grillen und abgeschmackten logischen und
metaphysischen Quaestionen".[8]

### III. Die Absicherung des pietistischen Programms durch philosophische Lehrbücher

Der *Große Aufsatz*, den Francke 1704 für den preußischen Hof in Berlin verfaßte,
formulierte den Kern des gesamten pietistischen universalen Reformprogramms.
Der theologische Ausgangspunkt war die Sündenlehre. Das Böse, sofern es von
Menschen verursacht war, und seine Folgen sollten universal durch bibelfrom-
mes, tätiges Christentum überwunden werden: der Nukleus dieser Reformbewegung durch die Bibel sind die Hallenser Institutionen Universität und Waisenhaus.
In Preußen hatte Francke mit seinen Waisenhausinstitutionen Erfolg; der nächste

---

[6] August Herrmann Franckes Schrift über eine Reform des Erziehungs- und Bildungswesens als
Ausgangspunkt einer geistlichen und sozialen Neuordnung der Evangelischen Kirche des 18. Jahrhunderts. Der Große Aufsatz, mit einer quellenkundlichen Einführung hg. von Otto Podczeck,
Berlin 1962 (Abhandlungen der Sächsischen Akademie der Wissenschaften zu Leipzig. Philolo-
gisch-historische Klasse, Bd. 53, Heft 3).

[7] Ebd., 95; vgl. Hinrichs, Preußentum und Pietismus (wie Anm. 1), 56.

[8] Francke, Großer Aufsatz (wie Anm. 6), 124; vgl. Hinrichs, Preußentum und Pietismus (wie
Anm. 1), 57.

Schritt im Prozeß, dieses Programm weltweit wirksam zu machen, bestand darin, dieses Programm auf die Universität auszudehnen.

Zu diesem Zwecke mußte Francke das Lehrprogramm der Universität – vor allem die philosophische und medizinische Fakultät so zuschneiden, daß sie der universalen Reform dienten.[9] Francke wollte die Medizin für alle Stände wirksam machen – hier traf sich sein Interesse mit dem seines Königs. Das Ziel, die medizinische Versorgung der Bevölkerung durch einfache Selbstmedikamentierung und durch verantwortliche praktische Ärzte zu verbessern, erreichte Francke, indem er im Waisenhaus eine bedeutende Apotheke einrichtete und seine Institution so für die medizinische Fakultät unentbehrlich machte. Die Apotheke hatte durchaus das Format eines Pharmazieunternehmens und war ein wirtschaftlich wichtiger Faktor seiner Universalreform. Die Missionare und die Seminaristen erschlossen einen weltweiten Markt für die praktischen Hallenser Medizinpräparate.

Vor allem aber mußte die philosophische Ausbildung auf die theologische Universalreform ausgerichtet werden. Dafür gab es zwei Voraussetzungen – und diese waren in den 1690er Jahren weitgehend erfüllt: 1. Die Logik durfte nicht formal und selbständig, sondern sie mußte praktisch und eklektisch sein – ganz auf die Ziele zugeschnitten, die Francke verfolgte. 2. Die Philosophie durfte keine Metaphysik lehren, die den strikten Biblizismus des Franckeschen Programms in Frage gestellt hätte. Die theologischen Rahmenbedingungen standen fest: Die Sünden der Menschen sollten durch tätiges Christentum, das in Erziehung und Gnade kulminierte, überwunden werden.

Die Logik, die für Francke taugte, war die eklektische Logik von Christian Thomasius. Der formale Gehalt dieser Logik war minimal, sie war empirisch-historisch und praktisch orientiert, ihr Ziel war die Verbesserung der bürgerlichen Verhältnisse. Die Geschichtsorientierung dieser Logik ermöglichte es, die historischen Kenntnisse, die universitär vor allem bei den Juristen vorhanden waren, für die Verbesserung des Staates – also zur Effektuierung seiner Institutionen einzusetzen. Diese praktische Orientierung der Logik konnte Francke für sich nutzbar machen. Die Aufgabe der Philosophie insgesamt bestand nach diesem Konzept darin, daß sie als Philosophiegeschichte und Polyhistorie begriffen wurde und ein Arsenal von Wissenstopoi verwaltete, das für praktische Zwecke zur Verfügung gehalten werden mußte. Ein solches Konzept war juristisch nützlich und theologisch unschädlich, weil Philosophie ausschließlich als historisch-rhetorisch verstanden wurde.

---

[9] Das „Corpus iuris Fridericianum" vereinheitlichte nur das preußische Recht. Insgesamt sind die Juristen für den Pietismus eher ungeeignet, sofern sie das Staatsinteresse vertreten; Thomasius hat sich mit dem Staatskirchenrecht ausführlich auseinandergesetzt. Vgl. Hinrichs, Preußentum und Pietismus (wie Anm. 1), 58.

Die theologische Konvenienz seiner Philosophie war Christian Thomasius wohl willkommen, aber sie war für ihn nicht essentiell; vielmehr war er als Jurist eher an der politischen Zweckmäßigkeit seiner historischen Logik interessiert. Das änderte sich, als seine Philosophie in den Zusammenhang der Franckeschen Universalreform integriert werden sollte: Unter diesen Bedingungen wurde sie streng theologisiert, und alle bürgerlichen Implikationen des Thomasianismus wurden daraufhin geprüft, ob sie mit dem biblizistischen Rigorismus übereinkamen.[10]

In dieser Zwangsjacke, in die er gesteckt wurde, fühlte sich Thomasius durchaus unwohl. Obwohl er zunächst mit Francke befreundet war und ihn zum Beichtvater hatte, versuchte er, das theologische Universalprogramm zu kritisieren. Er halte dafür, schrieb er 1702, „dass es viel nützlicher, auch mehr Segen von Gott zu erwarten sei, 10 Thl. zu Ausstattung einer armen Bauernmagd oder Handwerksmanns Tochter anzulegen, als viel 1000 thr. zu einem Gestifte dergleichen piarum causarum zu verschwenden".[11] Die Reaktion Franckes war harsch und herrisch. Er setzte seine Verbindungen zum Hof ein, charakterisierte Thomasius als Skeptiker, dessen Maximen „in einen puren Atheismus"[12] führten, und erreichte, daß Thomasius durch königliche Vorschrift gezwungen wurde, seine philosophischen Vorlesungen abzusagen und sich auf die Jurisprudenz zu beschränken. 1713, als der neue König, Friedrich Wilhelm I, auf den Thron kam, versuchte Thomasius, für seine Philosophie gegen die Theologie einen bürgerlichen Freiraum zu erstreiten, indem er über das Decorum und die Adiaphora, die wichtigsten Themen seiner ‚Civillehre', öffentlich lehrte. In diesem Zusammenhang hielt er Vorlesungen über das Konkubinat und relativierte das Institut der Ehe mit historischen Argumenten. In anderen Kulturen sei die Monogamie nicht üblich und auch im Alten Testament, z. B. bei David und Salomo, werde das Konkubinat durchaus gebilligt. Thomasius verrechnete sich gründlich, als er meinte, der neue König werde mehr bürgerlich-pragmatische Politik unterstützen, die seine Philosophie favorisiere. Auf Intervention Franckes bekam der alte Thomasius vom jungen König „derben Verweis"[13] und gab seinen Widerstand gegen den organisierten Waisenhaus-Pietismus auf.

Der einzige, der nicht unmittelbar aus dem Umkreis des Pietismus an die Hallenser Universität kam, war Johann Franz Budde.[14] Aber Budde hatte als Philo-

---

[10] Vgl. Carl Hinrichs, Das Bild des Bürgers in der Auseinandersetzung zwischen Christian Thomasius und August Hermann Francke, in: Karl Erich Born (Hg), Historische Forschungen und Probleme, Wiesbaden 1961, 88–121.

[11] Zitiert nach Hinrichs, Preußentum und Pietismus (wie Anm. 1), 380.

[12] Ebd., 381.

[13] Ebd., 383.

[14] Zu Budde vgl. Helmut Holzhey, Wilhelm Schmidt-Biggemann (Hg.), Grundriß der Geschichte der Philosophie. Die Philosophie des 17. Jahrhunderts, Bd. 4, Basel 2001, 1204–1210.

soph in Halle, an Thomasius' Ideen anschließend, eine *Philosophia Ecclectica*[15] geschrieben, die den logisch-philosophischen Eklektizismus mit dem Konzept einer „Philosophia Mosaica" verband. In der Metaphysik (*Elementa Philosophiae Theoreticae*) hatte er biblische Anthropologie, Pneumatologie und natürliche Theologie gelehrt und in seiner *Introductio ad Historiam Philosophae Hebraeorum*, die 1702 im Verlag des Waisenhauses erschien, hatte er die Bindung der Physik an die biblische Offenbarung ausführlich historisch und systematisch erläutert. Damit hatte er sich an eine Tradition angeschlossen, in der auch Johann Amos Comenius stand. Die biblische Physik sollte garantieren, daß die Gefahr des philosophischen Averroismus gebannt wurde, der die Unsterblichkeit der menschlichen Seele und die Geschaffenheit der Welt mit genuin philosophischen Argumenten leugnete. Hauptrepräsentant des alten, in der Gegenwart restituierten Averroismus war Spinoza, der zu Buddes Hauptgegner wurde. Mit ihm setzte er sich in den *Elementa Philosophiae Theoreticae*, in seiner *Dissertatio de Spinozismo ante Spinozam* (1701) und vor allem 1717 in seinem apologetischen Hauptwerk *De Atheismo et Superstitione* auseinander.

Wesentlich für die Verträglichkeit mit dem pietistischen Hauptprogramm, wie es Francke vorschwebte, war Buddes Verbindung von Naturphilosophie und biblischer Theologie. Diese Lehre implizierte zugleich die energische Zurückweisung der eleatischen – und damit indirekt auch der mechanistisch-cartesischen Naturphilosophie. Das biblisch-universalistische Reformprogramm des Pietismus wurde durch Buddes Philosophie deshalb nicht nur nicht gefährdet, sondern sogar unterstützt.

## IV. Wolffs Metaphysik und die institutionellen Folgen

Angesichts dieser Situation der theologischen Disziplinierung einer Philosophie der bürgerlichen Unabhängigkeit, wie sie Thomasius versuchte, angesichts der Angleichung der Philosophie an die Theologie in der eklektischen Logik und der biblischen Physik, angesichts des Versuchs Franckes, die gesamte Universität auf das pietistisch-universale Reformprogramm zuzuschneiden, mußte die rationalistische Metaphysik Christian Wolffs, die durch eine durchaus nicht an der Sündenfallslehre orientierte ‚Politiktheorie' und eine universalistische ‚Ethik' flankiert wurde, als Provokation erscheinen. Sie stellte zunächst – und darin bestand der Kern der Provokation – den theologischen Universalitätsanspruch des Franckeschen Programms dadurch in Frage, indem sie den Menschen insgesamt eine gesunde Vernunft konzedierte. Damit wurde implizit der Biblizismus und das Missionsprogramm Franckes, also die theologische Essenz seiner Bemühungen,

---

[15] 3 Bde. 1697–1703.

für überflüssig erklärt. Mochte diese destruktive Potenz in der deutschen Metaphysik anfangs vielleicht noch nicht so offenkundig sein, spätestens in der
Rede über die Sittenlehre der Chinesen wurde das antipietistische Programm eindeutig: Wenn eine Ethik und ein gutes Leben ohne Christentum, ja ohne natürliche Theologie und Metaphysik möglich war, wie es in der chinesischen Ethik beispielhaft verwirklicht war, und wenn dieses Konzept – wie Wolff selbst feststellte
– seiner Philosophie entsprach, so erklärte Wolffs Philosophie das pietistische
Hallesche Reformprogramm sowohl für den preußischen Staat als auch weltweit
für überflüssig. Nicht nur das: Die Wolffsche Philosophie usurpierte mit ihrem
universalen Vernunftkonzept eben den Anspruch auf die universelle Geltung,
den Francke für seine Reformen reklamiert hatte. Was vorher mit christlicher Mission und ‚Praxis pietatis‘ erreicht werden sollte, wurde jetzt der Verwirklichung
der universellen praktischen Vernunft zugeschrieben, die ohne natürliche Theologie auskam. Ein solches universales Reformprogramm arbeitete sicher auch mit
einigen Mustern, die Leibniz für seine weltpolitischen Pläne benutzt hatte. Aber
hier und jetzt, 1720 in Halle, wurde das pagane praktische Vernunftprogramm
zum institutionellen Skandalon.

Die pietistische Kritik an Wolff war deshalb wütend; sie wurde in Übereinstimmung mit August Herrmann Francke, der im Hintergrund wirkte, zunächst von
Joachim Lange, dann – aus seiner spezifisch frommen philosophischen Sicht –
von Budde formuliert – und vom frommen pietistischen Standpunkt aus sind
die Vorwürfe gegen Wolffs ‚Atheismus‘ durchaus berechtigt.[16] Der Verlauf des
Streits ist komplex, es gab Beschlüsse der theologischen Fakultät gegen Wolff,
dem Einmischung in die theologische Lehre vorgeworfen wurde, es gab Proteste
Wolffs, der durchaus nicht bereit war, seine Lehre auf Mathematik und Physik zu
reduzieren; Stellenpolitik, Verwandtschafts- und Schülerprotektion spielten eine
Rolle; die anderen Fakultäten der Universität wurden eingeschaltet, man war un-
einig, wie man in diesem Streit vorgehen sollte. Alle Parteien, die Theologen, hinter denen Francke stand, und die Philosophen, die von Wolff dominiert wurden,
versuchten, den Hof für ihre Zwecke zu mobilisieren.[17]

Vor allem gab es eine publizistische Polemik. Die einflußreichsten und philosophisch gehaltvollsten Stücke waren Joachim Langes *Modesta Disquisitio Novi
Philosophiae systematis de Deo, mundo et homine* (1723) und Johann Franz Buddes *Bedencken über die Wollfsche Philosophie*, die wohl nur als vertraulicher Gut-

---

[16] Vgl. Joachim Lange, Modesta Disquisitio Novi Philosophiae systematis de Deo, mundo et
homine (Christian Wolff, Gesammelte Werke, hg. von Jean École u. a., Hildesheim1962 ff., 3. Abt.,
Bd. 23); Schriften über Joachim Langes und Johann Franz Buddes Kontroverse mit Christian Wolff
(Wolff, Gesammelte Werke, 3. Abt., Bd. 64.1).

[17] Vgl. Georg Volkmar Hartmann, Anleitung zur Historie der Leibniz-Wolffschen Philosophie,
Frankfurt, Leipzig 1737; vgl. Hinrichs, Preußentum und Pietismus (wie Anm. 1), 398–417.

achtentext für die Hallenser Fakultät geschrieben und nicht zur Veröffentlichung bestimmt waren, aber ohne Wissen und Willen des Verfassers 1724 gedruckt wurden.[18] Die Kritik Langes und Buddes bezog sich zunächst auf den Gottesbegriff, von dem – im übrigen zu Recht – behauptet wurde, es handle sich nicht um einen biblischen, sondern einen philosophischen, der allein aus der Kausalität deduziert werde und der mit dem Sündenfall und Erlösung, also mit Offenbarungstheologie nichts zu tun habe. Wolff hat auf diesen Vorwurf gleich im ersten Paragraphen der Erläuterungen zu seiner *Deutschen Metaphysik* mit dem Argument reagiert, die natürliche Theologie sei die Voraussetzung für die Akzeptanz der biblischen Offenbarung.[19]

Der zweite Angriff galt seinem Naturbegriff: Der Naturbegriff Wolffs wird zu Recht als cartesianisch-mechanistisch charakterisiert und damit, nach den Maßstäben, die Budde in seiner Auseinandersetzung mit Spinozas Philosophie aufgestellt hatte,[20] als eleatisch-spinozistisch denunziert. Wolff hat diese Methode als Konsequenzenmacherei bezeichnet.[21] Hier wurde ein Standardvorwurf frommer Philosophen gegen die mechanistische Philosophie wiederholt, der schon in der Auseinandersetzung mit dem Spinozismus verwandt worden war: Mechanistische Naturphilosophie führe zum Pantheismus – und dieser sei Atheismus.[22] Budde sah als Gegner Wolffs die Gefahr, daß die Jugend „von Halle aus zum Spinozismo verleitet" werde.[23] Auch Lange übernahm diesen Vorwurf und erweiterte ihn zu einem Rundumschlag gegen Wolffs und Leibnizens Philosophie überhaupt: Sie sei ursprünglich stoisch, damit fatalistisch und stimme mit den Pseudophilosophien Descartes' und Spinozas überein.[24] Dieser Vorwurf, daß alle ,me-

[18] Hn. D. Jo. Fr. Buddei S.S. Theol. P.P.O. zu Jena, Bedencken über die Wolffianische Philosophie: nebst einer historischen Einleitung zur gegenwärtigen Controversie zum Druck übergeben von Jo. Gustavo Idirpio. J.C.B. SS.Theol. & Philos. Cult., Freyburg [i.e. Jena] 1724.

[19] Vgl. Christian Wolff, Der Vernünfftigen Gedancken von GOTT, der Welt und der Seele des Menschen, auch allen Dingen überhaupt, anderer Theil, bestehend in Ausführlichen Anmerckungen (Wolff, Gesammelte Werke [wie Anm. 16], 1. Abt., Bd. 3), § 1,1: „Die natürliche Erkäntniß von GOtt ist in unsern Tagen um so viel nöthiger, je mehr sich Leute finden, die für andere starck am Verstande zu seyn vermeynen, und deßwegen allerhand Einwürffe wider die Beweise machen, die man von GOtt und seinen Eigenschafften führet. Denn wenn erst die natürliche Erkäntniß von GOtt fest gestellt worden, so kan man nach diesem mit dergleichen Leuten um so viel eher zu rechte kommen, wenn man mit ihnen wegen der in GOttes Wort geoffenbarten Religion zu thun hat".

[20] Johann Franz Budde, Dissertatio philosophica de Spinozismo ante Spinozam, Halle 1701. Theses Theologicae De Atheismo et Superstitione, Jena 1717.

[21] Hinrichs, Preußentum und Pietismus (wie Anm. 1), 412.

[22] Diesen Vorwurf hat Budde von Johann Georg Wachter übernommen, er findet sich in dessen *Spinozismus in Jüdenthum* von 1699.

[23] Hinrichs, Preußentum und Pietismus (wie Anm. 1), 410; Joachim Lange, Streitschriften (Wolff, Gesammelte Werke [wie Anm. 16], 3. Abt., Bd. 30).

[24] Lange, Modesta Disquisitio (wie Anm. 16), Praefatio: „Dolemus vero, istis annumeratndas esse hypotheses illas *Leibnitianas*, quae, ex antiquo illo *Stoicorum*, nec non ex recentiori *Cartesii* ac

chanistische' Philosophie die menschliche Freiheit systematisch ausschließe, wird Leibnizens und Wolffs Philosophien die ganze Aufklärung hindurch begleiten.

Die Vorwürfe saßen tief; sie betrafen generell die Anerkennung einer selbständigen Philosophie, zu der der Pietismus Franckescher Prägung außerstande war. Und selbst wenn Francke in einem Brief an Budde schreibt, man habe bei Hofe nichts verlangt, als „dass ihm [Wolff] möchte anbefohlen werden, die der Mathesi und Physik im Dozieren zu bleiben und sich gefährlicher und schädlicher Lehre zu enthalten",[25] so kam das beim König nach der langen Auseinandersetzung an der Halleschen Universität so an, wie Lange und Francke es sich wohl wünschen mußten. Der König konstatierte: „Ich habe das nit wuhst, das der wulf so gotlose ist, das ihm aber mein dage nit in meinem lande statuiren lasse".[26] Am 8. November 1723 wurde die Kabinettsorder ausgegeben, daß Wolff bei Strafe des Stranges das Land binnen 48 Stunden zu verlassen habe.

*Christian Wolffs Rede über die ‚Sittenlehre der Sineser' ist ein Dokument für den Anspruch der Philosophie auf universale Geltung. Sie steht nicht isoliert, sondern versucht im Kampf um die universitäre und wissenschaftspolitische Leitfunktion die Stelle zu besetzen, die vorher das theologisch inspirierte Programm einer Universalreform der Welt beanspruchte. Das pietistische Programm war eng mit der Reform des preußischen Staates verbunden. Wolff setzte sich mit seiner Rede in eine Gegenposition zum Pietismus und zur preußischen Staatsraison.*

*Christian Wolff's Oration on the Ethics of the Chinese is a Document for the claim of philosophy as a discipline to become the universal Leitwissenschaft. In this process which took place in the second and third decade of the 18th century, philosophy was competing with theology, which, for its part, tried to realize the program of a pious universal reform in practical politics. This program was closely connected with the reform of the Prussian state. With his Oration, Wolff posited himself into an opposition against pietism and the Prussian reason of state.*

Prof. Dr. Wilhelm Schmidt-Biggemann, Institut für Philosophie, FU Habelschwerdter Allee 30, 14195 Berlin, E-Mail: schmibig@zedat.fu-berlin.de

*Spinosae,* eorumque pseudophilosophorum, qui *Idealistae* vocari solent, systemate adoptatae, singulais sapientiae speciem prae se ferunt, & imperitos ac inconsulte curiosos in admirationem & errores rapiunt haud exiguos: quo dificilius autem detegi possint, miras νεοφωνια sua, suaque subtilitatis obscurioris consectatione, latebras quaerunt".

[25] Hinrichs, Preußentum und Pietismus (wie Anm. 1), 411.

[26] Vgl ebd., 411–416. „Ich habe nicht gewußt, dass der Wolff so gottlos ist; aber ich werde ihn zu meinen Lebzeiten nicht in meinem Land lassen" (ebd., 417).

JEAN FERRARI

# Über die bürgerliche Religion im politischen Denken
# Jean-Jacques Rousseaus

Wenige Texte von Jean-Jacques Rousseau haben zu so vielen Auseinandersetzungen und Kritiken seiner Gegner, aber auch seiner Freunde, Anlaß gegeben, wie das vorletzte Kapitel des *Gesellschaftsvertrags* über die bürgerliche Religion[1]. Der Abbé Jean-Baptiste Bordier-Delpuits, der die *Observations sur le contrat social* des Père Berthier vollendete, schrieb:

> Herr Rousseau, nachdem er über Wahlen, römische Komitien, Tribunat, Diktatur und Zensur gesprochen hat, wie es seine Art ist, die immer mehr Verwirrung als Tiefe besitzt, kam dann auf die bürgerliche Religion zu sprechen; und dieses Kapitel, das letzte seines Werks, scheint uns voll von Inkonsequenzen und Unfrömmigkeiten zu sein.[2]

In Abbé Bergiers *Déisme réfuté par lui-même* findet man davon sogar einen Nachhall mit konsequenteren Gedankengängen.[3] Solche Kritiken, kämen sie von den

---

[1] Rousseaus Werke werden nach der Ausgabe der Oeuvres complètes in der Bibliothèque de la Pléiade (abgekürzt O.C. mit Angabe des Bandes und der Seite) zitiert. Das Kapitel *De la religion civile* befindet sich in O.C. III, 460–469.

[2] P.G.F. Berthier, Observation sur le Contrat social de Jean-Jacques Rousseau, Paris, chez Mérigot le jeune, 1789 (réédition, Bibliothèque J.-J. Rousseau, Reims 1988), 253 [*M. Rousseau, après avoir parlé à sa manière, qui a toujours plus de confusion que de profondeur, des suffrages, des élections, des comices romains, du tribunat, de la dictature, de la censure, en vient à la religion civile; et ce chapitre, qui est le dernier de son ouvrage, nous a paru bien rempli d'inconséquences et d'impiétés*].

[3] „Ich begnüge mich dem, was Sie im achten Kapitel des vierten Buches des Gesellschaftsvertrags über Religion geschrieben haben, Punkt für Punkt zu folgen, ohne jedoch ihre Begriffe genau zu übernehmen, dies würde uns zu weit führen. Ich hoffe Ihnen zeigen zu können, daß es fast keinen einzigen Satz gibt, der die Zensur nicht verdiene; daß es von all ihren Werken das unvollkommenste und unüberlegteste ist, daß es scheint, sie verfolgten kein anderes Ziel als jede Unterwerfung und jede Religion zu zerstören" [*Je me contenterai de suivre pied à pied ce que vous avez dit sur la religion, dans le huitième chapitre du quatrième livre du Contrat social ; mais sans copier exactement tous vos termes, cela nous mènerait trop loin. J'espère vous faire voir qu'il n'y a presque pas une phrase qui ne mérite la censure; que de tous vos ouvrages c'est le plus imparfait et le moins réfléchi, qu'il semble que vous n'avez d'autre but que de détruire toute subordination et toute*

Jesuiten in Trévoux oder von dem berühmten Apologisten, würden nicht überraschen. In Genf jedoch wurden die Urteile gegen das Christentum in diesem Kapitel von vielen als ein Skandal empfunden. Einige aus ihrem Kontext herausgelöste Behauptungen nehmen sich wie eine Provokation aus, welche die Vertrauten traurig stimmten und es den Gegnern wieder einmal erlaubten, die Widersprüche des Autors der *Profession du vicaire savoyard* zu unterstreichen.[4]

Dieses Kapitel, dessen erste Fassung im *Genfer Manuskript* auf der Rückseite des zweiten Kapitels des zweiten Buches, *Über den Gesetzgeber*, zu finden ist, das Rousseau dem ersten Entwurf des *Gesellschaftsvertrags* hinzugefügt und seinem Verleger vorgelegt hat, wirft eine Reihe von Fragen auf, die nicht ohne Folgen für die Gesamtinterpretation seines Denkens sind. Bildet es eine Art Zusatz, der, im letzten Moment hinzugefügt, für die Ökonomie des Werkes nicht unentbehrlich ist, oder spielt es durch seine Stellung am Ende des *Gesellschaftsvertrags* eine größere Rolle im politischen Denken Rousseaus? Welche Beziehungen kann es dann zwischen der bürgerlichen Religion des *Gesellschaftsvertrags* und der *Profession de foi du vicaire savoyard* geben, die Rousseau selbst als „die beste und nützlichste Schrift in diesem Jahrhundert"[5] bezeichnet? Führt dieses Kapitel, das durch seinen Titel zwei der Hauptthemen seines Denkens zu verbinden scheint, nämlich Politik und Religion, nicht eher eine neue Inkohärenz in sein System ein? Die Antwort auf diese Fragen verlangt eine erschöpfende und genaue Untersuchung der Texte über die bürgerliche Religion und zuerst des achten Kapitels des vierten Buches des *Gesellschaftsvertrags*, in dem Rousseau sich am umfassendsten zu diesem Thema äußert.

---

*religion*] (Le déisme réfuté par lui-même ou Examen en forme de Lettres, des principes d'incrédulité répandus dans les divers ouvrages de Monsieur Rousseau, 1768, Paris 1981, Lettre IX, 67).

[4] So spricht Rousseau vom „herrschsüchtigen Geist des Christentums" [*esprit dominateur du christianisme*], Du contrat social, in: O.C. III, 463. Er behauptet, daß „das christliche Gesetz einer starken Staatsverfassung im Grunde mehr abträglich als nützlich sei" [*la loi chrétienne est au fond plus nuisible qu'utile à la forte constitution de l'état*], ebd., 464; „dass eine Gesellschaft wahrer Christen nicht mehr eine Gesellschaft von Menschen wäre" [*qu'une société de vrais chrétiens ne serait plus une société d'hommes*], ebd., 465; daß er nichts kenne, was dem „gesellschaftlichen Geist" mehr widerspräche als die christliche Religion; schließlich, „daß die wahren Christen dazu geschaffen sind, Sklaven zu sein" [*les vrais chrétiens sont faits pour être des esclaves*], ebd., 467. Im Hinblick auf das bürgerliche Glaubensbekenntnis jedoch hat die Behauptung, die Verbannung treffe diejenigen, die sich weigern, und vor allem die Todesstrafe denjenigen, der, „nachdem er sich zu diesen Dogmen bekannt hat, sich so verhält als glaube er sie nicht", für Empörung gesorgt und schien sich wenig mit dem Toleranzgeist, den er im gleichen Kapitel predigt, vereinen zu lassen. Vgl. Robert Derathé, La religion civile selon Rousseau, in: Présences de Jean-Jacques Rousseau, Entretiens de Genève, Paris 1962, 161–180.

[5] [*l'écrit le meilleur et le plus utile dans le siècle*], Lettre à Christophe Beaumont, in: O.C. IV, 960.

Der Anfang des Kapitels nimmt das bekannte Thema, das Rousseau bereits im zweiten *Discours*[6] angedeutet und im siebten Kapitel des zweiten Buches[7] entwickelte hatte, wieder auf. Die Auferlegung der Gesetze und der Respekt, den sie einflößen sollen, sind der menschlichen Natur so entgegengesetzt, der Gehorsam einiger oder einem Einzelnen gegenüber der natürlichen Freiheit so gegensätzlich, daß diese Änderungen in der Geschichte der Menschheit nicht als Wirkung menschlicher Entschlüsse, sondern fast immer als Resultat göttlicher Einwirkung angesehen werden. Dies ist der Sinn des Gedankens des Caligula, auf den sich Rousseau an mehreren Stellen bezieht.[8] Die Lage des Sklaven kann nicht der erste Zustand des Menschen in der Gesellschaft sein. Falls die Menschen den Befehlen eines Tyrannen Folge geleistet haben, so weil sie ihn für einen Gott hielten. Deswegen gründeten die ersten Formen gesellschaftlicher und politischer Organisation in der Religion und die ersten Regierungsformen waren Theokratien. Da jedes Volk seine Götter, jeder Ort seine schützende Gottheit hatte, ist die Menschheit in ihrem Anfang natürlicherweise polytheistisch[9] und sind die Religionen national verankert gewesen.

---

[6]  „Betrachtet man nur, wie wir es tun, die menschliche Institution; falls der höchste Beamte, der alle Macht in seinen Händen hält und sich alle Vorteile des Vertrags zu eigen macht, dennoch das Recht hätte, auf jede Autorität zu verzichten, so müßte das Volk, das alle Fehler der Regierenden bezahlt, desto mehr das Recht haben, auf seine Abhängigkeit zu verzichten. Aber die schrecklichen Streitigkeiten, die unendliche Unordnung, die diese gefährliche Macht zwangsläufig mit sich bringt, zeigen mehr als alles andere wie sehr die menschlichen Regierungen einer stärkeren Grundlage als der alleinigen Vernunft bedürfen und wie sehr es für die öffentliche Ruhe nötig war, daß der göttliche Wille einsprang, um der staatlichen Gewalt einen heiligen und unverletzbaren Charakter zu verleihen, der den Untertanen das unheilbringende Recht abnahm, darüber zu verfügen. Hätte die Religion den Menschen nur dieses Gut bereitet, so wäre dies genug, damit sie sie ehren und annehmen müßten, selbst mit ihren Mißständen, denn sie erspart doch das Blutvergießen, das durch den Fanatismus fließt." [*à ne considérer, comme nous faisons, que l'institution humaine, si le Magistrat qui a tout le pouvoir en main, et qui s'approprie tous les avantages du Contrat, avait pourtant le droit de renoncer à l'autorité ; à plus forte raison le Peuple, qui paye toutes les fautes du Chef, devront avoir le Droit de renoncer à la Dépendance. Mais les dissensions affreuses, les désordres infinis qu'entraîneroit nécessairement ce dangereux pouvoir, montrent plus que tout autre chose combien les Gouvernements humains avoient besoin d'une base plus solide que la seule raison, et combien il était nécessaire au repos public que la volonté divine intervînt pour donner à l'autorité Souveraine un caractère sacré et inviolable qui ôtât aux sujets le funeste Droit d'en disposer. Quand la Religion n'auroit fait que ce bien aux hommes, c'en seroit assés pour qu'ils dussent tous la chérir et l'adopter, même avec ses abus, puisqu'elle épargne encore plus le sang que le fanatisme n'en fait couler*], Discours sur l'origine de inégalité, in: O.C. III, 185 f.

[7]  Du contrat social, in: O.C. III, 385 f.

[8]  Vgl. Du contrat social, 1ère version, in: O.C. III, 313; Du contrat social, in: O.C. III, 460; vgl. O.C. III, Anm. 1435.

[9]  In dieser Hinsicht hinderte die Ausnahme der Juden, die keinen anderen Gott als Jahwe annahmen und die Toleranz der anderen Völker nicht teilten, nicht, daß ihre Religion national war, daß sie die Rechtsprechung insgesamt beeinflußte, und daß ihr Gott siegte. Falls es im wahrsten

Nach Rousseau sprengt das Aufkommen des Christentums die starke Bindung zwischen Politik und Religion auf unumkehrbare Weise durch die Einführung der Idee eines „geistlichen Reiches"[10] in der Gegenüberstellung von irdischem und himmlischem Staat auf. Obwohl die Christen am Anfang verfolgt wurden, haben sie sich sehr schnell der weltlichen Macht bemächtigt und haben oft Despotismus und Intoleranz gezeigt; es bleibt verhängnisvoll, da es bisher keinem Versuch gelungen ist, die alleinige Autorität des Staates wiederherzustellen und die Zweiheit der Gewalten zurückzudrängen.

Nach diesen historischen Überlegungen, welche die neu eingeführte Situation in der Welt durch das Christentum uneingeschränkt verurteilen, nimmt sich Rousseau in einem zweiten Schritt dieses Kapitels vor, die Idee, die er sich von der Religion bezüglich der Gesellschaft macht, zu verdeutlichen. Die Frage ist vielschichtig in dem Maße, wie man verschiedene Arten von Religion und verschiedene Gattungen von Gesellschaft unterscheiden muß. Insbesondere für die letztere darf man nicht „die allgemeine Gesellschaft", die er im *Genfer Manuskript* „allgemeine Gesellschaft des Menschengeschlechts" nennt,[11] verwechseln mit den einzelnen Gesellschaften, die in so viele politische und gesellschaftliche Einheiten zerfallen. Was die Religion betrifft, erscheint sie uns in drei Hauptformen: als Religion des Menschen, des Bürgers und des Priesters. „Die erste […], die auf den inneren Kult beschränkt ist […], ist die einfache und reine Religion des Evangeliums, der wahre Theismus und, was man gemeinhin das göttliche Naturrecht nennen kann".[12] Die zweite beinhaltet die verschiedenen nationalen Religionen, die allein in den Territorien, in denen sie praktiziert werden, Gültigkeit haben. Ihr Kult sowie ihre Dogmen sind durch Gesetze vorgeschrieben. Schließlich die Priesterreligion, die „den Menschen zwei Gesetzgebungen, zwei Oberhäupter, zwei Zugehörigkeiten gibt, die sie widersprüchlichen Pflichten unterwirft und daran hindert, zugleich fromm und Bürger zu sein".[13] Im Abendland ist dies das römische Christentum, im Orient die Religion der Lamas und der Japaner. Sie ist „so offenkundig natürlich schlecht, daß es ein Zeitverlust wäre, dies beweisen zu wollen. Alles, was die gesellschaftliche Einheit zerstört ist nichts wert […]".[14]

---

Sinne des Wortes keinen Religionskrieg gab, so war jeder Krieg in gewisser Weise religiös. „Es waren wie bei Homer die Götter, die für die Menschen kämpften". [*C'était comme dans Homère, les Dieux qui combattaient pour les hommes*], Du contrat social, in: O.C. III, 461.

[10] [*royaume spirituel*], ebd., 462.

[11] [*société générale du genre humain*], Du contrat social, 1ère version, in: O.C. III, 281.

[12] [*La première […] bornée au culte intérieur […] est la pure et simple religion de l'Évangile, le vrai théisme et ce qu'on peut appeler le droit divin naturel*], Du contrat social, in: O.C. III, 464.

[13] [*donne aux hommes deux législations, deux chefs, deux patries, les soumet à des devoirs contradictoires et les empêche de pouvoir être à la fois dévôts et citoyens*], ebd., 464.

[14] [*Elle est si évidemment mauvaise que c'est perdre son temps de s'amuser à le démontrer. Tout ce qui rompt l'unité sociale ne vaut rien […]*], ebd., 464.

Im Hinblick auf ihre soziale Nützlichkeit sind Christentum und Nationalreligionen zu vergleichen. Letztere haben den Vorteil, den Bürger stark an den Staat zu binden. Sie begünstigen den Zusammenhalt zwischen dem Gemeinwesen, indem sie die Liebe zum Vaterland und den Gesetzen stärken. Eine Nationalreligion, so Rousseau, „ist gut durch die Verbindung von göttlichem Kult und Liebe zu den Gesetzen und, indem sie das Vaterland zum Objekt der Verehrung der Bürger erhebt, lehrt sie die Bürger, daß der Dienst am Staat zugleich Dienst am Schutzgott ist".[15] Diese Religionsform hat jedoch den Nachteil, daß sie auf dem Irrtum beruht, den Aberglauben zu bestärken und Haß gegen andere Völker zu schüren, die weder ihren Glauben noch ihren Kult teilen. Ihr gewöhnlicher Zustand ist der Krieg.

Im Gegensatz dazu läßt die Religion des Menschen in der allumfassenden Gesellschaft des Menschengeschlechts alle Menschen zu Kindern desselben Gottes werden, aber sie hat keine wirkliche Beziehung zum Politischen im Sinne von Staat, Vaterland und Nation. Die Innerlichkeit des Glaubens und die Bindung an ein geistliches Reich bewirken, daß diese Religion den irdischen Geschäften gleichgültig gegenübersteht. Und schließlich, in bezug auf die einzelnen Gesellschaften, weist das Christentum mehr Nach- als Vorteile auf; Rousseau schließt mit folgender Behauptung: „Ich kenne nichts, was dem gesellschaftlichen Geist mehr entgegengesetzt wäre",[16] eine Behauptung, die er dann mit einer Reihe von kritischen Bemerkungen versieht, die nur mit der Idee, die er sich vom Christentum und den wahren Christen macht und von denen er anderswo sagt, es gäbe diese nicht, zu verstehen ist.[17]

„Eine Gesellschaft wahrer Christen wäre nicht mehr eine Gesellschaft von Menschen".[18] Wird diese paradoxe Formulierung auf gerade diese Religionsform angewandt, die Rousseau die Religion des Menschen nennt, so ist sie nur dem Scheine nach widersprüchlich. Denn es geht hier um den Bürger, d. h. um den in Gesellschaft lebenden Menschen, der an andere Menschen durch Vereinbarung und Gesetze, aber auch durch sehr starke Interessen gebunden ist, die diesen Zusammenschluß bestärken. „Die Heimat des Christen ist nicht von dieser Welt",[19] schreibt Rousseau und zeigt auf, daß der Christ, obwohl er ein guter Bürger ist, dennoch allzu wenig an irdischen Erfolgen interessiert ist, um sich ganz in die Angelegenheiten des Staates einzubinden. Muß das Vaterland verteidigt werden,

---

[15] [*est bonne, écrit Rousseau, en ce qu'elle réunit le culte divin et l'amour des lois, et que, faisant de la patrie l'objet de l'adoration des citoyens, elle leur apprend que servir l'État, c'est servir le Dieu tutélaire*], ebd., 464.

[16] [*je ne connois rien de plus contraire à l'esprit social*], ebd., 465.

[17] Vgl. O.C. II, 462.

[18] [*Une société de vrais chrétiens ne seroit plus une société d'hommes*], Du contrat social, in: O.C. III, 465.

[19] [*La patrie du chrétien n'est pas de ce monde*], ebd., 466.

wird er besser sterben können als siegen. Noch müßten alle gute Christen sein, sollte eine christliche Gesellschaft funktionsfähig sein. Sollte auch nur ein einziger ehrgeizig und skrupellos sein, würde er bald andere zu Sklaven gemacht haben. Und der Respekt des Christen für die Staatsgewalt würde bewirken, daß kein Aufbegehren den herrlichen Tyrannen trüben würde: „Die wahren Christen sind dazu geschaffen, Sklaven zu sein; sie wissen es und sind wenig davon erschüttert; dieses kurze Leben hat in ihren Augen zu wenig Wert".[20] So stellt Rousseau das Wesen des Christentums, so wie er es begreift, den mißglückten Wandlungen der Geschichte gegenüber, die davon ein so verschiedenartiges Bild ergeben, und die sich nur durch ein Wiederkehren zum Heidentum erklären lassen. „Da das Evangelium keine Nationalreligion begründet, ist jeder heilige Krieg zwischen Christen unmöglich".[21] Man kann also nur aus Untreue zum Evangelium von ‚christlichen Truppen' und von ‚christlicher Republik' sprechen: Jeder dieser beiden Ausdrücke schließt den anderen aus".[22] Was also für die Religion des Menschen gilt, erweist sich als unheilvoll für die einzelnen Gesellschaften. In bezug auf sie versteht sich Rousseaus Anklagerede: Durch Gleichgültigkeit gegenüber den Staatsangelegenheiten stärkt das Christentum die Autorität der Gesetze nicht; durch seine alleinige Bindung an ein geistliches Reich schwächt es die Vaterlandsliebe; durch seine Hingebung an die Sklaverei schließlich ruft es den Freiheitsgeist, der eine der Haupttriebfedern der Nationen ist, nicht hervor. Wenn aber von einem rein politischen Standpunkt aus die Nationalreligionen dem Staat zweckdienlicher sind als die Religion des Evangeliums, so ist es dennoch keine Frage, nach Jahrhunderten des Christentums zu ihnen zurückzukehren.

Keine der drei unterschiedenen Religionsformen entspricht also wirklich dem gesellschaftlichen Zustand, zumindest so wie ihn der *Gesellschaftsvertrag* in einer normativen Perspektive definiert. Deswegen nimmt sich Rousseau jetzt vor, „zum Recht zurückzukehren" und die „Prinzipien festzulegen".[23] Der letzte Teil des Kapitels, der kürzeste, ist der bürgerlichen Religion gewidmet.

Man muß sich hier, so wie es Rousseau selber tut, auf das vierte Kapitel des zweiten Buches des *Gesellschaftsvertrags* berufen, das überschrieben ist „Von den Grenzen der höchsten Staatsmacht".[24] Dieses Kapitel handelt von den Beziehungen zwischen öffentlicher Person und „einzelnen Personen, die sie bilden und

---

[20] [*les vrais chrétiens sont faits pour être des esclaves; ils le savent et ne s'en émeuvent guère; cette courte vie a trop peu de prix à leurs yeux*], ebd., 467.
[21] [*Comme l'Evangile n'établit point une religion nationale, toute guerre sacrée est impossible parmi les chrétiens*], ebd., 467.
[22] [*chacun de ces deux mots exclut l'autre*], ebd., 467.
[23] [*revenir au droit; fixer les principes*], ebd., 467.
[24] [*des bornes du pouvoir souverain*], ebd., 372.

deren Leben und Freiheit naturgemäß unabhängig von ihr sind",[25] kraft eines natürlichen Rechts, das die Bürger in ihrer Eigenschaft als Menschen genießen. Eine
gänzlich innere Religion, Glaubensüberzeugungen, die keine Wirkung auf das
Verhalten des Bürgers hätten, wären ohne Zweifel diesem natürlichen Recht zuzuordnen: „Die Untertanen sind dem Oberhaupt nur insofern Rechenschaft über
ihre Meinungen schuldig, wie diese für die Allgemeinheit von Wichtigkeit
sind".[26] Hier findet die Idee einer bürgerlichen Religion Eingang durch die Formulierung eines Prinzips, dessen Gültigkeit Rousseau nicht hinterfragt: „Es ist für
den Staat von Wichtigkeit, daß jeder Bürger eine Religion habe, die ihn zur Liebe
seiner Pflichten bewegt".[27] Selbst wenn es mit Bezug auf die Moral oder auf das
Verhalten gegenüber einem anderen in dieser Welt ist, daß der Herrscher im Recht
ist, eine Religion zu verlangen, so geht es hier um eine *Religion* mit ihren Dogmen,
ihrem Glaubensbekenntnis, ihren Verboten, die bis zu Verbannung und Tod gehen. Rousseau zögert indes. Geht es hier tatsächlich um Dogmen, wie sie die Religionen zu glauben vorschreiben? Gemäß dem ‚reinen bürgerlichen Glaubensbekenntnis‘ „ist es Sache des Staatsoberhauptes, die Artikel festzusetzen, nicht eigentlich wie Dogmen, sondern als Gefühl der Gesellschaftlichkeit, ohne die es
unmöglich ist, ein guter Bürger und ein treuer Untertan zu sein".[28] Versteht
man aber das Gefühl in einem starken Sinn, wie es Rousseau tut, kann es die Stelle
eines Dogmas einnehmen, insofern das Dogma in einem ursprünglichen Sinne
eine Wahrheit bezeichnet, die man glauben und verkünden muß? Der Begriff Gesellschaftlichkeit selbst, der einfach nur auf die Fähigkeit des Zusammenlebens
verweist, scheint schwach hinsichtlich der Ansprüche des *Gesellschaftsvertrags*.
Deswegen greift Rousseau sicherlich im nächsten Paragraphen, und diesmal ohne
zu zögern, das Wort Dogma auf, um es auf die bürgerliche Religion anzuwenden.
Der Ausdruck „Gefühle der Gesellschaftlichkeit" scheint deswegen verwendet zu
werden, um die Strenge gegenüber denjenigen, die sich nicht zum Glauben bekennen oder einen Meineid schwören würden, zu rechtfertigen. Das Dogma betrifft
bloß den theoretischen Aspekt der bürgerlichen Religion, der hier nicht in Betracht gezogen wird; hingegen ist das, was mit der schärfsten Strenge in dem einen
Falle mit Verbannung, in dem anderen mit dem Tode bestraft wird, einerseits der
Verrat am allgemeinen Willen in seiner gesetzgeberischen Macht, andererseits die

---

[25] [*les personnes privées qui la composent et dont la vie et la liberté sont naturellement indé-
pendantes d'elle*], ebd., 373.
[26] [*les sujets ne doivent donc compte au souverain de leurs opinions qu'autant que ces opinions
importent à la communauté*], ebd., 467 f.
[27] [*il importe bien à l'État que chaque citoyen ait une religion qui lui fasse aimer ses devoirs*],
ebd.
[28] [*Il appartient au souverain de fixer les articles, non pas précisément comme dogmes de
religion, mais comme sentiments de sociabilité sans lesquels il est impossible d'être bon citoyen et
sujet fidèle.*], ebd., 468.

Verweigerung, in diese Gesellschaft, die auf dem *Gesellschaftsvertrag* gründet, einzutreten, was logischerweise zum Austritt aus ihr führt. Der Schuldige wird verurteilt „nicht als ungläubig, sondern als jemand, der den Gesellschaftsvertrag verletzt".

Es geht aber darum, jetzt oder später, einer Art von Glaubensbekenntnis, das aus einer gewissen Anzahl von Artikeln zusammengestellt ist, zuzustimmen. „Die Dogmen der bürgerlichen Religion müssen einfach sein, der Zahl nach wenige, bestimmt ausgedrückt, ohne Erläuterungen und Kommentare".[29] Rousseau nennt fünf positive und fünf negative Dogmen. Die drei ersten sind die der natürlichen Religion: zuerst das Dasein Gottes, nicht nur für sich behauptet, sondern begleitet von den traditionellen Attributen der Göttlichkeit, die diese mit der göttlichen Vorsehung identifizieren. Der Gott der bürgerlichen Religion ist nicht nur der Schöpfer, er ist der Gott, der sich um die Menschen kümmert und sie liebt. Es ist tatsächlich der Gott des *Vicaire savoyard*. Das zweite Dogma betrifft das zukünftige Leben. Es ist Bedingung des dritten, an dem Rousseau immer festgehalten hat: die Vergeltung der Handlungen nach dem Tod: „das Glück der Gerechten, die Bestrafung der Bösen".[30] Diesen fügt Rousseau zwei weitere hinzu, die weniger in den Bereich der Religion als in den der Politik fallen und im Gemüt der Bürger den Respekt des Gesellschaftsvertrags und die Liebe zu den Gesetzen hervorrufen sollen: die Heiligkeit des ersteren und der letzteren. Der Begriff der Heiligkeit ist aus dem ihm eigenen Bereich in den des Staates übersetzt worden, und die Gefühle, die er einflößt, sind genau die, die man Gott schuldet. Die Pflichten des Bürgers sind ebenso bindend wie die des Gläubigen, oder besser, da die ersten Dogmen nur religiöser Natur sind, hängen die zweiten streng von ihnen ab. Es geht hier nicht um eine Nebeneinanderstellung, deren perverse Wirkungen Rousseau aufgezeigt hat, sondern um das religiöse Fundament der politischen Pflichten.

Weil Gott existiert, weil der Mensch unsterblich ist und seine Handlungen im Jenseits beurteilt werden, werde ich ein guter Bürger sein. Ich werde mein Vaterland lieben und seine Gesetze ehren. Man muß aber hinzufügen: Denn dies ist das Interesse des gesellschaftlichen Körpers, dessen Garant der Oberhaupt ist. Daher ist das einzige negative Dogma dasjenige, das auf Intoleranz abzielt, ohne daß es möglich wäre, bürgerliche und theologische Intoleranz zu unterscheiden. „Jetzt wo es keine ausschließliche Nationalreligion mehr gibt noch geben kann, muß man alle dulden, die die anderen dulden, sofern ihre Dogmen den Pflichten des

---

[29] [*Les dogmes de la religion civile doivent être simples, en petit nombre, énoncés avec précision, sans explications, ni commentaires.*], ebd.

[30] [*le bonheur des justes, le châtiment des méchants*], ebd.

Bürgers nicht widerstreiten".[31] Die Aufhebung des Edikts von Nantes, die Verfügung von 1724, die Haltung der Regierung des französischen Königsreichs gegenüber den Protestanten standen in einem derartigen Gegensatz zu den Prinzipien der bürgerlichen Religion, daß Rousseau trotz der damit verbundenen Risiken nicht umhinkonnte, am Schluß auf sie hinzuweisen. Er tut dies anhand der Kritik an der berühmten Behauptung: „Außerhalb der Kirche gibt es kein Heil", durch seine ablehnende Anspielung an Heinrich IV. und vor allem durch eine eingefügte, dann zurückgenommene, veränderte und schließlich wieder eingefügte Anmerkung über die zivile Trauung. Die Verurteilung ist unwiderruflich angesichts einer Lage, in der die Staatsreligion, d. h. die Religion der Priester, sich anmaßt, das Vorrecht und die Aufgaben des Staates in die eigenen Hände zu nehmen, um den Bürgern ihre Regeln vorzuschreiben.

So ergeben sich zwei Perspektiven in diesem Kapitel: Die eine bezieht sich auf die Geschichte, so wie sie Rousseau gerne durch hypothetische Rekonstruktion der ersten Tage der Menschheit, des Lebens der alten Völker und der Entwicklung des Christentums ins Gedächtnis ruft. In bezug auf die Gesellschaft erscheinen drei Religionsformen: Diejenige, die das Politische ganz mit dem Religiösen verbindet; diejenige, die sie gänzlich trennt, schließlich diejenige, die sie nebeneinander stellt. Keine entspricht derjenigen des *Gesellschaftsvertrags*. Die Idee der bürgerlichen Religion entspringt aus diesem Mangel. Es stellt sich also die Frage, ob diese Religion notwendig war und ob sie einer tiefen Anforderung seines Denkens entspricht.

Wenn Rousseau sich im ersten Buch des *Gesellschaftsvertrags* Fragen über die Ursprünge der politischen Macht stellt, wenn er den Inhalt und die Beschaffenheit des Gesellschaftsvertrags und den allgemeinen Willen beschreibt, kurz, wenn er die Prinzipien des politischen Rechts behandelt, gibt es für die Religion keinen Platz und die Autonomie der Grundlagen wird durch den überall erhobenen Anspruch der Freiheit des Menschen gesichert. Ist es nicht das Empirische, d. h. die Geschichte und die Idee, die sie mitträgt, der zufolge keine Gesellschaft ohne Religion überleben kann, die sich Rousseau hier schließlich aufdrängt? Die Übereinstimmung, die er zum Zweck der Beweisführung zwischen der vergangenen und jetzigen Erfahrung der Menschen erstellt, und sein Projekt einer neuen Gesellschaft haben mehr als einen Kommentator irregeführt.

Man muß jedoch anerkennen, daß Rousseau von Anfang an der Religion eine besondere Stellung einräumte[32] und daß in seinem *Brief an Voltaire* vom 18. Au-

---

[31] [*Maintenant qu'il n'y a plus et qu'il ne peut plus y avoir de religion nationale exclusive, on doit tolérer toutes celles qui tolèrent les autres, autant que leurs dogmes n'ont rien de contraire aux devoirs du citoyen*], ebd.

[32] In den *Jugements politiques*, die zum ersten Male von G. Streckeisen-Moultou in den *Œuvres et correspondances inédites* (Paris 1861), herausgegeben wurden, findet man etwas, das Titel einer

gust 1756[33] eine erste Form eines bürgerlichen Glaubensbekenntnisses als eine wesentliche Bedingung zur Reform unserer Gesellschaften auftaucht. Diese wohl datierte Skizze des Kapitels über die bürgerliche Religion ist nicht ohne jegliches Interesse. Es handelt sich zuerst um ein rein religiöses Glaubensbekenntnis, das auf Voltaires *Gedicht zur Katastrophe von Lissabon* und dessen Angriffen auf die Vorsehung antwortet. Rousseau bemüht sich, seine eigenen Überzeugungen zu ordnen und die Zusammenhänge aufzuzeigen, die zwischen der Behauptung der Existenz Gottes, seiner Güte, seiner Gerechtigkeit und der Unsterblichkeit der Seele bestehen. Es geht hier um eine innere Überzeugung, die gleichzeitig dezidiert und demütig ausgedrückt wird: „Tausend bevorzugte Themen ziehen mich auf die tröstlichste Seite und fügen das Gewicht der Hoffnung an das Gleichgewicht der Vernunft".[34] Aber wie es für Rousseau offensichtlich heißt, „glauben oder nicht glauben in Dingen, wo es schlicht keine Beweisführung gibt",[35] hängt nicht vom Menschen ab, die vollkommenste Toleranz kann man dort besonders von der politischen Macht verlangen: „Jede menschliche Regierungsform beschränkt sich von Natur aus auf die bürgerlichen Pflichten und was auch immer der Sophist Hobbes dazu gesagt haben mag, wenn ein Mensch dem Staate wohl dient, ist er niemandem Rechenschaft über seinen Dienst gegenüber Gott schuldig".[36] Und sicherlich ist der tugendhafte Ungläubige in den Augen Gottes mehr wert als der untreue Gläubige. Ohne irgendeinen Übergang führt Rousseau dann die Idee eines „Glaubensbekenntnisses ein, das die Gesetze auferlegen können".[37] Keineswegs wird hier die bürgerliche Religion erwähnt, sondern ein „Moralkodex oder eine Art bürgerliches Glaubensbekenntnis, das positiv alle sozialen Maximen beinhaltet, die jeder anerkennen müßte".[38] Ist das negative Glaubensbekenntnis bereits klar, nämlich als Verurteilung der Intoleranz, sei es die der Gläubigen oder der Ungläubigen, so ist im Gegensatz dazu hier keine positive Maxime erwähnt, es sei denn der unscharfe Ausdruck der ‚Prinzipien der Moral und des Naturrechts'. „Somit wäre jede Religion, die sich mit dem Gesetzbuch vereinigen

---

Reihe von Kapiteln oder Themen sein könnte und auf der Rückseite einer Skizze zur Einführung in die *Institutions politiques* steht. „Über die Religion" [*De la religion*] befindet sich zwischen dem Kapitel „Über die Gesetze" [*Des lois*] und jenem „Über die Ehre" [*De l'honneur*]; vgl. Fragments politiques, in: O.C. III, 473.

[33] Lettre de Jean-Jacques Rousseau à Monsieur de Voltaire, in: O.C. IV, 1059–1075.

[34] [*mille sujets de préférence m'attirent du côté le plus consolant et joignent le poids de l'espérance à l'équilibre de la raison*], ebd., 1071.

[35] [*croire ou ne pas croire dans des matières où la démonstration n'a point lieu*], ebd., 1072.

[36] [*tout gouvernement humain se borne par sa nature aux devoirs civils, et, quoiqu'on ait pu dire le sophiste Hobbes, quand un homme sert bien l'État, il ne doit compte à personne de la manière dont il sert Dieu*], ebd.

[37] [*profession de foi que les lois peuvent imposer*], ebd., 1074.

[38] [*code moral ou d'une espèce de profession de foi civile qui contînt positivement les maximes sociales que chacun serait tenu d'admettre*], ebd.

läßt, zulässig; jede Religion, die sich nicht vereinigen ließe, unzulässig; und jeder wäre frei, keine andere zu haben als diese Gesetze selbst".[39] Rousseau lädt Voltaire, der in seinem *Gedicht über die Naturreligion* einen ‚Katechismus des Menschen' vorschlägt, ein, der Menschheit einen ‚Katechismus des Bürgers' zu geben, der „das nützlichste Buch, das jemals geschrieben worden ist" und das letzte Werk des großen Mannes sein könnte.[40]

1756 unterscheidet Rousseau gründlich zwischen dem Religiösen und dem Politischen. Das erste bezieht sich auf das *Forum internum*; er ist mit Voltaire darüber empört „daß der Glaube des Einzelnen sich nicht in der vollkommensten Freiheit befinde, und daß der Mensch es wage, das Innere des Gewissens zu überwachen […]".[41] Das Wichtige ist das Gesetzbuch des Bürgers, dessen Verwirklichung es erlaubt, jede Religion, die den Interessen des Staates widerspricht, auszuschließen. Dieses Gesetzbuch bezieht sich mehr auf Maximen der Gesellschaftsordnung als auf die Dogmen einer Religion, und sei es die bürgerliche. Der bürgerliche Katechismus fordert eine Art Gesellschaftskunde, die selbst der Atheist annehmen könnte. Rousseau scheint nicht daran zu zweifeln, daß auch dieser ein guter Bürger sein kann.

War die Einladung Rousseaus an Voltaire, der nie auf das eigentliche Problem des Briefes einging, ehrlich? Man darf daran zweifeln, daß er einem anderen die Sorge überlassen hätte, einen Katechismus für den Bürger zu verfassen. Jedenfalls fing er selbst an, über den Inhalt eines solchen bürgerlichen Glaubensbekenntnisses nachzudenken. Zwischen dieser ersten Skizze in dem *Brief an Voltaire* und dem fertigen Text des *Gesellschaftsvertrags* verfügen wir über eine Zwischenfassung, die des *Genfer Manuskripts*, der im allgemeinen wenig Aufmerksamkeit geschenkt wird.[42] Entstand diese Fassung, die etwas kürzer ist als der *Gesellschaftsvertrag*, reichlich korrigiert, zur gleichen Zeit wie das *Manuskript* oder unmittelbar danach? Ist sie eine unentbehrliche Ergänzung zu den Entwicklungen über das Politische und das Religiöse, die am Schluß des Kapitels über den Gesetzgeber auftauchen? Eine genaue Datierung ist schwer, der Text zeigt jedoch genügend wichtige Unterschiede zu der endgültigen Fassung auf, damit man sich mit ihm befasst. So fängt das *Manuskript* anstelle der historisch-hypothetischen Darlegung des *Gesellschaftsvertrags* mit der Aufstellung eines Prinzips an: „Sobald die Menschen in Gesellschaft leben, brauchen sie eine Religion, die sie in dem Zustande erhält. Noch nie hat ein Volk ohne Religion fortbestanden, noch wird

---

[39] [*Ainsi toute religion qui pourrait s'accorder avec le code serait admise; toute religion qui ne s'accorderait pas serait proscrite; et chacun serait libre de n'en avoir point d'autre que ce code même*], ebd.

[40] [*catéchisme du citoyen qui pourrait être le livre le plus utile qui jamais ait été composé*], ebd.

[41] [*que la foi de chacun ne soit pas dans la plus parfaite liberté, et que l'homme ose contrôler l'intérieur des consciences […]*], ebd.

[42] Vgl. Emile, in: O.C. IV, 336–344.

es ohne eine solche fortbestehen [...]".⁴³ Allgemein gesprochen, selbst wenn die meisten Paragraphen ohne Änderungen im *Gesellschaftsvertrag* aufgenommen wurden, so sind sie in beiden Texten doch nicht auf die gleiche Weise angeordnet.

Zweitens setzt das Glaubensbekenntnis des *Manuskripts* praktische Bestimmungen voraus, die in der letzten Fassung entfernt worden sind. So etwa: „Jeder Bürger muß dieses Glaubensbekenntnis vor hohen Beamten ablegen und ausdrücklich seine Dogmen anerkennen".⁴⁴ Weiter: „Ist dieses Glaubensbekenntnis einmal aufgestellt, so soll es jedes Jahr feierlich erneuert werden und diese Feierlichkeit soll von einem erhabenen und einfachen Kult begleitet werden, dessen Beamte die einzigen Diener sind, die in den Gemütern die Liebe zum Vaterland erwärmen."⁴⁵ Schließlich ist ein wichtiger Paragraph verschwunden, der anläßlich der Verurteilung der Intoleranz von Missionaren die bürgerliche Religion als Grundlage aller anderen Religionen darstellt und eine Hoffnung ausdrückt, die an keinem anderen Ort zum Ausdruck kommt: „So wird man die Vorteile der Religion des Menschen und der des Bürgers vereinen [...]".⁴⁶ Da die göttlichen und die menschlichen Gesetze sich immer auf einen gleichen Gegenstand beziehen, werden auch die frömmsten Theisten die eifrigsten Bürger sein. Da die Gleichsetzung der Religion des Menschen mit der des Evangeliums und die Anklage gegen das Christentum beiden Texten gemein ist, versteht man leicht, daß dieser Paragraph in der ersten Fassung zu sehr einem frommen Wunsch Rousseaus ähnelte, als daß er in der endgültigen Fassung beibehalten worden wäre.

Trotz dieser Unterschiede kündigt die Fassung des *Manuskripts* ziemlich genau die des *Gesellschaftsvertrags* an. Und im Hinblick auf den *Brief an Voltaire* wird die Änderung der Perspektive am deutlichsten.⁴⁷ Es ist so, als sei das Wesen des religiösen Glaubensbekenntnisses im Katechismus des Menschen der ersten Fassung in das bürgerliche Glaubensbekenntnis des Katechismus des Bürgers der zweiten eingegangen, und als sei somit der Atheist des *Gesellschaftsvertrags* aus dem Staat ausgeschlossen: „In jedem Staat, der von seinen Mitgliedern das Opfer

---

⁴³ [*Sitôt que les hommes vivent en société, il leur faut une religion qui les y maintienne. Jamais peuple n'a subsisté ni ne subsistera sans religion [...]*], ebd., 336.

⁴⁴ [*tout citoyen doit être tenu de prononcer cette profession de foi par-devant le magistrat, et d'en reconnaître expressément les dogmes*], ebd., 342.

⁴⁵ [*cette profession de foi une fois étable, qu'elle se renouvelle tous les ans avec solennité, et que cette solennité soit accompagnée d'un culte auguste et simple dont les magistrats soient seuls les ministres et qui réchauffent dans les cœurs l'amour de la patrie*], ebd.

⁴⁶ [*Ainsi l'on réunira les avantages de la religion de l'homme et de celle du citoyen [...]*], ebd.

⁴⁷ Henri Gouhier unterschätzt diesen Unterschied in seinem Vortrag (La religion du vicaire savoyard dans la cité du Contrat social, in: Etudes sur le contrat social de Jean-Jacques Rousseau. Actes des journées d'études tenues à Dijon les 3, 4, 5 et 6 mai 1962, Paris 1964, 263–275), obwohl er die meisten Fragen, die das Problem der bürgerlichen Religion stellt, mit einer feinen Unterscheidungsgabe beantwortet.

ihres Lebens verlangen kann, ist der, der nicht an ein zukünftiges Leben glaubt, notwendigerweise ein Feigling oder ein Verrückter".[48]

Im Ausgang von diesen wenigen Betrachtungen zur Genese der Idee der bürgerlichen Religion ergibt sich, daß das Kapitel des *Gesellschaftsvertrags* ein Resultat fortwährender Verbesserungen, zahlreicher Umbildungen und leichter Detailänderungen gegenüber den vorhergehenden Fassungen ist. Auch wenn es weniger ‚laizistisch' als der *Brief an Voltaire*, weniger deutlich als das *Manuskript* über die Formen des Glaubensbekenntnisses ist,[49] kürzer auch als dieses, was das negative Dogma der Intoleranz[50] betrifft, so bildet es nicht das Ende von Rousseaus Gedanken über dieses Thema. Die Reaktionen, welche die Veröffentlichung des *Gesellschaftsvertrags* auslösten, führten Rousseau in den folgenden Jahren ähnlich wie auch nach dem Erscheinen des ersten *Discours* dazu, sowohl in der persönlichen Korrespondenz[51] als auch in den veröffentlichten Texten eine gewis-

---

[48] [*dans tout État qui peut exiger de ses membres le sacrifice de leur vie, celui qui ne croit point à la vie à venir est nécessairement un lâche ou un fou*], Emile, in: O.C. IV, 336.

[49] Vgl. mit der im *Projet de constitution pour la Corse* von Rousseau vorgeschlagenen Eidesformel, in: O.C. III, 943.

[50] „Ein notwendiger und unentbehrlicher Artikel im bürgerlichen Glaubensbekenntnis ist daher folgender: Ich glaube nicht, daß irgend jemand vor Gott schuldig sei, weil er nicht wie ich über seinen Kult nachgedacht hat. Weiterhin sage ich: Es ist unmöglich, daß die Intoleranten, die unter den gleichen Dogmen vereinigt sind, jemals unter sich in Frieden leben. Von dem Moment an, in dem die einen Einsicht in den Glauben der anderen haben, werden sie alle zu Feinden, jeweils Verfolgte und Verfolger, jeder gegen alle und alle gegen jeden. Der Intolerante ist der Mensch von Hobbes, die Intoleranz ist der Krieg der Menschheit. Die Gesellschaft der Intoleranten gleicht der der Dämonen: Sie sind sich nur einig um sich zu quälen. Die Schrecken der Inquisition haben nur in den Ländern geherrscht, wo alle intolerant waren, in diesen Ländern hängt es alleine vom Glück ab, daß die Opfer nicht Henker seien. Man muß denken wie ich, um gerettet zu werden. Dies ist das schreckliche Dogma, das die Erde betrübt. Sie werden niemals etwas für den öffentlichen Frieden im Staat getan haben, falls sie nicht dieses höllische Dogma entfernen. Jeder, der es nicht als abscheulich empfindet, kann weder Christ, noch Bürger, noch Mensch sein, er ist ein Monster, das man für die Ruhe des Menschengeschlechts aufopfern muß". [*Un article nécessaire et indispensable dans la profession de foi civile est donc celui-ci. Je ne crois point que personne soit coupable devant Dieu pour n'avoir pas pensé comme moi sur son culte. Je dirai plus. Il est impossible que les intolérants réunis sous les mêmes dogmes vivent jamais en paix entre eux. Dès qu'ils ont inspection sur la foi les uns des autres, ils deviennent tous ennemis, alternativement persécutés et persécuteurs, chacun sur tous et tous sur chacun. L'intolérant est l'homme de Hobbes, l'intolérance est la guerre de l'humanité. La société des intolérants est semblable à celle des démons: ils ne s'accordent que pour se tourmenter. Les horreurs de l'inquisition n'ont jamais régné que dans les pays où tout le monde était intolérant, dans ces pays il ne tient qu'à la fortune que les victimes ne soient pas les bourreaux. Il faut penser comme moi pour être sauvé. Voilà le dogme affreux qui désole la terre. Vous n'aurez jamais rien fait pour la paix publique si vous n'ôtés de la cité ce dogme infernal. Quiconque ne le trouvera exécrable ne peut être ni chrétien ni citoyen ni homme, c'est un monstre qu'il faut immoler au repos du genre humain.*], Du contrat social, 1ère version, in: O.C. III, 341.

[51] Unter den ersten soll hier der Brief an Isaac-Ami Marcet de Maizières vom 24. Juli 1762 zitiert werden, der eine Skizze der Argumentation der *Lettres écrites de la Montagne* in sechs Punkten ist,

se Anzahl von Präzisierungen anzubringen, die ein noch stärkeres Licht auf diese These der bürgerlichen Religion werfen. Somit bilden der *Brief an Christophe de Beaumont* vom 18. November 1762 und die *Briefe vom Berge*, die im Dezember 1764 in Genf angekommen waren, wichtige Ergänzungen zur Theorie der bürgerlichen Religion, auch wenn dies nicht ihr Hauptthema war. Das Antwortschreiben an den Erzbischof von Paris und seine Verteidigung des *Emile* veranlassen Rousseau, seine Ansichten zur Religion darzulegen. Es gibt seiner Meinung nach „zwei Arten, die verschiedenen Religionen zu untersuchen und zu vergleichen; die eine gemäß dem Wahren und Falschen, das sich in ihnen befindet [...], die andere gemäß dem Guten oder Schlechten, das sie einer Gesellschaft und dem Menschengeschlecht bringen können".[52] Die Frage ist dann, ob die wahrere Religion zugleich die gesellschaftsfähigere ist. Aber „falls der Mensch für die Gesellschaft gemacht ist, so ist die wahrste Religion auch die gesellschaftsfähigste; denn Gott will, daß wir so seien wie er uns geschaffen hat [...]".[53]

Rousseau legt somit von vornherein die Richtlinie seiner Untersuchung fest. Er wird das Argument der Theologen nicht untersuchen. Er wird nur die Wirkungen der Religionen auf die Gesellschaft in Betracht ziehen. Tragen diese dazu bei, sie menschlicher zu machen? Die Kriege, die sie immer wieder bewirken, scheinen das Gegenteil zu beweisen. Rousseau stellt sich die Völker vor, die, des ständigen Mordens überdrüssig, sich zusammentun, um über eine gemeinsame Religion übereinzukommen. Indem sie auf Unwesentliches verzichten, das sie entzweit, kommen sie über eine gewisse Anzahl von Artikeln, die eine allumfassende Religion ausmachen wird, überein.[54] Diese wird „die menschliche und gesellschaft-

---

in dem Rousseau auf einige Anklagepunkte antwortet, die in Genf gegen *Emile* und den *Gesellschaftsvertrag* vorgebracht wurden, und welche die Verurteilung, die diesen Schriften zuteil wurde, zu rechtfertigen schienen. Der *Gesellschaftsvertrag* wird nur erwähnt in bezug auf die bürgerliche Religion, von der Rousseau wiederum behauptet, sie sei für eine gute Staatsverfassung notwendig und lasse sich dennoch nicht mit dem Christentum identifizieren, wenigstens nicht dem von heute. Diese Einschränkung mag verwundern. Ist sie nicht eine zu einfache Ausrede, da es sich klar um das Christentum des Evangeliums handelt, dessen Kritik am schärfsten im Kapitel des *Gesellschaftsvertrags* formuliert ist? Sicherlich denkt Rousseau hier an Genf und an die Art, wie die Pastoren die Schrift gegen ihn benutzten. Vgl. Correspondance complète de Jean-Jacques Rousseau, hg. von R.A. Leigh, Genève 1970, Bd. XII, 96 ff.

[52] [*deux manières d'examiner et de comparer les religions diverses ; l'une selon le vrai et le faux qui s'y trouvent [...] l'autre selon le bien et le mal qu'elles peuvent faire à la société et au genre humain*], Lettre à Christophe de Beaumont, in: O.C. IV, 969.

[53] [*Si l'homme est fait pour la société, la religion la plus vraie est aussi la plus sociale; car Dieu veut que nous soyons tels qu'il nous a fait [...]*], ebd., 975 ff.

[54] Rousseau reiht sich in eine lange Tradition von Denkern ein, für welche die Kriege, die aus der Religion geboren werden, das größte Unheil für die Menschheit bedeuten, und welche die Idee einer universalen Religion mit der Fähigkeit vorschlagen, im Respekt der auf der Erde gebräuchlichen Kulte alle Menschen als Kinder des gleichen Gottes in einem gemeinsamem Credo zu vereinen, das auf einige wenige wesentliche Artikel beschränkt wäre. Von Raimund Llull zu Leibniz, von Nicolaus

liche Religion sein, die jeder in Gesellschaft lebende Mensch verpflichtet ist anzunehmen".[55] Die Glaubensartikel dieser Religion sind genau die der bürgerlichen Religion, der alle Bürger zustimmen müssen. Und Rousseau rechtfertigt
hier in aller Deutlichkeit, was er in seinem *Brief an Voltaire* ablehnte:

> Warum hat ein Mensch Einblick in den Glauben eines anderen und warum hat der Staat
> Einblick in den Glauben seiner Bürger? Eben weil man annimmt, daß der Glaube der
> Menschen ihre moralische Gesinnung bestimmt, und weil ihr Verhalten in diesem Le-
> ben von den Ideen, die sie sich vom Leben nach dem Tode machen, abhängt [...]. In der
> Gesellschaft hat jeder das Recht, darüber unterrichtet zu sein, ob ein anderer sich ver-
> pflichtet fühlt, gerecht zu sein, und das Oberhaupt ist im Recht, die Gründe zu unter-
> suchen, auf denen diese Verpflichtung für jeden fußt.[56]

Dies sind, an dieser Stelle besser als anderswo formuliert, die wahren Beweggrün-
de für das bürgerliche Glaubensbekenntnis.[57]

In einem anderen Kontext[58] zeigen uns die *Briefe vom Berge* den letzten Stand
der Frage. Ein wichtiger Teil des ersten Briefes ist nämlich dem Problem der Religion sowie einer neuen Untersuchung über deren Verhältnis zur Gesellschaft gewidmet.[59] Rousseau steht unter der Anschuldigung von Generalstaatsanwalt
Tronchin, dem Verfasser der *Briefe vom Land*;[60] da er gesagt haben soll, das Evangelium sei „absurd und verderblich". Dem entgegnet Rousseau, er habe im Ge-

---

von Kues zu Rousseau verdient dieser Gedanke einer einzigen Religion die Aufmerksamkeit des
Philosophen genauso wie die Idee zu einem ewigen Frieden, die ihre unmittelbarste Konsequenz ist.

[55] [*la religion humaine et sociale que tout homme vivant en société soit obligé d'admettre*], Lettre
à Christophe de Beaumont, in: O.C. IV, 976.

[56] [*Pourquoi un homme a-t-il inspection sur la croyance d'un autre et pourquoi l'État a-t-il
inspection sur celle des citoyens? C'est parce qu'on suppose que la croyance des hommes détermine
leur morale et que des idées qu'ils ont de la vie à venir dépend leur conduite en celle-ci [...] Dans la
société chacun est en droit de s'informer si un autre se croit obligé d'être juste, et le souverain est en
droit d'examiner les raisons sur lesquelles chacun fonde cette obligation.*], ebd., 973.

[57] Der starke Begriff „inspection", der unerfreulicherweise an eine Inquisitionsprozedur erinnert,
hat mehr als einen schockiert und zu der Idee einer totalitären Gesellschaft geführt, die man Rousseau manchmal unterstellt, von der diejenigen ausgeschlossen sind, die den Dogmen der bürgerlichen Religion nicht zustimmen.

[58] Während der Niederschrift, die zum Ziel hatte, seinen Freunden Argumente zu seiner Verteidigung zu liefern, sind Rousseau die Genfer Institutionen, die seine Verurteilung ermöglichten,
immer präsent gewesen.

[59] Rousseau führt neue Unterscheidungen ein, die es ihm ermöglichen, besser noch den einzigen
Punkt hervorzuheben, in dem „die Religion unmittelbar unter die Rechtsprechung der Regierung
fällt. Diese muß verbannen, nicht den Fehler, dessen sie nicht Richter ist, sondern jedes schädliche
Gefühl, das danach strebt den sozialen Knoten zu durchbrechen" [*la religion rentre directement sous
la juridiction [du gouvernement]. Celui-ci doit bannir, non l'erreur, dont il n'est pas juge, mais tout
sentiment nuisible qui tend à couper le nœud social*], Lettres écrites de la Montagne, in: O.C. III,
694 f.

[60] *Les lettres écrites de la Campagne* erschienen im September 1763 als anonyme Broschüre in
Genf.

genteil gesagt, daß es „erhaben und das stärkste Band der Gesellschaft"[61] sei. Er wiederholt die Beweisführung des Kapitels über die bürgerliche Religion mit einer Prägnanz, die ihr mehr Kraft verleiht. „Das Kapitel, von dem ich spreche, dient, wie es der Titel bereits ankündigt, der Untersuchung, wie die religiösen Institutionen in die Staatsverfassung eingebunden werden können".[62] Die Religionen werden somit nur als „Teile der Gesetzgebung"[63] betrachtet. Dies schließt von vornherein das Christentum, das eine allumfassende Religion ist, aus. Und da die nationalen Religionen dem Staate sicherlich von Nutzen, dem Menschengeschlecht aber abträglich sind, bleiben dem „weisen Gesetzgeber" nur zwei Möglichkeiten übrig: Er kann entweder eine bürgerliche Religion vorschlagen, welche „die fundamentalen Dogmen einer jeden guten Religion"[64] enthält, d.h. diejenigen, die der Gesellschaft wirklich dienlich sind. Oder er kann „das Christentum, so wie es in seinem wirklichen Geiste ist, belassen";[65] dann aber wird es nur als „Religion, Gefühl, Meinung, Glaube" betrachtet und nicht als „politisches Gesetz". Rousseau vermag also zu schlußfolgern: „Indem ich die christliche Religion aus den nationalen Einrichtungen herausnehme, begründe ich sie als die beste Religion für das Menschengeschlecht".[66] Der Kern der Beweisführung ist hier, wie im *Gesellschaftsvertrag*, die Unterscheidung zwischen allgemeiner und einzelner Gesellschaft. Neu ist jedoch die Alternative, von der die bürgerliche Religion nur ein Ausdruck ist. Rousseau richtet sich nämlich an die Genfer, und es ist wenig wahrscheinlich, daß Genf eines Tages eine bürgerliche Religion in seine Gesetzgebung aufnehmen wird. Der zweite Teil der Alternative ist also das geringere Übel. Falls das Christentum die herrschende Religion bleibt, soll es nur als das betrachtet werden, was es ist, nämlich eine „Heilswissenschaft"[67] und nicht eine Regierungswissenschaft. In diesem zweiten Fall ist Rousseau nämlich ein Verfechter einer strengen Trennung von Kirche und Staat. Diese Perspektive ist indes nicht die des *Gesellschaftsvertrags*, der die Idee einer Idealgesellschaft vorschlägt, in der die bürgerliche Religion ein wesentlicher Bestandteil ist.

Es scheint also nicht möglich, durch diese Alternative die Wichtigkeit der bürgerlichen Religion im Modell des *Gesellschaftsvertrags* zu vermindern. Die Vielfalt der Texte vor und nach dem *Gesellschaftsvertrag* zeigen, daß es Rousseau dort um ein zentrales Thema geht, an das er sehr früh gedacht und das er nie aufgege-

---

[61] [*sublime et le plus fort lien de la société*], Lettres écrites de la Montagne, in: O.C. III, 703.

[62] [*Le chapitre dont je parle est destiné, comme on le voit par le titre, à examiner comment les institutions religieuses peuvent entrer dans la constitution de l'État.*], ebd.

[63] [*parties de la législation*], ebd.

[64] [*les dogmes fondamentaux de toute bonne religion*], ebd., 705.

[65] [*laisser le christianisme tel qu'il est dans son véritable esprit*], ebd.

[66] [*en ôtant des institutions nationales la religion chrétienne, j'établis la meilleure pour le genre humain*], ebd., 705 f.

[67] [*science du salut*], ebd., 705 f.

ben hat. Nirgends stellt er weder das Prinzip in Frage, daß eine Religion für eine Gesellschaft notwendig ist, noch die Tatsache, daß keine existierende Religionsform ihr wirklich entspricht. Auch ist er von der Idee einer wesentlichen Religion beflügelt, die kein anderes Ziel befolgen würde, als die Menschen an ihre Pflichten zu binden. Am Schluß seiner Gedanken über die neue Gesellschaft scheint diese Idee sich wieder aufzudrängen. In dieser Hinsicht ist die Stellung, die der bürgerlichen Religion im *Gesellschaftsvertrag* zugeschrieben wird, nicht ohne Bedeutung. Das Kapitel über die bürgerliche Religion im *Gesellschaftsvertrag* ist einer Schlußfolgerung so nahe, die nur das Eingeständnis einer Unabgeschlossenheit und der Unmöglichkeit ist, die Rechtsprinzipien auf die Verhältnisse zwischen den Nationen auszudehnen. Es ist insofern das letzte Kapitel und die eigentliche Schlußfolgerung. Es beendet nämlich die Lehre des *Gesellschaftsvertrags*, indem es zeigt, daß das ursprüngliche Abkommen nicht alles ist und daß der allgemeine Wille nicht nur eine Interessengemeinschaft umfaßt, sondern auch Gefühle und Glaubenssätze, ohne die das Zusammenleben in einer Gesellschaft unvorstellbar ist. Falls alle Kulte erlaubt sind, falls theoretisch alle Religionen, die andere tolerieren im Staat des *Gesellschaftsvertrags* erlaubt sind, muß dennoch ein Kult und eine Religion, die sich auf Vaterland und Gesetze beziehen und ohne die keine Gesellschaft in ihrem Wesen bestehen kann, für jeden identisch sein.

Da diese Religion kein anderes Ziel verfolgt als die Bürger an ihren Staat zu binden, hätte Rousseau sie sich gewiß als feierliche Form eines Bundes aller Bürger unter der Autorität der Gesetze vorstellen können, als Personifizierung oder Symbol des Oberhaupts selbst, dem ein Kult entgegengebracht würde, kurz, als eine Art Religion, nicht des Menschengeschlechts, wie bei Auguste Comte, sondern des durch den *Gesellschaftsvertrag* begründeten Staates, ohne notwendige Beziehung zu einer Gottheit. Nun impliziert aber die bürgerliche Religion einen Glauben an eine Anzahl von unbeweisbaren Wahrheiten, die sogar im Fall ihrer Reduktion auf das Wesentliche einem ‚reinen Theismus‘ entsprechen, der für Rousseau die eigentliche natürliche Religion des Menschen ist. Deswegen werden die Atheisten letztlich als Außenseiter betrachtet, die eine moralisch verdorbene Vernunft mit Vorurteilen blendet, die ähnlich schädlich sind wie die des Aberglaubens.

In diesem Sinne ist die bürgerliche Religion tatsächlich eine Religion, da sie den Menschen an eine göttliche Vorsehung durch einen Glauben bindet, den er öffentlich zu bekennen verpflichtet ist. Andererseits jedoch enthält diese Religion keinen eigentlichen religiösen Kult. Sie zeigt sich nicht durch Zeremonien oder öffentliche Gebete. Ihr rein bürgerlicher Kult steht nicht mit dem anderer Religionen in Konkurrenz. Sie ist daher eine Religion ohne Tempel, ohne Priester. Ihre einzigen Diener sind die hohen Beamten, vor denen der Bürger ein Glaubensbekenntnis ablegt, dessen einzige Wirkungen, nämlich die Vaterlandsliebe und der

Respekt vor den Gesetzen, für den Staat wirklich von Bedeutung sind. Die bürgerliche Religion ist also rein bürgerlich durch ihren Kult und ihre vom Glaubensbekenntnis erwarteten praktischen Wirkungen. Paradoxerweise und im Gegensatz zur Idee, die man sich im allgemeinen von den Religionen und vom Christentum macht, bindet sie den Bürger einzig und allein an seine irdischen Pflichten und Aufgaben. Sie tut dies aber im Namen einer Forderung, die transzendent bleibt: Allein der Glaube an eine göttliche Vorsehung ist imstande, den Bürger auf seine Aufgaben zu verpflichten.

Unabhängig davon, welches Gewicht ihr auch schließlich zukommt: Die bürgerliche Religion fließt nicht wie eine notwendige Zutat in die erste Aufstellung des Gesellschaftsvertrags ein. Der allgemeine Wille gründet nur in sich selbst, wie Rousseau es in der ersten Fassung des *Gesellschaftsvertrags* in Erinnerung ruft: „Jede Gerechtigkeit kommt von Gott, er allein ist ihre Quelle; wären wir in der Lage, sie von so hoch her zu empfangen, bräuchten wir weder Führung noch Gesetze." Das bürgerliche Gesetz ist der Ausdruck des allgemeinen Willens, der sich durch den Grundvertrag bildet. Dies ist der Standpunkt des Rechts. Aber Rousseau nimmt auch die Menschen, wie sie sind. Der Brief an Usteri vom 15. Juli 1763[68] ist in dieser Hinsicht bedeutungsvoll. Usteri hatte ihm wie viele andere auch vorgeworfen, im *Emile* dem Himmel dafür gedankt zu haben, in der vernünftigsten und gesellschaftsfähigsten Religion geboren worden zu sein, und im *Gesellschaftsvertrag* behauptet zu haben, nichts zu kennen, was dem Geiste der Gesellschaft entgegengesetzter wäre als das Christentum. Rousseau antwortete, indem er wieder einmal Allgemein- und Einzelgesellschaft unterscheidet, und er fügt hinzu:

> Die Einzelgesellschaften [...] sind rein menschliche Errichtungen, von denen folglich das wahre Christentum uns freimacht wie von allem, was nur irdisch ist. Es sind nur die Laster der Menschen, die diese Errichtungen notwendig machen, es sind nur die Affekte der Menschen, die sie erhalten [...] Mein Buch ist nicht für Götter geschrieben.

Und damit diese Einzelgesellschaften Staaten des *Gesellschaftsvertrags* werden, scheint es für ihn notwendig zu sein, eine bürgerliche Religion aufzustellen, die allein die Stabilität des Staates gewähren kann, nachdem dieser durch den allgemeinen Willen konstituiert worden ist. Damit die Bürger nicht jederzeit – was theoretisch möglich wäre – ihre Bindung an die Gesetze, von denen sie zugleich die Gesetzgeber und die Untertanen sind, in Frage stellen, scheint für Rousseau die staatsbürgerliche Moral von der Religion unabtrennbar zu sein. Der Atheismus kann nur zur Unmoral führen:

> Heben sie die ewige Gerechtigkeit und das Weiterleben meines Wesens im Jenseits auf, so sehe ich in der Tugend nur noch einen Wahnsinn, dem man einen schönen Namen

---

[68] In: Correspondance complète de Jean-Jacques Rousseau (wie Anm. 51), Band XVII, 62 f.

gibt. Für einen Materialisten ist die Selbstliebe nur die Liebe zu seinem Körper. Als Regulus zum Sterben in die gepeinigte Stadt Karthago ging, um an seinem Glauben festzuhalten, sehe ich kaum, was die Liebe zu seinem Körper damit zu tun hatte.[69]

In Rousseaus politischer Philosophie steht also die Religion im Dienste des Staates. Das Ewige wird nur um des Zeitlichen willen erwähnt. Gibt es da nicht eine Denaturierung der Religion? Hat die bürgerliche Religion noch irgend etwas mit dem des Glaubensbekenntnisses des savoyischen Vikars gemein?

Falls das bürgerliche Glaubensbekenntnis – und so versteht es Rousseau auch – nicht nur eine reine Formsache ist, die dazu bestimmt ist, das Oberhaupt über die Gefühle der Bürger zu beruhigen, sondern ein ehrlicher Ausdruck einer Gewißheit, nicht einer trügerischen und wechselhaften Vernunft, sondern des Herzens, so stimmt es durch seinen Inhalt mit dem des Vikars überein, und für beide besteht das Wichtigste weniger in den dogmatischen Behauptungen als in den Pflichten des Menschen und des Bürgers, die diese begründen.[70]

Die bürgerliche Religion indes schreibt sich in eine ganz andere Perspektive ein, die eine Bezugnahme auf eine spezielle Religion ausschließt. In dieser Hinsicht ist sie tatsächlich bürgerlich. Während der Vikar, wie Rousseau selbst, sich als Christ eines reinen Christentums, nämlich des Evangeliums,[71] versteht, kann die bürgerliche Religion, die auch gegenüber anderen Religionen tolerant ist, mit keiner identifiziert werden, und ihre Dogmen müßten mit denen der anderen Religionen vereinbar sein. Paradoxerweise zeigt diese Religion der Einzelgesellschaften einen universellen Charakter, den allein das Christentum ihr streitig machen könnte, falls sein Reich von dieser Welt wäre. Dies aber ist der grundsätzliche Unterschied, den Rousseau immer wieder betont hat: Als Religion der

---

[69] [*Otez la justice éternelle et la prolongation de mon être après la vie, je ne vois plus dans la vertu qu'une folie à qui on donne un beau nom. Pour un matérialiste l'amour de soi-même n'est que l'amour de son corps. Or, quand Régulus alloit, pour tenir sa foi, mourir dans les tourments à Carthage, je ne vois point ce que l'amour de son corps faisait à cela.*], in: Correspondance complète de Jean-Jacques Rousseau (wie Anm. 51), Band XIX, 199.

[70] „Mein Sohn, halten Sie ihre Seele im Zustand sich einen Gott zu wünschen und sie werden niemals daran zweifeln. Darüber hinaus [...] bedenken Sie [...], dass es keine Religion gibt, die von den Pflichten der Moral entbindet, daß alleine diese wirklich wesentlich sind [...]" [*Mon fils, tenez votre âme en état de désirer qu'il y ait un Dieu et vous n'en douterez jamais. Au surplus [...] songez [...] qu'il n'y a point de religion qui dispense des devoirs de la morale, qu'il n'y a de vraiment essentiels que ceux-là [...]*], Emile, in: O.C. IV, 631 f.

[71] Außer den bekannten Texten der *Profession de foi* sind die letzten Notizen dieses Textes von Bedeutung. Sie loben das Christentum für seine Rolle in der bürgerlichen Gesellschaft und zeigen eine Vorliebe im Hinblick auf den Fanatismus, der manchmal „große und starke Leidenschaft" [*passion grande et forte*] (ebd., 633) beinhaltet, die Rousseau gegen die Irreligion anbringt und im allgemeinen gegen den philosophischen Geist, „der nach und nach die wahren Fundamente einer jeden Gesellschaft unterspült" [*qui sape petit à petit les vrais fondements de toute société*], ebd. Über Rousseaus eigenes christliches Glaubensbekenntnis, vgl. insbesondere den Brief an Christophe de Beaumont, in: O.C. IV, 960 ff.

Menschheit, die uns an den Gottesstaat bindet, löst das Christentum auf doppelte Weise das soziale Band der Einzelgesellschaften auf, das die bürgerliche Religion zu erhalten und zu entwickeln sich zum Ziel gesetzt hat. Es bleibt also unbestreitbar der Gegensatz zwischen der Religion des Menschen und der des Bürgers in dem Maße, wie die erste sich mit dem Christentum identifiziert und die zweite die Zurückweisung des Christentums im Namen der Ideale des Staates voraussetzt.

Dieser Gegensatz zeigt nur die Schwierigkeit Rousseaus, ein Mensch in der Gesellschaft zu sein, d. h. die Gesamtheit der natürlichen Rechte, die allein der gesellschaftliche Zustand aufzuzeigen vermag, mit den Imperativen des Staates zu vereinbaren und die Interessen des Bürgers mit denen des Menschen zusammenfallen zu lassen. Die bürgerliche Religion ist eine von Rousseau vorgeschlagene Lösung, die eine Vereinbarung des Religiösen mit dem Politischen erlaubt, aber nicht ohne eine Abweichung oder Untreue im Hinblick auf das eine und das andere. Die allgemeine Brüderlichkeit geht schlecht zusammen mit der Notwendigkeit, das Vaterland zu verteidigen. Die bürgerliche Religion, deren dogmatischer Inhalt indes mit dem Glaubensbekenntnis des savoyischen Vikars vergleichbar ist, schließt nicht auf die gleichen Pflichten und fügt der Gesellschaft des *Gesellschaftsvertrags* ein Element der Gesetzgebung hinzu, das viele als gefährlich und unnütz ansehen werden. Kurz, wie der Gesellschaftsvertrag selbst kann die bürgerliche Religion als eine *Idee der Vernunft* betrachtet werden, die dazu bestimmt ist, die Unruhen im Staat abzuwenden. Sie ist eine Art von Beihilfe zum Konventionalismus des *Gesellschaftsvertrags,* eine Art idealer Zusatz. Sie legt nahe, daß im Menschen, der von Natur aus religiös und zum Gesellschaftsleben vorbestimmt ist, Natur und Kultur sich wenigstens hier nicht widersprechen müßten, wenn die Forderung der Vernunft der Hoffnung des Herzens entspräche.

(Übersetzung: Cristóvão S. Marinheiro)

*Es gibt für J.-J. Rousseau kein anderes Fundament der Gesellschaft als den Gesellschafts-vertrag, so wie er ihn im gleichnamigen Werk von 1762 definiert. Das Buch endet jedoch mit einem Kapitel über bürgerliche Religion, der Rousseau eine wichtige Rolle in der Or-ganisation des Staates zuschreibt. Dieses Kapitel gab Anlaß zu scharfen Kritiken, sowohl seiner Gegner als auch seiner Freunde. Dieser Artikel setzt sich nach einer möglichst ge-nauen Analyse des Textes zum Ziel, das Werk in eine zusammenhängende Reflexion über Politik und Religion zu bringen, die sich zwischen der Lettre à Voltaire sur la Providence von 1762 und den Lettres écrites de la Montagne von 1764 entwickelte. Die Feststellung, daß eine Religion notwendig ist, um das Befolgen der Gesetze zu sichern, und daß keine bereits existierende Religion gänzlich befriedigend ist, sei sie universal oder national, bringt Rousseau dazu, eine Theorie einer bürgerlichen Religion aufzustellen. Diese Theo-rie, auch wenn sie anders vorgestellt wird, kann genauso wie der Gesellschaftsvertrag selbst als Idee der Vernunft in einem Kantischen Sinne interpretiert werden.*

*There is no other foundation to society than the social contract defined by the eponym work of 1762. Nevertheless the book ends with a chapter on civil religion to which Rousseau provides a major part in the organisation of the city. This chapter gave rise to heavy dis-cussions by his opponents as well as by his friends. This article intends to assign a place to Rousseau's text within the realm of a reflection on politics and religion developed between the Lettre à Voltaire sur la Providence of 1762 and the Lettres écrites de la Montagne of 1764 by an analysis as careful as possible. The established fact that a religion is necessary to society to ensure the respect by the law and that no existing religion is fully adequate, be it universal or national, leads Rousseau to construct the theory of a civil religion. This theory could as the social compact be interpreted as an idea of reason in a kantian sense, admittedly presented in another way.*

Prof. Dr. Jean Ferrari, 2 boulevard Carnot; F-21000 Dijon, E-Mail: jean.ferrari@u-bourgogne.fr

JEAN MONDOT

# Vom Nutzen und Nachteil der Religion für das soziale Leben

## Über zwei Artikel der *Berlinischen Monatsschrift*

Die wohl berühmteste Debatte der 80er Jahre des 18. Jahrhunderts kreiste, wie man weiß, um die Definition der Aufklärung, der ‚wahren' Aufklärung.[1] Auf den Plan hatte sie namhafte Größen der philosophischen Szene gerufen: Kant und Mendelssohn. Ausgelöst worden war sie durch eine bange Frage des Pfarrers Zöllner in einer Fußnote seines Artikels in der *Berlinischen Monatsschrift*. Dieser Frage war aber ein erster Artikel vorausgegangen, den man allen Grund hat, dem Direktor der Zeitschrift selbst, Johann Erich Biester, zuzuschreiben.[2] Biesters Artikel trug einen zugleich merkwürdigen und zeittypischen Titel: *Vorschlag die Geistlichen nicht mehr bei Vollziehung der Ehen zu bemühen.*[3] Er wurde von der Forschung bisher wenig beachtet, obgleich er über seinen pragmatischen Ausgangspunkt hinaus originelle Ideen über Rolle und Auftrag der Religion in der Gesellschaft vertritt. Es lohnt daher diesen hoch interessanten Beitrag zur Debatte der 80er Jahre unter die Lupe eines eingehenden Textkommentars zu nehmen.

---

[1] Dazu die grundlegende Untersuchung von Werner Schneiders, Die wahre Aufklärung. Zum Selbstverständnis der deutschen Aufklärung, München 1974.

[2] Der Artikel war E.v.K unterzeichnet. Und wie die Herausgeber der benutzten Ausgabe (siehe folgende Anmerkung) bemerken, hat sich Biester dieses Pseudonyms mehrmals bedient. Daß er seine Autorschaft verheimlicht hat, erklärt sich vielleicht aus dem für die damalige Zeit leicht provokantem Inhalt.

[3] Biesters und Zöllners Artikel zitieren wir nach folgender Ausgabe: Norbert Hinske, Michael Albrecht (Hg.), Was ist Aufklärung? Beiträge aus der Berlinischen Monatsschrift, Darmstadt [3]1981. Biester, ebd., 95–106; Zöllner, ebd., 107–116. Im Text werden die Seitenangaben der zitierten Stellen zwischen Klammern gesetzt. Beide Artikel erschienen in der *Berlinischen Monatsschrift* des Jahres 1783 (Biester: 265–276; Zöllner: 508–517). Der Artikel Zöllners trug den Titel *Ist es rathsam, das Ehebündniß nicht ferner durch die Religion zu sanciren?*

Aufklärung 21 · © Felix Meiner Verlag 2009 · ISSN 0178-7128

## I.

Der Verfasser, Johann Erich Biester, ist kein Unbekannter. Man kann seinen persönlichen Werdegang schnell skizzieren. Gebürtig aus Lübeck (1749) – Angehöriger also der Goethe-Generation –, aus wohlhabenden Verhältnissen stammend hat er zunächst in der Aufklärungsuniversität Göttingen Jura, Literaturgeschichte und Sprachen studiert. Nach einer kurzen Lehrtätigkeit an der Bützower Friedrichs-Universität, wo er zum Doktor der Rechte promoviert wurde, kehrte er 1777 nach Berlin zurück. Nicolai vermittelte ihm eine Stelle als Privatsekretär beim Minister Zedlitz, der u. a. für den Bereich Unterricht und Erziehung verantwortlich war. Er wurde dann zum zweiten Bibliothekar an der königlichen Bibliothek in Berlin von Friedrich II. höchstselbst ernannt. Er gehörte somit dem preußischen hohen Beamtentum an, wie Christian Wilhelm Dohm oder Ernst Ferdinand Klein, und besaß wohl Sinn für konkrete und pragmatische Realitäten. Interessant und symptomatisch in unserem Zusammenhang ist, daß Biester Mitglied von Freimaurerlogen gewesen ist und da eine wichtige Rolle gespielt hat. Er war in der Nationalloge *Zu den drei Weltkugeln* und soll später Großmeister der Loge St. Johannis geworden sein.[4] Er dürfte auch Mitglied des Illuminatenordens gewesen sein.[5] Er hat die Berliner *Mittwochsgesellschaft* mitbegründet und sie lange Zeit als Sekretär geleitet. Für die Eingeweihten firmierte sie bekenntnishafter unter dem Titel *Gesellschaft der Freunde der Aufklärung*. Er gehörte auch dem *Montagsclub* an.[6] Aber bekannt wurde Biester vor allem ab 1783 durch seine Tätigkeit als Mitbegründer und Mitherausgeber der *Berlinischen Monatsschrift*. Diese Zeitschrift hat sich schnell zum Organ der Berliner und norddeutschen Aufklärung entwickelt. Biester ist also eine der wichtigen Persönlichkeiten der geistigen Szene Berlins gewesen. Im Zentrum des Berliner Aufklärungsnetzwerkes war er stets mit anderen Aufklärern verbunden und vernetzt. Er war u. a. auch mit Kant befreundet, der bekanntlich wichtige Artikel in der *Berlinischen Monatsschrift* veröffentlichen ließ. Biesters Meinung ist also repräsentativ für eine größere Gruppe. Sie wurde, ob geheim oder publik, andauernd mit den Meinungen anderer konfrontiert und wohl auch korrigiert. Diese Gruppe bekannte sich, wie der Titel der Gesellschaft verriet, klar zur Aufklärung. Die Gruppenbildung auf der Basis

---

[4] Siehe die kurze biographische Notiz in: Ernst Haberkern, Limitierte Aufklärung. Die protestantische Spätaufklärung in Preußen am Beispiel der Berliner Mittwochsgesellschaft, Marburg 2005, 200.

[5] Hermann Schüttler zählt ihn mit Nicolai, Gedike und Dohm zu den Berliner Illuminaten. Er weist allerdings nicht auf dieselbe Logenzugehörigkeit hin (Hermann Schüttler [Hg.], Johann Joachim Christoph Bode. Journal von einer Reise von Weimar nach Frankreich im Jahr 1787, München 1994, 66).

[6] Dieser wurde häufig mit der Mittwochsgesellschaft verwechselt, war aber bereits 1749 gegründet worden.

der Aufklärungsphilosophie zeigt auch, daß Aufklärung für diese Bekenner mehr als eine bloß philosophisch-geistige Einstellung war. Sie entsprach einem sozial-politischen Engagement. Der Titel der Gesellschaft weist auch auf etwas Zeitbedingtes hin, die notwendige defensive Solidarität der Aufklärer. Die Bildung dieses geheimen Kreises war in der Tat eine Reaktion auf die Bedrohungen, die von Vertretern anderer philosophischer religiöser Richtungen ausgingen oder auszugehen schienen. Das hat eindeutig etwas zu tun mit dem politisch-philosophischen Klima Anfang der 80er Jahre in Berlin und in ganz Deutschland. Man befürchtete eine Rückkehr der sogenannten Schwärmerei. Trotz der Aufhebung des Jesuitenordens im Jahr 1773 wollte man überall Spuren einer geheimen jesuitischen Aktivität ausmachen. Es war die Zeit des ‚Kryptokatholizismus'.[7] Auch hatte man Angst vor dem Nachfolger Friedrichs II., seinem Neffen Friedrich-Wilhelm, und vor allem vor seiner rosenkreuzerischen Umgebung. Außerdem war die ‚Unaufklärung'[8] noch groß in Deutschland. Mit der *Gesellschaft der Freunde der Aufklärung* wollte man den Daseinskampf der Aufklärung gegen die Mächte der Finsternis, die Umtriebe der Obskuranten siegreich bestehen.

Bezeichnend ist die Selbstdefinition des Autors gleich am Anfang des Artikels. Er stellt sich nämlich als „menschenliebenden Weltbürger" vor. Diese Kennzeichnung ist für jeden damaligen Leser durchsichtig. Im sozial-politischen Diskurs der Zeit kommt sie einem klaren politisch-philosophischen Bekenntnis gleich. So bezeichneten sich beispielsweise die bayerischen Illuminaten. Sich als Weltbürger zu definieren (als „Bürger dieser Welt", stellt sich Posa Philipp II. in *Don Carlos* vor)[9] bedeutet sich unter das Zeichen einer objektiven und universellen Vernunft zu stellen, die den nationalen und hier besonders den konfessionellen Besonderheiten und Erfordernissen überlegen oder ihnen gegenüber gleichgültig ist. Die nicht zu überhörende antiklerikale Ironie des Titels bestätigt diese Annahme. Es ist nämlich nicht von der Schließung der Ehe die Rede, sondern von deren *Vollziehung*. Und die absichtlich zweideutige Wortwahl unterstreicht die Auffälligkeit des Widerspruchs zwischen der Anwesenheit des Priesters und dem höchst privaten Charakter der Angelegenheit. Plakativ wird auf das Unnatürliche, Überflüssige der kirchlichen Präsenz hingewiesen. Der Autor kommt im Laufe des Artikels darauf zurück. Aber die Frage der Zivilehe ist nur das Eingangstor zu einer viel breiteren Problematik.

---

[7] Dazu Horst Möller, Aufklärung in Preußen. Der Verleger, Publizist und Geschichtsschreiber Friedrich Nicolai, Berlin 1974 (Einzelveröffentlichung der Historischen Kommission zu Berlin, 15), 113 ff.

[8] Der Ausdruck Biesters findet sich in einem späteren Artikel in der *Berlinischen Monatsschrift*: Antwort auf Herrn Professor Garve, über vorstehenden Aufsatz, zitiert nach: Hinske, Albrecht (Hg.), Was ist Aufklärung? (wie Anm. 3), 238.

[9] 3. Akt, 10. Auftritt, V. 3007.

Die Eheproblematik wird jedoch nicht zufällig aufgegriffen. Zum selben Zeitpunkt hatte Joseph II. im Ehepatent vom 16. Januar 1783[10] die Ehe als einen „bürgerlichen Vertrag" definiert und die Auflösung der Ehebande (also die Scheidung)
dadurch juristisch möglich gemacht. Darauf bezieht sich der Einführungssatz des
Artikels: „Man ist jetzt in mehreren Ländern beschäftigt, so wie andere Gesetze,
so auch diejenigen welche die Ehe selbst oder deren Vollziehung und Trennung,
angehen, zu ändern, zu bessern oder gar neu anzurichten" (S. 95). Außerdem hatte
der vor kurzem erfolgte Papstbesuch in der österreichischen Hauptstadt eine Wel-
le polemischer Schriften (die berühmte ‚Broschürenflut') ausgelöst, die bis nach
Deutschland übergriff.[11] Und diese Broschüren stellten mehrfach die sozial-politische Rolle der Kirche in Frage. Die Ehezeremonie bot in diesem Zusammenhang
eine gute Angriffsfläche. Eine soziale Praxis mit einem hohen symbolischen Wert
wurde auf ihren sozialen Nutzen hin geprüft, der Kritik unterworfen, ganz im Sinne der allgemeinen geistigen Haltung der Zeit. In seinem Vorwort zur *Kritik der
reinen Vernunft* hatte Kant zwei Jahre früher nichts anderes gefordert.

Wie rechtfertigt Biester seine Idee, auf die Anwesenheit der Priester zu verzichten, die die Gültigkeit der Ehen garantiert?

Zunächst wird die Institution Kirche massiv angegriffen. Der Autor bestreitet
nicht das Prinzip der Eheschließung und deren sozialen Nutzen; es will ihm aber
nicht einleuchten, warum die Geistlichkeit dabei sein soll. Die einzige Erklärung,
die er dafür angibt, beruht auf einem tief verankerten Antiklerikalismus: die Kirche wolle überall herrschen, regieren, disziplinieren. Er spricht von der „allenthalben sich zudrängenden regiersüchtigen Geistlichkeit" (S. 96). Nichts dürfe
sich ihrer Kontrolle entziehen, schon gar nicht „dies wichtige, wenn nicht das
wichtigste Geschäft des Menschengeschlechts" (S. 96). Um seine Beweisführung
zu bekräftigen und zu zeigen, daß dieser Hang zur Kontrolle der menschlichen
Angelegenheiten bis in die Intimsphäre, in den sexuellen Bereich, nicht nur der
katholischen Kirche eigen, sondern allen Geistlichen, ja allen Kirchen gemein
ist, zitiert Biester zunächst den Grafen Zinzendorf, den Chef der Herrnhuter,
der behauptet haben soll, „[…] dass er nicht bloß die Ehen bestimmen müsse sondern selbst die Zeit der ehelichen Liebeswerke, damit seine Jünger völlig abhängig würden, weder Wahl noch Trieb frei behielten" (S. 96 f.). Die Disziplinierung
der Seele erfolgte also über die des Körpers. Dann wendet er den antiklerikalen

---

[10] Man lese den Text des Patents in Harm Klueting (Hg.), Der Josephinismus, Darmstadt 1995,
321 ff.

[11] Man denke an Lorenz Leopold Haschkas flammendes antipäpstliches Gedicht, das in der
Zeitschrift *Deutsches Museum* (Juli 1782) von Dohm und Boie veröffentlicht wurde. Zitiert in Jean
Mondot, L'année 1782 ou la fin de l'état de grâce, le désenchantement du monarque et le com-
mencement de la politique, in: Wolfgang Schmale u. a. (Hg.), Josephinismus – eine Bilanz, Bochum
2008 (Jahrbuch der österreichischen Gesellschaft zur Erforschung des 18. Jahrhunderts, 22), 133 f.

Spieß gegen seine traditionelle Zielscheibe, den Katholizismus[12] und den Papst:
„Der Papst erfand, dass keine Ehe gültig sei, welche die Geistlichkeit nicht ein-
segne, dass sie aber dann auch ein Sakrament werde und ein unauflösliches Band
habe" (S. 97). Charakteristisch ist, daß diese Einsegnung der Ehe auf einen päpst-
lichen, d. h. historisch-menschlichen Einfall bzw. Entschluß zurückgeführt wird,
und nicht auf irgendeine göttliche Eingebung. Was Sakrament ist, das bestimmt
der Papst. Daß es sich um einen rein menschlichen Entschluß handelt, wird für
Biester durch die Inkonsequenz bestätigt, daß die Priester nicht heiraten dürfen,
weil das Sakrament ihres Standes dies verhindert. Es folgt ein vielsagender Seuf-
zer des Autors: „Und die Menschen waren gutherzig genug, sich solcher Tyran-
neien, wenigstens eine Zeitlang, gefallen zu lassen" (S. 97). Nun haben sich die
Zeiten geändert. Die Geister sind freier geworden. Aber diese Tyrannei erhebt
weiterhin Anspruch auf Totalität. Und das eben war es, wogegen sich die Aufklärer mit allen Kräften wehrten. Biester gibt dann einen letzten Beleg des Kontroll-
anspruchs der Kirchen. Diesmal muß die protestantische Kirche herhalten: „In
vielen protestantischen Ländern gehören streitige Ehesachen noch immer vors
geistliche Gericht; und die geistliche Macht scheidet die Ehen wie sie sie knüpft"
(S. 97). So weit konnte das Kontrollprinzip der geistlichen Institutionen, ob katholischer, protestantischer oder pietistischer Provenienz gehen. Die katholische
Kirche war zwar nach wie vor die bevorzugte Zielscheibe der Berliner Aufklärer.
Wie diese Beispiele aber zeigen, war der antiklerikale Kampf allseitig geworden
und richtete sich nunmehr gegen alle Kirchen. Das war das Novum der Zeit.[13] Die
Schonzeit für Protestanten und Pietisten war auch in Berlin zu Ende. Zu bemerken
ist, daß Biester mit keinem Wort die etwaige Vermittlung des Sakralen oder gar
des Göttlichen durch die geistliche Präsenz erwähnt. Die Religion ist auf das Institutionelle reduziert, auf ihre soziale Funktion und Macht. Ihr Umgang mit der
Eheschließung spricht der menschlichen Vernunft Hohn, grenzt an Machtmiß-
brauch, ist unerträgliche ‚Tyrannei'. Man muß diese Präsenz los werden. Denn
– zusätzliche und bedeutsame Provokation – sie bewirkt sogar bei den meisten
Menschen, so will es der Autor wissen, einen solchen „lächerlichen oder anstö-
ßigen" Eindruck, daß manche „lieber gar nicht in den Ehestand" (S. 98) eintreten.
Die religiöse Eheschließung entspricht nicht mehr dem Zeitgeist oder, wie er es im
folgenden formuliert, ein aufgeklärter Mensch kann sie entbehren: „für aufgeklärte bedarf es doch wohl all der Zeremonien nicht!" (S. 98.) Diese Formulie-

---

[12] Es ist leicht, sich vom eingefleischten Antikatholizismus Biesters zu überzeugen. Man braucht
nur seine Artikelserie zu lesen, in welcher er auf Garves, seiner Ansicht nach, zu konziliante
Auffassung des Katholizismus antwortet: Antwort auf Herrn Professor Garve (wie Anmerkung 8),
231 ff.

[13] Siehe Andreas Riem, Über Aufklärung: ob sie dem Staate, der Religion oder überhaupt
gefährlich sey und seyn könne? Ein Wort zur Beherzigung für Regenten, Staatsmänner und Priester,
Berlin ²1788.

rung vor allem rief die entrüstete Gegenfrage des Pfarrers Zöllner hervor: „Was ist Aufklärung?" (S. 115.)

Bevor aber auf Zöllners Antwort und Rezeption näher eingegangen wird, soll die an die Erörterung des Problems der religiösen Eheschließung anschließende Argumentation des Artikels kommentiert werden. Die religiöse Eheschließung war, wie oben angedeutet, nur der Anfang einer weiter gefaßten Überlegung über den Platz der Religion in der Gesellschaft überhaupt.

Der Autor, nachdem er auf die Ungeheuerlichkeit, fast Obszönität der kirchlichen Anwesenheit hingewiesen hat, stellt sich nun die grundsätzliche Frage des Nutzens der Religion in der Gesellschaft, d. h. für das Zusammenleben. Er geht zunächst von der Feststellung aus, daß von allen vertraglichen Gebräuchen die Ehe die einzige sei, die sich im Genuß der Einsegnung befindet. Er bezeichnet das als maßlosen Vorteil, der in keinem Verhältnis zu einem privaten Brauch steht, mit dem die Kirche grundsätzlich nichts zu tun hat. Aus der Historizität und Singularität der religiösen Ehe schließt er aber nicht, wie man erwarten könnte, daß das Religiöse aus der privaten und öffentlichen Sphäre zu verbannen sei, daß es definitiv verabschiedet werden müßte. Er hat mit dem Religiösen etwas anderes vor. Und dies macht den wichtigeren und wohl auch den originelleren zweiten Teil seiner Überlegungen aus.

## II.

Biester untersucht nun, wozu das Religiöse gut sein könnte, wie es verwendet werden müßte, damit die Bürger harmonischer miteinander leben und vor allem den Entschlüssen der Herrschenden zustimmen würden, was die effektvolle praktische Umsetzung der Gesetze und daher die Stabilität der Gesellschaften sichern könnte. Seiner Ansicht nach wurde das durch die Kirche in der damaligen Gesellschaft verbreitete Sakrale schlecht angewendet, weil es ungleich verteilt war. Die religiöse Sanktionierung des Ehekontraktes war nicht nur fehl am Platz, ihre Überproportionalität entwertete alle anderen Zivilkontrakte. Biester verfolgt das Ideal einer auf dem Kontrakt zwischen Regierenden und Regierten beruhenden politischen Gesellschaft. Und das Sakrale sollte nicht auf einen privaten Kontrakt konzentriert werden und ihn allein unterstützen und garantieren, sondern sich auf alle Beziehungen des Staates mit den Bürgern ausdehnen.

Biester versucht also das Funktionieren der Gesellschaft neu zu definieren und zu begründen. Die Beziehungen des Politischen zum Religiösen, des Staates zur Kirche müssen überdacht werden. In Biesters Augen dürfen Staat und Kirche nicht getrennt werden, was wohl der gängigen Auffassung der Aufklärungspolitik widerspricht. Er erinnert sogar an das paulinisch-lutherische Prinzip: „Alle Obrigkeit ist von Gott" (S. 101). Die Bindung Staat/Kirche muß erhalten werden bzw. die Kirche muß sich in den Dienst des Staates stellen oder gar mit dem

Staat identisch werden. Aber wenn er Kirche sagt, meint er nicht die Institution, sondern immer das Religiöse, das sie trägt. Das Sakrale/Religiöse darf nicht abgeschafft werden. Es muß unter Kontrolle gebracht und auf politische Ziele ausgerichtet werden. Biesters Anthropologie setzt in jedem Menschen oder Bürger ein gewisses Glaubenspotential voraus, das nun im Sinne des aufgeklärten Staates betätigt oder besser manipuliert werden muß. Gefragt waren das Religiöse[14] und Sakrale an sich, nicht etwa Religionsinhalte. Diese Einsicht erinnert sehr stark an die Auffassungen mancher Freimaurer und Illuminaten. Übereinstimmend waren sie der Meinung, daß das Glaubensgefühl – Freuds ozeanischem Gefühl gleich – unverzichtbarer Bestandteil der menschlichen Psyche war. Es durfte nicht brachliegen. Gemäß dem Nützlichkeitsdenken der Zeit galt es, dieses Element ‚richtig‘ zu orientieren. Und das ließe sich machen, davon waren sie überzeugt. Dem grundsätzlichen Konstruktivismus der Aufklärung war nichts unmöglich.

Wie rechtfertigt Biester diesen Vorschlag einer Resakralisierung des Politischen, des Staates? Er bezieht – wie häufig die damalige politische Philosophie – seine Beispiele aus der Zeit der Antike und vielleicht noch weiter zurückgehend aus protohistorischen Zeiten, also aus einem goldenen Zeitalter des Ursprungs. Damals lebten die Menschen im Einklang mit und in ihren politisch-religiösen Institutionen, im Unterschied zum heutigen permanent gespaltenen Menschen, der zwischen verschiedenen „Pflichten und Trieben" hin und her zerrissen sei. Wie anders war der Mensch der Ursprungs-und Anfangszeiten :

> Die weisesten und besten unter den Menschen ersannen um ihre Brüder zu beglücken, die bürgerliche Gesellschaft: sie gründeten kleine Staaten, ordneten Hausstand, Zucht, Ruhe, Sicherheit, setzten Recht und Sitte fest; und hießen Väter des Volkes und Gesetzgeber. Die weisesten und besten unter den Menschen ersannen um ihre Brüder zu beglücken, tiefe Weisheit, abgezogene Wissenschaft: dachten über Natur und Schöpfer und Bestimmung des Menschen und sein Verhältnis zu Gott nach, lehrten Tugend und Gottesfurcht und Gottesliebe und Glück; und hießen Lehrer des Volkes und Religionsstifter (S. 100).

So malte sich Biester die goldene Anfangszeit der Menschheit aus. Die „bürgerliche Gesellschaft" war keine göttliche Schöpfung, sondern eine menschliche ‚Erfindung‘, nicht aus der Defensive gebildet, um einen hobbesschen Naturzustand des Krieges aller gegen alle zu überwinden, sondern eher um das menschliche Glück zu steigern, das der Endzustand der Menschheit sein sollte. Diese Darstellung vorhistorischer, ja mythischer Zeiten bündelt Elemente der griechischen Mythologie und des Alten Testaments. Diese „Lehrer des Volkes und Gesetzgeber"

---

[14] Zu diesem Fragenkomplex, siehe u. a.: Karlfried Gründer, Karl Heinrich Rengstorf, Religionskritik und Religiosität in der deutschen Aufklärung, Heidelberg 1989 (Wolfenbütteler Studien zur Aufklärung, hg. von der Lessing-Akademie, 11).

haben sowohl Züge des Lykurg, Solon[15] als auch der biblischen Patriarchen.[16] Aber sie waren irdischer Herkunft, weder Götter noch Halbgötter, auch keine Verkörperung des Göttlichen: es waren Menschen, nur besser und weiser als die anderen. Indirekt wurde ein alter Topos der Religionskritik wieder bemüht. Jesus, Moses, Mahomet waren seit der Zeit der radikalen Aufklärung und der radikalen Kritik der Religion ihres göttlichen Status beraubt worden. Man denke an das anonyme Pamphlet *De tribus impostoribus* oder an Voltaires *Mahomet*. Dies wird hier als unanfechtbares aufklärerisches Gedankengut vorausgesetzt. An der mythischen Zeit des gemeinsamen Bemühens um Religion und weise Politik weidet sich der träumende Blick des Utopiebauers. Er ist sich des utopischen Charakters seines Projektes bewußt, schreibt er doch: „Die Zeit, die diese Rosen tragen wird, ist freilich fern; wahrscheinlich erleben unsre Enkel sie noch nicht" (S. 103). Auf den Weg zu dieser Harmonie der Anfangszeiten, der Morgenstunden der Menschheit, will er sich jedoch machen. Wie? Indem man wie damals das Religiöse und das Politische wieder verbindet bzw. indem das Religiöse das Politische unterstützt. Die moderne Gesellschaft mit ihren getrennten Welten der Moral/Religion und der Politik hat jeden Sinn für Begeisterung, Gemeinsinn, Patriotismus verloren. Dem sozial-politischen Band fehlen Kraft und Selbstverständlichkeit. Die Parzellierung der Gesellschaft ist von allen beobachtet und beklagt worden. Man denke an Schiller in seiner Mannheimer Rede an die Kurpfälzische deutsche Gesellschaft. Die Bühne hatte für ihn die Fähigkeit und den Auftrag, die Menschen zu vereinen. Man erinnert sich an die Schlußworte:

[…] Und dann endlich welch ein Triumph für dich Natur […] wenn Menschen aus allen Kreisen und Zonen und Ständen, abgeworfen jede Fessel der Künstelei und der Mode, herausgerissen aus jedem Drang des Schicksals durch eine allwebende Sympathie verbrüdert in ein Geschlecht wieder aufgelöst ihrer selbst und der Welt vergessen und ihrem himmlischen Ursprung sich nähern.[17]

[15] So beschreibt Herder in den *Ideen* die Anfangszeiten Griechenlands: „Bald also taten sich in vielen freigewordenen Stämmen und Kolonien weise Männer hervor, die Vormünder des Volkes wurden. Sie sahen, unter welchen Übeln ihr Stamm litt und sannen auf eine Einrichtung desselben, die auf Gesetze und Sitten des Ganzen erbauet wäre" (Johann Gottfried Herder, Ideen zur Philosophie der Geschichte der Menschheit, hg. von Martin Bollacher, Frankfurt am Main 1989 [= J.G. H., Werke in 10 Bänden, hg. von Martin Bollacher u. a., Bd. 6], 542.

[16] Entferntes Echo der Weishaupt-Prosa? In seiner Anrede an die neu aufzunehmenden Illuminatos Dirigentes vom Jahr 1782 schrieb Weishaupt: „Jeder Hausvater wird dereinst, wie vordem Abraham und die Patriarchen, der Priester und der unumschränkte Herr seiner Familie und die Vernunft das allgemeine Gesetzbuch der Menschen seyn" (zitiert nach: Richard van Dülmen, Der Geheimbund der Illuminaten. Darstellung, Analyse, Dokumentation, Stuttgart 1975, 179).

[17] Was kann eine gute stehende Schaubühne eigentlich wirken?, in: Friedrich Schiller, Sämtliche Werke, hg. von Gerhard Fricke und Herbert G. Göpfert, Bd. 5, München ⁶1980, 818–831, hier 831.

Lessing in seinen *Gesprächen für Freimäurer* beauftragte die Freimaurerei mit der Vereinigung der Menschen: „Wie wenn es die Freimäurer wären, die sich mit zu ihrem Geschäft gemacht hätten, jene Trennungen, wodurch die Menschen einander so fremd werden, so eng als möglich wieder zusammen zu ziehen".[18] Verbreitet war also diese Sehnsucht nach einer verloren gegangenen harmonischen Einheit der menschlichen Gesellschaft. Biester teilte sie und versprach sich Einheit und Harmonie von einem Staat, wo das Religiöse wieder eine „positive" Rolle spielen würde, d. h. sich nicht außerhalb der bürgerlichen Gesellschaft aufhalten würde, um sie zu lenken und zu gestalten, sondern innerhalb der Gesellschaft mitwirken würde, indem sie die Menschen enger miteinander verbinden würde. Von dieser ‚rekonstruierten', regenerierten Gesellschaft erwartet er, vielmehr prophezeit er, folgende Fortschritte und Verbesserungen:

> Dann haben die Gesetzgeber wieder Gotteskraft; dann scheuen sich die Väter des Volkes, Eigennutz und kleine niedere Absichten in ihren Gesetzen reden zu lassen, da sie an Gottes statt reden; dann scheuen sich die Bürger, heilsame Landesverordnungen zu brechen, da sie überirdische Heiligkeit haben! Dann haben wir wieder Staat, Bürger, Patrioten: lauter jetzt entartete Namen. Dann fühlt der Untertan Anhänglichkeit an sein Land, Liebe für seine Gesetzgeber, Achtung für ihre Verordnungen (S. 101).

Im Hintergrund lassen sich unschwer die Konturen einer antiken Demokratie vielleicht griechischen Musters erahnen, wo der Gemeinnutz höher eingeschätzt wird als der Eigennutz, wo Patriotismus, Staats-und Stadttreue eins sind mit dem Glauben an die Götter der Stadt. Das war das Geheimnis der Antike in den nostalgischen Augen ihrer modernen Bewunderer, hießen sie Winckelmann oder Herder. Das Publikum des Theaters, der Agora, des Tempels ist dasselbe. Es teilt dieselben Interessen, Werte, denselben Stolz. Diese allgegenwärtige Religiosität sorgt sowohl für die Güte der Gesetze als auch für deren Akzeptanz beim Volk. Sie sind für die einen wie die anderen zwingend. Und der Verfasser zweifelt nicht an der Wiederholbarkeit dieser Wirkungen, daher der Ausruf: „Dann haben wir wieder Staat, Bürger, Patrioten" (S. 101). Für die Gegenwart hingegen kann er nur den Verfall dieser Begriffe feststellen („lauter jetzt entartete Namen" [S. 101] notiert er). Er skizziert im Kontrast zur eigenen Gegenwart den Traum einer republikanischen Gemeinschaft, in der jeder Bürger (aber waren alle Bürger?) Anteil an den Staatsgeschäften hat.

Dieses Gefühl des politischen Verfalls der Gegenwart war ziemlich weit verbreitet. Das Image der Monarchen und der Monarchien war durch verschiedene Skandale stark lädiert worden.[19] Außer der jugendhaften Jahrhundert-Schelte, die

---

[18] Gotthold Ephraim Lessing, Ernst und Falk, Gespräche für Freimäurer, in: G.E. L., Werke, hg. von Herbert G. Göpfert, Bd. 7, München 1979, 465–66.

[19] Vgl. meinen Aufsatz, der sich mit eben dieser Fürstenkritik beschäftigt: Le crépuscule des idoles. L'image des princes dans la littérature allemande de la fin du XVIIIe siècle, in: Images

man bei Schiller in *Die Räuber* lesen konnte („das tintenklecksende Saeculum!"),
mehrten sich die kritischen Stimmen, die die Korruption der Höfe und genereller
die der Gesellschaft anprangerten. Jeder sehnte sich nach einem besseren, mora-
lischeren Regime. Suchte man doch in den Geheimbünden die Tugend und Moral,
die anderswo nicht mehr anzutreffen waren. Sie brauchten den Schutz ihrer ex-
klusiven Geselligkeit. Zu bemerken ist, daß der Verfasser eine absichtlich abstrakte Formulierung gebraucht, um die Adressaten seiner Anhänglichkeit, Liebe und
Achtung, zu bezeichnen: Es sind das Land und seine Gesetzgeber. Von Königen,
Fürsten, Herrschern irgendwelcher Spielart ist nicht mehr die Rede. Keine dyna-
stische Loyalität wird erwähnt.

Aber das Glaubensproblem der modernen Gesellschaft war damit nicht gelöst.
Fausts Frage in Auerbachs Keller nach dem Zusammenhalt des Heiligen römischen Reiches paraphrasierend, kann man die grundsätzliche Frage der Zeit folgendermaßen formulieren: Moderne Gesellschaften, wie haltet ihr noch zusammen, wenn Fürsten und Geistliche an Glaubwürdigkeit dermaßen verloren haben,
daß man jetzt nach anderen Werten und Autoritäten Ausschau halten muß? Diese
Krisendiagnose, die man zu dem Zeitpunkt stellen konnte, wo die alten Herrscher
zwar kritisch betrachtet wurden, jedoch immer noch im Besitz der Macht waren,
wurde noch akuter, als die alten Herrschaftsformen infolge der französischen Revolution definitiv dem überholten *Ancien Régime* zugewiesen wurden. Es entstand nun ein Glaubensvakuum, das durch andere, neue Glaubensinhalte gefüllt
werden sollte.

Das Bedürfnis, Sakrales zurückzuholen, haben die französischen Revolutionä-
re nach der erfolgten Kirchenreform und dem systematischen ‚Entchristianisie-
rungsversuch‘ übrigens auch empfunden. Die Feste, die sie veranstaltet haben,
entsprachen weitgehend diesem Bedürfnis, ja der Sehnsucht nach Aneignung
des Sakralen. Mona Ozouf spricht in ihrer Untersuchung zur *Fête révolutionnaire
(1789–1799)* von einem „Sakralitätstransfer".[20] Denn das Sakrale läßt sich ja
nicht so einfach verabschieden, sei es auch zugunsten der Göttin Vernunft oder
irgendeines höchsten Wesens. Bezeichnenderweise sind die Figuren der *Fête
révolutionnaire* schon in Biesters Utopie anzutreffen, wie z. B. die des Gesetzgebers (*le législateur*) oder die des Lehrers des Volks (*l'instituteur du peuple*). Aber
auch der Rückgriff auf die römisch-antike Welt ist ein charakteristischer Zug der
*Fête*. Zuletzt brachte das Exaltieren der *Patrie* und des Patriotismus diesen Festen
das Element des Andächtigen, der Begeisterung, des Sentimentalen, das das neu
zu schaffende Band enger knüpfen sollte. Klar ist auch, daß der später aufkom-

européennes du pouvoir (Actes du colloque international organisé par le LAPRIL) sous la direction
de Jean Louis Cabanès und Claude-Gilbert Dubois (Collection Etudes littéraires), Toulouse 1995,
201–214.

[20] Mona Ozouf, La fête révolutionnaire (1789–1799), Paris 1976, 441 ff.

mende Nationalismus dazu beitrug, diesen Patriotismus zu der säkularen Religion des 19. und 20. Jahrhunderts zu entwickeln. Erstaunlich ist aber, wie weit das Vokabular und Bildmaterial der französischen Revolution schon vor ihr und außerhalb Frankreichs verbreitet waren.

Die Romantiker werden auch die Religiosität und das Sakrale herbeirufen, aber diesmal ohne Kompromiß mit dem Kontraktualismus. Das Sakrale, Religiöse, das ihrer Meinung nach Aufklärung und Revolution hatten vermissen lassen, sollte nun wieder Vorrang haben. Aber man griff auf die christliche Tradition zurück. Man lese Novalis' *Christenheit und Europa* oder seine politischen Aphorismen in *Glauben und Liebe*.[21]

Wie gezeigt wurde, hat Biester sich von dem Ausgangspunkt seines Artikels weit entfernt und fast könnte man den Eindruck gewinnen, als sei dieser Ausgangspunkt nur ein Vorwand oder aber ein Täuschungsmanöver gewesen, um die Brisanz des dann behandelten Themas teilweise zu verschleiern. Aber dem ist wohl nicht ganz so. Am Ende des Artikels kehrt Biester zur Thematik der Ehe zurück. Er macht dann einen konkreten Vorschlag, der ansatzweise seine neue Auffassung des Zivilen und des Religiösen in die Tat umsetzen soll. Es geht um das Konkubinat. Er fordert die Einführung dieser, wie er sagt, „heilsamen Anstalt", die die „römische Republik" (einer „der edelsten Staaten") autorisiert hatte. Das Konkubinat erscheint ihm der „Natur, der Vernunft und den jetzigen Umständen" (S. 104) angepaßt. Das Beispiel, das er anführt, um diese Neueinführung zu rechtfertigen, ist sozialer Natur. Ein unbegüterter Mann von Stand (wohlgemerkt: nicht aus dem Volk) kann wegen der Kosten der Ehe nicht heiraten. Wenn das Konkubinat existierte, so könnte er einen dem heiligsten Ehebündnis gleich unverbrüchlichen Kontrakt schließen. Das würde aber dann heißen, daß die Kinder keinen Anspruch auf Stand und Namen hätten. Unser Utopist ist aber der Meinung, daß dies kein gravierender Nachteil für sie sein würde. Sie wären frei zu werden, was sie wollen, „Menschen, Bürger". Und er schließt: „Der eingeführte Konkubinat würde wieder Naturfreuden und Familienglück verbreiten, die durch jetzige Vorurteile und jetzigen Luxus so sehr leiden […]" (S. 105). Ein etwas seltsamer Vorschlag, aber charakteristisch zugleich für die soziale Experimentierfreudigkeit der Aufklärer und für deren praktischen Sinn. Man erwartete die Erneuerung und Verbesserung der Zustände nicht von einer globalen Revolution, sondern von einer Reihe gezielter Änderungen.

---

[21] Novalis schreibt: „Diejenigen die in unseren Tagen gegen Fürsten als solche deklamieren und nirgends Heil statuieren als in der neuen französischen Manier […], die sind armselige Philister, leer an Geist und arm an Herzen, Buchstäbler, die ihre Seichtigkeit und innerliche Blöße […] unter der imposanten Maske des Kosmopolitismus zu verstecken suchen […]" (Novalis, Glauben und Liebe oder der König und die Königin, in: Novalis, Das philosophisch-theoretische Werk, hg. von Hans-Joachim Mähl, Bd. 2, München 1978, 296).

## *III.*

Wie oben angedeutet löste der Artikel heftige Reaktionen unter der Leserschaft der *Berlinischen Monatsschrift* aus. Viele befaßten sich mit der Ehethematik, einige aber mit der zugrunde liegenden Einstellung zur Kirche und zur Aufklärung, so auch Johann Friedrich Zöllner (1753–1804). Zöllner, ein aufgeklärter Pfarrer,[22] gehörte übrigens auch, wie Biester, der *Mittwochsgesellschaft* an, teilte aber Biesters Ansichten über die Aufklärung nicht. Zöllner hatte sogar für die *Mittwochsgesellschaft* seine Auffassung einer gemäßigten Aufklärung zu Papier gebracht.[23]

In seinem Antwortartikel in der *Berlinischen Monatsschrift* lagen die Akzente etwas anders. Er teilt zwar Biesters pessimistische Diagnose über den Zustand der Gesellschaft, sieht aber nicht die Mängel, wo dieser sie gesehen hat. Wo Biester den Mangel an Patriotismus, an bürgerlichem Gemeinsinn beklagt, prangert Zöllner vehement und mit vielen Details den wachsenden Sittenverfall seiner Zeit an:

> […] wo die Ausschweifungen so mächtig um sich greifen, wo man von abscheulichen Lastern mit Lächeln spricht, wo sich ein leichtsinniger Mensch unterstehen darf, sich seiner Galanterien zu rühmen, und doch noch auf den Namen eines guten Mannes Anspruch zu machen, wo elende Romanen-und Komödienschreiber die allerverworfensten Prinzipien mit süßen Vehikeln den Herzen unvorsichtiger Leser einflössen, wo man die Libertinage auf Grundsätze gebracht zu haben glaubt […] wo jeder an den Sitten stümpert, ohne zu bedenken und vielleicht ohne zu ahnden, dass Gewohnheiten und Sitten mächtiger, als Gesetze, auf den Geist des Volkes wirken, wo fast keine vaterländische Sitte mehr übrig ist, die von französischen Alfanzereien noch verdrängt werden könnte […] (S. 108 f.).

Zöllner hatte eine sittliche Auffassung von der Gesellschaft. Die öffentliche Moral war für ihn nur die Summe der individuellen Verhaltensweisen. Die Moral der Individuen und insbesondere die sexuelle Moral kamen ihm sehr lose vor. Die Ehefrage gab ihm also die Gelegenheit, darauf hinzuweisen. Die Unordnungen in diesem Bereich lagen in seinen Augen allen anderen zugrunde. Die Disziplin des Körpers und des Herzens war die Vorbedingung einer stabilisierten Gesellschaft. Zöllner hatte keinen Sinn für den politischen Kontext oder für politische Zusammenhänge. Er war über den Verfall der Gesellschaft besorgt, aber dieser Verfall hatte mit der individuellen Moral zu tun, nicht mit der Politik. Deshalb verurteilte er die Libertinage wie die Romane, die Komödien und die französischen Moden, die er zensieren wollte. In den 80er Jahren war dies allerdings ein verlorener Kampf oder zumindest ein Nachhutgefecht mit wenig Erfolgschancen. Trotz des protestantischen Puritanismus hatten schon seit einiger Zeit in

---

[22] Er interessierte sich für Volksbildung, veröffentlichte seit 1782 sein *Lesebuch für alle Stände*.
[23] Ernst Haberkern hat diesen Text veröffentlicht: Haberkern, Limitierte Aufklärung (wie Anmerkung 4), 355–358.

Preußen wie in anderen Ländern die Romane und Komödien die Gunst des Publikums gefunden. Was Zöllner aber interessierte, war die Fähigkeit einer Gesellschaft, ihre Verhaltensnormen durchzusetzen, um den Sieg der individuellen Moral zu sichern und zu garantieren. Und wenn Aufklärung dazu führen sollte, die Auflösung der Moral zu steigern, die immer dem Niedergang einer Gesellschaft vorausgeht, dann sollte man die Aufklärung begrenzen. Ein ernsthafter Verdacht belastete sie nun. Sie konnte für die bestehende Ordnung gefährlich werden. Die Frage nach Sinn und Bedeutung der Aufklärung drängte sich geradezu auf. Und die für ihn tautologische Frage „Was ist Wahrheit?", zeigte, was dieser Streit über Ehebündnisse und Religion für ihn schließlich bedeutete. Im Grunde war Zöllner für eine Aufklärung, die die Vorurteile langsam und umsichtig abbauen sollte. Aber er zog das Vorurteil der Unordnung vor. Seine Sorge um das Volk ließ ihn an einem Programm der konsequenten und radikalen Volksemanzipation zweifeln. Er unterschied zwischen der Aufklärung für das Volk und der Aufklärung für Philosophen.[24] Er wollte von dem vorgeschlagenen brutalen Bruch mit den Traditionen nichts hören. In dieser Hinsicht war er auf der Seite Voltaires, der die Kirche und die Priester einer endlosen Kritik unterzogen hatte, der aber vom soziologischen Nutzen der Religion zeitlebens überzeugt blieb. Für Zöllner stand fest: Priester sollten also bei den Eheschließungen zugegen sein.

Der Streit zwischen den beiden Mitgliedern der Mittwochsgesellschaft war gewissermaßen exemplarisch. An eben diesem Anteil des Religiösen im und am sozialen Leben schieden sich die Geister. Zwei Wege öffneten sich dem Fortschritt der Aufklärung: ein radikaler und ein vorsichtiger, gemäßigt-konservativer. Biester wollte zwar, in Anlehnung an die Überlegungen der Geheimbünde, insbesondere der Illuminaten, das Religiöse beibehalten, aber ohne die historische Religion und ihre Kirche(n). Er neigte zu einer natürlichen Religion, die dem Staat gegenüber keine institutionellen Interessen mehr geltend zu machen hätte. Beibehalten und benutzt werden sollte aber weiterhin das Religiöse. Es blieb eine unersetzliche Komponente seiner Anthropologie. Er wollte die Emanzipation über die Einführung des von allem kirchlichen Element freien Konkubinats probieren. Er war überzeugt, daß die Fortsetzung der Aufklärung zur definitiven Abwendung von den klerikal geprägten Lebensformen führen sollte. Diese Emanzipation von der Institution Kirche war für ihn Zweck und Mittel der Aufklärung.

Ganz anders Zöllner. Er vertrat den Standpunkt der ‚klassischen‘ Aufklärung, zumal der protestantischen. Religion und Aufklärung waren für ihn nicht nur vereinbar, sondern die eine konnte nicht ohne die andere bestehen. Aufklären bedeu-

---

[24] „Ich folgere hieraus, daß im Reich der Gelehrsamkeit nur da wahre Aufklärung gedenkbar ist […] Etwas anders scheint es mir aber mit der Volksaufklärung zu seyn" (zitiert nach: Haberkern, Limitierte Aufklärung [wie Anm. 4], 355).

tete Licht verbreiten, aber dieses hatte verschiedene Adressaten. Volksaufklärung hatte für ihn eine spezifische Zielsetzung. Was gelehrt werden mußte, war nicht der Weg zur Emanzipation von religiöser, sozialer oder politischer Obrigkeit, sondern im Gegenteil, warum den entsprechenden Codes zu gehorchen war. Wahrheiten und Religion sollten die sozialen Pflichten und Obliegenheiten rechtfertigen. Das Glück des Volkes sollte in der Erfüllung seiner Pflichten bestehen. Man durfte es bloß nicht beunruhigen oder schockieren. Es sollte nur unvermerkt aus seinen Irrtümern herausgezogen werden.

*Die Berlinische Monatsschrift eröffnete im Jahre 1783 eine breite Diskussion über das Wesen der Aufklärung durch die Veröffentlichung von zwei Artikeln: Der eine stammte von Johann Erich Biester und befaßte sich vordergründig mit der religiösen Ehe, die eben in Wien von Joseph II. neu geregelt worden war. Das wahre Thema war aber die Rolle der Kirche im allgemeinen in einer modernen Gesellschaft. War sie noch nützlich? Die aufgeklärten Bürger brauchten ihre Zeremonien nicht mehr. Sie konnten sich sogar von der Ehe abwenden. Also mußte man das sozial-politische Band neu überdenken und vielleicht neu begründen. Ein Element von Utopie war notwendig, um die moderne Gesellschaft neu gestalten zu können. Neue, dem Zeitgeist angepaßte Perspektiven – der Aufklärung eben – sollten nun entworfen werden. Aber was war letztendlich Aufklärung? Auf diese Frage kam der Artikel von Zöllner zurück. Zöllner wollte von einer Neugestaltung der existierenden Gesellschaft nichts hören. Zu zerbrechlich, zu anfällig für Immoralität und Sittenlosigkeit war in seinen Augen die Gesellschaft. Man mußte im Gegenteil die Regeln und Maximen der Moral verstärken und dem Volk lieber seine Irrtümer lassen statt noch mehr Unordnung und Ratlosigkeit durch ungeeignete Aufklärung zu riskieren. Die Diskussion blieb nicht auf die beiden Autoren beschränkt. Die sozial-politische Definition der Aufklärung stand nun zur Debatte. Sie forderte, wie man weiß, Kants und Mendelssohns Beteiligung heraus.*

*In 1783, the publication of two articles in the Berlinische Monatsschrift started an extended discussion about the nature of the Aufklärung: on the surface, the first article by Johann Erich Biester dealt with the notion of religious marriage, which had just been reorganized under Joseph II in Vienna. The real focus of the article, however, was the general role and value of the church in a modern society. Enlightened citizens no longer needed its ceremonies. They might even renounce marriage. Thus, a new approach to political and social cohesion became essential. An element of utopia was needed to construct a new modern society. New perspectives, in line with the 'Zeitgeist' of the Aufklärung had to be created. But what was Aufklärung in the end? This is the question raised by Zöllner's article, the second article mentioned above. He rejected the idea of a reorganization of existing social structures. Society was, in his opinion, too vulnerable and too prone to immorality and vice. On the contrary, what was needed was a reinforcement of moral rules and principles. Inappropriate enlightenment would only cause further disorder and confusion, and therefore it was better to leave the people in its unenlightened state. The debate was not restricted to these two authors. Indeed, what was at stake now was a social and political definition of Aufklärung which, as we know, prompted both Kant's and Mendelssohn's participation.*

Prof. Dr. Jean Mondot, 48, allée du Moulin de Desclau, 33170 Gradignan, E-Mail: mondot.jean@wanadoo.fr

U R S U L A  G O L D E N B A U M

# Der Pantheismusstreit als Angriff auf die Berliner Aufklärung und Judenemanzipation

> Der wütendste Gegner dieser Gegner Spinozas war Fr. Heinr. Jacobi,
> dem man zuweilen die Ehre erzeigt, ihn unter die deutschen Philosophen
> zu nennen. Er war nichts als ein zänkischer Schleicher, der sich unter den
> Mantel der Philosophie vermummt, und sich bei den Philosophen einschlich,
> ihnen erst viel von seiner Liebe und weichem Gemüte vorwimmerte und
> dann auf die Vernunft losschmähte. [...] Nichts gleicht dem frommen
> gemütlichen Hasse des kleinen Jacobi gegen den großen Spinoza.[1]

Im Ergebnis des Pantheismusstreits[2] wird von den Großen in der Philosophie und Literatur vor allem festgehalten, daß Spinoza bis dahin zu Unrecht als Atheist ver-

---

[1] Heinrich Heine, Zur Geschichte der Religion und Philosophie in Deutschland, in: H. H., Säkularausgabe. Werke, Briefwechsel, Lebenszeugnisse, Bd. 8, hg. von der Stiftung Weimarer Klassik und dem CNRS in Paris, Berlin, Paris 1979, 571.

[2] Zur umfangreichen Literatur zum Pantheismusstreit seien nur genannt Heinrich Scholz, Die Hauptschriften zum Pantheismusstreit zwischen Jacobi und Mendelssohn, Berlin 1916; Martin Bollacher, Der junge Goethe und Spinoza. Studien zur Geschichte des Spinozismus in der Epoche des Sturm und Drangs, Tübingen 1969 (Studien zur deutschen Literatur, 18); Alexander Altmann, Lessing und Jacobi: Das Gespräch über den Spinozismus, in: Lessing Yearbook 3 (1971), 25–70; Hermann Timm, Gott und die Freiheit. Studien zur Religionsphilosophie der Goethezeit, Bd. 1: Die Spinozarenaissance, Frankfurt am Main 1974; David Bell, Spinoza in Germany from 1670 to the Age of Goethe, London 1984; Klaus Hammacher, Über Friedrich Heinrich Jacobis Beziehungen zu Lessing im Zusammenhang mit dem Streit um Spinoza, in: Günter Schulz (Hg.), Lessing und der Kreis seiner Freunde, Heidelberg 1985 (Wolfenbütteler Studien zur Aufklärung, 8), 51–74; Frederick Beiser, The Fate of Reason: German Philosophy from Kant to Fichte, Cambridge 1987; Kurt Christ, Jacobi und Mendelssohn. Eine Analyse des Spinozastreits, Würzburg 1988; Joachim Schmidt-Neubauer, Der Pantheismusstreit: Thesen zu Lessings vermeintlichen Spinozismus, in: J. Sch.-N., Tyrannei und der Mythos vom Glück: 3 Essays zu Lessing, Schiller und Goethe, Frankfurt am Main 1988; Han-Ding Hong, Spinoza und die deutsche Philosophie. Eine Untersuchung zur metaphysischen Wirkungsgeschichte des Spinozismus in Deutschland, Aalen 1989; Sylvain Zac, Spinoza en Allemagne. Mendelssohn, Lessing et Jacobi, Paris 1989; Rüdiger Otto, Studien zur Spinozarezeption in Deutschland im 18. Jahrhundert, Frankfurt am Main, Berlin u. a. 1994; Vittorio Morfino, La Spinoza-Renaissance nella Germania di Fine Settecento, Milano 1998; sowie folgende einschlägige Aufsätze aus dem jüngsten Sammelband: Manfred Lauermann, Maria-Brigitta Schröder, Textgrundlagen der deutschen Spinozarezeption im 18. Jahrhundert, in: Eva Schürmann, Norbert Waszek, Frank Weinreich (Hg.), Spinoza im Deutschland des achtzehnten

Aufklärung 21 · © Felix Meiner Verlag 2009 · ISSN 0178-7128

ketzert und als „toter Hund"[3] verachtet wurde, weil seine Philosophie von seinen Kritikern nicht verstanden wurde. Stellvertretend für die ignoranten Verächter Spinozas werden die deutschen Philosophen und Theologen der Aufklärung genannt, darunter immer wieder Moses Mendelssohn. Dieser Vorwurf wurde zuerst von Jacobi in seinem berühmten ‚Spinozabüchlein' erhoben,[4] dann auch von anderen Zeitgenossen wie Herder und Hegel;[5] er hält sich seitdem bis in die jüngste

Jahrhunderts. Zur Erinnerung an Hans-Christian Lucas, Stuttgart-Bad Cannstatt 2002, 39–83; Gideon Stiening, „Werden Sie lieber ganz sein Freund" – Zur Bedeutung von Lessings Spinoza-Rezeption, in: ebd., 193–220; Eva J. Engel, Von ‚relativ wahr?' zu relativ falsch – Jacobis Eingeständnis, in: ebd., 223–249; Ursula Goldenbaum, Mendelssohns schwierige Beziehung zu Spinoza, in: ebd., 265–317; Günther Baum, Friedrich Heinrich Jacobi und die Philosophie Spinozas, in: ebd., 251–263.

[3] Die berühmte Formulierung stammt aus dem von Jacobi berichteten Gespräch mit Lessing, in dem dieser diesen Ausdruck prägte. Ich zitiere dieses ‚Gespräch' hier nach dem Briefbericht von Jacobi an Elise Reimarus, bestimmt für Mendelssohn, da Jacobi den Text später in seinen Veröffentlichungen mehrfach änderte (siehe Moses Mendelssohn, Gesammelte Schriften [Jubiläumsausgabe], Bd. 13, Stuttgart-Bad Cannstatt 1977, 144).

[4] [Friedrich Heinrich Jacobi], Über die Lehre des Spinoza in Briefen an Herrn Moses Mendelssohn, Breslau 1785 [Spinozabüchlein]. Das Spinozabüchlein wurde 1789 und 1819 wiederaufgelegt (vgl. Friedrich Heinrich Jacobi, Werke. Gesamtausgabe, Bd. 1.1: Schriften zum Spinozastreit, hg. von Klaus Hammacher, Walter Jaeschke, Hamburg, Stuttgart-Bad Cannstatt 1998, 1–268). Dort beantwortet Jacobi gleich im Anschluß an das ‚Gespräch' Mendelssohns briefliche Anfragen über die Form, in der Lessing sich gegenüber Jacobi als Spinozist erklärt hätte, in verletzender Arroganz. Angesichts der allgemeinen Unkenntnis über Spinoza waren Mendelssohns Fragen vollkommen gerechtfertigt und Jacobi hatte es nicht nötig, diese Fragen als Ausdruck von Mendelssohns Unwissenheit oder Unverständnis zu behandeln, weder in seinem privaten Brief noch viel weniger in dessen Veröffentlichung (ebd., 40–44). Dieser arrogante und belehrende Ton durchzieht das ganze Buch und veranlaßte Hegel und andere Zeitgenossen zu ihren Fehlurteilen über Mendelssohn.

[5] Das Fehlurteil fand vor allem durch Hegels Vorlesungen weite Verbreitung: „Jacobi zeigte im Briefwechsel eine tiefe Kenntnis des Spinozismus und daß Mendelssohn sogar völlig unwissend in diesem System sei" (Georg Wilhelm Friedrich Hegel, Vorlesungen über die Geschichte der Philosophie, Teil 4: Philosophie des Mittelalters und der neueren Zeit, hg. von Pierre Garniron, Walter Jaeschke, Hamburg 1986 [= G.W.F.H., Vorlesungen, 9], 165). Vgl. auch G.W.F. Hegel, Werke in zwanzig Bänden, Bd. 20: Vorlesungen über die Geschichte der Philosophie, III, Frankfurt am Main 2003, 316–17. Dort heißt es sogar: „Mendelssohn zeigte Ignoranz selbst über das äußerlich Historische der spinozistischen Philosophie, viel mehr noch über das Innere" (317). Tatsächlich spricht sich hier die von antijudaischem Ressentiment beflügelte Ignoranz Hegels aus. Diese Sichtweise wurde lange Zeit in Literatur- und Philosophiegeschichte kanonisiert. Eine neue Wertung Mendelssohn findet sich aber endlich in der Einleitung zu Jacobis Briefwechsel: „Mendelssohn erweist sich, auch noch in der Anfrage der Elise Reimarus, als kompetenter Kenner Spinozas. Jedenfalls ist die Meinung zu korrigieren, daß auch er Spinoza nur aus zweiter Hand gekannt habe" (Friedrich Heinrich Jacobi, Briefwechsel. Gesamtausgabe, Bd. 1.3: Briefwechsel 1782–1784, hg. von Peter Bachmaier u. a., Stuttgart-Bad Cannstatt 1987, XI).

Forschung.[6] Tatsächlich aber hat Moses Mendelssohn in seinen *Philosophischen Gesprächen* von 1755 Spinoza erstmals in der europäischen Geistesgeschichte öffentlich als einen großen und Leibniz ebenbürtigen Philosophen dargestellt, 30 Jahre vor dem Pantheismusstreit. Dieses Faktum wird aber weitgehend ignoriert und diente in jüngerer Zeit sogar als ein weiteres Beispiel seines immer wieder behaupteten, wenngleich nicht belegten unzureichenden Spinozaverständnisses.[7] Dagegen wird Jacobi als derjenige gefeiert, der Spinoza nicht nur im ganzen

---

[6] Angesichts von Mendelssohns ganz und gar eigener Interpretation, der Spinoza und Leibniz ausschließlich aus dem Originaltext übersetzt und zitiert, ist Jacobis Meinung, daß Mendelssohn Spinoza nicht aus den Quellen kannte, schwer nachzuvollziehen (vgl. Ursula Goldenbaum [Rez.], Moses Mendelssohn und sein Umkreis. Zwei aktuelle Sammelbände, in: Das achtzehnte Jahrhundert 21/2 [1997], 219–222). Kurt Christ folgt jedoch jener Meinung völlig kritiklos, wenn er schreibt: „Die sachliche Beratung durch Johann Albert Heinrich Reimarus war Mendelssohn weitgehend gezwungen unüberprüft zu übernehmen; er hatte diesen Part an den Doktor Reimarus delegiert, weil er sich selber nicht mehr flexibel genug fühlte, in spinozistische Gedankengänge einzudringen" (Christ, Jacobi und Mendelssohn [wie Anm. 2], 17). Reimarus aber hatte nach eigenem Bekenntnis Spinoza nicht einmal gelesen und fühlte sich zu einer solchen Beratung außerstande. Dagegen hatte Mendelssohn sich von seiner frühesten Jugend bis an sein Lebensende mit Spinoza beschäftigt und auseinandergesetzt, worauf auch Friedrich Niewöhner hinweist (vgl. Friedrich Niewöhner, Mendelssohn als Philosoph des Judentums, in: Michael Albrecht, Eva J. Engel, Norbert Hinske [Hg.], Moses Mendelssohn und die Kreise seiner Wirksamkeit, Tübingen 1994, 296). Es ist mir daher ganz unverständlich, warum auch Niewöhner Mendelssohns Kenntnis von Spinozas *Ethik* aus dem Original bestreiten will und glauben kann, Mendelssohn hätte diese nur aus zweiter Hand, nämlich aus Wolffs Widerlegung im 2. Teil der *Theologia naturalis* bezogen (vgl. Niewöhner, ebd., 296 und 300–302). Christs Ignoranz erreicht jedoch ihren Gipfel, wenn er in einem einigermaßen verklausulierten Satz behauptet: „Schon die falsche Ausgangsvermutung Jacobis, nämlich bei Mendelssohn eine exakte Spinozakenntnis vorauszusetzen, hätte bereits genügt, jegliche positive Übereinkunft zu verbauen" (Christ, ebd., 16). Am Ende gelangt er zu dem traditionellen Ergebnis, daß Mendelssohn Spinoza und darüber hinaus auch Lessing nicht verstanden habe: „Neben der Tatsache, daß Mendelssohn die erhoffte Anerkennung nicht bekunden konnte, weil er Jacobi nicht verstanden hatte, mußte Jacobi auch deutlich erkennen, daß er ihn nicht nur nicht verstanden hatte, sondern auch Lessing mißverstand" (Christ, ebd., 74; vgl. auch 98, 106–108, 115–118, 147). Damit wiederholt Christ ein weiteres fatales Ergebnis des Pantheismusstreits in der deutschen Philosophiegeschichte: die Trennung der Autorität Lessing von dem jüdischen Philosophen Mendelssohn. Erneut ist Hegel verantwortlich für die Verbreitung der Ansicht, daß Lessing nicht seinen Freunden Mendelssohn und Nicolai überlassen werden darf: „Ein zufälliger Streit mit Mendelssohn, der eine Lebensbeschreibung Lessings machen wollte, gab Veranlassung, daß Jacobi seine Ansichten entwickelte. [...] es zeigte sich im Verfolg des Streites, daß diejenigen, welche sich für Männer vom Fach der Philosophie und vom *Monopol der Freundschaft Lessings, wie Nicolai, Mendelssohn* usf., nichts vom Spinozismus wußten; es zeigte sich bei ihnen nicht nur Flachheit der philosophischen Einsicht, sondern sogar Unwissenheit" (Hegel, Werke, Bd. 20 [wie Anm. 5], 316 – Hervorh. U.G.).

[7] So behauptet Winfried Schröder über Mendelssohn ohne jede Begründung: „Der als eine frühe positive Würdigung Spinozas oft zitierte Passus aus den ‚Philosophischen Gesprächen' von 1755 dokumentiert zugleich das Bewußtsein des historischen Abstandes: Gewissermaßen als Philosophiehistoriker trifft Mendelssohn die Feststellung, ‚daß Spinosa an der Verbesserung der Welt-

Umfang verstanden,[8] sondern mit der Publikation seines Lessinggesprächs über Spinoza zugleich eine neue und tiefe deutsche Philosophie nach dem „gehaltlosen, matten Gewäsche" der Aufklärungsphilosophie initiiert habe.[9] Der für die Entwicklung der deutschen Philosophie- wie Literaturgeschichte so einflußreiche Hegel sah den Pantheismusstreit ausdrücklich als die entscheidende Zäsur in der deutschen Philosophie:

> Was eine Bewegung in diese gänzlich zur Ruhe und Sicherheit gekommene Autorität, die sich von nichts anderem träumen ließ, hineinbrachte, war der Streit Mendelssohns darüber, ob Lessing ein Spinozist gewesen, und dann über die Lehre Spinozas selbst. – Es kam bei dieser Gelegenheit zutage, wie sehr Spinoza im allgemeinen vergessen und für welch einen Greuel der Spinozismus gehalten wurde.[10]

Dabei weist Hegel ausgerechnet Friedrich Jacobi das Verdienst zu, zuerst „einen ganz anderen Gehalt der Philosophie" erinnert zu haben.[11] Anläßlich des von ihm inszenierten Spinozastreites habe er nämlich „dem vermittelnden Erkennen, welches er als bloßen Verstand auffaßte, den Glauben, d.i. die bloß unmittelbare Gewißheit der äußerlichen, endlichen Dinge sowie des Göttlichen, welches Glauben des Göttlichen er Vernunft nannte", entgegengesetzt.[12] Die unmittelbare Gewißheit des Glaubens wird so als ‚philosophische' Leistung Jacobis der bloß auf die vermittelnde, diskursive Erkenntnis des Verstandes setzenden Aufklärungsphilosophie gegenübergestellt. Zugleich wird mit dem Hinweis auf Spinoza die ausländische Philosophie zur Ursache der Neubelebung der vorher durch die wolffiani-

---

weisheit einen großen Antheil hat' „ (Winfried Schröder, Spinoza in der deutschen Frühaufklärung, Würzburg 1987, 13). Tatsächlich aber dient Mendelssohn die Berufung auf die enge theoretische Beziehung von Leibniz zu Spinoza der Aufwertung und Rechtfertigung Spinozas, die diesen allererst zum legitimen Thema machte, wie Lessing in seiner Rezension auch konstatierte. Schröders Behauptung ist um so unverständlicher, als er selbst auf die bestehenden Widerstände gegen eine sachliche Diskussion Spinozas hinweist, so daß in Deutschland angeblich erst ein Vierteljahrhundert nach 1757 „Ansätze einer freien Diskussion über Spinoza sichtbar wurden" (ebd., 70). Aber war nicht gerade Mendelssohns Schrift ein solcher Ansatz? Damit nicht genug will Schröder in Mendelssohns Aufwertung Spinozas unter Berufung auf dessen Bedeutung für Leibniz auch noch einen Rückschritt hinter Leibniz und Wolff sehen.

[8] Symptomatisch dafür ist Christs Darstellung, in welcher die Beziehung Jacobis und Mendelssohns vollkommen einseitig aus der Perspektive Jacobis und seiner intellektuellen Entwicklung geschildert wird, obwohl der Autor eine neue und objektive Darstellung des Streits zu geben ankündigt. Aber nicht nur stellt er Jacobis Kritik von Mendelssohns Evidenzschrift, die erst nach dem Spinozastreit verfaßt wurde, anachronistisch als Dokument aus der Zeit der Verfassung der Evidenzschrift dar, er versucht auch, Mendelssohn psychologische Vorbehalte und Arroganz gegen Jacobi zu unterstellen. Dagegen hätte Jacobi Mendelssohn verehrt und versucht, seine Gunst zu erlangen (vgl. Christ, Jacobi und Mendelssohn [wie Anm. 2], 21–24 sowie 64 f.).

[9] Hegel, Werke, Bd. 20 (wie Anm. 5), 310.

[10] Ebd., 311.

[11] Ebd., 310.

[12] Ebd., 311.

sche, flache Philosophie der Aufklärung entleerten deutschen Philosophie erklärt.[13]

Diese Sicht auf den Pantheismusstreit als den Neubeginn deutscher Philosophie durch eine Hinwendung zum nicht mehr jüdischen, sondern göttlichen und sogar allerchristlichsten Philosophen Spinoza wurde mehr oder weniger von allen unseren großen intellektuellen Heroen geteilt – von Fichte, Schelling, Hölderlin, Goethe, Herder, und von den Romantikern Novalis, Friedrich Schlegel und Schleiermacher. Es ist daher nicht überraschend, daß diese Sicht nach wie vor die Urteile der deutschen Philosophie- und Literaturgeschichte bestimmt. Die Geschichte von der Wiederentdeckung der philosophischen Bedeutung Spinozas erst im Deutschen Idealismus und in der Literatur der Klassik und Romantik ist seitdem ein Allgemeinplatz in der Forschungsliteratur. Sogar Heinrich Heines davon abweichende Darstellung des Pantheismusstreits, die sich seiner Aufwertung der deutschen Aufklärung, insbesondere Nicolais und Mendelssohns verdankt, ist deutlich defensiv gegenüber diesem Kanon.[14] In der Nachfolge Hegels haben die Junghegelianer, darunter Hettner, Marx und Engels, entsprechend die marxistische Literaturgeschichte ebenso wie die infolge der Studentenbewegung neu erwachende Aufklärungsforschung der 1970er und 1980er Jahre an diesen Urteilen nichts wesentlich geändert, sondern sich in der Kritik der zu braven und autoritätshörigen deutschen Aufklärung mit ihrem Mangel an Religionskritik und revolutionärem Geist gefallen.[15] Die Revolutionsbegeisterung und Religionskri-

---

[13] „Hume und Rousseau sind die beiden Ausgangspunkte der deutschen Philosophie" (ebd., 311).

[14] Vgl. Heine, Zur Geschichte der Religion und Philosophie (wie Anm. 1), 505–641, insbes. 571 ff. sowie 579–591.

[15] Die negative Gesamtwertung des theoretischen Gehalts der Aufklärung samt der daraus resultierenden Fehlurteile im einzelnen hat sowohl den an der Aufklärung interessierten Vormärz und die 1920er Jahre der Weimarer Republik als auch den sozialgeschichtlichen Paradigmenwechsel der Literaturgeschichte der 1970er Jahre weitgehend unbeschadet überstanden, selbst gegen den guten Willen von Autoren wie z. B. Hettner und Cassirer (vgl. Ursula Goldenbaum, Einleitung zu: Appell an das Publikum. Die öffentliche Debatte in der deutschen Aufklärung 1697–1796, Berlin 2004, 3–32, inbes. 16–23). Die Übereinstimmung der Junghegelianer Marx und Engels mit Hettner und Hegel kommt exemplarisch in der *Deutschen Ideologie* zum Ausdruck (vgl. Karl Marx, Friedrich Engels, Werke, Berlin, Bd. 3 [1969], 176–180). Entsprechend werden diese Urteile in der marxistischen Geschichtsschreibung fortgeschrieben, die nach dem Zweiten Weltkrieg in der Aufklärungsforschung der DDR und seit 1968 auch in der bundesdeutschen Aufklärungsforschung großen Einfluß ausübte. Besonders einflußreich war hier vor allem Werner Krauss, für den die französische, insbesondere die atheistische Aufklärung der absolute Maßstab jeder Beurteilung war. Vgl. z. B. seinen Aufsatz *Die früheste Reaktion auf Diderots Jugendwerke in Deutschland*, oder *Über die Konstellation der deutschen Aufklärung*, beide in: Werner Krauss (Hg.), Studien zur deutschen und französischen Aufklärung, Berlin 1969, 301–307 und 309–399. – Die Darstellungen der sozialgeschichtlichen Aufklärungsforschung bieten überraschenderweise fast gleichlautende Einschätzungen der deutschen Literatur, wie wir sie aus der traditionellen Literaturgeschichte längst schon

tik der Autoren des Vormärzes wie der 68er wurde so zum anachronistischen Maßstab für die positive Bewertung der französischen und die negative der deutschen
Aufklärung.

Was aber war der Pantheismusstreit, und wie konnte aus dem am Ende des
17. Jahrhunderts so verabscheuten „Judaeus Aposynagogos"[16] plötzlich am
Ende des 18. Jahrhunderts der „philosophus christianissimus" werden?[17]

## I. Die Ausgangslage des Spinozastreits

Ausgelöst wurde der Streit durch die Veröffentlichung von Jacobis Spinozabüchlein und Mendelssohns *Morgenstunden* im Jahr 1785. Dem war bekanntlich eine
zweijährige Korrespondenz zwischen Jacobi und Mendelssohn vorausgegangen,
in die einige der meinungsführenden Intellektuellen auf beiden Seiten aber bereits
eingeweiht waren. Da der Briefwechsel Jacobis mit Mendelssohn durch Elise
Reimarus vermittelt wurde, war sie, ebenso wie ihr Bruder Johann Albert Heinrich
Reimarus, von vornherein im Bilde. Beide waren die Kinder des berühmten
‚Fragmentisten' Hermann Samuel Reimarus, aus dessen *Apologie oder Schutzschrift der vernünftigen Verehrer Gottes* Lessing wenige Jahre zuvor in der von
ihm gegründeten Reihe *Zur Geschichte und Litteratur: Aus den Schätzen der Her-
zoglichen Bibliothek zu Wolfenbüttel* Fragmente abgedruckt, mit kritischen Kommentaren versehen und damit den bekannten Fragmentenstreit ausgelöst hatte.[18]
In diesem Fragmentenstreit standen mindestens die engen Freunde Jacobis, Jo-

kennen. Wie eh und je wird die Auseinandersetzung von Gottsched und den Schweizern als eine
zwischen Verstand und Poesie dargestellt, die verstandesbetonte Aufklärung von Lessing, Mendelssohn und Nicolai dem poetischen Genie Klopstocks gegenübergestellt, der Sturm und Drang als
Reaktion auf die rationalistische Einseitigkeit der Aufklärung verstanden und die Klassik als Vollendung der deutschen Literatur dargestellt. Dabei wird Lessing immerhin eine Sonderrolle zugesprochen, da man diesem ‚großen Denker' weder aufklärerische Flachheit vorwerfen noch seine
religionskritischen Auseinandersetzungen als unhistorischen Deismus auslegen will. Vgl. z. B. Rolf
Grimminger (Hg.), Hansers Sozialgeschichte der deutschen Literatur vom 16. Jahrhundert bis zur
Gegenwart, Bd. 3: Deutsche Aufklärung bis zur Französischen Revolution 1680–1789, München,
Wien 1980. Gerhard Sauder behandelt die Moralischen Wochenschriften (ebd., 267–279), Christoph Siegrist Poetik und Ästhetik von Gottsched und Baumgarten (ebd., 280–303), darunter
natürlich auch Bodmer und Breitinger, Jochen Schulte-Sasse die Poetik und Ästhetik Lessings (ebd.,
304–326) und seiner Zeitgenossen und Gerhard Sauder sodann den Geniekult des Sturm und Drang
(ebd., 327–340), nach den bewährten Mustern.

[16] So formuliert Graevius an Leibniz am 12.(22.).4.1671 (Gottfried Wilhelm Leibniz, Sämtliche
Schriften und Briefe [Akademieausgabe], Reihe I,1, Darmstadt 1923 [Berlin ²1970; ³1986], 142).

[17] Vgl. Goethe an Jacobi am 9. 6. 1785 (Jacobi, Briefwechsel [wie Anm. 5], Bd. 1.4 [2003], 118).

[18] Vgl. die ausgezeichnete und überaus kenntnisreiche Darstellung von Wolfgang Kröger, Das
Publikum als Richter: Lessing und die ‚kleineren Respondenten' im Fragmentenstreit, Nendeln/
Liechtenstein 1979.

hann Georg Hamann und Johann Kaspar Lavater, den Positionen Lessings (wie auch denen von Reimarus) entschieden entgegen, auch wenn sie die orthodoxe Scharfmacherei von Lessings Gegner Götze nicht ganz teilten. Wenn sie in ihren Briefen an Jacobi ungeschützt ihrem Unmut über Lessings angeblich falsches Spiel mit der christlichen Maske Ausdruck gaben, konnten sie sicherlich das grundsätzliche Einverständnis Jacobis voraussetzen. So kommentierte Hamann, *nach* dem Empfang des Jacobischen Spinozagesprächs, Lessings theoretische Position im *Fragmentenstreit* mit moralischer Empörung:

> Was urtheilen Sie selbst aber, Mein verehrungswürdiger Freund, von des Mannes Ehrlichkeit und Aufrichtigkeit in dem ganzen Handel über die Fragmente? Hat nicht der Hamburgische Oelgötze bey aller seiner Dummheit im Grunde Recht gehabt? Läst sich wohl mit dem panischen [spinozistischen] System im Kopf ein christlich Vater unser beten? Lag nicht im Eifer des unglücklichen Mannes, Feindschaft gegen das Christentum auf dem Boden? War's die Rolle eines christlichen Philosophen, deßen Maske er brauchte, oder eines Heuchlers und Sophisten, die er spielte?[19]

Hamanns Empörung richtet sich keineswegs gegen irgendeines der Lessingschen Argumente, vielmehr zieht er Lessings moralische Haltung in Zweifel. Das war die klassische Vorgehensweise, um einen Autor zu denunzieren als nicht nur von der Lehre abweichend, sondern vorsätzlich oder bösartig die christliche Lehre zerstören wollend. Und auch Lavater schäumte angesichts des Fragmentenstreits: „Ist niemand, mein Lieber, der dem Erzseelenlosen Sophisten *Leßing* – die Schaam entblößt? Niemand, der nicht *Priester* ist?"[20] Leider sind Jacobis Antworten auf diese Briefe nicht überliefert, jedoch sprechen alle seine Briefe an Lavater, Hamann und später an Herder von seinem grundsätzlichen Einverständnis mit ihrer bibel- oder gefühlschristlichen Weltsicht.[21] Die dieser Sichtweise zugehörige Unterstellung Hamanns und auch Lavaters, Lessing habe seine wahren Auffassungen hinter einer Maske verborgen, der Jacobi in seiner Antwort an La-

---

[19] Hamann an Jacobi am 1. und 5. 12. 1784 (Jacobi, Briefwechsel [wie Anm. 5], Bd. 1.3 [1987], 398).

[20] Lavater an Jacobi am 1. 7. 1778 (ebd., Bd. 1.4 [1983], 76).

[21] „Sie urtheilen ganz recht, edler Mann, dass in Lessings Eifer für die Fragmente Feindschaft gegen das Christenthum auf dem Boden lag, u dass es keineswegs die Rolle eines Xstlichen Philosophen war die er spielte. Er wollte aber für letzteres auch nicht angesehen seyn. Die Maske die er brauchte sollte ihn nicht verbergen sondern nur beschützen. Es lag tief in Lessings Character, dass er keines Menschen u keines Dinges Narre seyn wollte, auch nicht der Narre der Philosophie. Bey seiner Verachtung der Xstenlehre, die zuletzt sehr bitter wurde, hätte er es für Schimpf gehalten, im Kampf dagegen etwas auf das Spiel zu setzen; seine äußerlichen Verhältnisse sollten ungefährdet bleiben; er wollte nicht ausgelacht seyn, am wenigstens [...] v sich selbst. Uebrigens scheute er so wenig, seine wahre Meynung entdeckt zu sehen, dass ihn jeder Mißverstand darüber zornig machte. Als seine Erziehung des Menschengeschlechts von einigen als eine nicht unchristliche Schrift, beynah als eine Palynodie angesehen wurde, stieg sein Aerger über die Albernheit der Nation bis zum Ergrimmen" (Jacobi an Hamann am 30.12.84, ebd., Bd. 1.3 [1987], 411–12).

vater sogar widerspricht,[22] wird bis in die gegenwärtige Forschung unkritisch aufrechterhalten, und das, obwohl er doch offensichtlich von Freunden und Feinden
richtig verstanden wurde.

Auch Jacobi hatte Lessings Publikationen im und nach dem Fragmentenstreit
mit großem Interesse verfolgt, wie man an seinen Buchbestellungen ablesen
kann.[23] Angesichts seiner eigenen quälenden Schwierigkeiten, die Spannung zwischen seinem Bedürfnis zu glauben und seinen philosophischen Zweifeln aufzu-
lösen, mußten die Argumente Lessings pro und contra den Fragmentisten Reimarus seine gesteigerte Aufmerksamkeit finden, ohne daß er Lessings Position hätte
zustimmen können. Entsprechend erwartete Jacobi mit großer Spannung Lessings *Nathan der Weise* und gehörte zu den Subskribentensammlern für dessen
Veröffentlichung. Es war eben Lessings Zusendung des *Nathan* an Jacobi aufgrund von dessen Bestellung 1779, die diesem die willkommene Gelegenheit
bot, einen Briefwechsel mit Lessing anzufangen – wie er sagt, „weil ich die Geister einiger Seher in Ihnen beschwören und zur Sprache bringen möchte, die mir
nicht genug antworten".[24] Es liegt also nahe anzunehmen, daß er 1779 bei seinem
ersten Brief an Lessing und dann bei seinen beiden im Sommer 1780 erfolgenden
Besuchen Lessings die Absicht hatte, hinter die von Lavater und Hamann behauptete Maske Lessings im Fragmentenstreit zu schauen.

Auch Jacobi ließ seine Freunde von Anfang an oder mindestens lange vor der
Veröffentlichung des Spinozabüchleins an seinem Briefwechsel mit Mendelssohn teilhaben. Gleich nach Absendung seines Briefes mit der Schilderung seines
Gesprächs mit Lessing über Spinoza an Elise Reimarus schickte er eine Abschrift
unter dem Siegel der Verschwiegenheit an Wizenmann,[25] an die Gräfin Gallitzin
und den Minister Fürstenberg,[26] an Herder[27] (und damit auch an Goethe),[28] wenig
später auch an Johann Georg Hamann.[29] Matthias Claudius lernte das Gespräch

---

[22] Vgl. die vorige Fußnote.

[23] Siehe Jacobi, Briefwechsel (wie Anm. 5), Bd. 1.2 (1983), 78 f.

[24] Jacobi an Lessing am 20.8.79 (ebd., 104).

[25] Am 6.11.1783 (ebd., Bd. 1.3 [1987], 246 f). Er erhält die Abschrift zurück am 9.11.1783
(ebd., 249).

[26] Am 18.11.1783 (ebd., 255). Auch wenn über den Inhalt des zugesandten Aufsatzes nichts
gesagt wird, was anders als das Gespräch soll zu diesem Zeitpunkt gemeint sein, unter allen Texten,
die Jacobi in diesen Jahren geschrieben hat? „Ich lege auf dieses kleine Ding einen so großen Werth,
als auf irgend etwas das ich geschrieben habe". Auch erbittet er die Handschrift zurück und ver-
spricht, später eine andere zu schicken. „Aufsatz" wird das Gespräch auch in Jacobis Brief an Herder
genannt (siehe 255).

[27] Am 18.11.1783 (ebd., 255). Er fordert die Abschrift auch hier zurück, die Herder aber am 6.2.
1784 noch nicht gesendet hat (ebd., 278).

[28] Goethe schreibt am 30.12.1783: „Wir haben uns mit dir und Lessing unterhalten" (ebd., 266).

[29] An Hamann am 18.–22.10.1784 (ebd., 372). Daß es sich um eben das Gespräch handelte, geht
aus Hamanns Antwort hervor (ebd., 384).

dann kennen, als er im September 1784 Weimar besuchte, während des fast einmonatigen Aufenthalts Jacobis in Weimar, wohin zeitweilig auch die Fürstin Gallitzin kam.[30] Daß Jacobi offensichtlich mehrere Abschriften des langen Briefes in so kurzer Zeit anfertigen ließ, läßt darauf schließen, daß es ihm von vornherein um eine Veröffentlichung ging.

Aber warum hat Jacobi dann überhaupt seine Korrespondenz mit Mendelssohn eröffnet? Warum hat er das Lessing-Gespräch nicht einfach veröffentlicht, wie ihm von Herder sogleich geraten wurde?[31] Und warum schrieb Jacobi seinen ersten Brief über den Spinozismus Lessings an Elise Reimarus, bestimmt zur Mitteilung an Mendelssohn, und warum ausgerechnet im Juli 1783?[32] Sein Gespräch mit Lessing lag zu diesem Zeitpunkt bereits drei Jahre zurück. All diese Jahre hat Jacobi sein Geheimnis für sich behalten, so daß mitunter sogar Zweifel an der Echtheit des Gesprächs aufkamen.[33] Er selbst erklärte seine Mitteilung über Lessings Spinozismus bekanntlich damit, daß er von der Absicht Mendelssohns gehört habe, „Etwas über den Charakter Lessings" zu schreiben.[34] Dieses Vorhaben war ihm aber spätestens im März 1783 durch Elise bekannt geworden, aus ihrem begeisterten Brief über die Persönlichkeit Mendelssohns, den sie in Berlin kennengelernt hatte.[35] Mendelssohn hatte diese Absicht aber längst vorher gegenüber Herder erklärt und sie auch im gemeinsamen Schreiben mit Nicolai an den Herzog

---

[30] Ebd.

[31] Herder an Jacobi am 6.2.1784 (ebd., 278 f.).

[32] Jacobi an Elise Reimarus am 21. Juli 1783 (Elise an Mendelssohn am 4. August 1783, ebd., 172 f.).

[33] Die Echtheit des Gespräches galt den meisten Zeitgenossen und auch Mendelssohn als sicher, ist aber von der Forschung mitunter in Frage gestellt worden, besonders entschieden von Eva J. Engel. Sie wendet vor allem ein, daß Jacobi das Gespräch nicht sogleich oder doch nach Lessings Tod in Briefen berichtet hat. Außerdem ist sie der Meinung, Lessing würde in diesem Gespräch unter seinem Niveau diskutieren und nicht seinem Prinzip folgen, den Schwächeren zu verteidigen (vgl. Eva J. Engel, Fromet Mendelssohn an Elise Reimarus. Abschluß einer theologischen Tragödie, in: Mendelssohn-Studien 4 [1979], 205 f.). Für die Echtheit des Gesprächs spricht sicherlich, daß darin gerade wieder die Probleme der Willensfreiheit und des Parallelismus im Zusammenhang mit dem Gottes- bzw. Substanzbegriff bei Spinoza Lessings Hauptpunkte sind, die also immer noch von der Mendelssohnschen Vorgabe der *Philosophischen Gespräche* geprägt bleiben, auch wenn Lessing Mendelssohns Position in diesen Fragen nicht mehr ganz und gar teilt. Für die Echtheit des Spinoza-Gesprächs argumentiert Klaus Hammacher, Über Friedrich Heinrich Jacobis Beziehungen zu Lessing im Zusammenhang mit dem Streit um Spinoza, in: Lessing und der Kreis seiner Freunde, Heidelberg 1985 (Wolfenbütteler Studien zur Aufklärung, 8), 51–74. – Allerdings ist Jacobis Erklärung gegenüber Herder durchaus so zu interpretieren, als handle es sich um einen Aufsatz Jacobis und nicht ausschließlich um ein Gesprächsprotokoll (vgl. Jacobi an Herder am 30.6.1784, Jacobi, Briefwechsel [wie Anm. 5], Bd. 1.3 [1987], 327). Es ist also kein durch Lessing autorisiertes Gesprächsprotokoll.

[34] Erneut so dargestellt in der Einleitung der Herausgeber zu Jacobis *Briefwechsel* (ebd., XI).

[35] Elise an Jacobi am 25.3.1783 (ebd., 137 f.).

von Braunschweig angeführt, in dem die Freunde um ihre Briefwechsel mit dem verstorbenen Lessing baten.[36] Daß der beste Freund des verstorbenen Lessing eine solche Unternehmung vorhatte, wurde aber ganz einfach allgemein erwartet, und es war eher auffallend, daß Mendelssohn im Sommer 1783, achtzehn Monate nach Lessings Tod, seine Absicht noch nicht verwirklicht hatte.[37]

## II. Die öffentliche Debatte über die Judenemanzipation

Tatsache ist, daß Mendelssohn gerade in jenen Jahren 1781–83 vollauf mit ganz anderen Schriften beschäftigt war (neben seiner gewöhnlichen geschäftlichen Tätigkeit), die allesamt zu seinem großen Projekt der Judenemanzipation gehörten.[38] Dabei ging es ihm auf der einen Seite um die Aufklärung der Juden auf der Grundlage eines neuen modernisierten Verständnisses des Judentums. Dazu sollten seine neuen Übersetzungen der kanonischen Schriften dienen. 1778 erschienen *Die Ritualgesetze der Juden, betreffend Erbschaften, Vormundschaftssachen, Testamente und Ehesachen, in soweit sie das Mein und Dein angehen.* Auf ihrer Grundlage formulierte Mendelssohn auch seine Empfehlungen zur Neufassung des Judeneides in Preußen. Außerdem hatte er lange an einer neuen Übersetzung der Thora und einem Kommentar gearbeitet. Eine erste Probe von *Die fünf Bücher Mose: Zum Gebrauch der jüdisch-deutschen Nation* erschien zuerst 1780; die vollständige Fassung erschien dann 1783. Zugleich schloß er seine Übersetzung der Psalmen ab, die ihn bereits seit den frühen 1770er Jahren beschäftigt hatte; sie erschienen auf seinen besonderen Wunsch 1783 als Prachtausgabe.[39]

Auf der anderen Seite aber ging es Mendelssohn auch um die Aufklärung der Christen. Er wollte ihre Einsicht in die Notwendigkeit einer rechtlichen Gleichstellung der Juden befördern. Dazu kooperierte Mendelssohn sowohl mit Ernst

---

[36] Mendelssohn und Nicolai an Karl Wilhelm Ferdinand Herzog von Braunschweig am 20. 2. 1781 (Mendelssohn, Gesammelte Schriften [wie Anm. 3], Bd. 13 [1977], 5).

[37] „Wo bleibt Mendelsons Denkmal auf Leßing?" fragt z. B. Hamann am 9. 6. 1782 Herder (Johann Georg Hamann, Briefwechsel, hg. von Arthur Henkel, Frankfurt am Main 1959, Bd. 4, 388). Gegenüber Herder erklärte Mendelssohn das mit dem Ausbleiben seines angeforderten Briefwechsels (siehe Mendelssohn an Herder am 26. 9. 1781, Mendelssohn, Gesammelte Schriften [wie Anm. 3], Bd. 13 [1977], 26). Das Schreiben antwortet auf Herders Übersendung von dessen Nachruf auf Lessing.

[38] Zu diesem Mendelssohnschen Programm der Judenemanzipation und der Toleranz als Ergebnis seiner Auseinandersetzung mit dem Lavaterschen Bekehrungsversuch vgl. Alexander Altmann, Moses Mendelssohn, Philadelphia 1973, 286–553.

[39] Am 27. 5. 1782 geht Mendelssohn an die Veröffentlichung seiner Psalmenübersetzung und wünscht dazu eine repräsentative Ausgabe (vgl. seinen Brief an Nicolai, Mendelssohn, Gesammelte Schriften [wie Anm. 3], Bd. 13 [1977], 54).

Ferdinand Klein für die Neufassung der Eidesformel für die Juden[40] als auch mit Christian Wilhelm Dohm, dem er mit vielfältigen Informationen und Ratschlägen zuarbeitete.[41] Dohms Buch *Ueber die Bürgerliche Verbesserung der Juden* erschien 1781 bei Nicolai in Berlin und löste eine große öffentliche Debatte aus.[42] Dohm veröffentlichte daraufhin die argumentativ relevanten Reaktionen für und gegen sein Buch 1783 als zweiten Band der *Bürgerlichen Verbesserung der Juden* zugleich mit seinen Erwiderungen auf diese Kritiken. Gegen die vielfach vorgebrachten traditionellen Vorurteile gegen die Juden veröffentlichte dagegen Mendelssohn schon 1782 das Buch des Amsterdamer Rabbiners Menasseh ben Israel, *Rettung der Juden*, mit einer Vorrede.[43] In diesem Buch des Lehrers Spinozas aus dem 17. Jahrhundert waren die traditionellen antijüdischen Vorurteile bereits hinreichend widerlegt worden. Als Mendelssohn in der Debatte aber dann vorgeworfen wurde, sein neues modernes Verständnis des Judentums wäre gar kein Judentum, da die meisten Juden eine andere Auffassung als er davon hätten, reagierte er 1783 mit seiner systematischen und grundlegenden Schrift *Jerusalem oder über religiöse Macht und Judentum*.

In diesem Werk begründete er nicht nur erstmals in deutscher Sprache die Notwendigkeit der Gleichheit der Bürgerrechte für Juden sowie auch die völlige Trennung von Staat und Kirche, sondern sprach auch allen religiösen Gemeinschaften das Recht der Gewalt und der Exkommunikation ab; er forderte völlige Gewissensfreiheit für Christen und Juden und aller religiösen Untertanen/Bürger (Atheisten, als Egoisten verstanden, sollten ausgeschlossen bleiben). Entsprechend sprach er sich auch gegen die Beibehaltung des Eids der protestantischen Theologen auf die symbolischen Bücher aus. Indem religiöse Gemeinschaften rein geistige und freiwillige Gemeinschaften seien, die allein aus Überzeugung zusammenhielten, könnten diese weder Steuern erheben noch bezahlte Diener halten, noch Zwang ausüben. *Jerusalem* bildete den theoretischen Höhepunkt der öffentlichen Debatte zur Judenemanzipation, erregte aber eine außerordentlich große Zahl von Gegenschriften, darunter viele scharf antijudaische und polemische Stellungnahmen. Sogar die erste antisemitische Argumentation verdankt sich dieser Debatte, da der Göttinger Hebraist Michaelis gegen Dohm und Mendelssohn nunmehr anthropologische Argumente gegen eine Gleichstel-

---

[40] Vgl. die instruktive Einleitung „Zur Reform des Judeneides" von Simon Rawidowicz, wie sie in Preußen 1782–1786 unter Teilnahme Mendelssohns diskutiert wurde (Mendelssohn, Gesammelte Schriften [wie Anm. 3], Bd. 7 [1974], CLVIII-CLXXXIII, und den Anhang an Dokumenten, 253–293).

[41] Vgl. Gerda Heinrich, „[…] man sollte itzt beständig das Publikum en haleine halten". Die Debatte um „bürgerliche Verbesserung der Juden", in: Goldenbaum, Appell an das Publikum (wie Anm. 15), 813–895, hier 833 ff.

[42] Ebd., 890.

[43] Die Übersetzung ist von Markus Herz.

lung der Juden vorbrachte.[44] Herder wie Hamann reagierten auf Mendelssohns Gebrauch des Naturrechts in liberaler Absicht[45] – in privaten Briefen – mit einer grundsätzlichen Ablehnung naturrechtlicher, d. h. in diesem Kontext liberaler Argumente.[46] Die wenigen projüdischen Stellungnahmen aber kamen fast alle von seiten preußischer Reformbeamter in Berlin wie Diez und Goßler.[47] Diez warf sogar nüchtern die Frage auf, „ob Zufall, der uns zur stärkern Parthey machte, uns Befugniß gebe, jene als Schwächre im Druk zu halten und unter uns zu erniedrigen? Gewalt wird freylich die Beantwortung dieser Frage immer unnöthig finden. Vernunft und Menschlichkeit aber werden sie nie rechtfertigen".[48]

Die größte Provokation von *Jerusalem* aber bildete Mendelssohns jüdisches Credo. Mendelssohn hatte in *Jerusalem* gezeigt, daß Juden entsprechend seiner modernen Interpretation des Judentums, deren Übereinstimmung mit der gelehrten jüdischen Tradition er nachwies und die ihm auch von der christlichen Auto-

[44] Vgl. Anna-Ruth Löwenbrück, Judenfeindschaft im Zeitalter der Aufklärung. Eine Studie zur Vorgeschichte des modernen Antisemitismus am Beispiel des Göttinger Theologen und Orientalisten Johann David Michaelis (1717–1791), Frankfurt am Main, New York 1995.

[45] Zum liberalen Gehalt von Mendelssohns *Jerusalem* wie auch seiner unveröffentlichten Stellungnahmen vgl. Alexander Altmann, The Quest for Liberty in Moses Mendelssohn's Political Philosophy, in: Eberhard Bahr, Edward P. Harris, Laurence G. Lyon (Hg.), Humanität und Dialog: Lessing und Mendelssohn in neuer Sicht. Beiheft zum Lessing Yearbook, Detroit, München 1982, 37–65.

[46] Es ist interessant genug, daß Hamann wie Herder auf Mendelssohns *Jerusalem* mit einer generellen Ablehnung der naturrechtlichen Argumentation reagieren. So schreibt Herder nach Empfang von *Golgatha und Schiblemini* am 23.8.1784: „Auch in den Principien der sogenannten Philosophie bin ich mit Ihnen ganz einig: denn auch mir haben die abstrahirten Worte u. Definitionen von Kirche, Staat, Naturrecht, Gesellschaft nie ein Genüge getan; u. eben die geheimen nausae darüber haben mich zu meiner Philos. der Geschichte getrieben: es ist, wenn ich diese allgem. Philosophischen Erörterungen lese, als ob ich einen Traum erzählen hörte, denn weder Naturrecht, noch Staat u. Gesellschaft existiren irgendwo in dergleichen philos. Reinigkeit u. Klarheit etc. etc." (J.G. Hamann, Briefwechsel [wie Anm. 37], Bd. 5 [1965], 191). Und Hamann schreibt in *Golgatha und Schiblemini*: Staat, Religion und Gewissensfreiheit seien „zuförderst drey Wörter, die dem ersten Anblick nach alles oder vielmehr nichts sagen" (Johann Georg Hamann, Sämtliche Werke, Historisch-kritische Ausgabe, 6 Bde, hg. von Josef Nadler, Wien 1949–57, Bd. 3, 293). „Mit dem gesellschaftlichen Contract geht es mir nicht besser!" (ebd.).

[47] Vgl. ebd., 816–832. Zu den liberalen Bestrebungen der preußischen aufgeklärten Reformbeamtenten vgl. die kenntnisreiche Studie von Peter Weber: Mirabeau und die Berliner Aufklärer. Zur preußischen Reformideologie im französischen Kontext, in: Französische Kultur – Aufklärung in Preußen, Berlin 2001, 89–99 (ND in: P. W., Literarische und politische Öffentlichkeit. Studien zur Berliner Aufklärung, Berlin 2006, 169–182). Dohm erklärt die Position in seiner Beantwortung von Jacobis ‚Kritik' am Absolutismus: „[…] ich würde lieber alle Staaten, wo die höchste Gewalt auf irgend eine Art getheilt ist, in mehr oder minderm Grade *frey* nennen" (Dohm an Jacobi am 25.2.1782, Jacobi, Briefwechsel [wie Anm. 5], Bd. 1.3 [1987], 9).

[48] Heinrich Friedrich Diez, Über Juden. An Herrn Kriegsrath Dohm. Buchhandlung der Gelehrten, Leipzig, Dessau 1783, 10 f. Vgl. Heinrich, Debatte um „bürgerliche Verbesserung der Juden" (wie Anm. 41), 877 ff.

rität auf dem Gebiet des Jüdischen Gesetzes, Johann David Michaelis, bestätigt wurde, keine Glaubenswahrheiten kennen wie die Christen. Außer den vom Gesetz geforderten Handlungen verlange der jüdische Glaube nur den Glauben an einen personalen Gott. Alles andere könnten die Juden durch gottgegebene natürliche Vernunft selbst herausfinden, als notwendige oder kontingente Wahrheiten, im Sinne der leibniz-wolffianischen Erkenntnistheorie. Selbst die Offenbarung des Gesetzes gilt Mendelssohn nur als eine kontingente Wahrheit, deren hoher Grad an Wahrscheinlichkeit jedoch durch die enorme Zahl an Zeugen bewährt sei, nämlich durch das ganze jüdische Volk. Ein Jude müsse die vom Gesetz verlangten Handlungen ausüben, sei aber nicht aufgefordert zu glauben, was er nicht verstehe, während die Christen unverstehbare Mysterien glauben müßten, um das ewige Heil zu erlangen. Damit hatte Mendelssohn in *Jerusalem* offen erklärt, daß das Judentum sogar leichter mit Vernunft und Aufklärung vereinbar wäre als selbst das aufgeklärteste Christentum. Darin war er sich auch mit Lessing einig.[49] Angesichts der Tatsache, daß keineswegs nur Lavater, sondern auch die Berliner aufgeklärten Theologen wie Teller und Spalding, ja offenbar die meisten Zeitgenossen, Mendelssohn jederzeit auf dem Sprung zur christlichen Konversion sahen,[50] *weil er doch bereits so aufgeklärt war*, bildete dieses sein Bekenntnis zur jüdischen Religion die eigentliche Provokation, die Mendelssohn 1783 zum ersten Mal öffentlich ausgesprochen hatte.[51] Die Entrüstung darüber, daß der Jude Mendelssohn das Judentum als eine gleich gute und sogar in Betracht der Aufklärung bessere Religion vorstellte, erschien als ungeheuerlich, und es

---

[49] „Sie allein dürfen und können in dieser Sache so sprechen und schreiben, und sind daher unendlich glücklicher, als andere ehrliche Leute, die den Umsturz des abscheulichsten Gebäudes von Unsinn nicht anders, als unter dem Vorwande, es neu zu unterbauen, befördern können" (Lessing an Mendelssohn am 9.1.1771, Mendelssohn, Gesammelte Schriften [wie Anm. 3], Bd. 12.2 [1976], 3).

[50] Ein Abglanz der beständigen Konversionsaufforderungen an Mendelssohn von seiten selbst oder gerade der aufgeklärtesten Theologen in Berlin, d.i. Teller, Spalding, Lüdke, Sack, ist jetzt leicht zugänglich in: Mendelssohn, Gesammelte Schriften (wie Anm. 3), Bd. 22 (1995). So schickte Teller einmal folgende Zeilen an Mendelssohn: „An Gott den Vater glaubt Ihr schon: So glaubt doch auch an seinen Sohn. Ihr pflegt ja sonst bei Vaters Leben, Dem Sohne gern Credit zu geben". Worauf Mendelssohn salomonisch klug und witzig antwortete: „Wie können wir Credit ihm geben? Der Vater wird ja ewig leben" (ebd., 125). Vgl. auch die Einleitung zum Bd. 7 (1974), XI–LXXX, und den Dokumentenanhang zu Mendelssohns Auseinandersetzung mit Lavater und Bonnet. Dadurch erhalten wir ein klares Bild über die Hintergründe von Lavaters öffentlichem Konversionsersuchen, da er sich durch die Sichtweise der Berliner Theologen in seiner Erwartungshaltung bestärkt sehen mußte (siehe ebd., 295–374).

[51] Mendelssohn hatte seine Auffassung des Judentums, als in Übereinstimmung mit seiner rationalen Philosophie seiend und Handlungen, aber keinen irrationalen Glauben fordernd, auf Anforderung bereits im Januar 1770 sub rosae dem Erbprinzen Carl Wilhelm von Braunschweig mitgeteilt (siehe Mendelssohn, Gesammelte Schriften [wie Anm. 3], Bd. 7 [1974], 300–305).

kann keinen Zweifel darüber geben, daß Jacobi sich von diesem Werk nicht weniger provoziert fühlte als der von ihm bewunderte Hamann und alle Welt.

Angesichts von Mendelssohns reicher Ernte an Publikationen sehen wir ihn im
April und Mai 1783 seine vielen Neuerscheinungen an seine Freunde unter Juden
und Christen versenden, so an Garve, Kant, die beiden Reimarus, Karl Lessing
und Herz Homberg.[52] Aber er kann sich nicht lange zurücklehnen. In dichter Folge
erscheinen sogleich scharf ablehnende Rezensionen, aber auch einzelne Gegenschriften gegen ihn und Dohm, besonders aber gegen *Jerusalem*.[53] Der Tenor richtete sich gegen die vorgeschlagene völlige Trennung von Staat und Kirche sowie
gegen Mendelssohns Forderung, religiöse Gemeinschaften, also auch die christliche Kirche, sollten sich auf Gesinnungen beschränken und sich aller staatlichen
Gewalt enthalten. Natürlich wurde aber auch entschieden gegen die Möglichkeit
einer Gleichstellung von Christen und Juden als Bürger argumentiert. Trotz solcher Intensität der öffentlichen Debatte von 1781 bis 1783 herrschte in Weimar
und Jena beredtes Schweigen; kein einziger unserer großen Dichter und Denker
nahm öffentlich Stellung zur Frage der Judenemanzipation. Immerhin wissen wir
von einem *privaten,* wunderbaren Brief von Kant, den dieser an Mendelssohn
schrieb und worin er die Sprengkraft von Mendelssohns Werk auf den Punkt
zu bringen wußte:

> Sie haben Ihre Religion mit einem solchen Grade von Gewissensfreyheit zu vereinigen
> gewußt, die man ihr gar nicht zugetrauet hätte und dergleichen sich keine andere rüh-
> men kan. Sie haben zugleich die Nothwendigkeit einer unbeschränkten Gewissensfrey-
> heit zu jeder Religion so gründlich und hell vorgetragen, daß auch endlich die Kirche
> unserer Seits darauf wird denken müssen, wie sie alles, was das Gewissen belästigen
> und drücken kan, von der ihrigen absondere, welches endlich die Menschen in Anse-
> hung der wesentlichen Religionspuncte vereinigen muß; denn alle das Gewissen belä-
> stigende Religionssätze kommen uns von der Geschichte, wenn man den Glauben an
> deren Warheit zur Bedingung der Seligkeit macht.[54]

Und aus einem recht unwilligen Bericht von Hamann an Jacobi wissen wir sogar,
daß Kant Mendelssohns *Jerusalem* in einer Tischgesellschaft mit so großem Eifer
verteidigte, daß er angesichts der Uneinsichtigkeit seiner Freunde die Gesellschaft verließ, gegen seine gewohnt ruhige Natur.[55] Dagegen kann sich Herder

---

[52]  Vgl. ebd., Bd. 13 (1977), 102–117.

[53]  Vgl. dazu Heinrich, Debatte um „bürgerliche Verbesserung der Juden" (wie Anm. 41), 868–
874.

[54]  Kant an Mendelssohn am 16.8.1783, in: Mendelssohn, Gesammelte Schriften (wie Anm. 3),
Bd. 13 (1977), 129.

[55]  Hamann berichtet am 9./10.4.1786 von einer Tischgesellschaft, auf der Kant sich „bis zur
Schwärmerei von Mendelssohns Original Genie und seinem Jerusalem eingenommen" gezeigt
hätte. Er hätte sogar eine öffentliche positive Erklärung dazu in der *Berlinischen Monatsschrift*
darüber angekündigt. Der darauf folgende „Wortwechsel soll so heftig geworden seyn, daß Kant
voller Unmuthes weggegangen, und sich beynahe gegen den Banco-Director Ruffmann ungezogen

nach Zusendung von *Jerusalem* nur zu einer halbherzigen Zustimmung gegenüber Mendelssohn durchringen,[56] ist aber dann voll des Lobs für Hamanns[57] überaus polemische und pro-christliche Schrift gegen *Jerusalem,* die dieser 1784 veröffentlichte – *Golgatha und Scheblimini.*[58] Diese Schrift verurteilt Mendelssohns moderne Interpretation des Judentums und fordert ihn auf, sein Judentum im Sinne des christlichen Verständnisses des heiligen Volkes zu leben und insbesondere der Aufklärung wie aller liberalen Forderungen zu entsagen.

Es war aber kein Zufall, daß Mendelssohn und Dohm gerade in diesen frühen 1780er Jahren so überaus viele Arbeiten zur Judenemanzipation publizierten, obwohl mindestens Mendelssohn an manchen der Schriften bereits seit den 1770er Jahren gearbeitet hatte. Es waren dies die Jahre der Judenreformen Josephs II., die eine enorme, wenngleich meist kritische Aufmerksamkeit unter den Zeitgenossen fanden. Von Oktober bis Dezember 1781 erließ der österreichische Kaiser die berühmten Toleranzedikte für die böhmischen und Triester Juden, die eine Reform der Judengesetzgebung in der Habsburgischen Monarchie einleiteten, deren legislative Phase sich allerdings noch bis 1789 hinzog. Erst am 19. Mai 1789 erfolgte die formalrechtliche Gleichstellung der galizischen Juden. Aber auch in Berlin wurde mindestens seit Beginn der 1780er Jahre von preußischen aufgeklärten Reformbeamten an einer Reform der Judengesetzgebung gearbeitet, und man wußte auch schon im voraus von den österreichischen Plänen.[59] Eine politische Reform schien also auch in Preußen in greifbare Nähe gerückt und das war es, was Mendelssohn und Dohm eilen ließ, die öffentliche Debatte anzutreiben und zu beschleunigen, um die Widerstände gegen diese Reformbestrebungen in Preußen aufzuweichen. Dieses Anliegen des Mendelssohnschen Engagements wird auch aus einem Brief an seinen Freund Nicolai anläßlich seiner Edition von Menasseh ben Israel klar: „Ich denke, man sollte itzt beständig das Publikum

---

und grob aufgeführt, worüber sich Hippel selbst wunderte, und eben damit nicht sonderlich zufrieden war" (Jacobi, Briefwechsel [wie Anm. 5], Bd. 1.5 [2005], 45).

[56] Herder an Mendelssohn am 4.5.1784 (Mendelssohn, Gesammelte Schriften [wie Anm. 3], Bd. 13 [1977], 192 f.).

[57] Jacobi und Herder schreiben beide begeistert an Hamann über ihre herzliche Freude, die ihnen sein Buch gemacht habe (vgl. Jacobi, Briefwechsel [wie Anm. 5], Bd. 1.3 [1987], 372, sowie Hamann, Briefwechsel [wie Anm. 37], Bd. 5 [1965], 191).

[58] [J.G. Hamann], Golgatha und Schiblemini, [Königsberg] 1784. Hamann selbst ist sich dessen durchaus bewußt gewesen, da er angesichts des „schleunigen Todes des armen Mendelssohn" bedauert, ihm nicht geschrieben zu haben, daß „ich sein Feind durch mein Bekenntnis der Wahrheit gegen die Berliner Kunstrichter gar nicht geworden wäre, und mein Golgatha mehr die letzteren als ihm selbst angienge und angehen sollte" (Hamann an Jacobi am 15.1.1786, Jacobi, Briefwechsel [wie Anm. 5], Bd. 1.5 [2005], 20).

[59] Vgl. Heinrich, Debatte um „bürgerliche Verbesserung der Juden" (wie Anm. 41), 824–832.

über diese Materie en haleine halten, und immer für und wider die Sachen streiten".[60]

Jacobi aber, von Dohm aufgefordert, einen Beitrag für seinen zweiten Band
*Ueber die bürgerliche Verbesserung der Juden* zu schreiben, erklärte lapidar:
„Auf Ihre *vermehrten Juden* freue ich mich, kann aber für meinen Theil nichts
hinzuthun, da ich nicht einmal die Christen aufs Trockene zu bringen weiß".[61]
Was er aber tatsächlich über die kaiserlichen Reformen dachte, schrieb er dem
Hamburger Campe in Kritik an des Kaisers absolutistischer Reformpolitik:
„Wenn ich das jährliche Besaufen nicht anders als durch eine despotische Hand-
lung einstellen könnte, so ließ ichs. Es ist besser alle Jahre einmal oder auch 12
mal besoffen, als durchaus schlecht sein".[62]

### III. Der Zusammenhang des Spinozastreits mit der
### öffentlichen Debatte der Judenemanzipation

Es scheint, als ob die öffentliche Debatte zur Judenemanzipation mit dem Pantheismusstreit und insbesondere mit Jacobis Korrespondenz mit Mendelssohn nicht
viel zu tun hatte. Aber es gab ein Zwischenspiel, eine Miniaturdebatte Jacobis mit
Dohm und Mendelssohn, die gewissermaßen die beiden großen Auseinandersetzungen verbindet. Obwohl nämlich Jacobi nichts für Dohms Buch schreiben wollte, hat er sich sehr wohl in der öffentlichen Debatte über Judenemanzipation en-
gagiert und positioniert, und zwar gegen Mendelssohn und Dohm. Diese Tatsache
wird kaum je beachtet. Am 14. Mai 1782 schrieb er eine begeisterte Rezension
jener Kritik des Kaisers Joseph II., die der Historiker Johannes Müller Anfang
1782 mit seinen *Reisen der Päpste* vorgelegt hatte.[63] Anlaß war die Reise des Papstes Pius VI. zu Kaiser Joseph II. im Frühjahr 1782, welche direkt das Reformwerk
Joseph II. betraf. Darin wird der Kaiser als Politiker vorgestellt, der mit gewaltsamen Reformen arbeitete, um seine Vorstellungen gegen alle Widerstände
durchzusetzen, wohingegen der Papst seinen Ideen mit friedlichen Mitteln Anerkennung verschaffen würde.[64]

---

[60] Mendelssohn an Nicolai am 8.2.1782 (Mendelssohn, Gesammelte Schriften [wie Anm. 3],
Bd. 13 [1977], 31).

[61] Jacobi an Dohm am 3.12.1782 (Jacobi, Briefwechsel [wie Anm. 5], Bd. 1.3 [1987], 100
[Hervorh. U.G.]).

[62] Jacobi an Campe am 1.11.1782 (ebd., 76).

[63] Jacobi an Müller am 14.5.1782 (ebd., 28–31). Darin findet sich bereits das Zitat von Lessing
über Febronius, 29 f.

[64] Christ, Jacobi und Mendelssohn (wie Anm. 2), 66. Christ nimmt allerdings Jacobis Selbst-
darstellung seiner Motive für diese Schrift wie durchgängig in seinem Buch für bare Münze (vgl.
ebd. 67–69).

Seine enthusiastische Rezension dieser Schrift hatte Jacobi an Reimarus nach Hamburg geschickt, um sie in einer dortigen Zeitschrift oder Zeitung publizieren zu lassen. Da Reimarus nicht gern eine Kritik des Kaisers befördern wollte, erweiterte Jacobi seine Schrift und publizierte sie im Spätherbst 1782 als selbständiges „Büchlein […] gegen den Kayser", wie Gleim sofort verstand und dagegen Bedenken anmeldete.[65] Natürlich kritisierte Jacobi nicht einfach die Judenreformen Joseph II., er wandte sich vielmehr ganz allgemein gegen jede Art absolutistischer Politik, Reformen per Ordre von oben durchzusetzen. Vor allem aber – ganz so wie dann im Pantheismusstreit – berief er sich in seiner Kritik auf eine allseits angesehene Autorität. Die kleine, fast vergessene Schrift führt den Anspruch eines Autoritätsbeweises schon im Titel: *Etwas das Lessing gesagt hat.*[66] Dabei hat der beständig mit Andeutungen, Zweideutigkeiten und Anspielungen spielende Jacobi sicherlich nicht zufällig einen Titel gewählt, der das „Etwas" und den Namen Lessings aus dem Titel der von Mendelssohn versprochenen Schrift enthielt – „Etwas über den Charakter Lessings".

Was aber war dieses „Etwas", das Lessing gesagt hatte und was Jacobi die Nachwelt wissen lassen wollte? Lessing hatte Febronius' Kritik des Papstes als scheinheilig kritisiert. Unter dem Pseudonym Justinus Febronius hatte Johann Nikolaus von Hontheim 1764 sein Buch *De statu ecclesiae* zugunsten eines reichskirchlichen Episkopalismus veröffentlicht. Auf der Textbasis katholischer Autoren argumentierte er gegen die juridischen Rechte des Papstes und reduzierte den Primat des Papstes auf einen Ehrenvorrang und seine Unfehlbarkeit auf Glaubensfragen. Das Werk begünstigte aber insbesondere eine Überlegenheit der weltlichen über die geistliche Gewalt und kam damit klar den Säkularisierungsbestrebungen katholischer Fürsten im Reich entgegen. Es wurde schon 1764 auf den Index verbotener Bücher gesetzt; da aber der Verfasser seine Autorschaft erst 1778 (!) bekannte und widerrief, wurde dieses Thema gerade zur Zeit des Jacobischen Lessingbesuchs noch einmal in den Brennpunkt der Diskussion gerückt. Lessing hatte die den sehr materiellen Säkularisierungsinteressen der katholischen Territorialfürsten zuspielende Tendenz des Werkes im Auge, wenn er Febronius als einen diesen schmeichelnden Theoretiker kritisierte. Daß aber Jacobi diese kritische Bemerkung Lessings gegen Febronius nun benutzte, um die eben erfolgenden Judenreformen von Joseph II. als absolutistische und gewaltsame Politik abzulehnen, war keineswegs im Geiste Lessings, nach allem, was wir über seine lebenslange Unterstützung zur Gleichstellung der Juden wissen.[67]

---

[65]  Gleim an Jacobi am 20. Nov. 1782 (Jacobi, Briefwechsel [wie Anm. 5], Bd. 1.3 [1987], 95).

[66]  Etwas was Lessing gesagt hat, Decker: Berlin 1782. Vgl. Jacobi, Werke (wie Anm. 4), Bd. 4 (1998), 301–346.

[67]  Daß Lessing von den deutschen Juden immer als Verbündeter in ihrem Streben nach Emanzipation begriffen wurde, fraglos mindestens bis in die 1920er Jahre, wird anschaulich deutlich an

Aber Jacobis *Etwas* zeigt auch in der Form große Ähnlichkeit mit seiner Vorgehensweise im Pantheismusstreit. Er schiebt die Autorität Lessings vor, schickt seine Schrift an Reimarus in Hamburg zur Publikation, obwohl er voraussieht, daß dieser sie nicht veröffentlichen würde; er hätte sie ja durchaus ans *Deutsche Museum* oder den *Teutschen Merkur* schicken können, wo er sonst publizierte. Nach der erwarteten Ablehnung macht er dann eine selbständige Schrift daraus, die schließlich unter großer Geheimhaltung 1782 in Berlin herauskommt. Sodann bringt er durch gezielte Briefe ausgerechnet an Mendelssohn und Dohm beide zu einer kritischen Reaktion auf sein *Etwas* und zugleich zu ihrer Einwilligung, ihre Kritik im *Deutschen Museum* abdrucken zu lassen. Darauf kann er schließlich im nächsten Heft derselben Zeitschrift reagieren und den Mangel an Toleranz und Denkfreiheit auf seiten dieser beiden Aufklärer beklagen. Diese kleine und gemeinhin wenig beachtete Schrift mit den genannten Folgepublikationen ist Jacobi immerhin wichtig genug, um sich von Mai 1782 bis Februar 1783 und darüber hinaus damit zu beschäftigen![68]

Während Jacobi im März 1783 noch mit der Versendung des besonderen Drucks seiner Entgegnung auf Mendelssohns und Dohms Kritik beschäftigt ist, erreicht ihn ein Brief von Elise Reimarus aus Berlin, voller überschwenglicher Bewunderung für den jüdischen Gelehrten Moses Mendelssohn nebst der Ankündigung, daß Mendelssohn seinen Briefwechsel mit Lessing in Kürze erwarte und dann endlich sein Versprechen einlösen wolle, *Etwas über Lessings Charakter* zu schreiben.[69] Vier Monate später (!), am 21. Juli 1783, antwortet Jacobi endlich auf

der Tatsache, daß Lessing ein jüdischer Vorname wurde. Lessings Eintreten für die Judenemanzipation wird nicht nur in seinen beiden Theaterstücken *Die Juden* und *Nathan der Weise* samt der jeweiligen Begleittexte deutlich genug, sondern vor allem in seiner ungewöhnlichen und in jener Zeit einmaligen Freundschaft mit Mendelssohn. Daß seine Haltung auch von antijudaischen und antisemitischen Kritikern so wahrgenommen wurde, geht aus der bis in die Gegenwart wechselvollen Rezeption vor allem von *Nathan der Weise* hervor. Sicherlich wurde kein anderes Stück unserer Klassiker so viel diskutiert, so oft verboten und dann auch wieder, wie nach dem Zweiten Weltkrieg, bejubelt. Erst 1996 wurde eine letzte Kopie eines deutschen Stummfilms von 1923 von *Nathan* in einem Moskauer Archiv gefunden und im Filmmuseum München restauriert, ein Film, der völlig vergessen worden war. Zur wechselvollen Geschichte der Theateraufführungen noch im 20. Jahrhundert vgl. Ferdinand Piedmond, Unterdrückt und rehabilitiert: Zur Theatergeschichte von Lessings *Nathan der Weise* von den zwanziger Jahren bis zur Gegenwart, in: Lessing Yearbook 19 (1987), 85–94. Im Pantheismusstreit waren sich alle Teilnehmer dieses Hintergrunds und der engen Verbindung Lessings zu Mendelssohn bewußt, auch hatte Jacobi im ‚Spinoza-Gespräch‘ Lessing sich noch einmal ausdrücklich zu Mendelssohn als seinem besten Freund bekennen lassen.

[68] Vgl. Jacobis Brief an die Fürstin Gallitzin am 13. 12. 1782 (Jacobi, Briefwechsel [wie Anm. 5], Bd. 1.3 [1987], 102), sowie an Dohm über Mendelssohn am 16. 12. 1782 (ebd., 103) und am 16. 1. 1783 (ebd., 111) und Dohm an Jacobi am 27. 1. 1783 (ebd., 119 f.), Jacobi an Fürstin Gallitzin am 7. und 8. 2. 1783 (ebd., 122), an Forster am 9. 2. 1783 (ebd., 123).

[69] Elise an Jacobi am 25. 3. 1782 (ebd., 137 f.).

Elises Brief, in dem er Lessings entschiedenen Spinozismus als möglicherweise bedeutungsvoll für Mendelssohns *Etwas über Lessings Charakter* erwähnt. Zwischen diesen beiden Briefen aber erschien Mendelssohns *Jerusalem*, und zwar Ende April 1783. Und im Juli hatte Jacobi seine subtile Strategie fertig ausgearbeitet, um Mendelssohn ein für allemal zu desavouieren.

Lessings Spinozismus war genau die Position, die Mendelssohn aus der Bahn werfen würde und die rationalistische Grundlage[70] seiner in *Jerusalem* erstmals öffentlichen und selbstbewußten Verteidigung seines Judentums erschüttern konnte. Indem Jacobi Lessings Spinozismus, eine für ihn selbst unannehmbare Position, dessen besten Freund Mendelssohn präsentierte, konnte er diesen an seiner Achillesferse treffen: Obwohl Mendelssohn Spinoza verehrte und seine Philosophie gut kannte, war es ihm unmöglich, Spinozist zu werden, wenn er nicht zugleich das Projekt der Judenemanzipation aufgeben wollte. Für ihn hätte Spinozismus nicht bloß eine Aufgabe von Religion bedeutet wie für Lessing, sondern seiner jüdischen Identität, ohne doch eine andere als die christliche dafür eintauschen zu können. Die Annahme spinozistischer Positionen hätte Mendelssohn nicht nur von der jüdischen Gemeinde und damit von seinem Projekt der Judenemanzipation getrennt, sondern zum gefeierten Beispiel jener christlichen Erwartung à la Lavater gemacht, wonach ein aufgeklärter Jude ein hölzernes Eisen sei und also früher oder später zum Christentum konvertieren müsse. In *Jerusalem* aber hatte Mendelssohn doch gerade die Möglichkeit aufgeklärter Juden behauptet und die Christen aufgefordert, den Juden *als Juden* Toleranz und sogar gleiche Bürgerrechte zu gewähren.[71]

---

[70] Vgl. Ursula Goldenbaum, Moses Mendelssohn wider die Plagegeister der Vernunft, in: Wolfgang Förster (Hg.), Aufklärung in Berlin, Berlin 1989, 318–324.

[71] „Über die Nothwendigkeit der Ritualgesetze sind wir nicht einerley Meynung. Wenn auch ihre Bedeutung als Schriftart oder Zeichensprache ihren Nutzen verloren hätte, so hört doch ihre Nothwendigkeit als Band der Vereinigung nicht auf, und diese Vereinigung selbst wird in dem Plane der Vorsehung, nach meiner Meynung, so lange erhalten werden müssen, so lange noch Polytheismus, Anthropomorphismus und religiöse Usurpation den Erdball beherrschen. So lange diese Plagegeister der Vernunft vereinigt sind, müssen auch die echten Theisten eine Art Verbindung unter sich Statt finden lassen, wenn jene nicht alles unter den Fuß bringen sollen. Und worin soll jene Verbindung bestehen? In Grundsätzen und Meinungen? Die haben wie Glaubensartikel, Symbole, Formeln, die Vernunft in Fesseln. Also Handlungen, d.i. C e r e m o n i e n. Unsre Bemühung sollte eigentlich nur dahin gehen, den eingerissenen Mißbrauch abzuschaffen, und den Ceremonien ächte, gediegene Bedeutung unterzulegen, die Schrift wieder leserlich und verständlich zu machen, die durch Heucheley und Pfaffenlist unverständlich geworden. Alle unsere Halsstarrigkeit aber sollten wir dem jesuitischen Kunstgriffe entgegensetzen, mit welchem man uns mit allem Anscheine der Freundlichkeit zur Vereinigung auffordert, und im Grunde nur hinüberlocken will" (Mendelssohn an Herz Homberg am 22.9.1783, Mendelssohn, Gesammelte Schriften [wie Anm. 3], Bd. 13 [1977], 134).

Es war tragisch für Mendelssohn, daß es ausgerechnet Lessings Spinozismus war, mit dem Jacobi Mendelssohns wohl gesichert geglaubte Position zu erschüttern vermochte, gesichert sowohl gegen orthodoxes Judentum wie gegen zudringliche Christen.[72] Natürlich mußte es Mendelssohn schon verletzen, daß ihm von einem ihm wenig wohlgesonnenen Autor durch eine Mittelsperson, Elise Reimarus, berichtet wurde, was er von seinem besten Freund nicht wußte. Noch Lessings *Nathan der Weise* hatte ihm bestätigt, daß sie beide die Auffassung teilten, die die Anerkennung der Menschlichkeit über die sie trennenden Konfessionen stellte, ohne aber deren Aufgabe zu fordern. Aber viel mehr mußte Mendelssohn sich getroffen sehen durch Jacobis Intention, Lessing als Exempel für seine Behauptung in Anspruch zu nehmen, daß jeder Rationalist, jeder Leibniziander und Wolffianer, der konsistent sein wolle, zum Spinozismus fortschreiten müsse. Das eben, so Jacobi, habe den klarsichtigen Wolffianer oder Leibniziander Lessing zum Spinozismus gebracht. Damit aber müßten alle Rationalisten entweder konsequent sein und offen Spinozisten werden (unmöglich für Mendelssohn) oder aber sie demonstrierten schlicht ihre mangelnde theoretische Konsequenz und philosophische Tiefe.

Mendelssohn saß damit in einer wohl ausgedachten Falle, die der von Lavater zuvor gestellten nicht unähnlich war. Sein Briefwechsel mit Reimarus gibt Auskunft, wie schwer ihm nach seinem erschöpfenden Marathon zum Projekt der Judenemanzipation der Gang in diese neue Auseinandersetzung fiel und wie sehr er sich seiner aussichtslosen Situation bewußt war.[73] Aufgrund des beschriebenen Dilemmas hatte er gar keine Chance, eine gute Figur zu machen. Er mußte dem jüdischen Publikum seine Gegnerschaft zu Spinoza und zugleich die Kompatibilität der leibniz-wolffianischen Philosophie mit der jüdischen Religion zeigen. Zugleich mußte er dem christlichen Publikum zeigen, daß Lessings Bewunderung Spinozas ihn nicht zum Atheisten und also nicht zum Gegner der philosophischen Position Mendelssohns machte. Er konnte daher weder offen über seine Auffassung Spinozas sprechen noch über Lessings Kritik christlicher Positionen. Entsprechend wählte er die Strategie, Lessing einen verfeinerten, sanften Spinozismus, den Pantheismus zuzusprechen, der mit der positiven Religion und der wolffianischen Philosophie verträglich sei. Trotzdem ist Kant beeindruckt:

Man kann dieses letzte Vermächtnis einer dogmatisierenden Metaphysik zugleich als das vollkommenste Produkt derselben, sowohl in Ansehung des kettenförmigen Zusammenhanges, als auch der ausnehmenden Deutlichkeit in Darstellung derselben ansehen, und als ein nie von seinem Werte verlierendes Denkmal der Scharfsinnigkeit

---

[72]  Siehe Anm. 70.
[73]  Vgl. Mendelssohn an E. und J.A.H. Reimarus am 18.11.1783 (Mendelssohn, Gesammelte Schriften [wie Anm. 3], Bd. 13 [1977], 159).

eines Mannes, der die ganze Stärke einer Erkenntnisart, der er sich annimmt, kennt, und sie in seiner Gewalt hat, an welchem also eine Kritik der Vernunft, die den glücklichen Fortgang eines solchen Verfahrens bezweifelt, ein bleibendes Beispiel findet, ihre Grundsätze auf die Probe zu stellen, um sie danach entweder zu bestätigen, oder zu verwerfen.[74]

Diese Äußerung Kants über Mendelssohn wird meist nur zitiert, um die klare Überlegenheit der kritischen Philosophie über den damit hinfälligen Dogmatismus zu demonstrieren. Ungeachtet des philosophischen Verdienstes Kants spricht dieser hier aber mit größtem Respekt von dem Philosophen Mendelssohn, der ja auch zu den wenigen Zeitgenossen gehörte, von denen sich Kant eine Rezension erhofft hatte.[75]

Es ist aber vor allem tragisch, daß ausgerechnet Mendelssohn sich genötigt sah, die Kritik Spinozas gegen einen Vorwurf zu übernehmen, der bereits von den frühen pietistischen Gegnern von Leibniz und Wolff gegen den Rationalismus erhoben worden war und gegen den schon diese sich zu verteidigen hatten.[76] Nicht nur war Mendelssohn 1755 der erste deutschsprachige Autor gewesen, der unter dem Beifall von Lessing Spinoza als einen großen Philosophen dargestellt hatte, von dem zu lernen sei und von dem sogar Leibniz gelernt habe. Lessing selbst hat mit an Sicherheit grenzender Wahrscheinlichkeit Spinoza zuerst 1753 durch Mendelssohn kennengelernt.[77] Auch ist Jacobis Behauptung nicht zutreffend, daß Mendelssohn eine unzureichende Kenntnis Spinozas hatte, ein Vorwurf, der sich bis heute in der Forschung hält.[78] Es ist oft übersehen worden, daß Mendelssohn sogar seine großartigen ästhetischen Auffassungen auf Spinozas Affektentheorie aufbaute[79] und daß Lessing ihm darin nachgefolgt ist[80] – eine Rezeption Spinozas, die weitgehend unbemerkt geblieben ist, aber durchaus einen großen

[74] Kant an Schütz Ende November 1785 (Kant's Gesammelte Schriften, hg. von der Preußischen Akademie der Wissenschaften, Bd. 10, Berlin, Leipzig 1922, 428 f.). Dieser Brief ist als Teil der Schützschen Rezension der *Morgenstunden* in der Allgemeine Literaturzeitung Nr. 7 vom Januar 1786 veröffentlicht worden.

[75] Vgl. Kant an Mendelssohn am 16. 8. 1783 (ebd. 270, 341, 344–347).

[76] Siehe Ursula Goldenbaum, Zwischen Bewunderung und Entsetzen. Leibniz' frühe Faszination durch Spinozas ‚Tractatus theologico-politicus' (Medelingen vanwege het Spinozahuis, hg. vom Executive Committee of the Society Het Spinozahuis), Delft 2001.

[77] Goldenbaum, Mendelssohns schwierige Beziehung zu Spinoza (wie Anm. 2), 265–317.

[78] Siehe Anm. 4–6.

[79] Vgl. Ursula Goldenbaum, Mendelssohns philosophischer Einstieg in die schönen Wissenschaften. Zu einer ästhetischen Rezeption Spinozas, in: Martin Fontius, Werner Schneiders (Hg.), Die Philosophie und die Belles-Lettres, Berlin 1996, 53–79.

[80] Vgl. Gotthold Ephraim Lessing, Hamburgische Dramaturgie, 75. St., 19. 1. 1768, in: Lessing's Sämtliche Schriften, hg. von Karl Lachmann und Karl Muncker, Berlin 1968, Bd. 10, 101 f., sowie ders., Laokoon, in: ebd., Bd. 9, 146 f.

Einfluß auf die Entwicklung besonders von Kants Ästhetik ausgeübt hat.[81] Vor allem aber schöpft *Jerusalem* in weiten Teilen aus der Argumentation von Spinozas *Theologisch-politischem Traktat*,[82] insbesondere in der Begründung der Gewissensfreiheit, die er wie Spinoza aus der Unmöglichkeit ihrer Unterdrückung folgerte. Allerdings konnte Mendelssohn in einem Punkt nicht mit Spinoza übereinstimmen. Er hielt selbstredend an der Geltung des jüdischen Gesetzes nach der Zerstörung des jüdischen Staates fest, die von Spinoza bekanntlich geleugnet wurde. Zwar gab Mendelssohn jene Bestimmungen des Gesetzes auf, die den jüdischen Staat betrafen, jedoch gründete er gerade auf dem Gesetz die jüdische Identität, die er durch Vorschrift von Handlungen, aber nicht durch Glaubenswahrheiten bestimmt sah.

Jacobi erreichte durch seine geschickte publizistische Strategie in der Tat, daß Mendelssohn selbst seine außerordentliche philosophische Reputation zerstörte, ohne daß ihm eine Wahl geblieben wäre. Aber außer der persönlichen Tragik Mendelssohns ist zu bedauern, daß es Jacobi darüber hinaus auch gelang, Mendelssohns anderes, großartiges Werk von europäischer Bedeutung vergessen zu machen – *Jerusalem*. Es ist keineswegs nur ein Werk zur theoretischen Begründung der Judenemanzipation, es ist auch ein Werk, das erstmals liberale politische Ideen in deutscher Sprache lehrte. Darüber hinaus ist Mendelssohns außerordentlich moderne Ästhetik, die von Lessing bewundert und in seiner Produktion gebraucht sowie von Kant für seine eigene Ästhetik benutzt wurde, heute weitgehend vergessen. Die christlichen Leser Mendelssohns, die trotz ihrer Bewunderung des exotischen jüdischen Philosophen schon vor 1783 nie ganz sicher waren, wie ein Jude ein so gelehrter und aufgeklärter Mann sein konnte, sahen sich in der Folge des Pantheismusstreits nun in ihren Zweifeln bestätigt. Endlich hatte sich doch gezeigt, daß es diesem Philosophen an Tiefe gebrach, so daß man sich in der Ablehnung seines selbstbewußten jüdischen Credos und seiner Forderung nach jüdischer Emanzipation ebenso wie nach Trennung von Staat und Kirche getrost zurücklehnen konnte.

Nicht zuletzt aber war Jacobi mit seiner Strategie auch erfolgreich gegen die von ihm so entschieden abgelehnte Berliner Aufklärung insgesamt. Jacobis (und Hamanns) Kritik hatte sich ja keineswegs nur gegen Mendelssohn gerichtet,

---

[81]  Vgl. Kant's Bestimmungen zum Mathematisch-Erhabenen und zum Dynamisch-Erhabenen in seiner *Kritik der Urtheilskraft*, in: Kant's Gesammelte Schriften (wie Anm. 74), Bd. 5 (1913), 248– 266, mit denen Mendelssohns zum Unermeßlichen der ausgedehnten Größe nach und dem Unermeßlichen der Stärke nach (Mendelssohn, Gesammelte Schriften [wie Anm. 3], Bd. 1 [1971], 217 und die folgenden Ausführungen). Es würde von einigem Interesse sein, die unterschiedlichen Sichtweisen Kants und Mendelssohns hinsichtlich der Darstellbarkeit des undarstellbaren Erhabenen auf dem Hintergrund ihrer unterschiedlichen Intentionen zu vergleichen.

[82]  Julius Guttmann, Die Philosophie des Judentums, München 1933, 312 f.

sondern gegen die ganze „Berliner Synagoge".[83] Damit waren die aufgeklärten Theologen ebenso wie die Juristen des *Allgemeinen Landrechts* gemeint, vor allem aber Nicolai, der auch den Weimaranern die Inkarnation des ‚Berlinismus' darstellte, mit seiner meinungsbildenden und -beherrschenden *Allgemeinen Deutschen Bibliothek* und seiner Verlagspolitik, seiner *Beschreibung einer Reise durch Deutschland*, die alles monierte, was nicht berlinisch-aufgeklärt dachte, und mit seinen erfolgreichen Romanen. Aber insbesondere galt Jacobi die *Berlinische Monatsschrift* als eine Institution der angeblichen „morgue berlinoise",[84] – und daß Kant regelmäßig darin publizierte, machte ihn zu einem ‚Berliner' und einem Ärgernis für Jacobi. Das berlinische vernünftige Christentum, das mehr Wert auf die Vernunft als auf die Offenbarung legte[85] und so mehr oder weniger latent einem Deismus oder Naturalismus im Sinne von Reimarus zuneigte,[86] ist dabei von seinen Gegnern oftmals im Kontext zu dem berühmten Berliner Juden Moses, dem Philosophen, gesehen worden. Nur wo das Christentum so zugunsten der Vernunft und Toleranz auf die Seite gestellt war, ohne Rücksicht auf die christliche Offenbarung, auf die christlichen Mysterien und vor allem auf ein besonders christliches Gefühl der Liebe, konnte ein Jude so hofiert und bewundert werden.[87]

---

[83] Vgl. die immer wiederkehrenden Kritiken Hamanns in seinen Briefen an Jacobi: am 18.1. 1786; am 25.–27.3.1786; am 9./10.4.1786; am 25.10.1786 (Jacobi, Briefwechsel [wie Anm. 5], Bd. 1.5 [2005], 29, 129 f., 145–149 und 391 f.). Zur Reaktion der Berliner auf diese zunehmende ‚Berlinkritik' vgl. Berlinische Monatsschrift 6/2 (1785), 311–335.

[84] In Beantwortung der Zusendung von Dohms *Bürgerlicher Verbesserung* warnt Jacobi diesen offenbar vor dem „berlinischen Geist", worauf Dohm gesteht, nicht zu wissen, wo dieser in seiner „Judenschrift" herrschen soll. Der Brief enthält zugleich das Credo eines preußischen liberalen Reformbeamten, dem es um Rechtssicherheit ebenso wie gleiche Rechte aller Bürger geht (siehe Dohm an Jacobi am 18.12.1781, Jacobi, Briefwechsel [wie Anm. 5], Bd. 1.2 [1983], 391 f.).

[85] Der Kampf dieser Zeitschrift gegen die geheimen Machenschaften des Katholizismus wurde als Verteidigung des Deismus gegen die christliche Religion schlechthin mißverstanden und ironisiert. Vgl. zum ungerechtfertigten Vorwurf der „Jesuitenverfolgung" gegen die Berliner Aufklärung den erhellenden Beitrag von Peter Weber, Die Berlinische Monatsschrift als Organ der Aufklärung, in: P. W. (Hg.), Die Berlinische Monatsschrift (1783–1796), Leipzig 1986, 412–434.

[86] Jacobi berichtet an Hamann am 22.8.1786: „Der […] hat mir eine, meine Vorstellung weit übertreffende, Schilderung von dem Hasse und der Verachtung der Berlinischen Philosophen gegen das Christenthum gemacht. Er hat z.B. Biestern sagen hören, man dürfe jetzt nur nicht nachlaßen, u in zwanzig *Jahren* werde u müsse der Nahme Jesus im religiösen Sinne nicht mehr genannt werden. – Der historische Glaube an die Schrift, ist auch dem alten Spalding ein Gräuel" (Jacobi, Briefwechsel [wie Anm. 5], Bd. 1.5 [2005], 330).

[87] So spricht Hamann im Brief an Jacobi am 30.11./3.und 4.12.1785 vom „Rabbi Moses" im „berlinischen Jerusalem"(Jacobi, Briefwechsel [wie Anm. 5], Bd. 1.4 [2003], 257). Vgl. auch Biesters Position dazu in seinem Brief an Kant am 11.6.1786 (Kant's Gesammelte Schriften [wie Anm. 74], Bd. 10 [1922], 454 f.). Auch in seiner Rechtfertigung fällt die Zusammenziehung von Berlinischem Deismus und dem Juden Mendelssohn auf: „Denn es ist nicht wahr, (wie mehreres, was H. Jacobi sagt) sondern bloß individiös, was er von der hiesigen *Vergötterung* Moses Mendelssohns vorbringt. Die hiesigen Gelehrten erkannten die Verdienste dieses angenehmen u. ge-

In der in den 1780er Jahren anwachsenden Kritik an den Berlinern kam zunehmend eine offen antijudaische Haltung und damit eine wachsende Abneigung gegen den bis dahin gefeierten jüdischen Philosophen Moses Mendelssohn zum Ausdruck.[88]

Obwohl Jacobis Strategie, ebenso wohl durchdacht wie beim *Etwas was Lessing gesagt hat* zuvor, gegen Mendelssohn, den Rationalismus und gegen die Berliner Aufklärung so überaus erfolgreich war, mußte das Ergebnis hinsichtlich der Rezeption Spinozas ihn selbst überraschen – in gewisser Hinsicht das genaue Gegenteil seiner Absicht. Bedurfte es zuvor besonderen Mutes, Spinoza auch nur zu erwähnen oder zu zitieren, war er nun plötzlich in aller Munde. Jacobi hatte an dem Beispiel der großen, wenngleich auch immer umstrittenen Autorität Lessings so viel gelegen, weil er die Gefahr im Kokettieren mit einzelnen spinozistischen Ideen sah, die aber in der Konsequenz zu einer allmählichen Verbreitung einer reinen Vernunftreligion führen würden. In einer Fußnote erläuterte Jacobi:

> Ich bin weit davon entfernt, alle Spinozisten für Gottesläugner zu erklären. Gerade deswegen scheint mir der Erweis nicht überflüßig, daß die *rechtverstandene* Lehre des Spinoza keine Art von Religion zulasse. Ein gewisser Schaum von Spinozismus ist hingegen sehr verträglich mit allen Gattungen des Aberglaubens und der Schwärmerey, und man kann die schönsten Blasen damit werfen. Der entschiedene Gottesläugner soll sich unter diesem Schutz nicht verbergen; die andern müssen sich nicht selbst damit betrügen.[89]

schikten philosophischen Schriftstellers, u. zugleich den moralischen Wehrt des Mannes. Nie aber hat man ihn hier der Welt für einen Alleinweisen aufdringen wollen; nie mehr von ihm hier gesagt, als die besten Köpfe von ganz Deutschland allenthalben über ihn gesagt haben. [...] Es ist überhaupt höchst seltsam, was seit einiger Zeit verschiedne Auswärtige über die Berlinische Denkungsart sagen, HE. Jacobi aber mit der größten Bitterkeit u. völlig unwürdigen Ausdrükken sagt" (ebd., 454–455).

[88] Selbst bei Männern, die sich als tolerante und aufgeklärte Zeitgenossen verstanden, kann man Äußerungen finden, die eine antijudaische Haltung offenbaren. So kommentiert Herder die Mendelssohnschen *Morgenstunden*: „Mendelssohn ist zu alt u. ein zu claßischer Philosoph der deutschen Nation u. Sprache, daß er sich belehren ließe u. ein zu *pfiffiger Ebräer*, als daß ein *ehrlicher Christ* mit ihm auskäme. In seinen Morgenstunden hat er unserem Jacobi auf eine so listige Art den blanken Hintern gezeigt u. seinen Schatten von Leßing (denn es ist gewiß nicht Leßing selbst, den er da als matten Hirsch etc. etc. vormahle) aus dem Gefecht zu bringen gesucht, daß er durch diese Verrückung der Steine schon gewonnenes Spiel hat. [...] Es ist sonderbar, daß in dem alten Mann der versteckte Haß gegen die Christen von Tag zu Tage mehr hervorzutreten scheinet: denn allenthalben bringt er, wo er mit der eiskalten Wolf. <Methode> Wortphilosophie nicht weiter auszukommen ist, die Christen als gebohrene oder wiedergebohrene Schwärmer ins Spiel u. mit dieser geheimen bittersten Intoleranz ist alles Disputiren am Ende" (Herder an Hamann am 2.1.1786, Hamann, Briefe [wie Anm. 37], Bd. 6 [1975], 211–212).

[89] Jacobi, Werke (wie Anm. 4), Bd. 1.1 (1998), 120.

Darum hielt es Jacobi für unbedingt nützlich, das Lehrgebäude des Spinoza „nach dem nothwendigen Zusammenhange seiner Theile öffentlich" darzustellen, um insbesondere durch den angeblichen Fatalismus des spinozistischen Systems die abschreckende Wirkung gegen den wachsenden Einfluß Spinozas zu erneuern.

Einig war sich Jacobi mit Lessing dabei nur in der Anerkennung der Konsistenz Spinozas: „Es giebt keine andre Philosophie, als die Philosophie des Spinoza".[90] Aber natürlich war er zugleich schockiert, daß Lessing mit dieser Philosophie gut leben zu können schien und offenbar keinen persönlichen Gott und keinen freien Willen begehrte.[91] Jacobi aber – wie auch Hamann, Lavater und Herder – fühlte ein tiefes Bedürfnis für den christlichen Glauben und dessen rational nicht einholbare Wahrheiten; er bestand auf einem persönlichen Gott und auf dem freien Willen.[92] Daß Lessing bewußt wurde, Jacobi im Gespräch bei aller Wertschätzung doch einigermaßen überfordert zu haben, zeigt auch seine erneute Ansprache am nächsten Morgen, wo es heißt: „Sie erschracken gestern". Worauf Jacobi

---

[90] Mendelssohn, Gesammelte Schriften (wie Anm. 3), Bd. 13 (1977), 138.

[91] Nach Jacobis Bericht lehnte Lessing die „orthodoxen Begriffe von der Gottheit" ab, was sicher interpretationsfähig ist, bemerkte aber darüber hinaus eindeutig: „Ich merke, Sie hätten gern Ihren Willen frey. Ich begehre keinen freien Willen" (Mendelssohn, Gesammelte Schriften [wie Anm. 3], Bd. 13 [1977], 141). Das konnte Mendelssohn (wie auch Jacobi) nicht akzeptieren. Auch Schmidt-Biggemann nennt die Willensfreiheit und den persönlichen Gott als die Hauptpunkte der Jacobischen Position gegen Spinoza und Lessing (vgl. Wilhelm Schmidt-Biggemann, Sprung in die Metaphysik oder Fall ins Nichts. Eine Alternative im Spinozismusstreit, zugleich noch ein Beitrag zu vielen Beiträgen, das Thema betreffend, in: Mendelssohn-Studien 4 [Berlin 1979], 212). Wie er aber mit Jacobi (und Jean Paul) gerade das Bedürfnis und die Freude, Gott anbeten zu können, für ein *philosophisches* Argument gegen Lessings und Spinozas Forderung nach ausschließlich „natürlicher Erklärung" halten kann, ist dem Nichtbedürftigen nicht nachvollziehbar (vgl. ebd., 214 und 221). In ähnlicher Weise rechtfertigt Rüdiger Otto Jacobis Argumentation „aus dem Fatalismus unmittelbar gegen den Fatalismus", „weil der Fatalismus gewisse Erfahrungen und Überzeugungen ignoriert" (Otto, Spinozarezeption [wie Anm. 2], 178). Dies sei nicht als Glaubensgehorsam im christlichen Sinn zu verstehen, weil „Jacobis Verhältnis zur Religion außerhalb der christlichen Begründungszusammenhänge angesiedelt ist" (ebd., 179). Aber unabhängig von Jacobis Rechtgläubigkeit bekennt dieser doch verschiedentlich, daß die „Evidenz" seiner Überzeugung, der Wille sei frei und ein persönlicher Gott existiere, aus seinem religiösen Bedürfnis entspringe. Das wirft ihm Herder sogar vor (vgl. Herder an Jacobi am 20. 12. 1784 sowie am 6. 6. 1785, Jacobi, Briefwechsel [wie Anm. 5], Bd. 1.3 [1987], 406–407). Den ambivalenten Gebrauch des Wortes *Glaube* moniert auch Goethe (vgl. Goethe an Jacobi am 21. 10. 1785, in: Jacobi, Briefwechsel [wie Anm. 5], Bd. 5 [2005], 213).

[92] „Ich habe keinen Begriff, der inniger, als der von den Endursachen wäre; keine lebendigere Ueberzeugung, als *daß ich thue was ich denke*, anstatt, *daß ich nur denken sollte was ich thue*. Freylich muß ich dabey ein Prinzipium zu seyn und zu handeln annehmen, das mir durchaus unerklärlich bleibt. Will ich aber schlechterdings erklären, so muß ich auf den zweyten Satz gerathen, deßen Anwendung auf einzelne Fälle, und in seinem ganzen Umfange betrachtet, kaum ein menschlicher Verstand ertragen kann" (Mendelssohn, Gesammelte Schriften [wie Anm. 3], Bd. 13 [1977], 145).

auch einräumt: „Sie überraschten mich, und ich mag wohl rot oder bleich geworden seyn," was doch schon auf eine erhebliche Irritation hindeutet.[93]


### IV. Spinozas Christianisierung gegen den „Stockjuden"
### Mendelssohn als Resultat des Pantheismusstreits

Es schien damals und wird bis heute in der Forschung so gesehen, als ob mit dem
Pantheismusstreit der Weg endlich frei war für eine allgemeine Anerkennung Spinozas und seiner Philosophie. Endlich schien ein richtiges Verständnis Spinozas
möglich geworden, nachdem alle früheren Denker, ob Aufklärer oder orthodoxe
Theologen, ihn verkannt und mißverstanden hatten. Aber war das wirklich der
Fall? Gab es irgendeinen Spinozabegeisterten unter den Weimaranern und Jenen-
sern, der Spinoza richtig verstanden hat und ihn dennoch hochschätzte? Tatsächlich findet sich unter allen enthusiastischen Stellungnahmen zu Spinoza keine, die
dem Lessingschen Bekenntnis auch nur nahekäme. Kein einziger christlicher
deutscher Denker und Dichter war willens, dem freien Willen und einem persönlichen Gott zu entsagen, keiner wurde also wirklich ein ‚entschiedener Spinozist‘.
Tatsache ist vielmehr, daß Spinoza in der sogenannten ‚Spinozarenaissance‘ eine
vollständige Uminterpretation erfuhr, die einer faktischen Christianisierung
gleichkam, wie von Hermann Timm und Rüdiger Otto sehr schön gezeigt wurde.[94]
Auf dem Hintergrund der vorangegangenen Debatten erscheint Spinoza nun als
derjenige Denker, der sowohl vor neologischer rationalistischer Aufklärungs-
theologie wie vor Mendelssohns jüdischem Unverständnis in Schutz genommen
werden mußte, durch ein neues gefühlsmäßiges oder historisches Verständnis des
christlichen Glaubens. Allein Goethe gewann ein unbefangeneres, allerdings
kaum systematisches Verständnis Spinozas, da er sich vor allem für die Affektentheorie interessierte.[95]
    Wenn aber alle anderen ‚großen Köpfe‘ weder fähig noch willens waren, Spi-
noza adäquat zu verstehen, wenn sie überdies über dem 1. und 5. Teil der *Ethik*
deren Affektentheorie wie auch sein anderes Hauptwerk, den *Theologisch-politischen Traktat*, fast völlig ignorierten, so fragt sich, warum ihr Spinozaverständ-

---

[93] Ebd., 138. Vgl. auch den Schluß des Spinoza-Gespräches, wo eben mit einer deutlichen
Differenz das eigentliche Gespräch zum Ende kommt.

[94] Ich verweise vor allem auf die Gesamtdarstellungen dieses Prozesses bei Timm, Gott und die
Freiheit (wie Anm. 2) und Otto, Studien zur Spinozarezeption in Deutschland im 18. Jahrhundert
(wie Anm. 2), wenngleich beide Autoren diesen Prozeß einer Verchristlichung Spinozas im Pantheismusstreit ganz und gar unkritisch aus christlicher Perspektive darstellen.

[95] Vgl. z.B. Goethes Bemerkungen über seine Begeisterung für Spinoza in: Johann Wolfgang
Goethe, Aus meinem Leben. Dichtung und Wahrheit, in: J. W. G., Sämtliche Werke, Briefe, Tagebücher und Gespräche, 40 Bde, 1. Abt., Bd. 14, Frankfurt am Main 1986, 680–681.

nis nur wegen ihrer Begeisterung für den als nun nicht mehr jüdischen, sondern allerchristlichen Philosophen gefeierten Benedictus Spinoza demjenigen früherer Generationen überlegen sein soll.[96] Mir scheint vielmehr, daß die plötzliche begeisterte Adoption Spinozas nach dem Pantheismusstreit, weit davon entfernt, seine wirkliche Philosophie oder gar seine Religionskritik zu akzeptieren, sich auf der einen Seite der Erschöpfung der an ihr Ende gekommenen lutherischen Theologie verdankte, die sich ein Jahrhundert durchaus intensiv und ernsthaft an Spinoza abgearbeitet hatte,[97] auf der anderen Seite aber dem antijudaischen Affekt gegen den angeblichen Spinozagegner Mendelssohn nach seinem *Jerusalem*. Der Aufstieg Spinozas war jedenfalls direkt verbunden mit dem Fall Mendelssohns und die Klagen über Mendelssohns angebliches Unverständnis Spinozas und seine mangelnde philosophische Tiefe zeigen beide Denker in einer Opposition, die jeder Grundlage entbehrt.

*Mindestens seit Hegel ist der Pantheismusstreit als der Beginn eines neuen und positiven Spinozaverständnisses dargestellt worden, nachdem frühere Autoren den Philosophen bloß als „toten Hund" behandelt hatten. Zugleich sieht Hegel im Pantheismusstreit aber auch das Ende des „gehaltlosen, matten Gewäsche[s]" der Aufklärungsphilosophie und spricht Jacobi das Verdienst zu, durch die Veröffentlichung des Spinozagesprächs mit Lessing überhaupt den Beginn einer neuen gehaltvollen deutschen Philosophie initiiert zu haben. Durch den enormen Einfluß Hegels auf die sich im 19. Jahrhundert entwickelnde Literatur- und Philosophiegeschichte bestimmen seine Urteile bis heute den Kanon der Geistesgeschichte über den Pantheismusstreit, die deutsche Aufklärung und insbesondere über Moses Mendelssohn. Dieser einseitig christlichen, sogar antijudaischen Sichtweise wird in diesem Beitrag widersprochen, indem der Pantheismusstreit in den politischen*

---

[96] Gegen diesen naheliegenden grundsätzlichen Einwand verteidigt Schröder seinen Forschungsansatz in einer langen Fußnote: Während bis zur Mitte des 18. Jahrhunderts allein die korrekte Übereinstimmung mit Spinoza als Rezeption gelten könne (was immer der Maßstab für solche Korrektheit sein mag), müßten ab dem Pantheismusstreit auch eigenwillige Spinozainterpretationen als gerechtfertigt angesehen werden, da der „historische Abstand Herders und seiner Zeitgenossen von Spinoza und die völlige Verschiedenheit ihrer Problemhorizonte […] Akzentverschiebungen und Mißverständnisse von vornherein erwarten" ließe (Schröder, Spinoza in der deutschen Frühaufklärung [wie Anm. 7], 18). Es leuchtet nicht ein, warum „eigenwillige" Spinozainterpretationen der frühen Spinozisten weniger „spinozistisch" sein sollen, wenn sie sich positiv auf Spinoza berufen. Aber nur ihnen wird die Unfähigkeit, den freien Willen zu leugnen als Mangel an korrekter Spinozarezeption angekreidet, nicht aber unseren Heroen in Weimar und Jena, obwohl doch Schelling ein glänzendes Beispiel für solche Inkorrektheit darbietet.

[97] Siehe die ausgezeichnete, materialreiche Untersuchung aus der Perspektive systematischer lutherischer Theologie von Walter Sparn, Formalis Atheus? Die Krise der protestantischen Orthodoxie, gespiegelt in ihrer Auseinandersetzung mit Spinoza, in: Karlfried Gründer, Wilhelm Schmidt-Biggemann (Hg.), Spinoza in der Frühzeit seiner religiösen Wirkung, Heidelberg 1984, 71–89. Vgl. auch Rüdiger Ottos unübertroffen gründliche und instruktive Gesamtdarstellung, *Studien zur Spinozarezeption in Deutschland im 18. Jahrhundert* (wie Anm. 2), 15–74 sowie 347–358.

*Kontext der öffentlichen Debatte über die Judenemanzipation gestellt wird, aus dem er erwachsen ist.*

*Since the time of Hegel at least the 'Pantheismusstreit' has generally been seen as the beginning of a new and positive understanding of Spinoza in Germany. According to Hegel, earlier authors of the Enlightenment had not succeeded in understanding Spinoza's deep philosophy, treating him as a „dead dog." At the same time, Hegel sees the Pantheismusstreit as the end of the flat, idle talk of enlightenment philosophy and he gives Jacobi – who published his talk with Lessing about Spinoza – credit for starting a new and meaningful German philosophy. Due to Hegel's enormous influence on the development of the discipline of the history of philosophy as well as of literature, his judgments about the German Enlightenment, and especially about Moses Mendelssohn, are still absolutely dominant. It is the aim of this paper to contradict this one-sided Christian, even anti-Judaic view by means of a new approach to the Pantheismusstreit, putting it in its political context. This context is that of the public debate on Jewish emancipation – a debate that reached its theoretical highpoint in Mendelssohn's Jerusalem in 1783.*

Assoc. Prof. Dr. Ursula Goldenbaum, Emory University, Department of Philosophy, 214 Bowden Hall, 561 S. Kilgo Circle, Atlanta, GA 30322, USA, E-Mail: ugolden@emory.edu

Dominique Bourel

# Aufklärung im Ghetto

## Jüdisches Denken des 18. Jahrhunderts

Dr. Jörg Fehrs,
in memoriam

Die Forschung über die *Haskala*, die jüdische Fassung der Aufklärung, war zunächst von Arbeiten über diese Periode – nachdem die Differenzierung zwischen französischer und deutscher Aufklärung etabliert war – abhängig.[1] Heute jedenfalls arbeitet man über die *Haskala* unter Berücksichtigung der Diversität von Ländern und Sprachräumen;[2] so ist man beispielsweise dabei, die Autobiographie Aron Isaacs wieder herauszugeben, der aus Mecklenburg nach Stockholm kam, um die jüdische Gemeinde Schwedens zu gründen, die man wiederentdeckt. Dank der Bemühungen Alexander Altmanns, Eva J. Engels und Michael Albrechts sind Moses Mendelssohns Leben, Werk und auch ein Teil seiner Welt nun gut bekannt. Es ließe sich auch eine historiographische Tradition jüdisch-deutscher Studien über die Aufklärung orten, in der sich etwa durch Berühmtheiten wie Ernst Cassirer, Theodor W. Adorno, Max Horkheimer, Peter Gay und bei den Romanisten Victor Klemperer die enge Verbundenheit jüdischer Kultur mit der Vernunft bezeugt. Übersetzungen[3] und Editionen[4] erweitern kontinuierlich unsere Kenntnisse des Forschungsgebiets.

---

[1] Vgl. Horst Möller, Fürstenstaat oder Bürgernation. Deutschland 1763–1815, Berlin 1989, durchgesehene und aktualisierte Ausgabe 1994, Taschenbuchausgabe 1998 (= Siedler Deutsche Geschichte, 7); Werner Schneiders (Hg.), Les Lumières en Europe: unité et diversité, Berlin 2003.

[2] Shmuel Feiner, David Sorkin (Hg.), New Perspectives on the Haskalah, London, Portland 2001; ders., Israel Bartal (Hg.), Les variétés de la Haskala. Nouvelles recherches sur l'histoire de la Haskala et son époque, Jérusalem 2005 (hebr.). Siehe auch die einschlägigen Bände von Das Achtzehnte Jahrhundert 23/2 (1999), Trumah 16 (2006) sowie Revue Germanique Internationale (2009).

[3] Zum Beispiel Fedon o sobre la inmortalidad del alma, übers. von Josep Monter, Valencia 2006, und Fedone. Sull'immortalità dell'anima, übers. von Francesco Tomasoni, Brescia 2009.

[4] Moses Mendelssohn, Ausgewählte Werke, Studienausgabe, hg. von Christoph Schulte u.a., Darmstadt 2009.

Aufklärung 21 · © Felix Meiner Verlag 2009 · ISSN 0178-7128

Eine allerdings bisweilen zu große Fokussierung auf Mendelssohn darf uns nicht daran hindern, die Texte seiner Zeitgenossen zu lesen, wobei es sich häufig um noch unübersetzte Manuskripte handelt oder um Werke in schwer zu findenden Ausgaben. Nach den Pionierarbeiten israelischer Forscher wie Jacob Katz, Azriel Schochat[5] und Mordechai Eliav[6] helfen uns die jüngsten Arbeiten Moshe Pellis', Christoph Schultes',[7] Reuven Michaels'[8] und vor allem Shmuel Feiners',[9] ein Mosaik von Lebenswegen zu erstellen, das man nicht ohne weiteres mit der Überschrift ‚bloße Schüler Mendelssohns' versehen kann. Dessen besonderes Ansehen und sein Einfluß auf das sogenannte orientalische Europa sind Gegenstand bemerkenswerter Studien. Tatsächlich haben sich einige seiner Zeitgenossen, wie etwa Salomon Maimon, überhaupt nicht für die Emanzipation der Juden interessiert, während andere wie Naftali Herz Wessely eher für eine aufgeklärte Orthodoxie bzw. eine fromme Aufklärung zu stehen scheinen. Wieder andere sind nicht Autoren von Büchern oder Artikeln, sondern Ärzte, Lehrer und Rabbiner. Dank Carsten Wilke verfügen wir über einen präzisen Katalog der Schriften der Rabbiner dieser Epoche, wovon nur ein kleiner Teil bekannt und erforscht ist.[10] Es spielt sich nicht alles nur in Preußen ab – Berlin, eine Stadt ohne Universität im 18. Jahrhundert, sollte nicht die anderen Orte einschlägiger Gelehrsamkeit und damit die Geschichte der jüdischen Bildung Deutschlands verstellen.[11] Vieles geschieht auf dem Wege kultureller Transfers nach Russland, Polen oder Italien, nach Kopenhagen und Lemberg. Es gilt, eine neue Geographie zu berücksichtigen, die neue Formen des Denkens zeigt. Wissenschaftshistoriker beschäftigen sich längst mit jenen Gelehrten, Mathematikern und Astronomen, die sich im Umkreis der Universitäten und Akademien bewegten und deren Spuren

---

[5] Azriel Schochat, Der Ursprung der jüdischen Aufklärung in Deutschland, Vorwort Michael Graetz, übers. von Joachim Jeremias, Frankfurt am Main 2000 (hebr. 1960).

[6] Mordechai Eliav, Jüdische Erziehung in Deutschland im Zeitalter der Aufklärung und der Emanzipation (erweiterte Ausgabe), übers. von Maike Strobel, Münster 2001 (hebr. 1960).

[7] Christoph Schultes, Die jüdische Aufklärung. Philosophie, Religion, Geschichte, München 2002.

[8] Reuven Michaels, La naissance du juif moderne. Histoire du mouvement des lumières juives, Tel Aviv 2005 (hebr.).

[9] Shmuel Feiners, Haskalah and History. The Emergence of a Modern Jewish Historical Consciousness, übers. von Chaya Naor und Sandra Silverston, Oxford Portland 2002 (hebr. 1995); ders., Haskala. Jüdische Aufklärung. Geschichte einer kulturellen Revolution, übers. von Anne Birkenhauer, Hildesheim 2007, Netiva 8 (hebr. 2002).

[10] Biographisches Handbuch der Rabbiner, hg. von Michael Brocke und Julius Carlebach, Teil 1: Die Rabbiner der Emanzipationszeit in den deutschen, böhmischen und großpolnischen Ländern 1781–1871, München 2002.

[11] Vgl. die sieben unter der Leitung von Ingrid Lohmann herausgegebenen Bände, Münster 2001 ff.

man in den Apparaten der kritischen Ausgaben Leibniz',[12] Bernoullis, Eulers, Lagranges und d'Alemberts findet.

Die minutiösen Forschungen Tobias Schenks, die zurzeit veröffentlicht werden,[13] erlauben es, eine zu positive Idee jüdischer Geschichte im Preußen des 18. Jahrhunderts zu überprüfen. Diese war von den Arbeiten Selma Sterns nahegelegt und in gewisser Hinsicht noch von Alexander Altmann und Jacob Katz befolgt worden. Halten wir fest, daß sie beide Ostjuden waren, die in der Yeschiva studierten, dann die deutsche Universität durchliefen – der erstgenannte in Berlin und der zweite in Frankfurt – bevor der eine die Vereinigten Staaten über Manchester erreichte und der andere Jerusalem. Beide profitierten von einer doppelten Bildung, einer traditionellen und einer europäischen.

Sie ermöglichen uns heute ein detailliertes Studium der aufgeklärten Orthodoxie,[14] ein sehr interessantes Phänomen, das den Weg zu einer Neubewertung der *Haskala* gerade in der jüdischen Welt eröffnet, wo sie lange Zeit sehr schlecht angesehen war und von Konservativen, Zionisten oder Assimilierten angegriffen wurde. Einer der vehementesten und tragischsten Texte ist hier der von Perez Smolenskins, immerhin selbst ein Mann der Moderne, in seiner Zeitschrift *L'Aurore* aus dem Jahr 1883:

> Unter der *Haskala* aus Berlin verstehe ich die Bezeichnung einer pervertierten Doktrin aus der deutschen Hauptstadt. Sie lehrt uns nicht das Wissen um des Wissens willen sondern den Willen, das Judentum zu verschandeln, es dem Unterricht unzugänglich zu machen, so wie es seine Priester und Missionare getan haben – wahrhafte Ignoranten, die ohne Vergangenheit und Zukunft und daher auch nicht die Gegenwart zu verstehen, losgezogen sind, eine fremde und dumme Doktrin zu predigen.[15]

Was hier in Frage steht, ist anscheinend einfach: Die *maskilim* (die Schüler der *Haskala*) scheinen sich dem philosophischen Denken verschreiben zu wollen (griechisch-lateinisch, abendländisch), dem Denken Leibniz' und dem Kants.

---

[12] Daniel J. Cook, Hartmut Rudolph, Christoph Schulte (Hg.), Leibniz und das Judentum, Stuttgart 2009 (Studia Leibnitiana, Sonderheft 34).

[13] Tobias Schenk, Der preussische Weg der Judenemanzipation. Zur Judenpolitik des aufgeklärten Absolutismus, in: Zeitschrift für historische Forschung 35 (2008), 449–482. Im Druck: Wegbereiter der Emanzipation, Berlin 2009.

[14] Jay M. Harris (Hg.), The Pride of Jacob. Essays on Jacob Katz and his Work, Cambridge, Mass. 2002; Israel Bartal, Shmuel Feiner (Hg.), L'Historiographie réévaluée. Nouvelles lectures de la pensée de Jacob Katz, Jerusalem 2008 (hebr.); Aviezer Ravitzky, Yosef Salmon, Andam S. Ferziger (Hg.), Orthodox Judaism. New Perspectives, Jerusalem 2006 (hebr.).

[15] „Par *Haskala* de Berlin, j'entends et je désigne cette doctrine pervertie qui nous vient de la capitale allemande. Elle nous enseigne non pas le savoir pour le savoir, mais la volonté de mutiler le judaïsme, de le fermer à l'instruction, comme l'ont fait ses prêtres et missionaires – des ignorants en vérité, qui, n'ayant compris ni le passé ni l'avenir et pas davantage le présent, sont allés prêcher une doctrine étrangère et stupide" (Denis Charbit (Hg.), Sionismes. Textes fondamentaux, Paris 1998, 87).

Wir werden hier nicht die zweifache Aktenlage einerseits zur Existenz oder nicht
Existenz einer jüdischen Philosophie und andererseits zur Beziehung zwischen
Athen und Jerusalem untersuchen. Ganze Bibliotheken kreisen um diese Fragen.
Warum mußte auf das 18. Jahrhundert und das geistige Klima Deutschlands ge-
wartet werden, um die Juden in das philosophische Denken eintreten zu sehen, mit
der bekannten und vieldiskutierten Ausnahme Spinozas? Was behalten die einmal in die europäische Kultur eingetretenen Juden von ihrem Judentum, außer
eventuell einem privaten Glauben, einer zweifachen Gelehrtheit, einer atavisti-
schen Angeregtheit durch Texte und in sozialer Hinsicht dem Erfolgswillen
von Minderheiten? Wurden diese Juden nicht zu Experten einer Philosophie,
die nicht die ihrige war? Doch wie läßt sich entscheiden, was jüdisch ist und
was nicht? Auf den ersten Blick ist nichts einfacher: die Torah, von den Christen
Altes Testament genannt, die zwei Talmude und die großen Werke Joseph Albos,
Moses Maimonides', Gersonides' und einiger anderer sind es, was das Judentum
ausmacht. Doch was soll man mit all den Texten anfangen, die abseits der Philosophie, aber innerhalb der jüdischen Kultur, vor allem seit dem Aufschwung des
Druckereiwesens präsent sind und dieses in weit höherem Maße als die *Betrachtungen* Markus Herz', die *Evidenzschrift* Mendelssohns oder die *Transcendentale
Philosophie* Maimons. Vergessen wir nicht, daß um 1764 die 750.000 Seelen zäh-
lende polnisch-lithauische Gemeinschaft die größte der Welt ist und sich die deutschen *maskilim* dagegen an zwei Händen abzählen lassen.

Man sollte mindestens von drei Modellen der *Haskala* ausgehen: der bekanntesten von Moses Mendelssohn und seiner (kleinen) Welt, an die wir weiter unten
erinnern werden. Dann der des orientalischen Europas, chronologisch gesehen
gewiß verschoben, aber undenkbar ohne die deutsche Tradition des 18. Jahrhunderts. Dieses Modell drückt sich ebenso in Jiddisch und in Hebräisch wie in Pol-
nisch oder Russisch aus und ist tiefer in die Gesellschaft integriert und viel weniger elitär als seine okzidentale Entsprechung. Diese Strömung der *Haskala*
ist, insbesondere seit der Aufhebung der Teilung Europas, immer bekannter geworden; wir werden sie hier indes nicht behandeln.[16] Innerhalb des dritten und
letzten Modells weiß die Philosophie – weit davon entfernt, sich auf Vernunft
zu versteifen, um zu zeigen, daß auch das Judentum vernunftfähig sei – abstrakte
Denkübungen mit einer ‚Theologie' und zuweilen mit einer ‚Mystik' zu verbinden, wohlwissend, daß diese Begriffe innerhalb jüdischer Welten sich von ihren
christlichen, allzu häufig im europäischen Diskurs implizit verborgenen Anwen-
dungen unterscheiden.

Auch dieses letzte Modell war eine Art Aufklärung und Modernisierung in den
jüdischen Gemeinschaften. Unter den großen sozio-intellektuellen jüdischen Be-

---

[16] Martin Wodzinski, Haskalah and Hassidism in the Kingdom of Poland. A History of Conflict,
übers. von Sarah Cozens, Oxford, Portland 2005.

wegungen des 18. Jahrhunderts ist der Chassidismus mindestens genauso wichtig wie die *Haskala*. Von Baal Shem Tov (ca. 1700–1760) begründet, hat er eine Tradition in Gang gesetzt, die ebenfalls den Anspruch auf jüdische Modernität erhob. Weniger bekannt ist die Reaktion auf diese Bewegung, nämlich die der ‚Gegner' (*mitnagdim*), unter denen der größte der Gaon von Wilna (1720–1797) ist.[17] Einer seiner wichtigsten Schüler Rabbi Hayyim aus Volozihn (1759–1821) hat uns den faszinierenden Text *Die Seele des Lebens* (*nefesch ha-hayyim*) hinterlassen,[18] in dem ein Rabbiner einzig und allein auf der Basis jüdischer Tradition (Torah, Talmud, Kabbala) philosophiert.

Für seine Feindseligkeit dem Chassidismus gegenüber bekannt und Herold einer wahrhaften ‚lithauischen' Denkschule wurde der Gaon hin und wieder von der *Haskala* selbst benutzt. Sie sah in ihm einen wenig umgänglichen Alliierten, der allerdings immerhin zum einen die Regeln der Dialektik akzeptierte und zum anderen eine an wahnhaftes Verhalten assimilierte Mystik genauso wie Einschränkungen durch welches Klerikertum auch immer zurückwies. Ein Schüler des Gaon, Baruch von Shklov (1744–1808), hat nicht nur Euklid ins Hebräische übersetzt, sondern sich auch selbst nach Berlin begeben, um Mendelssohn zu treffen. Eine Generation später nahm Isaac Baer Levinsohn (1788–1860), oft als ‚russischer Mendelssohn' bezeichnet, die Fackel auf. Er widmete sein Buch *Te'udah be-Ysrael* (1828)[19] dem Zaren Nicolaus I.

Kurz gesagt war diese litauische Strömung eine *Haskala*, die ihren Namen verschwieg. Die Yeschiva in Volozhin, eröffnet 1803 und geschlossen 1892, hatte Nachahmer in Telz, Mir und Slobodka. Vergessen wir auch nicht die ‚analytische' Schule Hayyim Soloveitchiks in Brisk. Das Arbeiten am talmudischen Diskurs trug zur kritischen Kultur bei, bot ebenfalls eine intellektuelle Alternative zum Historismus der *Haskala* und gestattete Infragestellungen. Manchmal gestand man in Volozhin ein, daß der Schüler gegenüber seinem Lehrer im Recht sei. Auch hier schien die Maxime das *sapere aude* zu sein. Tatsächlich hat Immanuel Etkes dieser These Anerkennung verschafft, indem er zeigte, daß alle von der *Haskala* dem Gaon verliehene ‚Qualitäten' in der traditionellen Welt weit verbreitet waren.

---

[17] Immanuel Etkes, The Gaon of Vilna. The Man and his Image, übers. von Jeffrey M. Green, Berkeley, Los Angeles 2002 (hebr. 1998), David E. Fishman, Russia's First Modern Jews. The Jews of Shklov, New York 1995; David Biale, A Journey between the worlds. East European jewish culture from the partition of Poland to the Holocaust, in: David Biale (Hg.), Cultures of the Jews. A New History, New York 2002, 799–869.

[18] Vilna, 1824 (posth.). Vgl. die ausgezeichnete französische Übersetzung von Benjamin Gross, Lagrasse 1986, mit einer grundlegenden Einleitung (LXXI-seitig) und einem Vorwort von Emmanuel Levinas.

[19] Vgl. die Neuausgabe von Immanuel Etkes, Jerusalem 1977.

In den unmittelbaren Quellen findet sich kein Hinweis darauf, daß der Gaon wirklich säkulare Studien begünstigte, doch er dachte, daß sie eine Hilfe bei der Klärung gewisser Probleme des jüdischen Gesetzes (*halacha*) sein könnten. Darüber hinaus hat er niemals den geringsten Vorschlag zur Erneuerung des jüdischen Unterrichtswesens gemacht. Aber genau hier liegt das Problem. Um zu vermeiden, ihn zu einem Vorläufer der *Haskala* zu machen, wird die Orthodoxie von Etkes bis hin zu einer Annäherung an die Aufklärung ‚aufgehellt‘. Sobald man die *Haskala* in ihren ursprünglichen Mutterboden zurückversetzt, der hochgelehrt, polyglott, um die Kommunikation seines Wissens bemüht und weltoffen war, haben scharfe Gegenüberstellungen eben keinen Sinn mehr. Genauso genügt es eben nicht Euklid zu lesen oder Latein (oder Deutsch) zu lernen, um ein *maskil* zu sein. Außerdem zeigte der Gaon, als er seinen berühmten Fluch gegen den Chassidismus verbreiten ließ, nicht gerade viel Toleranz, also die Haupttugend des *maskil*. Andererseits war es undenkbar für einen Orthodoxen irgendeine ‚nicht-jüdische‘ Weisheit über die der Tradition zu stellen.

Wenden wir uns, um die Schwierigkeiten zu zeigen, das jüdische Denken des 18. Jahrhunderts als Einheit zu behandeln, noch einem weiteren, wenig bekannten, aber ebenfalls außergewöhnlichen Beispiel zu, nämlich dem Moshe Hayyim Luzzattos (Ramhal), einem Philosophen und Kabbalisten. 1706 in Padua geboren, stirbt er 1746 in Akko – dies allein war bereits ein Programm: im Jahrhundert der Aufklärung eine Reise ins Heilige Land durchzuführen, was der *Haskala* ziemlich fremd war, doch nicht dem Chassidismus, wie man weiß. Zeit seines Lebens verfolgt – sowohl von den Rabbinern Venedigs als auch vom rabbinischen Gericht Frankfurts – und nach seinem Tod verdammt, läßt ihn nur die Gemeinde Amsterdams einige Jahre (1736–1743) in Frieden leben. Sein Werk, das noch nicht gänzlich veröffentlich ist, wechselt zwischen Philosophie und Kabbala, zwischen Logik und Mystik, zwischen Anleihen an der abendländischen Tradition und Betrachtungen originärer jüdischer Tradition. Für seine *Logik (Sefer ha-Higayyon)* von 1742 schöpft er reichlich bei Ramus und dem Deutschen Marcus Wendelin (1584–1652).[20] Sein Werk enthält zwei markante Gesichtspunkte, einen theozentrischen, nämlich den *Weg Gottes* (*Derech ha-Shem*), und einen mehr anthropozentrischen, den *Weg der Gerechten* (*Messilat Yesharim*). *Ein* Werk aber versucht, gleichzeitig „Philosophie und Kabbala" auszudrücken.[21]

Mendelssohn wird 1729 (vielleicht 1728) geboren und kommt 1743 in Berlin an, also im selben Jahr, in dem Luzzatto sich ins Heilige Land begibt. Sein Leben

---

[20] Charles H. Manekin, On Moses Hayyim Luzzatto's Logic and on ramist method in his writing, in: Da'at 40 (1998), 5–25.

[21] Joëlle Hansel, Moses Hayyim Luzzatto 1706–1746. Kabbale et Philosophie, Paris 2004. Vorwort von Moshe Idel. Dank Mordechai Chriqui (Jerusalem) verfügen wir über eine zweisprachige Ausgabe in drei Bänden.

und Werk bergen nicht mehr viele Rätsel für uns: zwei umfangreiche Biografien und eine großartige, mehr als fünfunddreißig Bände umfassende Edition sind erhältlich. Diese – 1929 begonnen – wird bald abgeschlossen sein. Man spürt nicht nur regelmäßig seine Texte wieder auf,[22] sondern hat langsam auch eine präzise Vorstellung von seiner Welt. Die *Philosophischen Dialoge* (1755) machen ihn bekannt, seine Kritiken literarischer und philosophischer Werke werden von der kultivierten Öffentlichkeit geschätzt. Zusammen mit Lessing und Nicolai ist er einer der Hauptakteure der Berliner Aufklärung. Seine *Abhandlung über die Evidenz* erhält noch vor Kant 1763 den Ersten Preis der Klasse der spekulativen Philosophie der Berliner Akademie. Mit dem *Phädon* erreicht er 1767 europäischen Ruhm. Noch vor dem Ende des Jahrhunderts ist das Werk in über zehn Sprachen übersetzt! Die unglückliche Affäre mit Lavater erinnert ihn daran, daß er in Preußen kaum toleriert wird. Die Christen zeigen sich darüber überrascht, daß ein aufgeklärter Mann ein Jude sein kann, denn er fährt fort, in Hebräisch zu schreiben. Er übersetzt 1780–1783 die Bibel ins Deutsche (mit hebräischen Buchstaben), 1783 die *Psalmen* und er legt mit *Jerusalem* 1783 eine Charta des modernen Judentums vor. Die *Morgenstunden* sind das Testament eines vom Kantianismus überholten Metaphysikers, während das Ende seines Lebens von seiner Polemik mit Jacobi über den angeblichen Spinozismus Lessings verdunkelt wird. 1786 stirbt er als Held der Aufklärung und wird schnell zur Vorbildfigur der *Haskala* und dann sehr schnell auch zu einer wahrhaften Ikone des jüdisch-deutschen Leidenswegs.[23] Als praktizierender gläubiger Jude spielt er eine angesehene Rolle in seiner Gemeinde.

Das mendelssohnsche Modell ist ziemlich klar. Für den guten Leibnizschüler gibt es keinen wechselseitigen Ausschluß zwischen Glauben und Wissen, zwischen Vernunft und Gnade. Selbst sein *Jerusalem*, der Versuch einen modernen Judaismus zu begründen,[24] führt nicht notwendigerweise zum Scheitern, wie es die deutsche und europäische Tragödie anzudeuten schien, da doch in den USA und in Israel die Praxis jüdischen Glaubens perfekt mit der Welt und dem modernen Leben kongruieren. Genau darin besteht die wesentliche Botschaft Mendelssohns. Eine weitere Komponente, nämlich die Notwendigkeit, die Sprache des jeweiligen Landes zu lernen, stand selbst für die Orthodoxesten bald nicht mehr in Frage. Schließlich hat man gezeigt, daß seine Bibelübersetzung – und die

---

[22] Eva J. Engel, Mendelssohn contra Kant. Ein frühes Zeugnis der Auseinandersetzung mit Kants Lehre von Zeit und Raum in der Dissertation von 1770, in: Kant-Studien 95 (2004), 269–282.

[23] Steven Lowenstein, The Berlin Jewish Community. Enlightenment, Family and Crisis, Oxford 1990; David Sorkin, Moses Mendelssohn and the Religious Enlightenment, London 1996; ders., The Berlin Haskalah and German Religious Thought, London 2000; Dominique Bourel, Moses Mendelssohn, Zürich 2007.

[24] Vgl. die ausgezeichnete Ausgabe von Michael Albrecht, Hamburg 2005.

von mehreren Händen redigierten Kommentare – selbst in die abgeschiedensten Milieus Eingang gefunden haben.

Die jüdische Dogmatik war seine Agenda und mehr noch als Orthodoxie war die Orthopraxie für ihn bestimmend. Man weiß, daß sein Denken vorkantianisch ist, aber trotz der Kritik Franz Rosenzweigs spricht nichts dafür, daß dieses Denken heute für Millionen Juden in der Welt seinen Wert verliert. So elegant sein Beweis auch für Altmann und uns selbst ist, wird er weiterhin und zwar sehr kritisch in der jüngsten Literatur diskutiert, beispielsweise von Experten wie Allan Arkush[25] oder Arnold Eisen.[26] Das zeigt, daß die *Haskala* sowohl eine kulturelle Geste, wie eine intellektuelle Haltung und auch ein System aus Texten darstellt. Außerdem weiß man, daß die spätere deutsche Philosophie die Tendenz hat, die Idee der Aufklärung Kant zuzuschreiben, der, wie ein Vergleich der beiden kanonischen Texte *Was ist Aufklärung?* und *Was heißt aufklären?* vollkommen klar zeigt, etwas anderes sagt als Mendelssohn. Man löschte dadurch sehr präzise alles das aus, was wir nunmehr über die ‚Stimmung des Jahrhunderts' in Deutschland wissen, wo man, anders als in Frankreich, dem ‚umfassend Rationalen' mißtraute. Mendelssohns Text, dessen aktiver Titel nicht dem eher deskriptiven Kants entspricht, unterscheidet sich von diesem an vielen Stellen, etwa hinsichtlich des Gewichts, das auf die Praxis gelegt wird, des ausführlichen Eingehens auf die protestantische Theologie, wie die Berücksichtigung Spaldings bescheinigt, und vor allem natürlich durch das Zitieren des Talmuds.

Mendelssohn war sowohl leibnizianischer Philosoph wie Talmudleser, sowohl angenehm lesbarer Journalist wie profunder mit der Dialektik wohl vertrauter Denker, dazu Übersetzer und manchmal Kommentator der Bibel. Was seine Originalität ausmacht, ist seine doppelte an Deutschland wie an das Judentum gebundene Orthodoxie. Er nimmt Teil an den Kämpfen für die Emanzipation der Juden. Er kämpft gleichzeitig an zwei Fronten, nämlich gegen die Dunkelheiten innerhalb seiner Gemeinde wie gegen die außen vorgebrachten Vorurteile. Es sind genau dieses Aspekte, die das Beste der *Haskala*, so vielfarbig sie auch ist, verkörpern. Doch hat sie niemals die Zerstörung des Judentums, sondern im Gegenteil dessen Wiederbelebung gewollt, seinen Schutz vor allem Obskurantismus. Was immer noch zu entdecken ist, ist eine Art *„schweigende Haskala"*, wie es Mordechai Zalkin[27] so schön ausgedrückt hat, d. h. eine, die nicht schreibt, sondern lebt. Zum Beispiel beherrschten Hunderte junger jüdischer Studenten, die im 18. Jahrhundert in die deutschen Universitäten eintraten – Monika Richarz hat

---

[25] Alan Arkush, Moses Mendelssohn and the Enlightenment, Albany 1994.

[26] Arnold Eisen, Divine legislation and 'ceremonial script'. Mendelssohn on the commandments, in: AJS Review 15 (1990), 239–267.

[27] A New Dawn. The Jewish Enlightenment in the Russian Empire-Social Aspects, Jerusalem 2000 (hebr.).

das geduldig analysiert[28] – wenigstens eine Generation lang die Anforderungen der beiden Kulturen dadurch, daß sie sich eine *Haskala* ‚bastelten‘, die es beispielsweise einem jüdischen Studenten erlaubte, zusammen mit seinen Kommilitonen eine Autopsie durchzuführen, ohne sich Zusatzfragen zu stellen (beispielsweise nach dem Todesdatum des Leichnams usw.).

Nach dem Tod Moses Mendelssohns im gleichen Jahr wie Friedrich II. und vor allem nach der Französischen Revolution wird die *Haskala* sich in Preußen radikalisieren und dadurch in eine schwierige Lage geraten, daß sich im Gepäck der Revolution auch die Emanzipation der Juden befindet. 1793 schlägt Lazarus Bendvaid das Ende der religiösen Bräuche und 1799 David Friedländer eine Quasi-Konversion vor.

Zu betonen bleibt, daß es zu beiden Autoren weder eine jüngere gelehrte Biographie gibt noch Texte von ihnen erhältlich sind. Die jungen jüdischen Studenten Kants in Königsberg, die die *Haskala* in ihr Berufsleben übertragen, wie die Familie Friedländer, sind *maskilim*, die sich von dem unterscheiden, was ihr ‚Meister‘ Mendelssohn war. Der eine wird stellvertretender Bürgermeister Berlins werden, ein anderer Arzt in Paris! Die berühmten von kultivierten Juden unterhaltenen Salons waren – bevor sie als Hochburgen der Romantik galten – Verbreitungsorgane der *Haskala*. Diese beinhaltete auch eine sehr moderne Agenda für die Frauen. Was den polyglotten, kosmopolitischen Ephraim betrifft, übersetzt er Montesquieu und trifft Mendelssohn, doch findet er sich als preußischer Spion in Frankreich festgehalten in einem Pariser Gefängnis wieder. Die *Haskala* führt zu allem!

(Übersetzung: Henning Kniesche)

*Beim Aufkommen neuen jüdischen Denkens des 18. Jahrhunderts machen sich, allerdings unter Vernachlässigung der Denkansätze von Minderheiten im Heiligen Land, vier Hauptströmungen bemerkbar. Zunächst die Orthodoxen, die sich als nur wenig berührt von internen und externen Strömungen der Gemeinden zeigten, jedoch sogar in Berlin durchaus zahlreich waren. Des weiteren die Chassidim, die eine neue Art und Weise, Jude zu sein erfanden: von der Vernunft eher entfernt aber gleichwohl wirkkräftig. Sie waren in Deutschland nicht zahlreich. Dann die Maskilim, die von der Persönlichkeit und der Lehre Moses Mendelssohns geprägt waren und deren Einfluß im 19. Jahrhundert bis nach Russland reichte. Außerdem ist noch ein gelehrter Talmudismus litauischen Ursprungs zu nennen, dessen Auswirkungen bis ins 20. Jahrhundert hinein spürbar waren. Der Aufsatz befaßt sich mit den beiden letztgenannten Strömungen. Es sind nämlich diese beiden, die echte Aufklärung innerhalb des Judentums vorantrieben.*

---

[28] Monika Richarz, Der Eintritt der Juden in die akademischen Berufe. Jüdische Studenten und Akademiker in Deutschland 1678–1848, Tübingen 1974; Marion Kaplan, Beate Meyer (Hg.), Jüdische Welten. Juden in Deutschland vom 18. Jahrhundert bis in die Gegenwart. Festschrift für Monika Richarz, Hamburg 2005.

*With the emergence of a new Jewish thought in the 18th century, four main movements, apart from the approaches of some minorities in the Holy Land, become apparent within Judaism: First, the Orthodox, quite numerous even in Berlin, who were not strongly affected by movements internal or external to the community. Then the Chassidim, who invented a new manner of being Jewish, to a certain extent removed from reason but nonetheless powerful. Their number in Germany was not very large. Besides there were the Maskilim, strongly influenced by Moses Mendelssohns' personality and teaching, whose influence in the 19th century extended as far as Russia. In addition to these an erudite Talmudism of Lithuanian origin has to be mentioned, showing its effects up to the 20th century. This paper deals with the latter two movements, for those two were the motors of real Enlightenment within Judaism.*

Prof. Dr. Dominique Bourel, 28, rue François Bonvin, F-75015 Paris, E:Mail: Dominique.Bourel@paris-sorbonne.fr

ULRICH DIERSE

# Das Wesentliche und das Beiläufige in der Religion

## Marie Hubers Weg vom Pietismus zur Aufklärung

Mit der Aufklärung des 18. Jahrhunderts werden nicht nur die überlieferte Theologie und die Institution der Kirche einer oft radikalen Kritik unterworfen, es wird auch der Begriff der Religion selbst thematisiert und auf den Prüfstand gestellt, weniger mit dem Ziel, die Religion zu leugnen, öfter, um sie neu zu umschreiben und zu bestimmen. Häufig sucht das 18. Jahrhundert, nicht zuletzt infolge der konfessionellen Spaltungen und der nur mühsam beendeten religiösen Bürgerkriege, nach den Gemeinsamkeiten der (christlichen) Konfessionen. Vor allem Philosophen fragen darüber hinaus nach einer Form der Religion, die allen Menschen zu allen Zeiten und in allen Weltgegenden zugänglich ist; eine solche Religion, so lautet jedenfalls der Anspruch, ist den Menschen natürlich und entspricht den Maßstäben ihrer Vernunft. So muß die Aufklärung zwangsläufig in Spannung zu den jeweiligen Offenbarungs- oder positiven Religionen geraten, in einen Konflikt zu allem, was die Vernunft nicht einsehen kann oder will. Deshalb muß man das Verhältnis der vernünftigen Religion zur Offenbarung neu bestimmen. Das zeigt sich in Deutschland exemplarisch bei Lessing und den Neologen, in Frankreich nicht zuletzt bei Marie Huber.

Marie Huber ist, nach kurzem Ruhm im 18. Jahrhundert, heute nahezu vergessen.[1] Deshalb soll hier das wenige, das aus ihrer Biographie bekannt ist, in Erin-

---

[1] Nach Einträgen bei Johann Anton Trinius, Freydenker-Lexikon, Leipzig, Bernburg 1759, 40, 49, 57, 235, bes. 315–318 (immer als „Hubert"), und: in ders., Erste Zugabe zu seinem Freydenker-Lexicon, ebd. 1765, 38–42; ferner in: Christian Gottlieb Jöcher bzw. Johann Chrisoph Adelung, Allgemeines Gelehrten-Lexicon, Fortsetzung, Bd. 2, Leipzig 1787, 2174–2175, folgen nur noch wenige Artikel, vornehmlich in regionalen Lexika; aber auch in: Realencyklopädie für protestantische Theologie und Kirche, hg. von Johann Jakob Herzog, Bd. 6, Stuttgart, Hamburg 1856, 292–293. In den späteren Auflagen dieses Lexikons fehlen Einträge, ebenso in allen anderen theologischen und philosophischen Lexika. Auch das Philosophinnen-Lexikon, hg. von Ursula I. Meyer und Heidemarie Bennent-Vahle, Leipzig 1997, nimmt sie nicht zur Kenntnis, wohl aber die Encyclopédie philosophique universelle III: Les Œuvres philosophiques, éd. par Jean-François Mattéi,

Aufklärung 21 · © Felix Meiner Verlag 2009 · ISSN 0178-7128

nerung gerufen werden.[2] Die Autorin entstammt einer ursprünglich in Schaffhausen beheimateten, seit drei Generationen in Genf ansässigen Familie. Dort wird
sie am 4. März 1695 als zweites von vierzehn Kindern geboren. Ihre Eltern, der
Bankier Jean-Jacques Huber und dessen Frau Cathérine Calandrino-Fatio, lassen
sich 1711 in Lyon nieder, wo es eine kleine Schweizer Kolonie gibt. In ihrer Jugend steht sie unter dem Einfluß des in ihrer Familie herrschenden Pietismus, vor
allem dem ihres Großonkels Nicolas Fatio, der ganz von seinen Erleuchtungen
und Privatoffenbarungen durchdrungen ist. In seinem missionarischen Eifer veranlaßt er 1716, daß sie nach Genf reist, um die dortige Bevölkerung zur Buße und
Umkehr aufzurufen. Marie Huber trifft dort aber, nicht zuletzt bei ihren noch in
Genf lebenden Verwandten, auf allgemeine Ablehnung, so daß die Mission scheitert und Marie nach Lyon zurückkehren muß, wo sie seitdem ein zurückgezogenes
Leben führt. Etwa 1722 verfaßt sie eine erste Schrift, die in ihrer Wendung gegen
die Spielleidenschaft und andere Vergnügungen noch ganz vom pietistischen
Geist der Weltabkehr und -verneinung erfüllt ist.[3] Kurze Zeit später muß sie
sich aber vom Pietismus gelöst haben, denn sie publiziert jetzt jene Werke, die
sie – obwohl sie natürlich anonym veröffentlicht wurden – bekannt gemacht haben.[4] Marie Huber stirbt nach längerer Krankheit am 13. Juni 1753 in Lyon.

Bd. 1, Paris 1992, 1213 (J. Lagrée), und die: Encyclopedia of the Enlightenment, ed. by Alan
Charles Kors, Bd. 2, Oxford 2003, 223 f.
    [2] Literatur: Gustave-A. Metzger, Marie Huber (1695–1753). Sa vie, ses œuvres, sa théologie
(Thèse Université de Genève, Faculté de Théologie), Genève 1887. – Yves Krumenacker, Marie
Huber, une théologienne entre piétisme et lumières, in: Hubert Bost, Claude Lauriol (éd.), Refuge et
désert. L'évolution théologique des huguenots de la Révocation à la Révolution française. Actes du
colloque du Centre d'étude du XVIIIe siècle, Montpellier, 18-19-20 janvier 2001, Paris 2003, 99–
115. – Ders., L'Évolution du concept de conscience chez Marie Huber, in: Dix-huitième siècle 34
(2002), 225–237. – Maria Cristina Pitassi, Être femme et théologienne au XVIIIe siècle. Le cas de
Marie Huber, in: De l'Humanisme aux Lumières, Bayle et le protestantisme. Mélanges en l'honneur
d'Élisabeth Labrousse. Textes recueillis par Michelle Magdelaine [u.a.], Paris, Oxford 1996, 395–
409. – Dies., Marie Huber, genevoise et théologienne malgré elle, in: Bulletin de la Société d'Histoire et d'Archéologie de Genève 25 (1995), 83–97. – Henri Perrochon, Marie Huber la lyonnaise,
in: Études de la Faculté des Lettres de l'Université de Lausanne 3 (1960), 196–208. Zur Biographie
vgl. bes. Metzger, Marie Huber, und Krumenacker, Marie Huber.
    [3] Le chrétien devenu non-chrétien par le jeu, ou dialogue familier et petite correspondance entre
deux amis, sur le jeu et d'autre passé-temps appelés innocents, où tout cela est démontré comme
étant un péché et comme ne convenant point à des chrétiens, Schaffhausen 1736, vgl. Metzger, Marie
Huber (wie Anm. 2), 29–37.
    [4] Schon zu ihren Lebzeiten wurde ihre Autorschaft, wenigstens z. T., aufgedeckt, vgl. Pitassi,
Marie Huber (wie Anm. 2) 89 f. Voltaire ist sie als Autorin der Lettres sur la religion essentielle
bekannt. Er vermutet allerdings einen unbekannten Mitarbeiter an diesem ihrem Hauptwerk. Voltaire, Lettre à son Altesse Monseigneur Le Prince de *** sur Rabelais (1767), in: Œuvres complètes,
éd. par Louis Molland, Bd. 26, Paris 1879 (ND. Nendeln 1967), 503.

Das zweite Werk, die *Sentiments différents de quelques théologiens sur l'état des âmes séparées du corps, en XIV lettres*,[5] richtet sich in erster Linie gegen die Lehre von der Ewigkeit der Höllenstrafen. Es geht aber entschieden über diese Einzelfrage, die im 18. Jahrhundert keineswegs nur ein Randproblem ist,[6] hinaus. Denn hier spricht Marie Huber schon das sie von nun an bewegende Thema an, ob der Gott des Christentums als ein gerechter und zugleich gütiger Gott gedacht werden kann, ob er als strafender und richtender Gott das Böse ausgleichen und trotzdem Gnade walten lassen kann. Die Autorin wendet sich entschieden gegen die Vorstellung eines strengen Gottes, der auch ewige Höllenstrafen verhängen kann. Gott hat im Gegenteil nichts anderes im Sinn, als die Menschen so glücklich zu machen, wie er selbst glücklich ist. Da Gott selbst allerdings unendlich vollkommen und glücklich ist, kann er die Menschen nicht zum vollendeten Glück führen, aber wenigstens so glücklich wie möglich machen, wie es ihren jeweiligen Fähigkeiten entspricht, die Güte Gottes zu empfangen. Dem widerspräche die Vorstellung eines strafenden Gottes; Gott ist vielmehr „uniforme dans son but"; er ändert seinen Willen und seine Wirkungen niemals; er wendet nur verschiedene Mittel an, um in seiner unendlichen Güte das Menschengeschlecht zu seinem Ziel zu lenken.[7] Gottes Gerechtigkeit ist von der landläufigen Vorstellung, die man sich davon macht, völlig unterschieden:

> Dieu est Sage, Juste & Bon; Une de ses perfections n'anéantit point l'autre, la Justice n'est point oposée à la Bonté ni la Bonté à la Justice. [...] En Dieu la Justice & la Bonté sont sans bornes; Par sa Bonté il offre à sa Créature tous les trésors de sa Béatitude; Par sa Justice il remplit de ces mêmes trésors celle qui les accepte, et il en laisse destituée celle qui les refuse.[8]

Die Zeugnisse der Schrift, die von Gottes Zorn und seinem Haß reden, sind menschlich-allegorische Bezeichnungen und nicht wörtlich zu nehmen.[9] Gott rächt sich niemals an den Menschen oder läßt sie leiden.[10] Das Böse und das

---

[5] O.O., o.J. [1731], 2. Aufl. unter dem Titel: Le Sisteme des anciens et des modernes, concilié par l'exposition des sentimens differens de quelques théologiens, sur l'etat des ames separées des corps. En quatorze lettres, nouv. éd., Amsterdam 1733, 3. Aufl.: Le Sistème des théologiens anciens et modernes, concilié par l'exposition des differens sentimens sur l'état des âmes séparées des corps. En quatorze lettres. 3ième éd. augmentée de diverses pieces nouvelles par l'Auteur meme, Londres 1739. Diese Auflage wird hier benutzt. (Die häufigen Kursivierungen wurden nicht übernommen.) Dt. Ausg.: Das Lehrgebäude der alten und neuen Gottesgelehrten in eine Uebereinstimmung gebracht durch die Erklärung der verschiedenen Meinungen von dem Zustande der von den Körpern abgeschiedenen Seelen: in vierzehn Briefen abgefasset, Helmstädt 1748.

[6] Vgl. etwa Lessings Schrift: Leibnitz von den ewigen Strafen (1772), die an eine zeitgenössische Diskussion anschließt.

[7] Huber, Le Sisteme (wie Anm. 5), 7 f.

[8] Ebd., 36 f.

[9] Ebd., 34, 37 ff.

[10] Ebd., 137, vgl. 158.

Übel in der Welt widersprechen nicht seiner Güte, sondern sind Folge der „condition de l'homme", der freien Wahl, die der Mensch getroffen hat. In einer „dernière condition de l'homme", dem zukünftigen Leben, wird das irdische Leben seine Vollendung dadurch finden, daß es darin einen Ausgleich („compensation") für das Gute sowohl wie für das Übel erfährt.[11] Das impliziert, daß der Mensch frei ist; denn ohne die Willensfreiheit könnte er für seine Handlungen nicht zur Rechenschaft gezogen werden, wäre er seiner „qualité de l'homme" beraubt. Auch wenn zuzugeben ist, daß diese Freiheit ein zweifelhaftes, ja gefährliches Geschenk war, weil der Mensch durch sie auch unglücklich werden konnte, wie er es auch tatsächlich geworden ist, so kommt es ihm doch zu, aus Freiheit zu handeln und mit ihr sein Schicksal zu bestimmen. Der Gebrauch der Freiheit führt nicht notwendig ins Unheil.[12]

So unspektakulär solche Ausführungen auch klingen, in der damaligen Zeit, insbesondere im strengen Calvinismus, bedeuten sie nicht weniger, als daß die Prädestination geleugnet, der Mensch aus der völligen Abhängigkeit von Gottes Willen herausgelöst und ihm Freiheit und Eigenverantwortlichkeit als wesentliche Merkmale zugesprochen werden. Dazu wird er auch wieder in die Freiheit des Denkens („liberté de penser") eingesetzt; er ist nicht mehr gezwungen, bei dogmatischen Widersprüchen wie dem zwischen den beiden Attributen Güte und Gerechtigkeit in Gott den Gehorsam des Glaubens zu leisten. Er braucht vielmehr nur den Prinzipien der Evidenz zu folgen, und das sind die Prinzipien, die allen Menschen ins Herz eingeschrieben sind: „La Religion qui lui est offerte, n'a pas besoin d'une autorité étrangere pour se faire recevoir; il en trouve les Principes gravez au fonds de son cœur".[13] Die Existenz der Hölle soll keineswegs bestritten werden – sie wird weiterhin als Ort der Reinigung und Heiligung gedacht, an deren Ende der Übergang in die vollkommene Glückseligkeit steht – es kommt der Autorin hier aber vor allem darauf an, die göttlichen Attribute Gerechtigkeit und Güte miteinander in Einklang zu bringen. Dadurch soll nicht zuletzt auch die (christliche) Religion bei den Freidenkern achtbarer gemacht und bei allen, die die Wahrheit lieben, in ein freundlicheres Licht gerückt werden („de rendre la Religion plus respectable aux Libertins mêmes, plus aimables aux Personnes qui aiment la vérité").[14]

Wenn man wie alle historische Bibelkritik davon überzeugt ist, daß die Schrift nicht immer wörtlich zu nehmen ist, schließt sich fast zwangsläufig die Frage an, welche Lehren der Religion überzeitliche Geltung beanspruchen können und welche Aussagen als historische Einkleidung welcher anderen Wahrheiten anzusehen

---

[11] Ebd., 17, 21, 30.
[12] Ebd., 24, 27.
[13] Ebd., 251.
[14] Ebd., 243.

sind. Marie Huber unterscheidet schon hier zwischen ewigen und unveränderlichen Wahrheiten einerseits („Véritez éternelles & immuables"), die in Gott und seiner Vollkommenheit begründet sind, und beiläufigen oder besonderen Wahrheiten andererseits („Véritez accessoires ou particulières"), die wir nur durch das Schriftzeugnis kennen. Diese sind zwar ebenso gewiß wie die ewigen Wahrheiten; über den Sinn, den wir ihnen beilegen, können wir uns aber täuschen. Über erstere können wir uns dagegen in keiner Weise täuschen, auch wenn der Buchstabe, mit dem sie ausgedrückt werden, wechseln sollte. Soweit sie geoffenbart sind, sind sie nicht wahr auf Grund der Offenbarung, sondern sie wurden geoffenbart, weil sie wahr sind.[15] Zu diesen Wahrheiten gehört aus dem hier besprochenen Zusammenhang, daß Gott die Menschen heiligen und glücklich machen will, indem er sie an seiner Heiligkeit und an seinem Glück teilhaben läßt. Versprechungen bzw. Androhungen Gottes sind, „à proprement parler", nicht als Belohnungen oder Strafen anzusehen – das widerspräche Gottes unveränderlicher Natur, die sich durch Menschenwerk nicht beeinflussen läßt –, sondern als „une simple déclaration de ce qui arrivera à chacun par la nature des choses mêmes".[16] Das Beispiel demonstriert, wie eine unveränderliche Wahrheit (Teilhabe am göttlichen Glück) in menschlich-veränderlicher Sprache („Versprechungen", „Androhungen") ausgedrückt werden kann.

Die Unterscheidung von ewigen und besonderen Wahrheiten führt Marie Huber in ihrem nahezu gleichzeitig mit dem *Sisteme* erschienen Werk *Le Monde fou préferé au monde sage, en vingt-quatre promenades* weiter. Der Titel ist sicher eine Reminiszenz an die Bibel, an die Zurückweisung der Weisheit der Welt bei Paulus, der damit seinerseits das Alte Testament zitiert.[17] Bei Marie Huber werden Weisheit und Torheit aber in ein ganz anderes Verhältnis gebracht. Für sie ist zwar auch die weise Welt falsch, aber die törichte Welt ist es nicht weniger. Zunächst wird das Verhältnis der beiden Formen von Wahrheiten näher bestimmt. Die einfache und universelle Wahrheit ist dem Licht vergleichbar, das die Einzeldinge beleuchtet. Ohne etwas von seiner Klarheit zu verlieren, macht es die Besonderheiten und Differenzen der beleuchteten Objekte sichtbar, zeigt sie in ihrem wahren Aussehen und beseitigt Hindernisse, die dem entgegenstehen. So werden in der Religion die vielen besonderen Wahrheiten von der einen universellen Wahrheit erleuchtet und zur vollen Erkenntnis geführt.[18]

---

[15] Ebd., 132 f.

[16] Ebd., 137.

[17] 1 Kor. 1–2, bes. 1, 19–31; 2, 6; Jes. 29, 14; Ps. 33, 10.

[18] Marie Huber, Le Monde fou préferé au monde sage, en vingt-quatre promenades de trois amis, Criton, Philon, Eraste. Criton philosophe. Philon advocat. Eraste negociant, 2 Bde., Amsterdam 1731, Bd. 1, 185 f. Das Werk erlebte drei Auflagen und wurde dabei immer wieder verändert und erweitert (Einzelheiten bei Metzger, Marie Huber [wie Anm. 2] 38). Dt. Übers.: Die thörichte Welt, der weisen fürgezogen, in 24 Spazier-Gängen dreyer Freunde, Criton, eines Philosophen, Philon,

Mit diesen Klarstellungen sind natürlich nicht alle Schwierigkeiten behoben. Es fragt sich nämlich, welchen Platz zwischen diesen zwei Wahrheiten die Aussagen der Hl. Schrift einnehmen, jene Aussagen, die als Verkündigungen Gottes Anspruch auf absolute Wahrheit beanspruchen und die doch zu so vielen Differenzen unter den Gläubigen geführt haben. Die Antwort liegt auf der Hand: Es waren die menschlichen Meinungen („opinions"), die die Schrift so unterschiedlich ausgelegt haben, so daß am Ende nicht die Schrift den Dissens verursacht hat, sondern die Menschen, weil sie sich in ihr – in der verständlichen Begeisterung für die Sache der Schrift – nur selbst wiedererkennen wollten.[19] Es kommt aber hinzu, daß die Autorin die Worte der Schrift allein nicht für Aussagen der Wahrheit ansieht; die Schrift legt wohl Zeugnis ab von der Wahrheit, wie Johannes d. T. von Christus Zeugnis abgelegt hat; sie ist aber nicht mit der Wahrheit schlechthin zu verwechseln. Diese ist ungeschaffen, unveränderlich und vom wechselnden Buchstaben unabhängig; letztlich ist sie mit Gott identisch.[20]

Wie aber ist diese eigentliche und universale Wahrheit zugänglich? Marie Huber benutzt hier einen Begriff, der zwar nicht ganz neu ist, dessen Bestimmung bisher in der Regel aber, mit Ausnahme wohl von englischen Deisten, anders vorgenommen wurde: den der natürlichen Religion. Diese ist allen Menschen durch die Natur, d. h. von außen, und durch die Stimme des Gewissens, also von innen her, bekannt. Sie ist die Grundlage des Christentums, und dieses fügt ihr nichts Wesentliches hinzu, sondern dient nur dazu, sie auf je besondere Weise den Menschen zu vermitteln, etwa durch die in der Schrift berichteten Geschichten, Gleichnisse, auch Wunder und andere Einzelheiten.

Cette Religion-cy est le fondement de la Religion Chrétienne, la Religion n'y ajoûte rien, quant au fond à l'essentiel, mais elle sert à la développer & à montrer aux hommes l'usage qu'ils en peuvent faire. Elle manifeste d'une manière particuliere, les desseins du Créateur sur les Créatures, […]; elle en aporte des preuves ou des témoignages sensibles. Ce sont des faits publics, des exemples, des miracles, des préceptes dévelopez &c.[21]

Sie bilden einen Umkreis („circonference") um das Zentrum („centre"), die man beide abschreiten muß, um zu erfassen, daß und wie sie zueinander gehören. Wür-

---

eines Advocaten und Erasten, eines Kaufmanns, Franckfurt-am-Main 1736. Hier wird die französische Erstausgabe von 1731 benutzt. Die deutsche Übersetzung stammt von August Friedrich Sack, vgl. Mark Pockrandt, Biblische Aufklärung. Biographie und Theologie der Berliner Hofprediger August Friedrich Wilhelm Sack und Friedrich Samuel Gottfried Sack, Berlin, New York 2003, 173 ff.

[19] Huber, Le Monde fou (wie Anm. 18), Bd. 1, 206.
[20] Ebd., Bd. 1, 212 f.
[21] Ebd., Bd. 1, 225.

den sich die Einzelwahrheiten gegenüber ihrem Zentrum verselbständigen, wären sie keine Wahrheiten mehr.[22]

Zusammengefaßt heißt dies: Die Religion besteht aus der einen und ewigen Wahrheit als Mittelpunkt und den besonderen Wahrheiten, die den auf dieses Zentrum verwiesenen Kreis bilden. Dieser wiederum besteht aus zwei Teilen: aus den vom Mittelpunkt direkt ausgehenden und von ihm unlösbaren Wahrheiten, die den von der Sonne ausgehenden Strahlen vergleichbar sind, und den jeweils wechselnden historischen Umständen, wie etwa den im Alten und Neuen Testament erzählten Besonderheiten und Geschichten. Die einfache und universale Wahrheit ist Gott selbst; die von ihm ausgehenden Wahrheiten sind seine Attribute Macht, Weisheit, Güte, Gerechtigkeit, Wahrheit u. a., unter denen allein er sich offenbart hat und von den Menschen erfahren werden kann.[23]

Damit hat Marie Huber schon auf ihr Hauptwerk vorausgegriffen und anderes aus dem vorangegangenen Werk weitergeführt. Rückblickend hat sie die Differenz zwischen diesen beiden Werken darin gesehen, daß das *Sisteme* den allgemeinen Plan der Gottheit mit dem Menschengeschlecht schildere, während die *Promenades*, gewissermaßen im Wechsel der Perspektive, es unternähmen, den Menschen zu demaskieren („de dévoiler l'homme"), ihm die Selbstbetrügereien vorzuführen, aus denen nur das unvoreingenommene Studium seiner selbst („l'étude de soi-même") herausfinden könne.[24] Und in der Tat führen die *Promenades* eindringlich vor, wie in beiden Welten, der der Torheit wie der der Weisheit, das Eigeninteresse vorherrscht, in der „monde fou" offen und unverhüllt, in der „monde sage" verschleiert. Die Eigenliebe („l'amour propre") zeigt sich in der „monde sage" in vielerlei Verkleidung bis hin zum Anschein der Uneigennützigkeit, während sie in der „monde fou" ohne diese Maskierung auftritt. Ernst und Zurückhaltung, Bescheidenheit und Liebenswürdigkeit, selbst Großmut und Freigebigkeit sind in der „monde sage" nur mehr oder weniger geschickte Weisen der Verstellung.[25] In beiden Welten herrscht die Eigenliebe, in der „monde sage" will sie mit den gewichtigen Gründen eines „Casuiste" überzeugen, in der „monde fou" ist sie ein leidenschaftlicher Ratgeber ohne Scheu. Sogar die Nächstenliebe gerät, gerade wenn sie allen Menschen wohl will, in Verdacht, geheuchelt zu sein; denn wenn man unterschiedslos zu allen barmherzig ist, will man vielleicht vor den anderen Menschen nur so erscheinen, ohne es wahrhaft zu sein.[26] Deshalb gibt es keine interesselose Hinwendung zum Nächsten, ohne daß man redlich zu sich selbst

---

[22] Ebd., Bd. 1, 227 f.

[23] Ebd., Bd. 1, 232–336.

[24] Huber, Le Sisteme (wie Anm. 5), 252 f.

[25] Huber, Le Monde fou (wie Anm. 18), Bd. 1, 44; vgl. Bd. 1, 64: Die Bescheidenheit der „monde sage" […] n'est dans le fond qu'une réelle dissimulation, un art de paroitre ce que l'on n'est pas, […] ou méconnaissance de soi-même".

[26] Ebd., Bd. 1, 70 f.

ist und sich selbst liebt. Die Nächstenliebe steht nicht höher als die Liebe zu sich selbst: „Il est impossible d'être veritablement droit envers le prochain, si l'on ne l'est, auparavant, envers la verité & envers soi-même: Il n'est pas ordonné d'aimer son prochain plus que soi".[27]

Da die geschilderten Verhaltensweisen der Nächstenliebe wie der Selbsttäuschung gesellschaftliche Konformitäten sind, reicht es, eine einzelne Person zu kennen, um die ganze „classe" zu kennen.[28] Man verachtet zwar Heuchelei und Verstellung, aber immer nur die der anderen: „la plûpart de ces honnêtes gens qui se piquent de haïr la dissimulation, pourroient bien la haïr seulement dans les autres, sans apercevoir de celle qu'ils ont eux mêmes". So besteht die „monde sage" aus lauter sich maskierenden Menschen („de gens travestis"); niemand wagt es sich zu zeigen, wie er ist („pour ce qu'il est").[29] Auch der Protagonist der drei Gesprächspartner, Eraste, muß bekennen, daß er nicht frei ist vom „principe de déguisement", einer raffinierten Heuchelei, die ihn mit sich selbst entzweie.[30] Denn er sei selbst erst vor kurzem der „monde sage" entkommen, um sich jetzt der „monde sincère" anzunähern.[31]

Die Form der verdeckten, bemäntelten und deshalb ihrer selbst nicht einsichtigen Falschheit ist schlimmer als der bloße Irrtum. Während dieser, um in einem Bild zu sprechen, die einfache Abwesenheit von Licht bedeutet, verkehrt die Verstellung das Licht ins Gegenteil: sie gibt der Falschheit den Anschein von Wahrheit.[32] Der Grund dafür liegt in der menschlichen Konstitution: Der Mensch ist zwischen Wahrheit und Falschheit gestellt und muß sich aus freien Stücken für die eine oder andere Seite entscheiden. Damit ist in verschlüsselter Form der Sündenfall Adams genannt. Er war aber kein einmaliges Ereignis; vielmehr gilt auch noch für die Gegenwart, daß der Mensch eine ihn auszeichnende Mittelstellung einnimmt, die zwischen Wahrheit und Falschheit oder genauer: zwischen dem Wahren und dem sich den Anschein des Wahren gebenden Falschen („le faux […] qu'il est revêtu des apparences du vrai").[33]

Den Ausweg aus diesen Verstrickungen kann nur das Gewissen als untrügliches Zeugnis der Wahrheit („Echo de la vérité") weisen. Das Gewissen spricht eine einfache Sprache und ist der innere Führer auf dem Weg zur Wahrheit, während die Hl. Schrift der von außen kommende Führer ist.[34] Es ist ein absolut ver-

---

[27] Ebd., Bd. 1, 137.
[28] Ebd., Bd. 1, 49.
[29] Ebd., Bd. 1, 43.
[30] Ebd., Bd. 1, 61.
[31] Ebd., Bd. 1, 83.
[32] Ebd., Bd. 2, 43.
[33] Ebd., Bd. 2, 50 f.
[34] Ebd., Bd. 2, 14–18; vgl. Bd. 1, 139: „le langage de la Conscience & celui de la Verité, n'est qu'une même chose".

läßlicher Lehrer und, obwohl es sich jeder Definition entzieht, der Schlüssel auf
dem Weg aus dem „Labyrinte" der Heuchelei und des Selbstbetrugs.[35] Im Kon-
fliktfall rangiert das Gewissen noch vor der vernünftigen Überlegung („raisonne-
ment"); deshalb braucht es nicht aufgeklärt zu werden, sondern darf und muß seinerseits die anderen Vermögen des Menschen aufklären: „Il faut donner lieu à la
Conscience d'éclairer, en cherchant à détruire les obstacles qui s'y oposent". Das
Gewissen soll sowohl den Willen als auch das Erkenntnisvermögen leiten, aber
den Willen mehr als das Wissen bestimmen. Es gibt einen gewissen Vorrang
der praktischen Vernunft, denn der Wille, der dem Gewissen gehorcht und sich
diesem überläßt, wird auch die Vorurteile und anderen Unwahrheiten abwerfen.[36]
Andererseits aber gehören theoretische und praktische Vernunft zusammen: Wie
die Empfindung der Falschheit des Willens dazu führt, sich zur Redlichkeit zu ent-
schließen, so kann die Wahrheit nur auf einer vorangegangenen Einsicht in die
Unwahrheit einer freien Zustimmung, die Wahrheit zu wollen, aufgebaut werden:
„Le consentement libre, par lequel on donne lieu chez soi à la Conscience de redresser le faux de la volonté, est le même par lequel on donne lieu à l'évidence de
redresser le faux des idées".[37] Die Existenz des Gewissens wird gewährleistet allein dadurch, daß es sich vernehmen läßt: „Elle se fait entendre; donc elle est". Es
bezeugt in allen Menschen die einfache, unveränderliche und geradlinige Wahrheit, auch wenn der Mensch vor seiner klaren und offenen Sprache ausweichen
möchte.[38] Die innere Aufrichtigkeit beginnt damit, daß die verborgenen Motivationen und geheimen Antriebe des Willens freigelegt werden; denn nur so können
die Selbstrechtfertigungen, die der Mensch unternimmt, vermieden, nur so kann
die einfache „droite raison" an die Stelle der Vernünfteleien treten.[39] Der Mensch
greift nur zu gern zu Vorwänden, Ausflüchten, Entschuldigungen, um sich selbst
zu täuschen. Um andere Menschen zu täuschen, greift er zu Heucheleien und Ver-
stellungen, zu allem, was man (An-) Schein nennt. Erst durch das Gewissen werden die vorgeschobenen Gründe zurückgedrängt, mit denen die wahren Motive
bemäntelt wurden.[40]

In Marie Hubers Hauptwerk, den *Lettres sur la religion essentielle à l'homme,
distinguée de ce qui n'en est que l'accessoire*[41] wird manches von den bisherigen

---

[35] Ebd., Bd. 1, 34; Bd. 2, 128, 130.
[36] Ebd., Bd. 1, 114 f. 117.
[37] Ebd., Bd. 2, 262 f., 285.
[38] Ebd., Bd. 1, 181 f., 189.
[39] Ebd., Bd. 2, 206 f.
[40] Ebd., Bd. 2, 264, 261; vgl. 263 f.; vgl. Krumenacker, L'Évolution (wie Anm. 2).
[41] 2 Bde., Amsterdam 1738; nouvelle édition revue & corrigée, 2 Bde., Londres 1739. Als
Antwort auf Einwände erschienen: Suite sur la religion essentielle à l'homme, Servant de réponse
aux objections qui ont été faites à l'ouvrage qui porte ce titre, troisième partie, Londres 1739, und:

Ausführungen wiederaufgegriffen wird, vieles andere hinzugefügt. Der umfangreiche Text will erklärtermaßen keine vollständige Dogmatik oder Religionsphilosophie sein, keine neuen Dogmen präsentieren, sondern mit weniger als bisher auskommen. In der Einwirkung auf die menschlichen Sitten sieht auch die *Religion essentielle* ihre Hauptaufgabe, und deshalb ist sie, zusammen mit einigen wenigen dogmatischen Lehrstücken, auch von den einfachen Leuten zu verstehen. Sie hat nichts Geheimnisvolles oder Unbegreifliches an sich, weil es Gottes Güte widersprechen würde, nur den auserwählten Klugen zugänglich zu sein.[42] Der Zweck der Religion ist, die Menschen „droits, équitables, bienfaisans, sincères, ou vrais, dans leurs discours comme dans leurs conduite" zu machen.[43] Wie man sieht, hat diese Form einer im Kern ethischen Religion, anders als die vieler anderer Religionsphilosophen dieses Jahrhunderts, nicht nur Nächstenliebe und Wohltätigkeit zum Ziel, sondern – das meinen die drei Begriffe „droits", „sincères" und „vrais" – auch Ehrlichkeit, Aufrichtigkeit und Redlichkeit, mit anderen Worten: die wesentliche Religion will die gute Absicht als einzigen Antrieb unserer moralischen Handlungen herausarbeiten.

Ganz ohne einen Grundbestand an Lehren kommt aber auch die *Religion essentielle* nicht aus. Ihre Wahrheiten sollen jedoch ohne Rekurs auf fremde Autoritäten auskommen, sie sollen allein auf ihrer inneren Evidenz beruhen, denn Beweise aufgrund von Überlieferung, aber auch aufgrund des Zeugnisses der Propheten und Märtyrer, sind Beweise durch Fakten, und insofern haben sie „peu d'impression sur les esprits de notre Siècle". Eine von allen Zeiten zu akzeptierende Wahrheit muß andere Kriterien aufweisen als die bloße Tatsache, von noch so glaubwürdigen Zeugen aufgeschrieben und tradiert worden zu sein.[44] Diesem Erfordernis entspricht nur die natürliche Religion. Sie ist die Grundlage und der Maßstab der geoffenbarten Religion und nicht umgekehrt. Denn die Religion Abels, Noahs und Henochs bestand vor der Offenbarung, mußte folglich aus sich heraus einsichtig sein und alle Beweiskraft aus ihrer eigenen Evidenz schöpfen. Die Offenbarung ist allerdings nützlich und wichtig, nämlich so, wie die Erziehung für die Kinder nützlich ist, da sie an deren spezifische Fähigkeiten angepaßt ist: „La Religion Révélée doit être pour les Hommes, ce qu'est l'Education pour les Enfans; elle ne peut bâtir que sur le fond de la Nature".[45] Damit widerspricht Marie Huber einem protestantischen Fundamentalartikel: sie lehnt den blinden Glauben an die Offenbarung, der auf diese baut, weil sie von Gott

---

Suite de la troisième partie sur la religion essentielle à l'homme, Londres 1739. Hier wird die Ausgabe von 1739 benutzt, die Suite als Bd. 3 bezeichnet.

[42]  Huber, La Religion essentielle (wie Anm. 41), Bd. 1, 145, 149.

[43]  Ebd., Bd. 1, 151.

[44]  Ebd., Bd. 1, Introduction (unpaginiert).

[45]  Ebd., Bd. 1, 62.

kommt, ab und argumentiert, daß auch Abrahams Glaube nicht blind, sondern begründet war.[46] Der Glaube muß in erster Linie Gott zum Objekt haben, nicht den
Buchstaben des Evangeliums: „Celle-ci n'est que subordonné à celui-là".[47] Auch
ist die Vernunft durch den Sündenfall nicht so weit verdunkelt, daß sie in theologischen Dingen zu gar keinen Erkenntnissen mehr kommen kann. Gott würde die
Intelligenz der Menschen desavouieren, wenn er einen blinden Glauben fordern
würde.[48]

Die wenigen dogmatischen Lehren, die für die Religion wesentlich sind, hat
Marie Huber schon zu Beginn ihres Werkes genannt:[49] Gott ist ein vollkommenes,
aus sich selbst heraus existierendes Wesen, dem nichts mangelt, von dem vielmehr alle anderen Vollkommenheiten ausgehen, mit einem Wort, ein sich
selbst-genügendes Wesen („Etre suffisant à soi-même").[50] Er nimmt deshalb keinen Tribut, kein Opfer und auch keine Verehrung an, auch nicht die der guten Werke. Das Glück, das er verleiht, gibt er völlig unverdient („gratuite"). Die Begriffe
Imputation und Substitution ergeben für die „Modernes", zu denen sich die Autorin zählt, keinen Sinn, da sie die Vorstellung eines richtenden und Vergeltung
fordernden Gottes voraussetzen.[51] Die Religion besteht nicht in der Furcht vor einem strafenden bzw. im Hoffen auf einen verzeihenden Gott; sie ist vielmehr eine
Beziehung zwischen Gott und dem Menschen, die nur auf der Natur des einen *und*
des anderen gegründet sein kann. Sie muß einfach, aus sich heraus evident und frei
von Widersprüchen sein. Gottes Hinwendung zu den Menschen, seine Gerechtigkeit ihnen gegenüber, besteht nicht in Strenge, sondern in der Schaffung einer
Ordnung, in der alle Fähigkeiten der Geschöpfe zu einem bestimmten Zweck
und Nutzen ausgeübt werden. Das Leiden ist Folge einer eingetretenen Unordnung im Menschen. Gerechtigkeit zu schaffen, bedeutet Wiederherstellung der
ursprünglichen Ordnung und Zumessung von Glück und Vollkommenheit:

> La Justice ne sera essentiellement que l'ordre même, la proportion & la justesse, qui en
> fait l'harmonie, comme elle fait la perfection & le bonheur des Etres intelligens. Ou, si
> nous voulons prendre la chose autrement, la Justice sera en Dieu l'approbation qu'il
> donne à cet Ordre, la complaisance qu'il prend au bonheur & la perfection des Etres
> qu'il a créés.[52]

---

[46] Ebd., Bd. 1, 172 f.

[47] Ebd., Bd. 1, 164.

[48] Ebd., Bd. 1, 87.

[49] Ebd., Bd. 1, Lettre de l'auteur aux éditeurs (unpaginiert).

[50] Ebd., Bd. 1, 2–5.

[51] Ebd., Bd. 1, 199–201. Vgl. Bd. 3, 2: eine Erlösung ist erforderlich, aber keine Satisfaktion.

[52] Ebd., Bd. 1, 46–51, hier 49 f. In Gott sind Glück und Gerechtigkeit untrennbar, nicht aber
beim Menschen. Bei ihm kann es Wohlbefinden im Unrecht und Rechtlichkeit im Schmerz geben
(ebd., Bd. 1, 101 f.). Um die Hindernisse zu überwinden, die auf Erden den Einklang von Güte und
Gerechtigkeit verhindern, ist Christus erschienen – eine der wenigen Stellen, an der expressis verbis
vom Erlöser die Rede ist (ebd., Bd. 1, 106 ff.).

Im zweiten Band der *Religion essentielle* steht die kritische Auseinandersetzung mit dem menschlichen Verhalten und die Suche nach einem einheitlichen Prinzip der Moral im Vordergrund. Wie schon in *Le Monde fou* werden Heuchelei und Verstellung, auch die unbeabsichtigte, ihrer selbst nicht bewußte Vortäuschung der Tugend angeprangert. Frömmelei und Demut stehen im Verdacht, keine ursprünglichen, sondern nur entliehene Gefühle zu sein. Es sind innere Haltungen, die man notwendig verliert, sobald man sich ihrer bewußt wird. Wie die Motivationen unserer Handlungen lassen sie sich nicht befehlen; denn sobald man sich aktiv um sie bemüht, werden sie eingebildet, um nicht zu sagen, falsch.[53] Die *Religion essentielle* soll aber dem Menschen entsprechen, d. h. sein Können in Relation zu seiner Bestimmung setzen; und dasjenige Vermögen, über das wir allein mit unserem Willen verfügen, ist der gute Glaube („Bonne-Foi"),[54] das Prinzip jeder Moral und die Wurzel aller guten Handlungen.[55] Da die Menschen aber in gewisser Weise immer das Gute suchen, ist es eigentlich unnütz, sie zum Guten ermutigen oder in ihnen Gefühle für das Gute erregen zu wollen; es reicht im Grunde die „amour de soi-même" als Handlungsmotivation.[56] Damit schneidet Marie Huber ein in der damaligen Zeit heftig umstrittenes Thema an, die Frage, ob es eine legitime Eigenliebe geben könne und wie diese angesichts der Liebe zu Gott, der reinen, uninteressierten Liebe, möglich sei.[57] Die strenge Mystik und der strenge Pietismus verlangen, alle Selbstliebe abzulegen und sein Selbst radikal zu verleugnen. Eine weniger strenge Theologie gestattet eine vernünftige, für die eigene Selbsterhaltung sorgende Liebe zu sich. Dies führt im frühen 18. Jahrhundert, bei Luc de Vauvenargues, auch zur semantischen Differenzierung zwischen abzulehnender amour-propre und erlaubter amour de soi.[58] Ob Marie Huber dem Moralisten Vauvenargues[59] mit dieser Neudefiniton und -bewertung, die Rousseau kurze Zeit später berühmt machen sollte, um wenige Jahre zuvorgekommen ist oder ob es eine gemeinsame frühere Quelle gibt, muß hier offen bleiben.

Ob man Gott mehr als sich selbst lieben müsse, läßt die Autorin unentschieden. Sie billigt aber jedem Menschen eine unbestreitbare natürliche Neigung, einen

---

[53]  Ebd., Bd. 2, 19–22.

[54]  Wohl auch mit „gute Absicht" zu übersetzen oder, unter Kantischem Vorzeichen, mit „guter Wille".

[55]  Ebd., Bd. 2, 23, 29.

[56]  Ebd., Bd. 2, 37.

[57]  Vgl. Hans-Jürgen Fuchs, Art. „Amour-propre, amour de soi-(même)", in: Historisches Wörterbuch der Philosophie, hg. von Joachim Ritter, Bd. 1, Basel, Stuttgart 1971, 206–209; ders., Art. „Désinteressement", in: ebd., Bd. 2, 1972, 131–132; ders., Entfremdung und Narzißmus. Semantische Untersuchungen zur Geschichte der ‚Selbstbezogenheit' als Vorgeschichte von französisch „amour-propre", Stuttgart 1977.

[58]  Vgl. Fuchs, Amour-propre (wie Anm. 57), 208.

[59]  Seine einschlägige *Introduction à la connaissance de l'esprit humain* erschien 1746, seine *Œuvres* kurz nach seinem Tod 1747.

„instinct aveugle" zum eigenen Wohlbefinden zu. Davon unterschieden ist die Liebe zu Gott, die ihm auf Grund seiner Hoheit und Vollkommenheit dargebracht wird. Diese Liebe ist folglich ohne „récompense" und, jedenfalls in gewisser Weise, „désinteressé". Andererseits beruht aber der bloße Wunsch, Gott zu erkennen und zu lieben, auf einem Interesse des Menschen, seine Unvollkommenheit auszugleichen, also auf einem Engagement für das eigene Glück. Nach längerem Hin- und Herwenden der Argumente lautet die Schlußfolgerung der Autorin: Die erste Ursache der Gottesliebe ist ohne Interesse, die entferntere Ursache und die weiteren Schritte sind aber von großem Interesse; denn der Mensch ist zu bedürftig („trop indigent"), um völlig uninteressiert zu sein.[60]

Wenn der Mensch aber prinzipiell zu einer uninteressierten Liebe fähig ist, dann weniger gegenüber Gott als gegenüber den Mitmenschen. Eine solche Liebe setzt sich natürlich dem Verdacht aus, aus Eitelkeit und Hoffnung auf Entschädigung unternommen zu sein;[61] sie ist aber trotzdem keine „amour-propre", die das genaue Gegenteil zur „amour de soi-même", eine pervertierte „amour de soi-même" wäre.[62] Der Unterschied beider Arten von Selbst- oder Eigenliebe ist, daß die „amour de soi-même" auf der Suche nach dem Guten eigentlich gegenüber jedermann praktiziert werden kann und niemanden ausschließt, während die „amour-propre", da sie sich über das wahre Gute täuscht, ihren Ort nur in der Gesellschaft hat, d. h. sich vor anderen hervortun will, wie es die „Société civile" und die in ihr herrschenden Prinzipien von Ehrgeiz, Neid und Konkurrenz erfordern.[63]

Mit dieser differenzierten Legitimation der „amour de soi-même" oder „amour raisonnable" ist der Kern von Marie Hubers Ethik erreicht. Da alle Menschen nach dem Guten streben, sich aber leider oft nur mit dem Anschein davon begnügen, wird keine übermenschliche Anstrengung von ihnen, sondern nur die Befolgung des unumstößlichen universalen Gesetzes von Recht und Billigkeit („Loi immuable de l'Equité") verlangt, wie es die Goldene Regel ausdrückt: „Toutes les choses donc que vous voulez que les Hommes vous fassent, faites les-leur aussi de même". Dies Gesetz entspricht sowohl dem Evangelium wie der Natur; beide bilden „une seule même voix".[64] Tugenden wie Güte, Freigebigkeit, Mitleid sollten deshalb auf dieser „équité" beruhen; wenn sie nicht mit „discernement" (Urteilsvermögen) geübt werden, können sie in ihr Gegenteil umschlagen und zu Lastern werden.[65] Diese équité schließt aber die gute Absicht gegenüber sich selbst ein.[66] Das bedeutet, daß man auch zu sich selbst aufrichtig und redlich ist, sich nicht vor

---

[60] Huber, La Religion essentielle (wie Anm. 41), Bd. 2, 46–58.
[61] Ebd., Bd. 2, 86.
[62] Ebd., Bd. 2, 95 f.
[63] Ebd., Bd. 2, 102, 99 f.
[64] Ebd., Bd. 2, 122 f.
[65] Ebd., Bd. 2, 159, 162, 170.
[66] Ebd., Bd. 2, 189.

sich selbst täuscht. Dieses Prinzip ist die Grundlage für alle anderen Pflichten. Alle drei Pflichtenbereiche, die Pflichten gegen Gott, gegen den Nächsten und gegen sich selbst haben zur Voraussetzung, daß die Aufrichtigkeit auch gegen sich selbst erfolgt; sonst wird man sich auch über Gott und den Menschen Täuschungen hingeben.[67]

Marie Hubers Werk erfuhr, wie es nicht anders sein kann, viel Widerspruch und einige Gegenschriften, auf die hier nicht näher eingegangen werden kann.[68] Ein einflußreicher Kritiker, der Berliner Geistliche und ständige Sekretär der Akademie, J. H. S. Formey, verdächtigte sie, deren Identität ihm freilich unbekannt blieb, eines „attentat dangereux & sacrilege" auf die christliche Religion, da sie das Christentum auf einen „simple Cours de Morale" ohne Offenbarung reduziere.[69] In der Tat trifft sich Marie Huber mit einer Reihe von Religionsphilosophen des 18. Jahrhunderts darin, daß die wesentliche Religion in einer guten Lebensführung bestehen soll. Aber dies verbindet die Autorin mit einer Theologie der Beziehung zwischen Gott und den Menschen, einer Rehabilitation des menschlichen Glücks und der legitimen Selbstliebe, die in dieser Zeit singulär sein dürfte.

Hier kann es aber nicht darum gehen, Marie Hubers Werk abschließend zu interpretieren oder zu bewerten. Es kann noch nicht einmal sicher angegeben werden, welche Einflüsse es geprägt haben und wie diese transformiert worden sind, zumal die Autorin ihre Gewährsleute fast nie nennt. Einiges deutet darauf hin, daß sie Descartes gelesen hat.[70] Für den Begriff der uninteressierten Liebe dürften dagegen Fénelon und Autoren aus seinem Umkreis Pate gestanden haben. Umgekehrt weist der Gedanke, die geoffenbarte Religion sei so nützlich wie die Erziehung für die Kinder,[71] auf die Anfangssätze von Lessings *Erziehung des Menschengeschlechts* voraus. Und die Unterscheidung des Wesentlichen und des Beiläufigen in der Religion wird in Deutschland von den Neologen und besonders Johann Salomo Semler wiederaufgenommen, die neben einem Kernbestand christlicher Dogmen Besonderheiten der jeweiligen Religionsausübung als ‚Privatreligion' zulassen. Daraus folgt aber, daß Marie Huber keiner bestimmten Schule oder Richtung zugeordnet werden kann. Daß sie, trotz der Bevorzugung einer natürlichen Religion und einer vehementen Kritik an der kirchlichen „ortho-

---

[67] Ebd., Bd. 2, 198–200.

[68] Trinius, Freydenker-Lexikon (wie Anm. 1), Pitassi, Marie Huber (wie Anm. 2). Die wichtigste Gegenschrift stammt von Johann Jacob Breitinger: De principiis in examinanda & definienda religionis essentia, Tiguri Helvetiorum [Zürich] 1741.

[69] Jean-Henri-Samuel Formey, Discours moraux, pour servir de suite au philosophe chrétien, Bd. 1, Lausanne 1765, XVIII f.

[70] Vgl. ebd., Bd. 1, 24: „La première de toutes les idées pour l'Homme, c'est qu'il existe".

[71] S.o. Anm. 45.

doxie",[72] nicht einfach dem Deismus zuzurechnen ist, dürfte deutlich geworden sein.[73] Eher sind ihre Wurzeln im Pietismus unverkennbar: die entschiedene Hinwendung zur Innerlichkeit, die Akzentuierung der Gewissens, vor allem aber die unerbittliche Selbsterforschung und der nicht nachlassende Versuch, jede auch noch so verborgene Verstellung im moralischen Tun und Lassen aufzuspüren und zu vermeiden. Diese Quellen werden, und das scheint den besonderen Stellenwert dieser Religionsphilosophie auszumachen, nicht völlig negiert, sie werden teils transponiert zu einer neuen Legitimation der Selbstliebe als Selbsterhaltung, teils fruchtbar gemacht für eine Philosophie, in der das Subjekt seine theoretische Stellungnahme und sein praktisches Handeln frei vor seinem Gewissen und vor Gott verantworten kann.

*Marie Huber (1695–1753) entstammt einer von Genf nach Lyon ausgewanderten protestantisch-pietistischen Familie. Sie löst sich vom Pietismus und entwirft eine Religionsphilosophie, in der sie eine auf wenige Dogmen reduzierte natürliche Religion lehrt. Diese ist Grundlage des Christentums, die Offenbarung, die dasselbe ist wie die Erziehung für die Kinder, wird ihr untergeordnet. Damit verbunden ist eine Ethik, in der es, bei Achtung vor einer vernünftigen Selbstliebe (amour de soi-même im Gegensatz zur verwerflichen amour-propre), entscheidend auf die Aufrichtigkeit gegenüber sich selbst und das Handeln aus guter Absicht ankommt.*

*Marie Huber (1695–1753) comes from a Protestant-Pietist family that had emigrated from Geneva to Lyon. She breaks away from Pietism and develops a philosophy of religion that teaches a natural religion reduced to only a few dogmas. This natural religion forms the foundation of Christianity; revelation, like a teaching for children, is subordinate to it. This is connected with an ethics which, by respecting a reasonable self-love (,,amour de soi-même" as opposed to a blamable ,,amour-propre"), makes sincerity towards yourself and acting from good intention decisive.*

Dr. Ulrich Dierse, Düsseldorfer Str. 22, 40878 Ratingen, E-Mail: ulrich.dierse@t-online.de

---

[72] Ebd. Bd. 3, 164 ff.

[73] Vgl. Pitassi, Être femme théologienne (wie Anm. 2), 408. Schon Trinius, Freydenker-Lexikon (wie Anm. 1), zählt Marie Huber zu den Deisten; sinngemäß auch das Journal de Trévoux ou Mémoires pour servir à l'histoire des sciences et des arts, Bd. 40, Paris 1740 (ND Genève 1968), 213, und Johann Gustav Reinbeck, Betrachtungen über die in der Augspurgischen Confeßion enthaltene und damit verknüpfte Göttliche Wahrheiten, Berlin, Leipzig 1740–1747.

ANNE CONRAD

# „Die schwankenden Religionsbegriffe"

## Reflexion und Erleben von Religion
## bei Elisa von der Recke

„Sie sind zur Andacht und zur Religion gebildet, die weiblichen Geschöpfe" schrieb 1775 Johann Caspar Lavater in den *Physiognomischen Fragmenten*, und: „Ein Mann ohne Religion ist ein kränkelndes Wesen, das sich bereden will, gesund zu seyn, und keines Arztes zu bedürfen. Aber ein Weib ohne Religion – ist ein wütendes, abscheuliches Geschöpf".[1] Oder auch: „Sie denken nicht viel, die weiblichen Seelen; Denken ist Kraft der Mannheit. Sie empfinden mehr. Empfindung ist Kraft der Weiblichkeit".[2] Daß sich in solchen Zitaten der Zeitgeist des 18. Jahrhunderts spiegelt, schien lange Zeit auch den Historikern plausibel. Noch in den 1990er Jahren war man, sofern das Geschlechterverhältnis überhaupt reflektiert wurde, davon überzeugt, die Aufklärung und insbesondere die Religionskritik der Aufklärer – also das „Denken" – sei Männersache gewesen.[3] Dieses Bild hat sich gewandelt. Die Geschlechtergeschichte hat den Anteil von Frauen am Prozeß der Aufklärung herausgearbeitet,[4] und darüber hinaus gezeigt, daß die aufgeklärte Reflexion von Theologie und Religion Männer wie Frauen gleichermaßen beschäftigte.[5]

---

[1] Johann Caspar Lavater, Physiognomische Fragmente zur Beförderung der Menschenkenntnis und Menschenliebe. Eine Auswahl, hg. von Christoph Siegrist, Stuttgart 1984, 266.

[2] Ebd., 264.

[3] Vgl. etwa Richard van Dülmen, Kultur und Alltag in der Frühen Neuzeit, Bd. 3, München 1994, 259: „An die Einbeziehung des gemeinen Volkes dachten die Aufklärer ebenso wenig wie an die der Frauen. Die aufklärerische Kultur war eine ausgeprägt männliche Kultur, an der die Frauen höchstens passiv teilnehmen durften". Und: „Wieweit sich Frauen schließlich der aufklärerischen Moral und Vernunft verpflichtet fühlten, wissen wir kaum, denn öffentliche Aktivitäten sind nicht überliefert" (ebd., 215).

[4] Vgl. den Forschungsüberblick bei Anne Fleig, Vom Ausschluß zur Aneignung. Neue Positionen in der Geschlechterforschung zur Aufklärung, in: Das 18. Jahrhundert 26/1 (2002), 79–89.

[5] Vgl. dazu Anne Conrad, „Wir verplauderten die Zeit recht angenehm, sprachen von Geistersehen, Ahnungen und dergleichen". Religion als Thema aufklärerischer Geselligkeit, in: Ulrike

Elisa von der Recke (1754–1833) ist eine dieser Frauen. Sie gehörte nicht zu den Meinungsführern, sondern eher zur ‚zweiten Reihe' der aufgeklärten Gebildeten. Von der Literaturwissenschaft ist ihr bescheinigt worden, sie habe „keine wirklich originären Ideen entwickelt"; als „zu Empfindsamkeit neigende Rationalistin" sei sie lediglich „eine typische Vertreterin der Aufklärung in der zweiten Hälfte des 18. Jahrhunderts" gewesen und „über diesen Rahmen hinaus nicht wirksam" geworden.[6] Durch ihren Lebensstil, ihre Kontakte und Beziehungen zu namhaften Protagonisten der Aufklärung wie auch durch ihre Publikationen und ihre umfangreiche Korrespondenz war sie jedoch fest im aufgeklärten Milieu verankert, und an ihrem Beispiel läßt sich zeigen, daß die Ideen der Aufklärung, einschließlich ihrer religionskritischen Tendenzen, von Frauen nicht nur mitgetragen, sondern auch eigenständig mitgestaltet und weiterentwickelt wurden. Die Reflexion über Religion und Theologie blieb dabei nicht bei der Kritik der traditionellen religiösen Vorstellungen und Formen stehen, sondern war verbunden mit einer Neuorientierung, die das aufgeklärte Weltbild mit einer ‚vernunftgemäßen' Religiosität zu verbinden suchte.

Die Frage nach geschlechtsspezifischen Besonderheiten wurde von den Zeitgenossen – Männern wie Frauen – durchaus thematisiert, aber nicht eindeutig beantwortet.[7] Insbesondere lassen sich die religiösen Vorlieben nicht eindeutig als ‚männlich' oder ‚weiblich' charakterisieren. Gellert und Klopstock hatten für Männer und Frauen gleichermaßen ‚religiöse' Bedeutung, Lessings *Nathan* fand ebenso ein sehr gemischtes Publikum, am religiösen Diskurs waren Männer wie Frauen gleichermaßen interessiert – auch dafür ist Elisa von der Recke ein gutes Beispiel.

Ein Unterschied zwischen den Geschlechtern bestand allerdings im Maß an Öffentlichkeit[8] und Professionalität. Die Trägerschicht der Aufklärung bildeten Professoren, Lehrer, Beamte und Pastoren wie auch mit dem Bürgertum sympathisierende Adelige. Zunächst waren dies Männer, denen ihr Beruf und ihr Stand die Möglichkeit gaben zu lesen, zu schreiben und zu publizieren. Ihre Ehefrauen,

Weckel u. a. (Hg.), Ordnung, Politik und Geselligkeit der Geschlechter im 18. Jahrhundert, Göttingen 1998, 203–226.

[6] Bettina Eschenhagen, Recke, Elisa(beth) Charlotte Konstantia von der, in: Walter Killy (Hg.), Literaturlexikon. Autoren und Werke deutscher Sprache, Bd. 9, Gütersloh, München 1991, 325.

[7] Zum Geschlechterdiskurs vgl. Claudia Honegger, Die Ordnung der Geschlechter. Die Wissenschaften vom Menschen und das Weib, Frankfurt am Main 1991. Debattiert wurde die neue Literatur zum Geschlechterverhältnis unter den aufgeklärten Frauen etwa in Hamburg im Kreis Reimarus-Sieveking, vgl. Karin Sträter, Frauenbriefe als Medium bürgerlicher Öffentlichkeit. Eine Untersuchung anhand von Quellen aus dem Hamburger Raum in der 2. Hälfte des 18. Jahrhunderts, Frankfurt am Main 1991, 49 und 61.

[8] Vgl. dazu auch Ulrike Weckel, Zwischen Häuslichkeit und Öffentlichkeit. Die ersten deutschen Frauenzeitschriften im späten 18. Jahrhundert und ihr Publikum, Tübingen 1998.

Schwestern, Töchter hatten, wie es die Quellen gut belegen, Teil daran, waren aber in der Regel darauf bedacht, ihre Frauenrolle nicht grundsätzlich in Frage zu stellen. So wußte auch Elisa von der Recke, „wie schwer [es] für ein Frauenzimmer ist, in einem gelehrten Streite öffentlich aufzutreten, und dass es hier fast unmöglich fällt, Misdeutungen auszuweichen",[9] ließ sich aber dennoch nicht daran hindern, sich am publizistischen Diskurs mit eigenen Schriften zu beteiligen.[10] Die Positionen, die sie dabei bezog, waren jedoch nicht typisch ‚weiblich', sondern die gleichen, wie sie sich in vielen Schriften männlicher Zeitgenossen wiederfinden.

Interessanter als die Frage nach den geschlechtsspezifischen Besonderheiten ist daher die Frage nach der Vielschichtigkeit und Breitenwirkung von Religionskritik und neuer aufgeklärter Religiosität, wie sie hier zum Ausdruck kommen. Die Religiosität und Sinndeutung in der Spätaufklärung stellt sich dar als eine synkretistische Melange aus Christentum und Esoterik. Die christliche Tradition wurde (religions-)kritisch hinterfragt, nur solche Motive, die der Vernunft und Er-

[9] Elisa von der Recke, Etwas über des Herrn Oberhofprediger Johann August Starks Vertheidigungsschrift, Berlin 1788 (im folgenden zit.: Recke, Etwas über Starck). – Als ‚gelehrt' zu erscheinen war für Frauen verpönt, d. h. es kam immer darauf an, ‚gelehrte' Interessen und Kompetenzen mit einem bescheidenen, zurückhaltenden und tugendhaften Auftreten zu verbinden. Vgl. Ulrike Weckel, Der Fieberfrost des Freiherrn. Zur Polemik gegen weibliche Gelehrsamkeit und ihre Folgen für die Geselligkeit der Geschlechter, in: Elke Kleinau, Claudia Opitz (Hg.), Geschichte der Mädchen- und Frauenbildung, Bd. 1, Frankfurt am Main 1996, 360–372.

[10] Elisa von der Recke veröffentlichte 1780 anonym ihr erstes Werk: Geistliche Lieder einer vornehmen Churländischen Dame, mit Melodien von Johann Adam Hiller, Leipzig 1780. In den folgenden Jahren erschienen: Elisens geistliche Lieder nebst einem Oratorium und einer Hymne von C. F. Neander, hg. von Johann Adam Hiller, Leipzig 1783; Nachricht von des berüchtigten Cagliostro Aufenthalte in Mitau, im Jahr 1779, und von dessen dortigen magischen Operationen, Berlin 1787 (im folgenden zit.: Recke, Cagliostro); Etwas über Starck (wie Anm. 9); Elises und Sophiens Gedichte, hg. von J. L. Schwarz, Berlin 1790; Über C. F. Neanders Leben und Schriften, Berlin 1804; Tagebuch einer Reise durch einen Theil Deutschlands und durch Italien in den Jahren 1804 bis 1806, hg. von Hofrath Böttiger, 4 Bde., Berlin 1815 (Bd. 1–3) und 1817 (Bd. 4); sowie das Schauspiel: Familien-Scenen oder Entwickelungen auf dem Masquenballe, Leipzig 1826 (ediert von Anne Fleig in: http://www.goethezeitportal.de/fileadmin/PDF/db/werke/dramentexte). Postum erschienen: Elisa von der Recke, Geistliche Lieder, Gebete und religiöse Betrachtungen, Leipzig 1841 (= C. A. Tiedge's Leben und poetischer Nachlaß, hg. von Karl Falkenstein, Bd. 4, Leipzig 1841). – In den 1790er Jahren hatte sie zudem eine Autobiographie verfaßt sowie ihre Tagebuchaufzeichnungen überarbeitet, ohne daß dies jedoch zu ihren Lebzeiten publiziert worden wäre. Vorliegende (unvollständige) Ausgaben sind: Elisa von der Recke, Aufzeichnungen und Briefe aus ihren Jugendtagen (= Bd. 1), Tagebücher und Briefe aus ihren Wanderjahren (= Bd. 2), hg. von Paul Rachel, Leipzig 1900 und 1902 (im folgenden zitiert: Rachel I bzw. II); Mein Journal. Elisas neu aufgefundene Tagebücher aus den Jahren 1791 und 1793–95, hg. von Johannes Werner, Leipzig 1927; Tagebücher und Selbstzeugnisse, hg. von Christine Träger, Leipzig 1984. – Es fehlt bislang eine wissenschaftliche Bearbeitung des Materials; vgl. auch den Hinweis von Anne Fleig, Einleitung zu Elisa von der Recke, in: http://www.goethezeitportal.de/fileadmin/PDF/db/werke/dramentexte.

fahrung entsprachen, wurden beibehalten und mit den seit der Antike mehr oder
weniger präsenten hermetisch-esoterischen Überlieferungen zusammengebracht.
In der Spätaufklärung erlebte dieses eklektisch-synthetische Verfahren einen Höhepunkt.[11]

Elisa von der Reckes Publikationen und private Aufzeichnungen illustrieren
dies in besonderer Weise. Sie zeigen ein breites Spektrum individueller religi-
ös-esoterischer Sinndeutung, das Elisa von der Recke nicht nur als bemerkens-
werten ‚Einzelfall' präsentiert, sondern das durch den öffentlichen Charakter
und die Rezeption ihrer Schriften darüber hinausweist und für die religiöse Men-
talität der Aufklärer überhaupt aufschlußreich ist.

Im folgenden sollen, ausgehend von der religiösen Prägung in Kindheit und
Jugend, über ihre ‚mysteriosophisch'-freimaurerischen Aktivitäten bis hin zur
kritischen Auseinandersetzung mit ‚Kryptokatholizismus', ‚Schwärmerei' und
‚Aberglaube' und ihrem Plädoyer für einen ‚vernünftigen' Glauben im Geist
der Aufklärung die verschiedenen Facetten ihrer religiösen Erfahrung und Reflexion herausgestellt werden.

### I. Ein „neidischer Gott", der „liebe Herr Jesus"
### und das „Geisterreich"

In ihrer 1794 verfaßten *Selbstbiographie* geht Elisa von der Recke ausführlich
darauf ein, wie stark ihre religiösen Vorstellungen durch die familiäre Situation
in ihrer Kindheit sowie durch ihre Erfahrungen als junge Frau geprägt worden waren. Geboren wurde sie als Elisabeth Charlotte Konstantia von Medem in Schön-
berg/Kurland, wo die Familie ihres Vaters, des Reichsgrafen von Medem, zum
protestantischen deutschstämmigen Landadel gehörte.[12] Nach dem frühen Tod ihrer Mutter verbrachte sie ihre Kindheit im Haus der Großmutter mütterlicherseits,
wurde dort sehr streng erzogen und lebte erst auf, als sie mit elf Jahren wieder zu
ihrem Vater kam, der erneut geheiratet hatte. Mit ihrer Stiefmutter verstand sie

---

[11] Vgl. dazu Anne Conrad, Rationalismus und Schwärmerei. Studien zur Religiosität und Sinndeutung in der Spätaufklärung, Hamburg 2008; grundlegend zum Forschungszusammenhang:
Monika Neugebauer-Wölk, Esoterik in der Frühen Neuzeit. Zum Paradigma der Religionsge-
schichte zwischen Mittelalter und Moderne, in: Zeitschrift für Historische Forschung 27 (2000),
321–364; dies., Esoterik und Christentum vor 1800: Prolegomena zu einer Bestimmung ihrer
Differenz, in: Aries, New Series 3 (2003), 127–165.

[12] Zur politischen und kulturellen Situation in Kurland vgl. Erich Donnert, Kurland im Ideen-
bereich der Französischen Revolution. Politische Bewegungen und gesellschaftliche Erneuerungs-
versuche 1789–1795, Frankfurt am Main u.a. 1992 (Schriftenreihe der Internationalen For-
schungsstelle „Demokratische Bewegungen in Mitteleuropa 1770–1850", 5), 15–72. – Elisa von
der Reckes jüngere Schwester Anna Dorothea heiratete 1779 Herzog Peter Biron von Kurland.

sich sehr gut und erfuhr durch sie eine weltoffene, dem gesellschaftlichen Leben, das von ihr künftig erwartet wurde, angemessene Bildung.

Ihre religiöse Erziehung stand zunächst im Zeichen der orthodox-lutherischen Theologie, wogegen sie jedoch, wie sie rückblickend schreibt, heftigen Widerwillen empfand. Selbst die biblischen Geschichten weckten in ihr Aversionen: Diese Geschichten

> brachten mir einen stillen Haß gegen Gott bei, der die Menschen so plagte: doch wagte ich diesen niemand zu äußern. Wenn ich den schön gebauten Thurm zu Babylon sah, dann schalt ich in meinem Herzen den neidischen Gott, der die Sprachen der Babylonier verwirrte, weil er es diese nicht habe wissen lassen wollen, was er dort oben in seinem Himmel mache. Sah ich Christus am Kreuze, dann schalt ich Gott in meinem Herzen, daß er ein Teufel sei, er wäre doch allwissend und hätte dem nicht vorgebaut, daß Eva und Adam von dem Baume gegessen hätten, der alle Menschen um ihre Seligkeit gebracht habe, und ließe den lieben, guten Jesum dafür hinrichten.[13]

Sie verglich Jesus mit ihrer verstorbenen Mutter, deren Idealisierung sie über ihr freudloses Dasein im Hause der Großmutter hinwegtröstete. Als ihr jemand von den Wundern Jesu erzählte, erwiderte sie darauf, „daß, wenn meine Mutter nur Wunder hätte thun können, so wäre sie noch besser, als der liebe Herr Jesu gewesen". Sofort wurde sie zurechtgewiesen: „dieser Gedanke sei sehr sündlich, und so etwas möchte ich mir nie mehr in den Sinn kommen lassen".[14]

Bei allem tatsächlich oder vermeintlich Schlechten, das sie tat, empfand sie „eine drückende Gewissensangst, die sich nur durch ein herzlich an Gott gerichtetes stilles Gebet verminderte".[15] Sie betete also, allerdings nicht die traditionell-orthodoxen Gebete, sondern die *Geistlichen Lieder* des Dichters Christian Fürchtegott Gellert (1715 – 1769) sowie des kurländischen Pfarrers Christoph Friedrich Neander (1723 – 1802), und kam so allmählich zu einer neuen und anderen Religiosität:

> Zu jener Zeit war es Mode [...] Gellerts geistliche Lieder, die in Musik gesetzt sind, in Gesellschaft zu singen. Viele dieser Lieder hatten sich in meinem Gedächtnisse unvermerkt eingeprägt und mir eine innige Liebe und herzliches Vertrauen auf Gott eingeflößt. – Der Gott, der mir in diesen Liedern dargestellt war, wurde mir so lieb – als der Gott, wie man mir ihn aus der Bibel geschildert hatte, mir verhaßt war. Die Ermunterungen dieser Lieder zur Tugend gaben mir den Vorsatz, mich durch Tugend dem lieben Gott recht lieb zu machen.[16]

---

[13] Rachel I (wie Anm. 10), 27.
[14] Ebd., 28.
[15] Ebd., 39.
[16] Ebd., 39. Allerdings fand ihre kindliche Frömmigkeit eine Grenze, als sie sich mit zwölf Jahren in einen Freund ihres Bruders verliebte. Rückblickend stellte sie fest, statt „Gellerts geistlicher Lieder, die mich beim Schlafengehen und beim Erwachen beschäftigten", sei nun das Bild dieses jungen Mannes in ihrer „Seele" gewesen (ebd., 44).

Als Jugendliche erhielt sie dann durch einen Hauslehrer Religionsunterricht, mit dem sie wiederum nichts anfangen konnte. Sie begann nun, sich bewußt von dieser Theologie zu lösen und für sich ihren individuellen Weg zu suchen. Der Lehrer sei „ein sehr orthodoxer Theolog" gewesen,

> und da hörte ich wieder Dinge, die mir unbegreiflich waren. Aus meiner Neigung zum Tanze wollte er mir eine Sünde machen, durch die ich die Seligkeit verlieren könne; er malte mir alle die üblen Folgen der Eitelkeit mit übertriebenen Farben aus, und in meiner Seele setzte sich der Gedanke fest, daß, wenn ich die Pflichten der Menschenliebe erfülle, der Tanz mich um den Himmel nicht bringen soll, und daß ich meine Seligkeit nur mir selbst zu danken haben wolle.[17]

Letzteres – daß es letztlich auf das Handeln jedes einzelnen Menschen selbst ankomme – blieb seither ihre Maxime.

Prägend wurde für sie zudem das, was sie in ihrem Elternhaus über die Theosophie Emanuel Swedenborgs (1688–1772) erfuhr. Besonders die Vorstellung, daß die jenseitige wie auch die diesseitige Welt von Geistern und Engeln bevölkert sei, übte auf sie eine große Faszination aus. In ihrem Elternhaus hörte Elisa von der Recke Diskussionen über Swedenborg, die, wie sie schreibt, „in meine junge Seele den Samen zu künftigen Schwärmereien" säten. Einer behauptete, Swedenborg sei ein Träumer, andere „vertheidigten Swedenborgs System, fanden eine hieroglyphisch mystische Sprache in seinen Schriften", und jemand behauptete, „das Geisterreich sei ein zu fremdes Land für uns, als daß wir da über die Kräfte ausgezeichneter Seelen mit Gewißheit entscheiden könnten". Ihr Vater erzählt von seinem Lehrer und einem Freund, „der ihn in die Freimaurerei eingeweiht habe. Beide wären erfahrene Mystiker gewesen". Elisa von der Recke stellt im nachhinein fest: „Dies Gespräch, auf das ich begierig horchte, nicht zu fassen vermochte, zog mich sehr an. […] Umgang mit Geistern schien mir so groß, so erhaben, so wünschenswert, daß diese Idee in meiner Seele Wurzel faßte!"[18] Besonders wünschte sie sich, den Geist ihrer verstorbenen Mutter zu sehen. „Mit Sehnsucht flehte ich gen Himmel, er möge mir den Geist meiner Mutter erscheinen lassen, möge mich des Umgangs seliger Geister würdigen, wie Swedenborg dessen gewürdigt worden ist". Diese Ideen traten später oft aufs neue hervor, „wenn mein guter Vater bisweilen von den verborgenen Kräften der Natur sprach".[19]

---

[17] Ebd., 70.

[18] Ebd., 102. Elisa von der Reckes Vater, sein Bruder und andere Kurländer hatten in Halle und Jena studiert und sich dort den Freimaurern angeschlossen. Vgl. Heinz Ischreyt, Streiflichter über die Freimaurerei in Kurland, in: Beförderer der Aufklärung in Mittel- und Osteuropa. Freimaurer, Gesellschaften, Clubs, hg. von Éva H. Balázs u. a., Berlin 1979, 225–256, hier 228 f.

[19] Ebd., 103. Vgl. auch Ernst Benz, Emanuel Swedenborg. Naturforscher und Seher, München 1948.

1771, mit 17 Jahren, wurde sie von ihrer Stiefmutter dazu überredet, gegen ihren Willen den vermögenden Georg von der Recke zu heiraten, in dessen Gegenwart sie nichts von ihren Mädchenträumen wiederfand.[20] Sie führte eine unglückliche Ehe, fürchtete nichts mehr als eine Schwangerschaft, bekam nach drei Jahren dennoch ihre Tochter Friederike und zog sich daraufhin ganz von ihrem Mann zurück. Einen Ausgleich fand sie in der engen Beziehung zu gleichgesinnten Freundinnen, ihrem Bruder Fritz,[21] dessen Freund Friedrich Parthey[22] (1757 – 1825) und bei dem empfindsamen Dichter Gottlob David Hartmann (1752 – 1775), der seit 1773 als Professor für Philosophie an der Akademie in Mitau tätig war. Gemeinsam „schwärmten"[23] sie bei der Lektüre empfindsamer Literatur,[24] redeten von „seligen Geistern", „Schutzgeistern" und unsichtbaren Verbindungen zwischen den „Seelen" und huldigten der Freundschaft: „Freundschaft, Ewigkeit, Glück der Tugend und die Seligkeit edler Liebe, die unsere Seele vervollkommnet, die [sie] dem ewigen Urheber aller Dinge näher bringt, dies waren die Gegenstände unserer Gespräche", schrieb Elisa von der Recke 1775.[25] Ihr Mann konnte diesen schwärmerischen Neigungen wenig abgewinnen, forderte, sie solle sich auf ihre Pflichten als Gattin und Hausherrin besinnen, verstärkte damit jedoch nur ihre Sehnsucht nach dem „vollkommneren Sein" und der „Seligkeit" in „anderen Welten".[26]

---

[20] 1772 liest sie Sophie La Roches *Geschichte des Fräuleins von Sternheim* (hg. von Christoph Martin Wieland, 1771), ist tief berührt von deren Schicksal, in dem sie ihr eigenes gespiegelt sieht, und schreibt an ihre Freundin: „Ihre [Sternheims] Tugend will ich nachzuahmen suchen; aber so glücklich, als die Sternheim am Ende wurde, kann ich doch nie werden! denn ach – zu Seymur hat Recke gar keine Anlage!" Rachel I (wie Anm. 10), 229.

[21] Leben des Grafen Johann Friedrich von Medem, nebst seinem Briefwechsel hauptsächlich mit der Frau Kammerherrin von der Recke, seiner Schwester, hg. von Johann Lorenz Blessing, 2 Bde., Straßburg 1792 (Göttinger Digitalisierungszentrum; www.sub.uni-goettingen.de).

[22] Friedrich Parthey lebte seit 1774 als Musiklehrer bei den von Medems. 1779/80 begleitete er Fritz von Medem auf einer Reise durch Deutschland und führte dabei für Elisa von der Recke ein Reisetagebuch, das unvollständig wiedergegeben ist in: Rachel II (wie Anm. 10), 45 – 132. Später heiratete Parthey die Tochter Friedrich Nicolais und übernahm dessen Buchhandlung in Berlin.

[23] Hartmann spricht von „Schwärmerei", die er gegenüber Elisa von der Recke empfindet (Rachel I, wie Anm. 10, 326). – Vgl. auch Norbert Hinske (Hg.), Die Aufklärung und die Schwärmer, Hamburg 1988 (= Aufklärung 3/1 [1988]).

[24] Rachel I (wie Anm. 10), 235.

[25] Ebd., 300.

[26] Sie zitiert Hartmann, der beim Blick auf den Sternenhimmel und das ein ‚W' schreibende Sternbild Kassiopeia ausgerufen habe. „Seht da! … Wiedersehn! ewiges Wiedersehen rufen diese Millionen Welten uns zu! Dort – dort trennt uns kein Schicksal mehr! Hier wollen wir streben, der Seligkeit, die unserer wartet, werth zu sein!" (ebd., 335.) Als Hartmann kurz darauf stirbt, schreibt sie, er sei zum „vollkommneren Sein" hinübergegangen und vermehre nun „die Wonne seliger Geister" (ebd., 343), und ruft aus: „Gottlob! dass wir alle sterben müssen! – wir finden uns gewiß einst wieder!" (ebd., 345.) Vgl. auch Eudo C. Mason, „Wir sehen uns wieder!" Zu einem Leitmotiv

Trost fand sie in Büchern, die sie gemeinsam mit ihrer Freundin las.[27] Besonders beeindruckten sie Christoph Martin Wielands „Sympathien",[28] Edward Youngs[29] „Nachtgedanken", die Gedichte Johann Friedrich Cronegks, später auch die Schriften Johann Caspar Lavaters. Bei Cronegk[30] sprach sie vor allem die Vorstellung an, daß den Menschen „Schutzgeister" – die Geister geliebter Verstorbener – umschweben, ihm helfen und ihn trösten, eine Idee, die von nun an für sie existentiell wichtig wurde.[31] So schreibt sie 1772 nach einem Streit mit ihrem Mann an ihre Freundin: „Gott wird alles zum Besten lenken! [...] Gott wird mich unterstützen, und alle seligen Geister werden mich umschweben und sich dessen freuen, mich einst in ihre Gemeinschaft aufzunehmen".[32] Cronegks

des Dichtens und Denkens im 18. Jahrhundert, in: Literaturwissenschaftliches Jahrbuch, N.F., Bd. 5 (1964), 79–109.

[27] Als Lektüre während der Zeit ihrer Ehe nennt sie außer Wieland, Cronegk, Young und Lavater auch: Moses Mendelssohn (*Phaedon*), Leonhard Euler (*Briefe an eine deutsche Prinzessin*), die Wochenschrift *Spectator*, das *Fräulein von Sternheim*, Klopstocks *Oden*, Ewald Christian von Kleists (1715–1759) *Frühling*, Friedrich Wilhelm Zacharias' (1726–1777) *Tageszeiten* und Horaz (den ihr Bruder übersetzt hatte).

[28] Christoph Martin Wieland, Sympathien [1754], in: C.M. W., Sämmtliche Werke, Supplemente, Bd. 3, Leipzig 1798, 117–192, z.B. 123: „Wie oft, wenn meine Seele aus den Zerstreuungen des Tages in stille einsame Schatten flieht, zu ihren liebsten Gedanken sich flüchtet, und sich mit unsichtbaren Gegenständen unterhält; wie oft ergetzt mich da die süße Vorstellung, dass es Verwandtschaft unter den Geistern giebt, und dass viele mit mir verschwisterte Seelen auf dem Erdboden zerstreut sind, die vielleicht in diesem Augenblick, wie ich, in einsame Schatten entflohen sind, und sich mit gleichen Gedanken und Gegenständen unterhalten! Dann hänge ich in stiller Entzückung diesen geliebten Träumen nach, und fliege in Gedanken umher, diese sympathischen Seelen aufzusuchen, und an dem Zustand, worin jede sich befindet, Antheil zu nehmen". – „[...] den großen Gedanken: Ich bin für die Ewigkeit geschaffen!"

[29] Edward Young (1683–1765) war anglikanischer Geistlicher. Berühmt wurde er mit seinen nach schweren Schicksalsschlägen verfaßten *Nachtgedanken*. Edward Young, The Complaint: or, Night-thoughts on Life, Death, and Immortality (9 Teile, 1742–45); dt.: Klagen oder Nachtgedanken über Leben, Tod und Unsterblichkeit [1756], hg. von Johann Arnold Ebert, Braunschweig 1760.

[30] Johann Friedrich Cronegk (1731–1758), Dramatiker und Lyriker, war Herausgeber der Moralischen Wochenschrift *Der Freund*. 1773 erschienen seine *Einsamkeiten*: Johann Friedrich von Cronegk, Einsamkeiten in sechs Gesängen, in: J.F. C., Schriften, Bd. 2, Anspach 1773, 3–40. Darin heißt es u.a.: „Schutzgeister, die vielleicht mitleidend um uns stehn, / Nur diese können noch die stillen Thränen sehn. / Ihr, die ihr um mich schwebt, und wie soll ich euch nennen? / Ihr weinet selbst vielleicht, wenn Geister weinen können; / [...] / Stolz auf Unsterblichkeit, erhöhn sich edle Seelen; / Der bessern Welt gewiß, kann sie kein Unfall quälen" (ebd., 5 f.).

[31] Udo Dickenberger, Schutzgeister der Goethezeit, in: Jahrbuch für Volkskunde 14 (1991), 178–195; Anne Conrad, „Umschwebende Geister" und aufgeklärter Alltag. Esoterik als Religiosität der Spätaufklärung, in: Monika Neugebauer-Wölk (Hg.), Aufklärung und Esoterik, Hamburg 1999, 397–415.

[32] Rachel I (wie Anm. 10), 207.

„Idee von Schutzgeistern" sei ihr „heilig" und „sehr wohlthätig gewesen!" Und weiter:

> durch sie habe ich manches mit fröhlichem Muthe überstanden, das mich sonst gedrückt hätte. Unser Cronegk sieht das Innere meines Herzens – der Gedanke hielt mich empor und gab mir den Mut, nach dem Beifalle seliger Geister zu streben! – Gott ist groß, so vollkommen, daß man noch erhabenere Tugenden üben muß, um sich des Beifalles dieses reinsten Wesens freuen zu können, aber ein endlicher Geist wird auch auf schwächere Tugend mit innigem Wohlgefallen herabblicken. […] wir wollen beide des Glückes theilhaftig zu werden suchen, daß Cronegk unser Schutzgeist wird.[33]

1776 trennte sich Elisa von der Recke von ihrem Mann und zog mit ihrer kleinen Tochter in eine Mietwohnung nach Mitau. Im folgenden Jahr starb ihre Tochter, ein Jahr später ihr Bruder Fritz – Ereignisse, die sie in tiefe Trauer stürzten und in ihr die Sehnsucht weckten, Kontakt mit den ‚anderen Welten' aufzunehmen und den ‚Geistern' oder ‚Seelen' der Verstorbenen nah zu sein.

Mit der ‚Realität' dieser jenseitigen Sphären war sie von Kindheit an auch auf eine andere Weise vertraut: Ihr Vater, dessen Bruder, weitere Verwandte und Freunde der Familie diskutierten nicht nur über Swedenborg, sondern gehörten auch zu den führenden Mitgliedern der Freimaurerloge und führten alchemistische Experimente durch. Die ‚anderen Welten' wurden hier also nicht nur ‚schwärmerisch', sondern auch ‚wissenschaftlich' und ‚philosophisch' erkundet. Den weltanschaulichen Hintergrund dafür bildete die Freimaurerei.

In Mitau war 1754 die erste kurländische Freimaurerloge „Zu den drei gekrönten Schwertern" gegründet worden. Zu den ersten Mitgliedern gehörten Johann Friedrich von Medem, Elisa von der Reckes Vater, und dessen Bruder Christoph Dietrich von Medem. 1764 wurde das templerische System der Strikten Observanz eingeführt.[34] Seit 1772 war Christoph Dietrich von Medem Meister vom Stuhl,[35] und in den folgenden Jahren gehörte die Freimaurerloge zu den gesellschaftlich einflußreichsten Kräften in Mitau. Mit ihrer Unterstützung war 1775 die Academia Petrina gegründet worden.[36] Zu den dorthin berufenen Lehrenden gehörte auch Johann August Starck (1741–1816), der 1777 als Nachfolger Hartmanns die Professur für Philosophie übernahm.[37]

---

[33] Ebd., 209 f.

[34] Ischreyt, Freimaurerei in Kurland (wie Anm. 18), 233.

[35] Ebd., 230 und 236.

[36] An der neugegründeten Hochschule waren 144 Gelehrte tätig. Neun Professoren und acht weitere Lehrende wurden als Dozenten berufen. Vgl. Donnert, Kurland (wie Anm. 12), 35–41.

[37] Auf diese Stelle hatte man ursprünglich Immanuel Kant berufen wollen. Als dieser ablehnte, wurde sie mit David Hartmann besetzt. Nach dessen Tod versuchte man wiederum vergeblich Immanuel Kant zu berufen und entschied sich dann für Starck. Zu Starck vgl. Gustav Krüger, Johann August Starck, der Kleriker. Ein Beitrag zur Geschichte der Theosophie im 18. Jahrhundert, in:

Starck ist eine der schillerndsten Persönlichkeiten des späten 18. Jahrhunderts. Zwischen 1765 und 1769 war er in ‚freimaurerischen Angelegenheiten' in Petersburg, England und Paris unterwegs gewesen. Er gehörte zur templerischen Richtung der Freimaurer und hatte in den 1760er Jahren Sondergemeinschaften gegründet, die er ‚Klerikate' nannte – nicht zufällig eine Bezeichnung, die katholische Assoziationen weckte und die dazu führte, daß man ihn des ‚Kryptokatholizismus' verdächtigte. Die Rituale in den Klerikaten waren weitgehend aus der katholischen Liturgie entlehnt; zudem hielt sich hartnäckig das Gerücht, Starck sei 1766 in Paris zum Katholizismus konvertiert. Seit 1769 war Starck in verschiedenen Positionen in Königsberg tätig, zuletzt als Oberhofprediger und Professor der Theologie. Er galt „als Vertreter freimaurerischer Neologie" und war dadurch bei seinen orthodoxen Kollegen in Mißkredit geraten,[38] fand aber in Mitau zunächst großen Anklang.

Unmittelbar nach seiner Ankunft nahm Elisa von der Recke Kontakt zu ihm auf[39] und tauschte sich mit ihm über die Freimaurerei aus. Starck verfaßte in dieser Zeit seine Schriften *Apologie des Ordens der Freimaurer* (Berlin 1778), *Geschichte der christlichen Kirche des ersten Jahrhunderts* (3 Bde., Berlin 1779/ 1780), ebenfalls eine „Tendenzschrift zu Gunsten des Freimaurerordens",[40] und *Freymüthige Betrachtungen über das Christenthum* (Berlin 1780). Elisa von der Recke beschäftigte sich damit und gewann dadurch, wie sie selbst sagte, „große Blicke in diesem Felde [der Freimaurerei]".[41] Etwa zeitgleich wurde in

---

Festgabe von Fachgenossen und Freunden Karl Müller zum siebzigsten Geburtstag dargebracht, Tübingen 1922, 244–266; ders., Johann August Starck und der Bund der Sieben, in: Hans von der Au, Heinrich Hassinger, Hermann Bräuning-Oktavio (Hg.), Ich dien. Festgabe zum 60. Geburtstag von Wilhelm Diehl, Darmstadt 1931, 237–259; Wilhelm Kreutz, „L'inscription qu'on pourra mettre sur les ruines des trônes, [...] peut être conçue dans ces deux mots: ‚L'ouvrage de l'Illuminatisme!' ". Johann August Starck und die ‚Verschwörungstheorie', in: Christoph Weiß (Hg.), Von ‚Obscuranten' und ‚Eudämonisten'. Gegenaufklärerische, konservative und antirevolutionäre Publizisten im späten 18. Jahrhundert, St. Ingbert 1997, 269–304.

[38] P. Tschackert, Starck, Johann August, in: ADB, Bd. 35 (1893), 465 f. Vgl. auch Rachel II (wie Anm. 10), 258–268.

[39] So vermittelte sie ihm als ‚Nachmieter' die Wohnung, in der sie selbst seit 1776 zur Miete gewohnt hatte. Weihnachten 1778 schrieb sie ihm, „daß er, der sich in Wohnungsverlegenheit befand, die von ihr zu räumenden Zimmer im Hause der Generalin von Bismarck beziehen könne" (Rachel II, wie Anm. 10, 39 f.).

[40] Tschackert, Starck (wie Anm. 38), 465.

[41] Brief Elisa von der Reckes an Friedrich Parthey, 23. März 1780, in: Rachel II (wie Anm. 10), 127. Weiter schreibt sie an Parthey, der kurz zuvor (eher ihr zuliebe als aus Überzeugung) ebenfalls Freimaurer geworden war: „Über die Maçonnerie werden wir nun mehr sprechen können [...] Magie, Chimie und ein verborgener Staat, der die Begebenheiten der Welt sehr dirigiert, sind mir die Hauptzwecke dieser Verbindung! [...] Die Braunschweiger Loge ist eine der vornehmsten, aber ist unserer Loge d'adaption sehr entgegen. Besuchen Sie diese fleißig, lassen sich aber da nichts merken, daß Sie von unserer Loge etwas wissen. Und forschen Sie nur immer, wie viel sie auf Magie

Mitau die freimaurerische Adoptionsloge „Zu den sieben Sternen" gegründet, in der Elisa von der Recke und andere Frauen aus ihrem Familien- und Freundeskreis Mitglieder waren.[42] Möglicherweise bestanden in dieser Zeit bereits auch Kontakte zu Johann Joachim Christoph Bode (1730–1793), der als einer der einflußreichsten Kenner der Freimaurerszene galt.[43]

Die intensive Auseinandersetzung mit der Freimaurerei, ihrer Vorstellungswelt und ihren verschiedenen Spielarten,[44] verbunden mit dem Wunsch, in die ,anderen Welten' ganz real vorzudringen und Kontakt mit den Verstorbenen aufzunehmen, bildeten den Hintergrund für die Offenheit, mit der Elisa von der Recke und ihr Freundeskreis 1779 Giuseppe Balsamo alias Graf Cagliostro begegneten.[45] Ge-

halten. In Genf ist eine Loge, die einzig nur dieser Wissenschaft gewidmet ist. Ich spreche nun zu Ihnen, lieber Parthey, als zu einem Maçon, aber nie entfalle es Ihnen, gegen andre merken zu lassen, daß ein Weib Sie hier unterrichtet hat. […] Wenn Sie Gelegenheit haben, eine Damenloge zu besuchen, versäumen Sie diese nicht". Parthey antwortet darauf allerdings am 2. Mai 1780 aus Hamburg sehr ernüchternd: „Es interessiert mich alles sehr wenig" (ebd., 129).

[42] Ischreyt, Freimaurerei in Kurland (wie Anm. 18), 245. Über die Rolle von Frauen in der Freimaurerei liegen noch kaum Untersuchungen vor. Vgl. Margaret Hunt u. a., Women and the Enlightenment, New York 1984. Ein anderes Beispiel für eine Frau als Freimaurerin ist Karoline Schulze-Kummerfeld, in deren Aufzeichnungen aus den 1770er Jahre es heißt: „Von Kindheit an fromm und mit Gedanken über Bestimmung, Endzweck, Fortgang und Bestand der Welt sowie über Gottes Allmacht beschäftigt, war ich den Freimaurern nähergetreten. Man hatte mich geprüft und würdig befunden, Schwester zu heißen. Diesen heiligen Namen hätte ich um keinen fürstlichen Titel vertauschen mögen" (Inge Buck [Hg.], Ein fahrendes Frauenzimmer. Die Lebenserinnerungen der Komödiantin Karoline Schulze-Kummerfeld. 1745–1815, München 1994, 199 f.).

[43] Persönlich lernten sie sich erst 1784 auf der Reise nach Weimar kennen. Doch bereits 1774 gehörten Elisa von der Recke sowie ihr Freundeskreis zu den Subskribenten von Bodes Übersetzung von Laurence Sternes Tristam Shandy. Vgl. Rachel II (wie Anm. 10), 185. Zu Bode vgl. Johann Joachim Christoph Bode, Journal von einer Reise von Weimar nach Frankreich im Jahr 1787, hg. von Hermann Schüttler, München 1994. Bode war zunächst als Übersetzer und Verleger bekannt geworden. Seine Übersetzung von „sentimental" in Laurence Sternes „Yorick's sentimental journey" mit dem deutschen Wort „empfindsam" gab der Epoche den Namen. Vgl. Hermann Schüttler, Einleitung, in: ebd., 7–152, hier 18.

[44] Die Sympathie für Freimaurer und Geheimgesellschaften blieb auch später erhalten. In ihrer Schrift gegen Starck (1788) schreibt sie, die Freimaurerei sei ihr, wenn sie „nicht magische und ähnliche Geheimnisse zum Zweck hat, auch jetzt noch sehr ehrwürdig" (Recke, Etwas über Starck [wie Anm. 9], 11). 1788 wurde sie Mitglied in Karl Friedrich Bahrdts „Deutscher Union", „mit dem Wunsche, dass diese neue Verbindung zu der ich trete, die vollkommenste werden und die dauerhafteste Glückseligkeit für alle einzelnen Mitglieder dieser Gesellschaft und wo möglich für die ganze Menschheit verbreiten möge" (Brief Elisa von der Reckes an Bahrdt, vom 29. Februar 1788, in: Briefe an Karl Friedrich Bahrdt, Teil 2, Leipzig 1798, 91, zit. nach Donnert, Kurland [wie Anm. 12], 56).

[45] Zu Cagliostro, der in diesen Jahren unter den aufgeklärten Gebildeten allseits Aufmerksamkeit erregte, vgl. Klaus H. Kiefer (Hg.), Cagliostro. Dokumente zu Aufklärung und Okkultismus, München 1991. Darin findet sich neben Beiträgen von Johann Wolfgang von Goethe (1792), Friedrich Nicolai (1788) u. a. auch ein Nachdruck von Elisa von der Reckes Cagliostro-Schrift: Recke, Cagliostro (wie Anm. 10), 20–143.

meinsam mit seiner Frau initiierte dieser in Mitau eine neue ‚bessere' Adoptionsloge, verblüffte sein Publikum mit ‚Vorhersagen' und ‚Wundern' und gab vor, in
Séancen den Kontakt mit den Verstorbenen herzustellen.

Elisa von der Recke durchschaute Cagliostro als Hochstapler erst, als ihm die
Kontaktaufnahme mit Geistern offenbar nicht gelang und er es zudem ihr gegenüber an ‚Delicatesse' fehlen ließ, sich abschätzig über Frauen äußerte und sexuelle
Anspielungen machte. Rückblickend sieht sie – über diese persönliche Enttäu-
schung hinaus – den Wendepunkt darin, daß ein Freund ihr klarmachte, daß ihr
die Lektüre von Young und Lavater nicht guttue, und ihr statt dessen Lessings gerade (1779) erschienenen *Nathan* empfahl. Sie las das Stück mit großer Begeisterung, und zu einer Schlüsselstelle für ihre künftige religiöse Einstellung wurde
das Zitat: „Begreifst du aber, wie viel andächtig schwärmen leichter als gut handeln ist? Wie gern der schlaffste Mensch andächtig schwärmt, […] um nur gut
handeln nicht zu dürfen!"[46] Sie identifizierte sich sofort mit diesem Satz und wollte sich künftig von allem ‚Schwärmen' ab- und nur dem ‚guten Handeln' zuwenden. Das Lessing-Zitat begleitete sie während der nächsten fünfzig Jahre und findet sich noch in ihren geistlichen Betrachtungen aus den 1820er Jahren.

## II. Gegen ‚Kryptokatholizismus', Schwärmerei
### und Aberglaube

Nach der enttäuschenden und ernüchternden Erfahrung mit dem Betrug Cagliostros versuchte Elisa von der Recke nicht nur ihrer Religiosität, sondern auch ihrem Leben überhaupt eine neue Wende zu geben. 1781 wurde ihre Ehe formell
geschieden. Seit 1784 war sie viel auf Reisen mit längeren Aufenthalten u. a. in
Berlin und Hamburg.[47] Wo immer es sich anbot, knüpfte sie Kontakte zu Gelehrten, Literaten und den Protagonisten des aufgeklärt-gebildeten Bürgertums. Besonders eng schloß sie sich den Berliner Aufklärern um Friedrich Nicolai an; intensive Kontakte bestanden auch zu den Familien Göckingk in Wülferode und
Reimarus-Sieveking in Hamburg.

Einige Jahre später, nachdem Cagliostro auch in Sankt Petersburg, Warschau
und Paris für Skandale gesorgt hatte, entschloß sie sich, ihre Erfahrungen mit ihm
und seinen Praktiken zu veröffentlichen. Ihre Schrift *Nachricht von des berüchtigten Caglistro Aufenthalte in Mitau, im Jahre 1779, und von dessen dortigen magischen Operationen* erschien 1787 im Verlag Friedrich Nicolais in Berlin, erregte
großes Aufsehen und machte sie mit einem Schlag berühmt. Ihre Darstellung war

---

[46] Erster Aufzug, zweiter Auftritt, Zeile 359–364, Nathan zu Recha.
[47] Andere Orte, an denen sie neue Freundschaften knüpfte, waren Dresden, Leipzig, Wülferode,
Halberstadt, Göttingen, Gotha, Erfurt, Weimar, Karlsbad und Pyrmont.

in der gelehrten Welt nicht unumstritten, entsprach aber genau der Tendenz der ‚Berliner Aufklärer' um Friedrich Nicolai und die *Berlinische Monatsschrift*: Der erbittert geführte Kampf gegen alle Formen von Aberglauben und Mystizismus – repräsentiert hier durch Cagliostro und seinesgleichen – vermischte sich dabei mit der polemischen Kritik am Katholizismus, genauer: an jenen Strömungen innerhalb des Katholizismus, die (angeblich oder tatsächlich) auf eine katholische Unterwanderung des Protestantismus aus waren.

Für die *Berlinische Monatsschrift*, das wichtigste Organ der Berliner Aufklärung, war in den 1780er Jahren die katholische Kirche das Feindbild schlechthin. Immer wieder warnte man vor ihrer ‚Proselytenmacherei', vor möglichem ‚Kryptokatholizismus' und vor dem Wiederauferstehen der Jesuiten, die 1773 verboten worden waren. Diese Tendenz findet sich auch in Elisa von der Reckes Cagliostro-Schrift. Sie beschrieb Cagliostros Auftreten und Praktiken und äußerte dann ihre Überzeugung, daß er von ehemaligen Jesuiten gesteuert werde. Im gleichen Zusammenhang ließ sie durchblicken, daß für Johann August Starck wohl das gleiche gelte.[48] Starck setzte sich gegen den Verdacht des ‚Kryptokatholizismus' mit einer eigenen Streitschrift zur Wehr,[49] woraufhin Elisa von der Recke 1788 im Verlag Friedrich Nicolais eine ausführliche Stellungnahme gegen Starck publizierte.[50] Sie widmete sie Johann Joachim Bode, dem Kenner und Vermittler in Freimaurerangelegenheiten, an dessen Zuspruch ihr sehr gelegen war.

Friedrich Nicolai stellte einen „Vorbericht des Verlegers" voran, in dem er sein Unbehagen, daß eine Frau solche Themen öffentlich machte, nur schlecht verbergen konnte. Er habe ihr abgeraten, die Schrift zu publizieren wegen

der besondern Beschaffenheit der geheimen Gegenstände und geheimen Verbindungen, über welche es, wie es mir scheint, bey noch so genauen Kenntnissen und bey den besten Absichten, doch beynahe unmöglich ist, etwas für das Publikum genugthuendes zu schreiben. Denn wichtige Rücksichten von sehr mancherley Art machen es fast bey jeder Zeile nothwendig, nicht alles zu sagen, und zuweilen da ganz zu schweigen, wo es am nöthigsten wäre, sehr deutlich zu reden.[51]

Insbesondere sei es problematisch, wenn eine Frau darüber schreibe:

Ich wünschte daher nicht, daß eine Dame diese Gegenstände berühren möchte, weil ich es für ungemein schwer hielt, daß Sie auf eine genugthuende Weise, und so, daß Sie nicht mißverstanden würde, Sich darüber deutlicher erklären könnte, zumal, da ich nicht einsah, wie weit ein Frauenzimmer hierin könnte unterrichtet seyn, und wie

48  Vgl. etwa Recke, in: Kiefer, Cagliostro (wie Anm. 45), 60 und 100 f.
49  Johann August Starck, Ueber Kryptokatholicismus, Proselytenmacherei, Jesuitismus, geheime Gesellschaften und besonders die ihm selbst gemachten Beschuldigungen, 2 Bde., Frankfurt am Main 1787; „Nachtrag" dazu als Bd. 3, Gießen 1788.
50  Recke, Etwas über Starck (wie Anm. 9).
51  Friedrich Nicolai, Vorbericht, in: Recke, Etwas über Starck (wie Anm. 9), XII f.

sie sich, wenn sie es auch hinlänglich seyn sollte, so nehmen könnte, daß sie weder zu wenig noch zu viel sagte.[52]

Da Elisa von der Recke aber auf einer Publikation bestanden und unmißverständlich klar gemacht habe, daß sie, falls Nicolai die Schrift nicht drucken wolle, einen anderen Verlag damit beauftragen würde, habe er nachgegeben.

Inhaltlich setzte sich Elisa von der Recke mit dem (vermeintlichen) ‚Kryptokatholizismus' Starcks auseinander und versuchte nachzuweisen, daß Starck tatsächlich in unterschiedlicher Weise katholisierende Tendenzen in sein eigenes System integriert und weiterverbreitet habe. Im Hintergrund mögen persönliche Enttäuschungen über Starck gestanden haben oder auch – wie Starck selbst es sah – die „Jesuitenriecherei" der Berliner Aufklärer.[53] Die Ausführungen sind in dieser Sache weder neu noch besonders überzeugend, interessant ist die Schrift vor allem deshalb, weil Elisa von der Recke in Einschüben, Anmerkungen und Rückblenden ihren eigenen religiösen Standpunkt erläutert und ihre Entwicklung in den vergangenen zwanzig Jahren reflektiert.

Gleich in der ersten Passage sagt sie von sich selbst, sie vertrete „einen geläuterten Protestantismus" und wolle gerne

> bekennen, daß ich meine christlichen Religionsbegriffe durch Spaldings, Jerusalems und Zollikofers Schriften geläutert habe; und daß ich Spaldings Predigt über die unordentlichen Begierden nach Zeichen und Wundern, jedem Protestanten empfehle, der aus der römischkatholischen Kirche die Lehre von den immer noch fortdauernden Wundergaben wieder in die unsrige hinübertragen will.[54]

Allerdings sei dieser „Läuterung" eine Zeit vorausgegangen, in der sie sehr empfänglich für Aberglaube, Magie und „Schwärmerei" gewesen sei. Als Cagliostro und Starck in Mitau als „Magier" auftraten, hätten sie jeweils „magische Jünger und Anhänger" gehabt[55] und suggeriert, daß „Verbindungen mit Geistern eine Quelle menschlicher Vollkommenheit und höchsten Glückes seyen".[56] Starck

---

[52] Ebd., XIII.

[53] Friedrich Nicolai hatte spätestens seit seiner Reise durch Deutschland 1781 seine Aversionen gegen die katholische Kirche publizistisch zum Ausdruck gebracht. Der Jesuitenorden war zwar 1773 aufgelöst worden, doch seither fürchtete man im aufgeklärten Preußen eine katholische Unterwanderung der Geheimgesellschaften (ein Beispiel dafür schienen Starck und seine „Klerikate" zu sein) – und damit der aufgeklärten Gesellschaft überhaupt – durch (ehemalige) Jesuiten. Zu Friedrich Nicolais ‚Kryptokatholizismus'-Phobie vgl. Horst Möller, Aufklärung in Preußen. Der Verleger, Publizist und Geschichtsschreiber Friedrich Nicolai, Berlin 1974, 362, 105 ff., 441 ff.

[54] Recke, Etwas über Starck (wie Anm. 9), 6. – Zur theologischen Grundlegung der Neologie und ihrer Breitenwirkung vgl. Conrad, Rationalismus und Schwärmerei (wie Anm. 11), 60–85.

[55] Recke, Etwas über Starck (wie Anm. 9), 12; Cagliostro habe „schwarze Magie", Starck „weiße Magie" betrieben (ebd., 13 und 19).

[56] Ebd., 25.

habe als gelehrter Theologe beeindruckt und seine Umwelt von der Kraft der Geister und von der geheimen Macht der Magie überzeugt.[57]

Die nahe liegende Frage, wie es möglich sei, daß aufgeklärte und sonst so ‚kluge' Leute wie sie selbst und ihr Freundeskreis sich solchen Vorstellungen zuwenden konnten, beantwortet sie mit dem Hinweis auf die schlechte religiöse Erziehung, die üblich gewesen sei: „Die schwankenden Religionsbegriffe, die uns in früher Jugend eingeflößt werden, sind größtenteils so beschaffen, daß sie abenteuerlichen Begriffen den Weg bahnen".[58] Die Folge davon sei ein unreflektierter und unkritischer Umgang mit Glaubensfragen.

> In reiferen Jahren folgen die mehresten ihren Berufsgeschäften, ohne sich viel um Religionslehren zu bekümmern. Diese Untersuchung überlassen sie der Geistlichkeit, und halten sich an blinden Glauben der Dinge, welche sie seit ihrer Kindheit als heiligste Gegenstände verehrt haben. Tritt dann ein Schröpfer, Gaßner oder Cagliostro, als Werkzeug geheimer Verbindungen auf, um den menschlichen Verstand in den Schlamm des Aberglaubens tiefer hineinzuführen; so ist es sehr natürlich, daß diese Gaukler, weil sie unsre Religionsbegriffe zu benutzen wissen und mit dunkeln und falsch angewendeten Bibelsprüchen um sich werfen, desto leichter bey allen Seelen Eingang finden, deren Hang zum Wunderbaren durch solche geheimen Gesellschaften unterhalten wird, die von unbekannten Obern abhängen und geleitet werden. So wurden einige meiner Freunde und Verwandten, und ich selbst, unvermerkt Jahre hindurch zu diesen mystischen Ideen erzogen; eben so wie man zu Rom in der Propaganda Kinder so mannigfalter Nationen zur katholischen Kirche erzieht.[59]

Bemerkenswert ist, wie hier der „Hang zum Wunderbaren", die Faszination der „geheimen Gesellschaften" und die „mystischen Ideen", die in Elisa von der Reckes eigener Biographie ja eher von empfindsam-swedenborgischen als von katholisierenden Vorstellungen befördert worden waren, nun – dem Trend der 1780er Jahre entsprechend – mit dem ‚Kryptokatholizimus'-Verdacht zusammengebracht werden.

Die katholisierenden Tendenzen Starcks und seines „Klerikats" waren für Elisa von der Recke auch ein Anlaß, sich mit der Faszination auseinanderzusetzen, die der Katholizismus offenbar für viele Protestanten ausübte. Die katholische Kirche erscheine vielen Protestanten als eine Gemeinschaft, die „im ältern Besitz der Geheimnisse" sei.[60] Zudem sei die katholische Liturgie für das Volk wesentlich attraktiver als der nüchterne protestantische Gottesdienst,

> denn der äußere Prunk und alle Ceremonien der römischen Kirche haben ungleich mehr anziehendes für das Volk, als unsere einfache Gottesverehrung, die nur den Geist und das Herz, nicht aber die Sinne beschäftiget. Und so ist es wahrscheinlich, daß der sinn-

---

[57] Ebd.
[58] Ebd., 15; als Beispiel nennt sie die Lehre von guten und bösen Engeln.
[59] Ebd., 15 f.
[60] Ebd., 40.

liche Mensch, dessen Seele nicht über religiöse Wahrheiten anhaltend nachzudenken vermag, an der Religion mehr Vergnügen findet, die durch äußere Gebräuche ihm so manches unterhaltendes Schauspiel giebt.[61]

Dabei seien der katholische Volksglaube, auch die Heiligenverehrung und die Gestaltung der Messen nichts grundsätzlich Schlechtes. Sie seien aber von geldgierigen Priestern mißbraucht und so „die ganze Religion fast bloß in Kommerz und Politik verwandelt, die edelsten Gefühle der Menschheit unter das Joch des Glaubens und Gehorsams gezwungen, und die Menschen mit so vielem äußern Ceremoniel in der Religion beschäftigt worden, daß sie nicht zum wahren Denken und untersuchen kommen können".[62]

Die katholischen Zeremonien seien zudem eine Sache der „Bequemlichkeit",

> denn, meiner Überzeugung nach, ist es viel leichter, durch Fasten, Messe hören, Beichten, Ave Maria beten, und alle kirchlichen Übungen sich das Vorrecht zu erkaufen, seine Lieblingsschwachheiten und Sünden auf sichern Ablaß begehen zu können, als ein Leben zu führen, welches ein beständiger Zusammenhang der Bearbeitung unserer inneren Vollkommenheiten ist.[63]

Diese Haltung zu fördern sei der falsche Weg, und so sei es auch gefährlich, wenn manche protestantischen Prediger auf der Kanzel die katholischen Lehren als „gelinde und ganz unschädlich" vorstellten. Das Gegenteil sei der Fall und die Furcht berechtigt,

> es möchte Europa allmählig wieder in den Schlamm des Aberglaubens zurücksinken, aus welchem die ersten Reformatoren uns zu befreyen angefangen haben. Die Wirkung ist langsam aber sicher, und ich habe sie seit einigen Jahren bey gutmüthigen und sonst recht kluge Leuten schon jetzt bemerkt.[64]

Jedes Entgegenkommen sei hier fehl am Platz. Eine „Religionsvereinigung" wäre eine höchst einseitige Sache und für Protestanten nur von Nachteil, weil die katholische Kirche eben keine Denkfreiheit gewähre und statt dessen nur Gewissenszwang ausübe.[65]

Allerdings gesteht sie zu, daß trotz dieser allgemeinen Tendenz auch im Katholizismus Aufklärung möglich ist und es Beispiele dafür gibt. Sie hoffe daher, „von keinem würdigen und aufgeklärten Katholiken, und keinem meiner katholischen und von mir innigst geehrten Freunde misverstanden zu werden". Sie fügt hinzu: „Ich habe das Glück, selbst so manchen aufgeklärten Mann von dieser Religionsparthey zu kennen, der mit weisem Muthe Aberglauben zu zerstören sucht".[66]

---

[61] Ebd., 46.
[62] Ebd., 63.
[63] Ebd., 64.
[64] Ebd., 54.
[65] Ebd., 62 f.
[66] Ebd., 62.

Positiver setzte sich Elisa von der Recke knapp fünfzehn Jahre später auf ihrer
Italienreise mit dem Katholizismus auseinander.[67] Sie kritisiert zwar die hierar-
chische Struktur und den Dogmatismus der katholischen Kirche,[68] lobt aber zugleich den seit 1800 amtierenden Papst Pius VII. (1742–1823), der gute, fromme,
auch tolerante Gesinnungen äußere, die sie „mit Verehrung und Liebe für das
Oberhaupt der römisch-katholischen Kirche" erfüllten.[69] Während ihres Aufent-
haltes in Rom empfing er sie in einer Audienz, und sie lernte ihn als gut aussehen-
den, sympathischen Menschen und interessierten Gesprächspartner kennen,
wenn sie auch mit ihm nicht einer Meinung war. Sie unterhielten sich, wie sie
schreibt, über die derzeitige politische Lage und die Abhängigkeit der Staaten
von Napoleon. Pius habe den Grund für die politische Bedrängnis in der Vernachlässigung der Religion gesehen, vor allem in Frankreich, und besonders die französischen Schriftsteller Helvetius und Voltaire angeklagt. Aus all dem sei ein „Sit-
tenverderben hervorgegangen, welches von Frankreich aus nach und nach alle
Völker ergriffen, und einem Egoismus zugeführt habe, der unser Jahrhundert aus-
zeichne".[70] Elisa von der Recke habe ihm darin widersprochen:

> Ich konnte die Allgemeinheit dieser Beschuldigung nicht ganz zugeben, in dem ich an-
> führen mußte, daß mir überall, und in allen Abstufungen bürgerlicher Verhältnisse zu

---

[67] Recke, Tagebuch einer Reise (wie Anm. 10). Das Buch sei nicht geschrieben – so der Herausgeber Karl August Böttiger im Vorwort – für Gelehrte, Künstler oder Kunstkenner (Vorbericht
des Herausgebers, XIV), sondern die Verfasserin habe es gedacht für „jüngere Leser ihres eigenen
Geschlechts, die im gebildeten Kreise ihrer täglichen Umgebung von dem Wunderlande jenseits der
Alpen, wohin jetzt alles ziehn und die Citronen blühen sehn will, auch schon allerlei Kundschaft
vernahmen, und mit lobenswerter Wißbegierde erfüllt, sich gern von einer erfahrnern, das was ihnen
gerade am meisten zu wissen noth thun möchte, richtig beurtheilenden Führerin in jenem Geburts-
lande aller neueuropäischen Cultur begleitet und herumgeführt sähen" (Vorbericht des Herausgebers, XVI). Ähnlich auch Elisa von der Recke in ihrer „Vorrede" zum 4. Bd.: „Was meine Bemerkungen betrifft, so widme ich solche einzig denjenigen Personen meines Geschlechts, die, so wie ich,
ohne eigentliche gelehrte Bildung, einen Sinn für das Alterthum und dessen Geschichte in der Seele
tragen" (Vorrede, VI). Auf der Reise begleitete sie Christoph August Tiedge (1752–1841), mit dem
sie seit 1797 in einer Lebensgemeinschaft, meist in Dresden, lebte. Tiedge war 1801 mit dem
Lehrgedicht *Urania*, einem „Lied von Gott und der Unsterblichkeit", berühmt geworden (C. A
Tiedge, Urania. Ein lyrisch-didaktisches Gedicht in sechs Gesängen. Neueste verbesserte, mit einem
Anhang vermehrte Aufl., Reutlingen 1814.). Eine ironische Bemerkung Goethes vom 25. Februar
1824 zeigt, wie sehr sich dies inzwischen überlebt hatte: „[...] es gab eine Zeit wo nichts gesungen
und nichts deklamiert wurde, als die ‚Urania'. Wo man hinkam, fand man die ‚Urania' auf allen
Tischen; die ‚Urania' und die Unsterblichkeit war der Gegenstand jeder Unterhaltung", fromm und
langweilig sei dies gewesen (Johann Peter Eckermann, Gespräche mit Goethe in den letzten Jahren
seines Lebens, 25.02.1824).
[68] Recke, Tagebuch einer Reise (wie Anm. 10), Bd. 4, Vorrede, IV.
[69] Ebd., 29.
[70] Ebd., 28 f.

viel edle Menschennatur begegnet sey, als daß ich mich von einem allgemeinen Welt-verderben überzeugen könnte.[71]

Pius habe daraufhin eingelenkt.

Das Reisetagebuch macht darüber hinaus noch einen weiteren Aspekt deutlich: Der Katholizismus in Italien und Süddeutschland war auch eine touristische At-traktion.[72] Die Reisenden besichtigten katholische Kirchen, informierten sich in Klöstern über das dortige Leben, ließen sich zum Essen und zum Gottesdienst ein-laden, sahen Prozessionen zu und unterhielten sich über ‚abergläubisches‘ Brauchtum. Die Protestanten aus dem Norden analysierten dabei kritisch und skeptisch, was sie sahen. Sie waren höflich und tolerant gegenüber dieser anderen religiösen Kultur, warnten aber davor, sie zu verharmlosen.

### III. „Weiser Glaube" und „wahre Tugend" –
### Die Geistlichen Betrachtungen

In der Schrift über Starck faßte Elisa von der Recke folgendermaßen zusammen, worauf es ihr ankomme:

> Nach meiner jetzigen Vorstellungsart vom Christenthum, glaube ich, daß dieses uns nicht in Schwärmerey stürzen, sondern uns schon in dieser Welt vollkommener und thätiger zum Wohl unserer Mitmenschen machen soll, um uns durch wahre Tugend selbst hier schon und immer mehr, eine ganze Ewigkeit hindurch zu beglücken. Aber alles, was uns zum Aberglauben und zur Andächteley führt, die himmelweit von gottseliger Andacht entfernt ist, alles dieses erschlafft die Seele, macht sie zu edler und der Menschheit nützlicher Thätigkeit untüchtig, und läuft dem edlen Zwecke des erhabenen Stifters unserer Religion entgegen.[73]

Der Satz aus Lessings *Nathan* – „wie viel andächtig schwärmen leichter ist als gut handeln"[74] – bringe dies auf den Punkt. Als eine Art Glaubensbekenntnis formu-liert sie:

> Weiser Glaube hält sich aus Vernunftgründen überzeugt, daß ein ewiges Wesen das ganze Weltall schuf, und mit gleich weiser Milde für die Glückseligkeit des Würm-chens, des Menschen, und aller uns unbekannter Wesen sorget. Weiser Glauben findet, daß Christus der Gesandte Gottes ist, dessen Leben und Tod zum Heil aller Menschen gereichen würde, wenn Menschen nicht die beseligende Lehre Jesu verdrehten, und

---

[71] Ebd., 29.

[72] Dieser Aspekt gilt aber auch für die anderen Konfessionen, so war etwa auch der lutherische Prediger Goeze in Hamburg eine touristische Attraktion. Zum ‚Religionstourismus‘ vgl. auch Cor-nelius Neutsch, Religiöses Leben im Spiegel von Reiseliteratur. Dokumente und Interpretationen über Rheinland und Westfalen um 1800, Köln, Wien 1986.

[73] Recke, Etwas über Starck (wie Anm. 9), 24.

[74] Ebd.

zum Deckmantel so mancher Schandthaten machten. Weiser Glauben findet in der ganzen Natur, aus welcher Christus seine erhabenen Gleichnisse schöpfte, die beruhigende Wahrheit der Unsterblichkeit unserer Seele, welche die so göttliche Lehre Jesu bestätigt. Weiser Glaube hält sich überzeugt, daß, wie Christus es uns gelehrt hat, nur wahre Tugend eine Ewigkeit hindurch glücklich machen könne. […] Weiser Glaube bebt zurück, wenn ein neues Evangelium in Swedenborgs Schriften angekündigt wird, wenn neue Wunderthäter auftreten, die zum schädlichsten Aberglauben hinleiten […].[75]

Dies ist der Tenor ihrer Äußerungen zu Religion seit den 1790er Jahren. Theologisch berief sie sich immer wieder auf die Neologen, die sie inzwischen auf ihren Reisen auch persönlich kennengelernt hatte, vor allem Johann Friedrich Wilhelm Jerusalem (1709–1789), Johann Joachim Spalding (1714–1804) und Georg Joachim Zollikofer (1730–1788). Für neuere theologische Strömungen, etwa im Kontext der Romantik, war sie wenig offen. Solche Entwicklungen erschienen ihr eher als Rückfall in voraufgeklärte Zeiten. Die ‚Vernunft‘ blieb jetzt für sie der wichtigste Maßstab, auch und gerade in der Beurteilung religiöser Dinge.

In diesem Geist sind als letzte Zeugnisse ihrer Religiosität ihre „religiösen Betrachtungen" formuliert, die 1841 postum herausgegeben wurden.[76] Das Lessingzitat findet sich auch hier wieder: „Ja, es ist leichter, andächtig zu schwärmen, als würdig zu handeln",[77] lautet der letzte Satz einer Betrachtung über den „Aberglauben".[78] Ein „Hang zum Wunderbaren" sei jedem Menschen mitgegeben, und das „Streben hinaus über den Kreis der Erfahrungen, das Aufsuchen einer höheren, geistigen Welt" sei „vollkommen würdig des Menschen".[79] Allerdings berge dieses Streben auch die Gefahr, sich von falschen Vorstellungen leiten zu lassen. Das Kriterium, das hier wie auch sonst angewendet werden muß, ist die „Vernunft". Immer sei zu prüfen, ob „das Geglaubte mit den Gesetzen des menschlichen Denkvermögens, das ist, mit der Vernunft, übereinstimmt, oder ihnen widerspricht".[80]

Dementsprechend definiert sich auch ‚Glaube‘ über die ‚Vernunft‘: „Der Glaube ist ein Fürwahrhalten dessen, was nicht durch eine unmittelbare oder sinnliche Erfahrung zu uns gelangt, sondern durch die Vermittlung der Vernunft, als wahr, erkannt wird".[81] Inhaltlich bestimmt sie ‚Glaube‘ ganz im Sinne der ‚natürlichen‘, aufgeklärten Theologie des späten 18. Jahrhunderts: „Der Glaube an Gott, an die Unsterblichkeit der Seele und an eine ewige Folge unserer Handlungen ist ein un-

---

[75] Ebd., 89 f.
[76] Recke, Geistliche Lieder, Gebete und religiöse Betrachtungen (wie Anm. 10).
[77] Ebd., 154.
[78] Ebd., 150–154.
[79] Ebd., 151.
[80] Ebd., 150.
[81] Ebd., 112.

abweisbares Bedürfnis unser geistigen Natur".[82] Glaube wird ‚natürlich' begründet, und die Rede vom menschlichen ‚Gefühl unserer Abhängigkeit' vom Vatergott hat Anklänge an die Frühromantik, doch letztlich bleibt die strenge Anbindung an die ‚Vernunft': „Die Vernunft ist Pflegerin dieses Glaubens [...]! Die Vernunft, dieses heilige Licht von Gott, darf nie den Glauben verlassen, [...] wenn er nicht in Wahn und in den Irrthum verfallen soll".[83]

Auch Jesus Christus, den „erhabenen, göttlichen Lehrer und Mittler"[84] interpretiert sie in diesem Sinn: Er sei „gekommen [...], zu erlösen die Menschen von Wahn, Irrthum und Aberglauben".[85] Er sei es, „der so lebendig in sich selbst die höhere Vernunft darstellt, diese Kraft, zu vernehmen das Göttliche, das Himmlische".[86] Er habe die Menschen von allen Irrwegen zu sich selbst zurückgeführt. „ ‚Das Himmelreich ist inwendig in euch, es besteht nicht in äußerlichen Geberden', sagt wiederholend sein heiliger Mund".[87] Seinem Vorbild sollten die Menschen folgen. Ein „redliches Bestreben, [...] Werke der Liebe, des Wohlwollens, der Gerechtigkeit und [...] Thaten",[88] – das sei es, worauf es ankomme.

## IV. Die „schwankenden Religionsbegriffe" – Ein Fazit

Die „schwankenden Religionsbegriffe" prangerte Elisa von der Recke im Rückblick auf ihre religiöse Erziehung an. Es habe der Religion die Klarheit und Eindeutigkeit eines ‚vernünftigen Glaubens' gefehlt und diese Uneindeutigkeit habe für Täuschungen und Irrtümer empfänglich gemacht. Mit der Reflexion dieser Entwicklung verband sie den pädagogischen Anspruch, anderen den richtigen Weg in religiösen Dingen zu weisen und vor ähnlichen Verirrungen zu bewahren. Sowohl ihre intensive Beschäftigung mit den verschiedenen esoterisch-religiösen Spielarten als auch ihre didaktische Aufbereitung in Schriften für ein breites Publikum zeigen Elisa von der Recke als Kind ihrer Zeit, nicht besonders originell und gerade deshalb exemplarisch für die Religiosität im späten 18. Jahrhundert. Zwei Aspekte seien dabei noch einmal besonders hervorgehoben.

Der Umgang der Aufklärer und Aufklärerinnen mit Religion bestand zunächst in Abkehr und Distanzierung von den traditionellen religiösen Formen und in der Suche nach einer neuen Welt- und Selbstdeutung. Die Orthodoxie, und zwar nicht

---

[82] Ebd.
[83] Ebd., 113 f.
[84] Ebd., 125 f.
[85] Ebd., 126.
[86] Ebd., 114.
[87] Ebd., 124.
[88] Ebd., 128; ähnlich nennt sie S. 132: „gläubige Ergebung in allem, Strenge gegen uns selbst, allgemeine thätige Menschenliebe".

nur die orthodoxe Theologie der Lutheraner, sondern auch die erstarrten religiösen Vorstellungen in anderen Konfessionen, trug nicht mehr, man suchte statt dessen nach einer ‚vernünftigen', ‚menschenfreundlichen' Religion, die nicht die Sündhaftigkeit des Menschen, sondern seine Fähigkeit zum guten Handeln in den Vordergrund stellte. Wichtig wurden dabei jene religiösen Vorstellungen, die durch die Literatur der Empfindsamkeit vermittelt wurden.

Der damit verbundene Säkularisierungsprozeß verlief in zwei Richtungen, die sich entsprechend dem Sprachgebrauch der Zeit mit ‚Schwärmerei' und ‚Rationalismus' charakterisieren lassen: Auf der einen Seite die Orientierung an der empfindsamen Literatur mit ihren ‚Seelen'- und ‚Geistervorstellungen', die ihre Fortsetzung fanden in den Ritualen und magischen Praktiken vieler Geheimgesellschaften; auf der anderen Seite die rationale, ‚vernünftige' und ‚natürliche' Religion Lessings, die Ethik, Moral, gutes Handeln – ausdrücklich im Gegensatz zum ‚Schwärmen' – in den Vordergrund stellte. Beide Richtungen, so gegensätzlich sie inhaltlich scheinbar waren, fanden sich in ein und demselben Lebensentwurf. Gemeinsam war ihnen, daß sie die Fähigkeiten und Möglichkeiten des Menschen in den Vordergrund stellten und als Maßstab setzten: Der Mensch versuchte Einfluß zu nehmen auf Diesseits und Jenseits.

Der zweite Aspekt betrifft weniger das Inhaltliche als vielmehr den ‚Ort' von Religion: Religion war bei aller Individualisierung Teil der Öffentlichkeit, mehr noch: Teil der Geselligkeit. Dies wiederum ist in doppelter Hinsicht interessant: Zum einen wurden auf breiter Ebene – in Zeitschriften, in Briefwechseln, auf Abendgesellschaften und Spaziergängen – religiöse Themen diskutiert, und mit der wachsenden Reiselust wurde Religion zudem zum touristischen Ereignis, das mit Interesse, aber auch Distanz beobachtet wurde. Zum anderen erschließt sich von hier aus auch die Frage nach einer spezifisch weiblichen Religiosität. Die religiösen Vorstellungen, die Elisa von der Recke vertrat, waren, was die Inhalte betrifft, eben nicht spezifisch ‚weiblich', sondern fanden sich genau so auch bei männlichen Zeitgenossen. Die Gewährsleute waren vor allem Männer: Cronegk, Gellert, Lavater, Cagliostro, Starck, Spalding, Zollikofer, Lessing. Daß sich Frauen offen und öffentlich in theologische Auseinandersetzungen einmischten, wie Elisa von der Recke dies tat, war die Ausnahme. Selbstverständlich war aber auch für Frauen, daß sie sich für diese Themen interessierten, darüber lasen und sprachen – mit Männern und Frauen. Charakteristisch für das ‚aufgeklärte' späte 18. Jahrhundert ist – über die Geschlechtergrenzen hinaus –, daß Männer und Frauen den Diskurs über Theologie und Philosophie, magische Praktiken und Geisterglauben nicht mehr den ‚Experten' überließen, sondern daß sie sich zutrauten, selbst zu denken, zu reden, zu schreiben und Position zu beziehen. Darin lag etwas Emanzipatorisches, das nicht nur, aber auch für Frauen reizvoll war und ihnen gesellschaftlich und religiös neue Möglichkeiten erschloß.

Die kurländische Adlige Elisa von der Recke (1754–1833) beschäftigte sich Zeit ihres Lebens mit Fragen der Religion. Bekannt wurden vor allem ihre Schriften über Cagliostro und über Johann August Starck. Darin sowie in ihren umfangreichen Selbstzeugnissen (Tagebücher, Korrespondenz, autobiographische Aufzeichnungen) spiegelt sich das breite Spektrum individueller Religiosität zwischen Empfindsamkeit und Aufklärung, wie es für das späte 18. Jahrhundert kennzeichnend ist. Ausgehend von Elisa von der Reckes religiöser Prägung in Kindheit und Jugend, über ihre ,mysteriosophisch'-freimaurerischen Aktivitäten bis hin zu ihrer kritischen Auseinandersetzung mit ,Kryptokatholizismus', ,Schwärmerei' und ,Aberglaube' und ihrem Plädoyer für einen ,vernünftigen' Glauben im Geist der Aufklärung zeigt der Beitrag die verschiedenen Facetten ihrer religiösen Reflexion. Sowohl in ihrer intensiven Beschäftigung mit den verschiedenen esoterisch-religiösen Spielarten als auch durch die didaktische Aufbereitung ihrer religiösen Erfahrungen in Schriften für ein breites Publikum erweist sich Elisa von der Recke als typisch für die religiöse Mentalität der aufgeklärten Gebildeten.

The noblewoman Elisa von der Recke (1754–1833) occupied herself during her whole life with questions of religion. In particular her writings about Cagliostro and Johann August Starck aroused considerable public attention. Therein as well as in her extensive „Selbstzeugnisse" (diaries, correspondence, autobiographical writings) the broad range of individual religiousness between sentimentalism and Enlightenment is reflected like it is characteristic for the second part of the 18th century. The following essay shows the different facets of the religious reflection of Elisa von der Recke beginning with her religious experiences in her childhood and youth, followed by her Masonic activities, her critical examination of „Kryptokatholizismus", „Schwärmerei" and „superstition" and her argument for a „reasonable" faith in the spirit of the Enlightenment. In her very intense occupation with the different esoteric-religious facets, as well as in the didactical formulation of her religious experiences in writings for a broad readership Elisa von der Recke turned out to be typical for the religious mentality of the well-educated class of the society in times of Enlightenment.

PD Dr. Anne Conrad, Universität des Saarlandes, FR 3.3 Katholische Theologie, Campus, A 4 2, D – 66123 Saarbrücken, E-Mail: a.conrad@mx.uni-saarland.de

# KURZBIOGRAPHIE

## ADOLPH FRIEDRICH HOFFMANN
## (1703–1741)

Adolph Friedrich Hoffmann wurde 1703 in Leissnig geboren; sein Vater war Amtsaktuarius, sein Bruder Gottfried August Hoffmann Jurist. Ab 1721 studiert er an der Universität Leipzig als Schüler von Andreas Rüdiger. 1724 erwirbt er den Magistergrad in der Philosophie (Nr. 1). Aufgrund seiner herausragenden Fähigkeiten vertraute ihm Rüdiger, der aus Krankheitsgründen seine Kollegien nicht wahrnehmen konnte, diese an. 1731 erwirbt Hoffmann in Erfurt den Titel eines Doktor der Medizin (Nr. 5). Im selben Jahr beginnt er seine Lehrtätigkeit in Leipzig, wo er mathematische und philosophische Collegia hält. Zu seinen bekanntesten Schülern gehört Christian August Crusius. Hoffmann stirbt am 14. August 1741.

Die Bibliographie von Hoffmann umfaßt acht Werke mit philosophischem und medizinischem Inhalt. 1. Disputatio philosophica de ratiocinatione causali, 1725. 2. De prudenti inventione mediorum, 1726. 3. Commentatio de jurium et obligationum collisione, ex principiis jurisprudentiae naturalis, 1728. 4. Gedancken über Hn. Christian Wolffens, Hoch-Fürstl. Heßischen Hof-Raths, und Philosophiae & Mathematum Professoris Primarii zu Marburg, Logic, oder sogenannte Philosophiam rationalem. Nebst einem Anhange, worinnen gedachter Herr Auctor auf die von Hn. D. Andreas Rüdigern, Hoch-Fürstl. Sächsi-schen würcklichen Rath und Leib-Medico im Forst, wider seine Meinungen von dem Wesen der Seele und eines Geistes überhaupt gemachten Einwürffe zu antworten eingeladen wird, 1729. 5. De rebus physiologicis novae hypotheses, 1731. 6. Gedancken von dem gegenwärtigen Zustande Der Gelehrsamkeit, Worbey zugleich Einige Collegia intimiret werden, 1734 (1776: Eines berühmten Philosophen Erinnerung aus dem Reiche der Todten an die jetzige gelehrte Welt). 7. Beweisthümer Dererjenigen Grund-Wahrheiten aller Religion und Moralität, welche durch die in der Wolfischen Philosophie befindlichen Gegensätze haben geleugnet, und über den Haufen geworfen werden wollen. Bey welcher Gelegenheit zugleich Des Herrn Professoris Theologiae zu Halle, D. Joachim Langens von Ihro königl. Majestät in Preussen allergnädigst ihm abgeforderter kurtzer Entwurf gedachter Philosophie, Nebst dem, Was von dessen Herrn Gegnern darwider ans Licht gekommen ist, gegen einander erwogen, und hierdurch die Wahrheit des gedachten Entwurfs deutlich vor Augen geleget wird. Nebst einem Anhange von der genauen Verwandschaft des auf Einführung des Naturalismi abzielenden Wertheimischen Bibelwercks mit der Wolfischen Philosophie, 1736. 8. Vernunft-Lehre, Darinnen die Kennzeichen des Wahren und Falschen Aus den Gesezen

Aufklärung 21 · © Felix Meiner Verlag 2009 · ISSN 0178-7128

des menschlichen Verstandes hergeleitet werden, 1737.

Hoffmann steht einerseits in der thomasianischen Tradition und empfängt wichtige Impulse von seinem Lehrer Andreas Rüdiger, mit dem ihn auch seine Ausbildung als Mediziner verbindet, wenngleich die bei Rüdiger noch vorhandenen religiösen Konnotationen in der Auffassung von der Vernunft in den Hintergrund treten; andererseits aber „gewinnt die thomasianischrüdigersche Richtung" bei ihm „eine wesentlich neue Perspektive", insofern er zu der Generation von Denkern gehört, die ihre Systeme als „bewußte Entgegensetzungen zu wolffschen Positionen" entwickeln, gleichzeitig aber auch „wolffsche Grundeinstellungen" übernehmen (Tonelli, Einleitung, S. XVIII ff.).

Sein Hauptwerk, die *Vernunftlehre*, versteht sich als methodologische Grundlagenwissenschaft, insofern es in ihr um die ersten Gründe der Vernunftwahrheiten und den Zusammenhang derselben mit anderen Erkenntnissen geht. Die Suche nach zureichenden Gründen der Schlüsse und Sätze bis hin zu ersten Gründen hat sich nach einer *objektiven* Seite hin zu entfalten, also nach den Dingen außerhalb des Verstandes, aber sie darf nicht dabei stehen bleiben, sondern muß auch zu den „subjectivischen" fortgehen, „welche zeigen warum unser Verstand durch jene gewogen wird, das, was durch sie erwiesen werden soll, vor wahr zu halten" (Vernunftlehre, Vorrede, S. 3). Demzufolge nimmt die Untersuchung der Kräfte des Verstandes als der Möglichkeit der Wahrheitserkenntnis einen breiten Platz ein. In der inhaltlichen Durchführung dieses Programms bleibt Hoffmann allerdings in den bereits vor ihm vorgezeichneten Bahnen seines Lehrers Rüdiger. Max Wundt (Deutsche Schulphilosophie, S. 249) weist darauf hin, daß die *Vernunftlehre* auch Motive der Wolffschen Philosophie aufnimmt. Dies betrifft unter anderem den Gedanken von der Verknüpfung und vom Zusammenhang der Er-

kenntnisse. Allerdings grenzt sich Hoffmann, in der Nachfolge Rüdigers, von der mathematischen Methode, so wie sie Wolff praktiziert, ab. Nach Tonelli (Einleitung, S. XXI) ist es Hoffmann gewesen, der als erster den Unterschied zwischen philosophischer und mathematischer Methode ausführlich behandelt und als eine Grundfrage betrachtet hat.

Die Auseinandersetzung mit Wolff nimmt einen breiten Platz in Hoffmanns Werk ein und siedelt sich sachlich auf zwei Ebenen an. In den *Gedancken* stehen einzelne zum Teil isolierte Topoi der lateinischen Logik von Wolff zur Diskussion. Hervorzuheben ist hier die Kritik an der Anwendung der mathematischen Methode in der Philosophie. Wolff verwechsele die philosophische und die mathematische Methode mit den Regeln zu räsonieren. Eine Regel der philosophischen Methode bestehe darin, daß die wirkliche Existenz der beschriebenen Dinge entweder feststeht oder bewiesen werden muß; in der Mathematik hingegen kann von Größen gehandelt werden, ohne daß man sich nach deren Existenz umschaut. Die Verwechslung der Methode findet sich dann auch wieder in der Lehre von der Definition: Wolff verwechsele Real- und Nominaldefinition. Realdefinitionen sind Wolffs Ansicht nach genetisch; nicht genetische Definitionen sind demzufolge bloße Nominaldefinitionen. Dem hält Hoffmann entgegen, in der Mathematik seien nur mögliche *definitiones geneticae* berechtigt, da man nicht auf Existierendes schließe, im Gegensatz zur Philosophie. Die im Schlußteil der *Gedancken* vorgebrachten Kritikpunkte an Wolff, die sein Schweigen bzw. die Aufforderung, sich den Kritiken zu stellen, betreffen, gaben Anlaß zu einer Erwiderung (Hieronymi Alethophili Erinnerungen auf die Gegen-Meinung der Meinung Herrn Hof-Rath Wolffens […] 1729).

Die zweite Ebene, auf der die Auseinandersetzung mit Wolff erfolgt, richtet sich unmittelbarer – Joachim Langes Einwänden folgend – gegen den Satz vom zureichenden Grund und den von der besten Welt. Hoffmann bringt, im Vergleich zu Lange, keine wesentlich neuen Argumente gegen die wolffsche Philosophie vor: Wolffs Thesen liefen auf die Leugnung der Willensfreiheit und damit der Verantwortung und Zurechenbarkeit der Taten hinaus. Damit einher geht die Kritik, daß Wolffs Philosophie den Grundsätzen der natürlichen und der christlichen Religion widerspreche und zu Naturalismus und Atheismus führe.

Es geht Hoffmann ganz besonders um die Verteidigung der Möglichkeit und Wirklichkeit der Willensfreiheit. Gegen Wolff wird der Primat des Willens gegenüber dem Verstand vertreten. Nach ihm gibt es sogenannte *actiones primae*, die ohne zureichenden Grund sind. Eine eigene Thelematologie (Lehre vom Willen) hat Hoffmann wohl nur im mündlichen Unterricht vorgetragen.

Im Rahmen dieser Auseinandersetzung entwickelt Hoffmann auch Elemente einer *Moraltheorie*. Deren Voraussetzung gründet in der Abhängigkeit des Menschen von Gott und orientiert sich demzufolge an dem Gedanken des Verhältnisses des menschlichen Willens gegen göttliche Gesetze (Beweisthümer, S. 32). Letzter Zweck Gottes bei der Erschaffung der Welt war die Glückseligkeit der vernünftigen Kreatur (ebd., S. 93). Solange der Mensch keine wahre Moralität erlangt hat, also gemäß seiner „physicalischen Natur" (ebd., S. 95) lebt, ist das Verlangen nach Glückseligkeit bzw. die eigene Vollkommenheit sein letzter Zweck. Wesentliches Prinzip der Moral aber ist der liebende Gehorsam gegen Gott: Wir sollen alles tun in der letzten Absicht, den Willen Gottes zu erfüllen. Gott sieht den Beweggrund, wodurch wir zum Gehorsam getrieben werden, nicht die Tat (ebd., S. 39; Vernunftlehre, S. 1024).

In seinen *naturrechtlichen* Auffassungen steht Hoffmann in der Gefolgschaft

Rüdigers. Das Naturrecht ist das System der göttlichen Gesetze, die von den Rechten und Pflichten gegen andere handeln. Das Prinzip des Naturrechts ist die Freundschaft, d. h. die gegenseitige Liebe der Menschen, die ihrerseits in dem metaphysischen Prinzip der Gottesliebe wurzelt: Es ist Gottes Wille, daß Freundschaft gepflegt werde; gerecht ist demzufolge dasjenige, was mit dem Willen Gottes übereinstimmt (Commentatio, S. 3 f.). Das Recht wird auf diese Weise moralisch angereichert und transzendent begründet.

Hoffmanns wohl bedeutendster Schüler war Christian August Crusius, der während fünf Jahren seine Kollegien besucht hat; er erwähnt mehrfach die gedanklichen Anstöße, die er dort erhalten hat. Dies betrifft u. a. die *Thelematologie*, der er in seiner *Anweisung* einen umfangreichen Abschnitt (S. 3 ff.) widmet, und von der er behauptet, Hoffmann sei der erste gewesen, der eine solche Theorie als besondere Wissenschaft vorgetragen habe.

Auch was die Ontologie betrifft, erwähnt Crusius Hoffmanns Kollegien. Tonelli (Einleitung, S. X) bemerkt, es sei vor allem im Gebiet der Logik, wo sich bei Crusius der Einfluß von Hoffmann bemerkbar mache. Crusius selber betont dies ausdrücklich in der Vorrede zu seiner Schrift *Weg zur Gewißheit und Zuverlässigkeit der menschlichen Erkenntnis* und hebt den Wert von Hoffmanns *Vernunftlehre*, die er seinen eigenen Vorlesungen zum Grunde legt, ausdrücklich hervor. Dort führt er auch ein Forschungsdesiderat an, nämlich das Verhältnis seiner eigenen Logik zu der von Hoffmann zu untersuchen. In Aufbau und Themenstellungen zeigen sich deutliche Parallelen zwischen der *Vernunftlehre* und dem *Weg*, wenngleich Crusius einige Änderungen und ‚Vermehrungen' vorgenommen hat, etwa in der Lehre von der Wahrscheinlichkeit.

Zu klären bliebe, inwiefern sich über den Weg der Schriften von Crusius Motive von Hoffmanns Denken beim frühen Kant

wieder finden ließen, das beträfe etwa die
Diskussion der Willensfreiheit in der
*Nova dilucidatio* oder die Methodendis-
kussion in der *Preisschrift* von 1762
(1764).

Literatur: Christian August Crusius,
Weg zur Gewißheit und Zuverlässigkeit
der menschlichen Erkenntnis, Leipzig
1747 (Repr. Hildesheim 1995); Giorgio

Tonelli, Einleitung in: Christian August
Crusius, Die philosophischen Hauptwerke,
Bd. 1, Hildesheim 1969: Max Wundt, Die
deutsche Schulphilosophie im Zeitalter der
Aufklärung, Tübingen 1945 (Repr. Hildes-
heim 1992).

Robert Theis (Luxemburg)

# DISKUSSIONEN

## Der „Nekrolog Immanuel Kant" von Schack Hermann Ewald in den *Gothaischen gelehrten Zeitungen*

Es waren noch nicht vier Wochen nach dem Ableben von Immanuel Kant am 12. Februar 1804 vergangen, als am 7. März 1804 der nachstehende Nekrolog in dem Journal *Gothaische gelehrte Zeitungen (GgZ)* erschien. Während bedeutende Zeitschriften sich vorerst auf Informationen über den Tod Kants und die Trauerfeierlichkeiten beschränkten,[1] legte das gothaische Journal eine ausgewogene und differenzierte Würdigung des Lebenswerks von Kant vor. Dieser Nachruf, ganz in der von Friedrich Schlichtegroll (1765–1822) seit 1790 in Gotha begründeten Tradition des *Nekrologs der Teutschen* (ab 1802), erschien anonym. Der Verfasser ist nicht namentlich dokumentiert.

Diesen Nachruf konnte der Autor, der nicht zum unmittelbaren Bekanntenkreis Kants in Königsberg gehörte, nur wagen, wenn er als interessierter Zeitgenosse den Weg der Kantischen Revolution der Denkungsart verfolgt hatte. Mehr noch, die Kenntnis des Lebens und des Werks Kants, insbesondere die Darlegungen zur Grundlegung und Ausformung des Systems der kritischen Philosophie, einschließlich der religionsphilosophischen Ideen, setzten eine zielstrebige Aneignung der Gesamtheit der Vorstellungswelt und des Habitus des Denkers voraus.

Die indirekten Nachweise, die in gedruckter oder persönlicher Kommunikation dokumentiert sind, konzentrieren die Zuschreibung der Autorschaft des Nekrologs auf den Redakteur der *GgZ* Schack Hermann Ewald. Er wurde am 6. Februar 1745 als Sohn eines Hofbeamten und einer französischen Mutter in Gotha geboren. Der Vater verstarb 1757. Die herzogliche Unterstützung ermöglichte ihm den Besuch des Gothaer Gymnasiums sowie von 1764 bis 1769 das Studium der Rechtswissenschaft in Jena. Danach war er als Advokat in Gotha tätig. Er begann, sich literarisch zu betätigen (u. a. Oden). 1772 ging er als Hofmeister nach Göttingen und hatte engere Kontakte zu Mitgliedern des Hainbundes (Johann Heinrich Voß, Heinrich Christian Boie u. a.). Als Amts- und Gerichtsadvokat nach Gotha zurückgekehrt, wirkte er ab 1783 als Registrator im Hofmarschallamt, stieg dort 1784 zum Sekretär und 1798 zum Hofsekretär auf. 1803 wurde er zum Rat und 1812 zum Hofrat ernannt. Am 5. Mai 1822 starb Ewald in Gotha.

Ewald war ab 1776 Mitglied der Freimaurerloge *Zum Rautenkranz* und gehörte seit 1783 unter dem Namen Cassiodor dem Geheimbund der Illuminaten an.[2] Neben weiteren literarischen Versuchen, Übersetzungen (Schriften von Spinoza) und eigenen anthropolo-

---

[1] Vgl. Intelligenzblatt der Allgemeinen Literatur-Zeitung, 1804, Nr. 36, 286 (3. März); Nr. 47, 380 f. (24. März).

[2] Vgl. Christine Schaubs, Die Erziehungsanstalt in Schnepfenthal im Umfeld geheimer Sozietäten, Nordhausen 2005, 362.

Aufklärung 21 · © Felix Meiner Verlag 2009 · ISSN 0178-7128

gisch-philosophischen Darstellungen[3] wirkte er als Mitbegründer und Redakteur der *GgZ* (1774–1804) sowie als Herausgeber und Autor des *Magazins der Künste und Wissenschaften* (2 Bde., Gotha 1776–1777).

Die *GgZ* hat unter der Leitung Ewalds die Ausarbeitung der kritischen Philosophie durch Kant von 1782 bis 1804 kontinuierlich rezensorisch begleitet. Durch umfängliche und sachliche Darlegung des Inhalts der Schriften Kants und seiner Anhänger hat sie die Prinzipien des neuartigen Denkens propagiert und gegen Versuche der dogmatischen Restitution der Philosophie verteidigt. Kant selbst war es, der als erster in den *Prolegomena* das frühzeitige, sachliche Urteil über den transzendentalphilosophischen Ansatz seiner kritischen Philosophie, das am 24. August 1782 in der Rezension zur *Kritik der reinen Vernunft* in den *GgZ* (68 St., 560–63) dargelegt wurde, gewürdigt hat.

Das „Stillschweigen" über sein innovatives Werk versuchte Kant als Zeit des Prüfens seiner Vorstellungen durch die Fachgelehrten, die ein „übereiltes Urteil" vermeiden wollten, zu erklären. Er konnte aber auch eine ermutigende Reaktion feststellen:

> Eine Probe eines aus solchen Gründen verspäteten Urtheils kommt mir nur eben jetzt in der Gothaischen gelehrten Zeitung vor Augen, dessen Gründlichkeit (ohne mein hiebei verdächtiges Lob in Betracht zu ziehen) aus der faßlichen und unverfälschten Vorstellung eines zu den ersten Prinzipien meines Werks gehörigen Stücks jeder Leser von selbst wahrnehmen wird.[4]

Die Reihe der Indizien, die Ewald als frühen Kantianer ausweisen, eröffnete Adam Weishaupt (1748–1830), der seit 1787 in Gotha lebte, in einer Anmerkung seiner Schrift *Ueber die Kantischen Anschauungen und Erscheinungen* (1788). Er behauptete gegen Kant die objektive Existenz des Übersinnlichen sowie dessen Erkenntnis und forderte den Nachweis der objektiven Gültigkeit der dunklen und deutlichen Vorstellungen. Er merkte an:

> *) Ich habe diesen Punkt, gegen das Ende meiner *Zweifel über die Kantischen Begriffe von Zeit und Raum*, nur in etwas berührt. Mein verehrungswürdiger Freund, der Herr Hofsecret. Ewald in Gotha, einer der frühesten, eifrigsten und einsichtsvollsten Verehrer, und thätigsten Verbreiter des Kantischen Systems, dessen freundschaftlichen und belehrenden Unterredungen diese meine Antikantischen Schriften ihr Entstehen zu verdanken haben, hat in *dem 21. Stück, der so beliebten Gothaischen gelehrten Zeitung*,

---

[3] Schack Hermann Ewald, Ueber das menschliche Herz, ein Beitrag zur Charakteristik der Menschheit, 3 Bde., Erfurt 1784.

[4] Kant's gesammelte Schriften, hg. von der Preußischen Akademie der Wissenschaften, Berlin 1900 f., Bd 4, 380. Vgl. Johann Georg Hamann, Briefwechsel, hg. von Arthur Henkel, Wiesbaden 1959, 425 f. Am 16. September 1782 übermittelte Hamann an Johann Friedrich Hartknoch die in Königsberg umlaufende Meinung: „Kant ist im 68. St. der Gothaischen Zeitung, nach Wunsch, wie ich höre beurtheilet". In der Kantliteratur wird Ewald als Autor der Rezension genannt. Man beruft sich auf Reinholds spätere Bemerkung in: Karl Leonhard Reinhold (Hg.), Beyträge zur leichtern Übersicht des Zustandes der Philosophie beim Anfange des 19. Jahrhunderts, 2. Heft, Hamburg 1801, 2. Reinhold erklärte: Zwei Rezensionen hätten das „Stillschweigen" zu Kants *Kritik der reinen Vernunft* unterbrochen. „Die Eine dieser Recensionen, die *Göttingsche*, soll den verewigten *Garve*, die Andere, die *Gothaische*, den Hofmarschallamtssekretär *Ewald* in Gotha zum Verfasser haben" (ebd.).

bey Gelegenheit der von ihm verfaßten Recension meinen dortigen Aeusserungen folgende Bedenklichkeiten entgegen gestellt [...].[5]

Es folgt ein umfängliches Zitat.

Am 12. März 1788 erschien Ewalds Rezension zur Weishauptschen Schrift *Zweifel über die Kantischen Begriffe von Zeit und Raum* (1788),[6] über deren Titel Ewald das Aristoteleszitat setzte: „Amicus *Plato*, sed magis amica *Veritas*".[7] Weishaupt habe in der Schrift nicht vor, so Ewald,

> [...] die Kantischen Begriffe von Z. und R. absichtlich zu widerlegen, als vielmehr die ihm dabey aufgestossenen Zweifel und Bedenklichkeiten zu einer unpartheyischen Prüfung darzulegen. Recensent hat öfters das Vergnügen gehabt, sich mit Herrn Hofrath *Weishaupt* über die Kantische Philosophie, besonders dessen Sinnlichkeits- und Verstandes-Formen, Zeit und Raum und Categorien, zu unterreden. Hr. W. war gegen, und Recens. für die Kantische Meinung. Der Streit wurde öfterer erneuert, aber es wollte weder von der einen, noch von der andern Seite, zu einer Ueberzeugung kommen.[8]

Diese Identifikation von Ewald mit dem System Kants, die sich in ausführlichen Rezensionen der *GgZ* zu Kants Schriften der achtziger Jahre und seiner Anhänger widerspiegelte,[9] haben Karl Leonhard Reinhold veranlaßt, den Einsatz des gothaischen Journals für die Verbreitung der Philosophie Kants hoch zu veranschlagen. Er wußte, wie alle Zeitgenossen in Thüringen und darüber hinaus, daß dies das Verdienst Ewalds war. Am 30. April 1789 schrieb er an Ewald: „Die *Gothaische* gelehrte Zeitung wird nächst der A.L.Z. das anerkannte, und rühmliche Verdienst haben, der Reformation, mit welcher eine neue Epoche der Philosophie und allen Wissenschaften angeht nicht entgegengearbeitet sondern sie befördert zu haben".[10]

Ein besonders eindrucksvolles Zeugnis hoher Wertschätzung für Ewalds Kompetenz als Förderer der Kantischen Revolution der Philosophie gibt Carl Christian Erhard Schmid (1761–1812). Er hielt im Wintersemester 1785 an der Universität Jena Vorlesungen zu Kants *Kritik der reinen Vernunft* und veröffentlichte dazu eine eigene Darstellung.[11]

---

[5]  Adam Weishaupt, Ueber die Kantischen Anschauungen und Erscheinungen, Nürnberg 1788 (ND: Brüssel 1970), 129 f.

[6]  GgZ, 1788, 21. St., 169–176.

[7]  Aristoteles, Ethica Nicomachea, I, 4, 6, 1096a, 16 [Plato(n) ist mein Freund, aber mehr Freund ist mir die Wahrheit].

[8]  GgZ, 1788, 21. St. (12. März), 169.

[9]  Rezensionen zu Kants Schriften in den GgZ: Grundlegung zur Metaphysik der Sitten (1785): GgZ, 1785, 533–550 (17. und 20. August). Kritik der reinen Vernunft (1781): GgZ, 1782, 560–563 (24. August). Prolegomena zu einer jeden künftigen Metaphysik, die als Wissenschaft wird auftreten können (1783): GgZ, 1783, 705–710 (25. Oktober); 537–550 (20. August). Kritik der reinen Vernunft (2. Aufl., 1787): GgZ, 1788, 204–207 (27. März). Kritik der praktischen Vernunft (1788): GgZ, 1788, 353–358 (28. Mai); 361–366 (31. Mai).

[10]  Karl Leonhard Reinhold, Korrespondenz 1788–1790, hg. von Faustino Fabbianelli u. a., Stuttgart-Bad Cannstatt 2007, 82.

[11]  Carl Christian Erhard Schmid, Critik der reinen Vernunft im Grundrisse zu Vorlesungen nebst einem Wörterbuche zum leichtern Gebrauch der Kantischen Schriften, Jena 1786. Zur Resonanz der Schrift berichten die GgZ (1787, 62. St. [4. August], 512): „Einen Beweis, wie ausserordentlich jetzt alle Schriften, die sich auf Kant beziehen, abgehen, gibt des Hrn. M. Schmidts Lehrbuch der Kritik

Als er das *Wörterbuch zum leichtern Gebrauch der Kantischen Schriften* (1788)[12] in einer zweiten Auflage herausgab, bat er am 22. November 1788 Ewald um die Besprechung dieses ersten Kant-Lexikons. Er schrieb:

> Wohlgeborener, Verehrungswerther Herr! Mit besonderem Vergnügen übersende ich Ihnen hier die zweyte Ausgabe meines Wörterbuchs, als einem Mann, von dem ich weiß, wie *großen* Antheil Er an der Philosophie und ihrer Verbesserung durch Kant, und wie *gütigen* Antheil Er an meinen geringen Bemühungen nimmt, die auf weiterer Ausbreitung derselben abzielen; weiß, wie competent Sein Urtheil über Arbeiten dieser Art sey. Ich wünschte wohl von Ihnen recensirt zu werden, und zwar mit möglichster Strenge und Belehrung, für die ich gewiß von ganzem Herzen und thätig dankbar seyn werde.[13]

Ewald kam der Bitte Schmids, sein Wörterbuch zu rezensieren, schon am 10. Januar 1789 nach. Er würdigte das analytisch-synthetische Vermögen Schmids hinsichtlich der Herausarbeitung der Kantischen Begriffsbestimmungen und ihrer strukturellen Zusammenhänge, die er aus bis dahin erschienenen Werken Kants gewonnen hatte.[14] Schmid eröffnete Ewald in diesem Brief seinen Plan zu einem Wörterbuch der spekulativen Philosophie, um die deutsche philosophische Fachsprache präziser und transparenter zu gestalten. Er konnte ihn nicht verwirklichen. Des weiteren hält er, auf Ewalds Spinoza-Übersetzungen anspielend, eine Ausgabe der Ethik Spinozas mit Anmerkungen und Abhandlungen für wünschenswert.

Hier sei darauf hingewiesen, daß Ewald seit 1785 wichtige Schriften von Baruch de Spinoza übersetzt, herausgegeben und mit kritischen Anmerkungen versehen hat (z. B. die *Ethik*).[15] Der Übersetzung von Spinozas Schriften stellte Ewald seine Auffassung über diesen Philosophen voran: „*Spinoza* war schon zu seiner Zeit da, wo unsere aufgeklärten Theologen jetzt erst hinkommen". Man wird ihm

---

der r. V. Dieses kaum ein Jahr alte Buch hat sich schon fast gänzlich vergriffen, so, daß ihn schon die Verlagshandlung an eine neue Auflage erinnert hat, welche nun auch besorgt werden soll, da die neue Auflage der Kantschen Schriften [Kritik d. r. Vern. 2. Aufl.] erschienen ist. Sonderbar ist es, dass der stärkste Debit nach Giessen und Marburg gewesen ist, gerade also auch an den Ort, wo das Lehren der Kantischen Philosophie untersagt worden".

[12] Carl Christian Erhard Schmid, Wörterbuch zum leichtern Gebrauch der Kantischen Schriften, Jena [4]1798 ([1]1786, [2]1788, [3]1794) [ND hg., eingel. und mit einem Personenregister versehen von Norbert Hinske, Darmstadt [3]1996 ([1]1976, [2]1980)].

[13] Forschungsbibliothek Gotha, Chart. B 1918 II, Schm.

[14] GgZ, 1789, 3. St. 19–21 (10. Januar). Ewald schrieb: „Man würde sich sehr irren, wenn man glauben wollte, daß die Artikel dieses Wörterbuchs blos aus jenen Schriften abgeschrieben und compilirt wären; vielmehr sind alle zu einer Rubrik gehörigen Begriffe und Eintheilungen sehr mühsam aus mehrern Kantischen Schriften und getrennten Stellen ausgehoben, und systematisch unter einander geordnet worden; auch hat der Verf. sehr oft eigene Erklärungen, die den Sinn der Kantischen Begriffe deutlicher darstellen, beygefügt, so daß jeder Artikel eine vollständige Theorie seines Gegenstandes enthält, eine Sache, die nur durch eine vertraute Bekanntschaft mit der Kantischen Philosophie erhalten werden konnte" (ebd., 20).

[15] Vgl. Spinoza im Deutschland des achtzehnten Jahrhunderts, hg. von Eva Schürmann, Norbert Waszek und Frank Weinreich, Stuttgart-Bad Cannstatt 2002, 39 f., 70–78.

[…] zugestehen müssen, daß er die lauterste Christusreligion lehre, die reinste, herzlichste, wärmste Gottesfurcht und Frömmigkeit athme, und von der dankbarsten Ehrfurcht und Liebe zu Gott und Christus, dem Wiederbringer der ächten Religion und des Heils der Menschen und von dem aufrichtigsten Triebe zur Menschenliebe, zur Aufklärung und zum wahren Besten seiner Brüder, ohne die geringste Beymischung von Haß oder Verfolgungsgeist gegen anders Denkende, durchdrungen gewesen sey.[16]

Diese Sichtweise auf Spinozas Vorstellungen hatte Auswirkungen u. a. auf Ewalds Begründung des Daseins Gottes. Obwohl er an den erkenntnistheoretischen, moral- und rechtsphilosophischen Prinzipien des Kantischen Systems zur Selbstgestaltung des menschlichen Seins festhielt, weitete er dessen Vernunftidee vom Unbedingten bzw. das moralische Postulat zum Nachweis einer höchsten Gewalt letztlich zu einem dogmatischen Konstrukt aus, das er später als „esoterischen Pantheismus"[17] bezeichnete. Für Ewald spielten zur Begründung seiner Vorstellungen die ursprünglichen, immerwährenden Mysterien, wie sie in der Mythologie der antiken Völker entstanden, eine wesentliche Rolle.[18] Sie speisten seine Idee von der „Allgewalt Gottes". Er sah sie als eine vorrational existierende, innerliche Erfahrung eines jeden Menschen an, die ihn die Harmonie mit der göttlichen Natur erfühlen läßt. Sie stellte für Ewald eine spirituelle Überwölbung bzw. pantheistisch geprägte Durchdringung der Wirklichkeit dar, die er ansonsten durch Kantische Prinzipien erklärt und nach humanistischen Idealen gestaltet sehen wollte.

Von daher ist es verständlich, daß Ewald, obwohl er Kants Ablehnung des Mystizismus in religiösen Vorstellungen teilte, in der praktizierten Religiosität des Philosophen eine Form des Pietismus sah. Eine Erklärung für diesen Zusammenhang ist im Schlußsatz der Rezension der *GgZ* (12. November 1800) zur Schrift von Reinhold Bernhard Jachmann zu finden, die dieser zur Verteidigung der Religionsphilosophie Kants gegen den Mystizismus verfaßt hatte.[19] Dort heißt es:

Was nun die Hauptsache der vor uns liegenden Schrift betrift, so sind wir völlig mit dem Verf. einverstanden: die kantische Philosophie ist kein Mystizismus, sondern durchaus

---

[16] Spinoza's philosophische Schriften, übersetzt und herausgegeben von Schack Hermann Ewald, 3 Bde., Gera 1787–93. Erster Band: Benedikt von Spinoza über Heilige Schrift, Judenthum, Recht der höchsten Gewalt in geistlichen Dingen, und Freyheit zu philosophiren [Tractatus theologico-politicus], Gera 1787, Vorrede des Übersetzers, IV ff.

[17] Die Allgegenwart Gottes, Gotha 1817, 17, 21, 38 f., 495 f.

[18] Schack Hermann Ewald, Eleusis oder über den Ursprung und die Zwecke der alten Mysterien, Gotha 1819.

[19] Reinhold Bernhard Jachmann, Prüfung der Kantischen Religionsphilosophie in Hinsicht auf die ihr beygelegte Aehnlichkeit mit dem reinen Mystizism. Mit einer Einleitung von Immanuel Kant, Königsberg 1800, neu hg. von Robert Theis mit Vorwort (XXIV), Hildesheim, Zürich, New York 1999. Theis insistiert in einer instruktiven Einführung in das Thema auf die Tatsache, daß in Kants Philosophie „[…] die Vormachtstellung der Vernunft im Gesamtprojekt der menschlichen Erkenntnis, insbesondere aber hinsichtlich des Übersinnlichen" unbestritten ist. Die Begriffsbildung „[…] gelangt zwar in erkenntniskonstitutiver Hinsicht an Grenzen, dennoch treibt die *Vernunft* notwendig dazu, das Unbedingte als *Hypothese* vorauszusetzen (in theoretischer Absicht) bzw. als *Postulat* anzunehmen (in praktischer Absicht). In beiden Fällen aber erfolgt diese Orientierung am alleinigen *Leitfaden der Vernunft*" (ebd., XXIII). Unter dieser Voraussetzung hat Mystik keinen Platz in Kants System der Erkenntnisgewinnung, wenngleich eine gelebte Frömmigkeit mit pietistischem Einschlag, wie sie Ewald für Kant annahm, wohl möglich sein kann.

von demselben verschieden. Allein damit kann ein anderes Urtheil sehr wohl bestehen, nehmlich, daß der Mystiker (der, wie aus einigen, auch von dem Verf. nicht übergangenen Inkonsequenzen in dem Systeme des Mystizismus erhellet, dieses eigentlich nur annimmt, weil er sich selbst nicht hinlänglich versteht) zwar nicht in philosophischer, doch aber in praktischer Rücksicht den Wahrheiten, welche die kritische Philosophie entwickelt und erweiset, näher ist, als es bei der bloßen Hinsicht auf sein System, als System, scheinet.[20]

Erstaunlich ist, daß Jachmann den Gothaer Nekrolog zur Kenntnis genommen hat und in seiner Schrift *Immanuel Kant geschildert in Briefen an einen Freund* (1804) gerade diese Aussage Ewalds zur religiösen Haltung Kants kritisierte. Nach der Bemerkung, daß er in Kants Lebensäußerung nie eine mystische Vorstellung noch weniger ein mystisches Gefühl festgestellt habe, fährt er fort: „Ich muß daher dem Nekrolog in dem 19. Stück der Gothaischen gelehrten Zeitung dieses Jahres widersprechen, wenn er behauptet: ‚Kant habe einer gewissen feinern Mystik angehangen'".[21]

Wenngleich Jachmann die Verwendung des Begriffs ‚Mystik' im Nekrolog erregen mußte, so hat er wohl nicht erkannt, daß er in Ewald einen Mitstreiter für sein Anliegen sehen konnte.[22] In einer weiteren Entgegnung kritisierte Jachmann die Bemerkung im Nekrolog, die die Entstehung der Kantischen Schrift *Religion innerhalb der Grenzen der bloßen Vernunft* ‚teilweise' aus den Zeitumständen zu erklären sucht.[23]

Er wollte klargestellt wissen, daß es Kant um die prinzipielle Darstellung seiner religionsphilosophischen Darstellung ging. Ungeachtet der Kritik von Jachmann kann die Kenntnisnahme des Nekrologs in Königsberg als ein Zeichen gesehen werden, daß die *GgZ* als ein respektiertes Organ zur Förderung der kritischen Philosophie anerkannt war.

Dieser Nachruf vermittelt ein Lebensbild von Immanuel Kant, das den zeitgenössischen Leser auf das epochale, in die Zukunft wirkende Gesamtwerk und die integre Persönlichkeit des Philosophen aufmerksam werden läßt. Mit Sachkenntnis und warmherziger Sympathie werden der Lebensweg, die grundlegenden Schriften und das soziale Wirken als ein verwobenes Ganzes gewürdigt. Im Umriß wird die systematische Ausprägung der von ihm bewirkten Revolution des Denkens vorgetragen, deren Höhepunkt der Verfasser in der stringenten Begründung des sittlichen Strebens des Menschen sah. Ein ablehnendes Urteil deutete er über diejenigen an, die sich als Fortsetzer bzw. Vollender

---

[20] GgZ, 1800, 91. St. (12. November), 766 f.

[21] Immanuel Kant: Sein Leben in Darstellungen von Zeitgenossen: Die Biographie von L.E. Borowski, R.B. Jachmann und E.A.Ch. Wasianski, hg. von Felix Groß, Nachdruck mit Einl. von Rudolf Malter, Darmstadt 1993, 149.

[22] Die Rezension zu Kants Schrift *Die Religion innerhalb der Grenzen der bloßen Vernunft* (1793) erschien in den GgZ, 1794, 11. St. (5. Februar), 81–88; 12. St. (8. Februar), 91–96. Die Darlegungen Kants zum Vernunftglauben und seine Interpretation des Christentums werden besonders gewürdigt. Das Eingehen auf religionshistorische und theologische Details läßt vermuten, daß die Rezension von dem gothaischen Hofcollaborator und Pageninformator Friedrich Heinrich Gebhard, später Pfarrer, verfaßt wurde. Er hat in seiner Schrift *Ueber die sittliche Güte aus uninteressiertem Wohlwollen* (Gotha 1792) den auf der Moralphilosophie Kants beruhenden Vernunftglauben als einzige Grundlage des wahren Glaubens verteidigt.

[23] Immanuel Kant: Sein Leben in Darstellungen von Zeitgenossen (wie Anm. 21), 150. Jachmann merkte an: „Nur muß ich bei dieser Gelegenheit der Äußerung des obgedachten Nekrologs auch darin widersprechen, daß Kant seine ‚Religion innerhalb der Grenzen der bloßen Vernunft' gewisser Zeitumstände wegen geschrieben habe" (ebd.).

der kritischen Philosophie bezeichneten, jedoch das von Kant bestimmte Vernunftvermö-
gen zu transzendenter Spekulation, die beansprucht, objektive Erkenntnis darzustellen,
mißbrauchten.

Nicht zuletzt durch die Aufforderung an künftige Generationen, dem tiefsinnigen und
redlichen Forscherdrang des Denkers nach wahrer Erkenntnis nachzustreben, bleibt der
Nekrolog auf Kant ein bemerkenswertes Zeitdokument.

Horst Schröpfer (Weimar)

**Gothaische**
**gelehrte Zeitungen**
auf das neunzehnte Jahrhundert.

Neunzehntes Stück,
den 7ten März 1804

Bei Carl Wilhelm Ettinger.

**Nekrolog.**
**Immanuel Kant.**

[169] Den 12. Februar Mittags 11 Uhr starb in Königsberg an völliger Entkräftung im achtzigsten Jahre s. A. Immanuel Kant. Bey einer höchst einfachen, ruhigen und einförmigen, durch keine heftigen Leidenschaften erschütterten Lebensweise, bei einer harmonischen Ausbildung seiner ganzen Natur und einer großen Macht seines Gemüths, seinen eignen Körper zu beherrschen (die er in seiner bekannten Schrift über diesen Gegenstand beurkundet hat) brachte er sein Leben bis zum höchsten Greises-Alter. Freilich waren seine letztern Jahre ein allmähliges Absterben aller Kräfte seines großen Geistes und seines Körpers, und der Tod war schon lange der Gegenstand seiner Sehnsucht. Obgleich Menschenfreund in hohem Grad, hatte er doch immer das Leben als ein im Ganzen verächtliches Spiel und Getriebe von Leidenschaften und Thorheiten angesehen, das kein Vernünftiger noch einmal von vorn durchzuspielen wünschen könne,[24] und so muste ihm die Versetzung „von diesem niedern Globen in die Unsterblichkeit", in einen andern, bessern Stern, wünschenswerth seyn, wohin, wie er ahndete, diejenigen entrückt werden dürften, die hier ihre Rolle nicht schlecht gespielt hätten. Welch' ein Himmel muste auch in dem Herzen des Mannes seyn, der mit dem Selbstgefühl abtreten konnte:

Vixi, et, quem dederat cursum fortuna, peregi:
Et nunc magna mei sub terras ibit Imago.
Urbem praeclaram statui: mea moenia vidi.[25]

[170] Er hatte ja das weitläuftige Gebiet der Philosophie im Laufe eines langen, einzig der verborgenen Weisheit gewidmeten Lebens mit seltnem Tiefsinn durchforscht und ausgemessen, seine Grenzen abgesteckt, feste Fundamente gelegt und ein Gebäude errichtet, das er selbst noch vollendet erblickte und das die Bewunderung aller Zeiten seyn wird. Wie Aristoteles umfaßte er alle Theile der Philosophie mit seinem Geiste; seine Naturgeschichte des Himmels, die Anfangsgründe der Metaphysik der Natur u. a. Schriften ver-

---

[24]  Vgl. Kant's gesammelte Schriften (wie Anm. 4), Bd. 5, 434.
[25]  Vergil, Aeneis, IV, 653–655. Übersetzung in: Vergil, Sämtliche Werke, hg. und übersetzt von Johannes und Maria Götte, München 1972, 195. Aus: Klage der Königin Dido:

„Habe gelebt und den Lauf, den Fortuna verliehen, vollendet,
unter die Erde wird jetzt erhaben wandeln mein Abbild.
Ich erbaute die Stadt, ich sah meine Mauern, [...]".

kündigen den scharfdenkenden Mathematiker und Physiker; Metaphysiker war er im prägnantesten Sinne des Wortes; seine Critik der theoretischen und praktischen Vernunft war
das Feldgeschrey zum Erwachen der Vernunft. Wie er überall in die philosophische Spe-
culation, statt leichter, oberflächlicher Declamation, Gründlichkeit und Strenge der Beweise einführte, so hat er insonderheit in der praktischen Philosophie durch sein Anstreben
gegen den Geist einer laxen Zeit-Moral und durch den unerbittlichen Ernst des categori-
schen Imperativs eine der Wissenschaft nothwendige und selbst den Sitten wohlthätige
Revolution hervorgebracht. Seine Critik der Urtheilskraft untersucht, ihrem ästhetischen
Theil nach (Critik der ästhetischen Urtheilskraft), ein Feld, welches der Verf. vielleicht
verhältnismäßig am wenigsten das seine nennen konnte: aber auch hier sah man, wie
der hohe Genius selbst über Gegenden, in denen der Verf. nicht ganz einheimisch schien,
Licht zu verbreiten weiß, und die größten Aesthetiker und Dichter unsrer Tage, die Göthe,
die Schiller u. a. haben von ihm gelernt und seine Ideen verarbeitet. In seiner Anthropologie, seiner Pädagogik und physischen Geographie bemerkt man überall den originellen
Denker und den kenntnißreichen Kopf. Seine „Religion innerhalb der Grenzen der Vernunft" war ein Erzeugniß, das zum Theil nach Local- und Zeit-Verhältnissen beurtheilt
werden muß.[26] Dieses und die Schrift „über den Streit der Facultäten" ist unter den seini-
gen am reichsten an Paradoxen, wiewohl er überall von einem Hange zu diesen nicht frey
zu sprechen ist, eine Folge seiner Genialität. Seine sämtlichen Schriften – ihrer ist eine
große Zahl – verkündigen einen so reichen, vielseitig gebildeten, auch mit einem so großen Schatz empirischer Wissenschaften ausgerüsteten Geist, wie nach Leibnitz keiner gewesen ist.

Aber der Weise von Königsberg war nicht blos ein Weiser für die Schule, er war es auch
für das Leben. Bei einem der Berufspflicht und der Wissenschaft geweihten Leben, ver-
schmähte er nicht die feinen Lebensgenüsse, im täglichen Umgang mit Menschen nach
seinem Herzen und bei sokratischen Mahlen. Seine unerschöpfliche Unterhaltungsgabe
hatte ihn zum Liebling aller Gesellschaften gemacht. Aber er bildete um sich nach und
nach [171] einen geweihtern Cirkel ausgezeichneter Menschen, aus welchen Hippel
vor einigen Jahren abschied. Bei höchst mäßigen Einkünften machten es ihm seine Wirth-
schaftlichkeit und seine mäßigen Bedürfnisse möglich, dürftige Mitglieder seiner Familie
reichlich zu unterstützen, zu gemeinnützigen Anstalten theilnehmend beizutragen und die
edelste Gastfreundschaft zu üben. Er heirathete nie und lebte in philosophischer Stille.
Schlicht und fromm war sein Wandel, und, ob er gleich, seinem System nach, derjenigen
Mystik nicht huldigte und nicht huldigen konnte, die unmittelbare Berührungen mit der
Gottheit für möglich hält, und er jeder Schwärmerei absagter Feind war, so neigte sich
sein Herz doch zu der echten Mystik oder dem religiösen Sinn und zu einer gewissen Art
von Pietismus.[27] Der Beifall, den er in einer langen Reihe von Jahren als akademischer
Lehrer genoß, der Tribut der lauten Bewunderung seiner in seinem Alter erschienenen
langsam gereiften Werke, den ihm die Nation zollte, konnten seinen bescheidnen Sinn
eben so wenig aus seinem Gleichgewicht bringen, als der Tadel und die zahllosen Befeh-
dungs-Schriften seiner Gegner. Er ließ sich fast nie auf Streitigkeiten ein, sondern über-
ließ, nachdem er seine Ueberzeugung öffentlich niedergelegt hatte, den Erfolg von allen
dem der Zeit, den Umständen und der Kraft der Wahrheit. Diese hat gesiegt, die Schlacken
abgesondert, und das reine Metall ist geblieben. Ephemere Systeme hat uns die letzte Decade ohne Zahl gebracht; aber es waren Meteore, die da kamen und gingen. Auch Kant hat

---

[26] Vgl. oben Anm. 23.
[27] Vgl. oben Anm. 19, 20, 21.

den Schleier der Isis nicht ganz weggenommen; – und welcher Sterbliche vermöchte das?
– er hat ihn nur gelüftet. Möge es nun auch in der Zukunft so ernste, so tiefsinnige, so red-
liche Forscher der geheimen Wahrheit geben; nur solchen, darf man hoffen, wird sie sich
in ihrer wahren Gestalt zeigen!

# „Worauf kommt's an? (frägt die Urteilskraft)"

## Rainer Enskats Untersuchungen zu den Bedingungen der Aufklärung

Man darf es als eine didaktische Finesse betrachten, die Leistungen unserer Vermögen, Begriffe und schließlich ganzer philosophischer Disziplinen dadurch zu charakterisieren, daß man die Frage stellt, auf die sie antworten. Kant war ein Meister dieser Kunst. Es verwundert daher nicht, wenn er auch die Frage nach der Urteilskraft mit einer Frage beantwortet. „Worauf kommt's an? (frägt die Urteilskraft)".[1] Die Einfachheit dieser Frage täuscht ein wenig über ihre Bodenlosigkeit, denn die Urteilskraft ist immer wieder nur auf sich selbst verwiesen, nicht auf ein Festes, Letztes, an das sie sich halten könnte. Diese Kraft ist, zwar belehrt durch die praktische und die theoretische Vernunft, doch schließlich ganz auf sich selbst gestellt und macht die Konsequenzen der kritischen Wende auf das Subjekt sichtbar. Sie dient der Orientierung in pragmatischer Hinsicht, der „Weltklugheit" (Kant). Bei ihrem Geschäft können Vernunft und Wille sie nur unterstützen, wirklich helfen können sie ihr nicht. Die Sprachspiele der Urteilskraft sind in diesem Sinne autonom: „[W]as uns interessiert, worauf's uns ankommt" – hier in der Formulierung Wittgesteins – hängt zwar „mit besonderen Fakten in der Außenwelt zusammen"[2], aber die Artikulation dieses kultürlichen Interesses an einer Orientierung im Ganzen ist doch vielmehr Ausdruck eines selbstrückbezüglichen Interesses. Wir können nicht *nicht* lernen und müssen uns darum naturgemäß für die Richtung unserer schließlich auch weitgehend von der natürlichen Natur emanzipierten Lernfähigkeit und Lernwilligkeit interessieren. Dieses Interesse ist das an Aufklärung. Es kommt also darauf an, die Urteilskraft über sich selbst aufzuklären. Aber eben dies ist aus Gründen einer entsicherten Urteilskraft kein Spaziergang. Lernen, das sich aus der Erfahrung der Entzweiung nährt und wachhält, weist der Erwartung eines einmal endgültig aufgeklärten Zeitalters einen utopischen Standort zu. Aufklärung ist vielleicht doch eher ein regulativer Grenzbegriff denn ein historisches Ziel. Und: Lernen impliziert nicht notwendig menschengedeihlichen Fortschritt. Worauf kommt es also an bei der Aufklärung der Urteilskraft? Mit dieser Frage dürfte das Motiv für die ebenso scharfsinnigen wie tiefgründigen *Philosophischen Untersuchungen* angesprochen sein, die Rainer Enskat vorgelegt hat.[3] Angesprochen ist aber nicht nur das Motiv, sondern auch das Bewußtsein von den Schwierigkeiten, die „Aufgabe der Urteilskraft", nämlich die Bedingungen der Aufklärung aufzuklären, ihrerseits aufzuklären.

Wir leben in einem Zeitalter der Aufklärung, und naturgemäß erscheint uns die Aufklärungsbedürftigkeit besonders hoch angesichts einer „immer komplexer werdenden Welt", wie Feuilletons, Medien und Wissenschaft nicht müde werden, reflexartig zu beschwören. Haben wir wirklich operationalisierbare oder nicht doch nur gefühlte Maßstäbe für die Komplexitätsgrade menschlicher Weltbezüge? Wer sagt uns, daß die Menschen

---

[1] Immanuel Kant, Anthropologie in pragmatischer Hinsicht (B 165), Werkausgabe Bd. 12, hg. von Wilhelm Weischedel, Frankfurt am Main 1968, 547.

[2] Ludwig Wittgenstein, Letzte Schriften über die Philosophie der Psychologie. Das Innere und das Äußere. 1949–1951, hg. von G. H. v. Wright und H. Nyman, Frankfurt am Main 1993, 63.

[3] Rainer Enskat, Bedingungen der Aufklärung. Philosophische Untersuchungen zu einer Aufgabe der Urteilskraft, Weilerswist 2008, 687 Seiten.

des beginnenden 21. Jahrhunderts subjektiv mehr Komplexität zu verarbeiten haben als die Menschen etwa am Übergang vom 15. ins 16. Jahrhundert oder in der Weimarer Republik? Speziell unserer Zeit wird auch nachgesagt, daß sie sich angesichts der metaphysischen „Entsicherung" (Plessner), der Bodenlosigkeit, ja metaphysischen Haltlosigkeit, die die Idee der Freiheit, das kostbarste Geschenk der Aufklärung, mit sich brachte, an die Gewißheiten der Wissenschaften hält. Die Wissenschaften haben Konjunktur, besonders die Bio- und Neurowissenschaften, die uns die Welt in einer ganz neuen und ungeahnten Übersichtlichkeit zugänglich machen. Das ist ohne kulturkritischen Impetus gesagt. Die Bio- und Neurowissenschaften haben verschlossene Türen geöffnet. Höchstens könnte man mit Manfred Frank (Die Zeit, 36/2009) die bisweilen kontraproduktive, durch die unterschiedliche Verteilung von Forschungsmitteln zusätzlich angeheizte Konkurrenz der Wissenschaften untereinander, einschließlich der Philosophie, bedauern und hinzufügen, daß in diesem Klima eine wechselseitige Übersetzung von wissenschaftlichen Diskursen und die Überwindung von Sprachendualismen nicht gedeiht. Das Interesse an den Naturwissenschaften als Regression zu deuten, wäre jedoch ein ideologisches Mißverständnis, das aus einem kruden Verständnis einer sogenannten Dialektik der Aufklärung heraus entstehen mag. Die Wissenschaften sind ein Segen, ihre Fortschritte in der Hygiene, Medizin, Bildung und in den Medien haben selbstverständlich dazu beigetragen, daß Autonomie mehr denn je praktisch erprobt werden kann, daß ein differenzempfindlicher Universalismus unsere Beziehungen auch ganz konkret bestimmt, interkulturell und intergenerativ; daß die Fürsorge der Eltern für ihre Kinder nie größer und verantwortungsbewußter war als heute, daß die Wohltätigkeit und die Fürsorge für alte Menschen einen nie erreichten Grad erreicht hat, daß die theoretische Neugierde auf ihre Kosten kommt. Gleichzeitig muß man sehen, daß die wissenschaftlichen Prozesse nicht unter allen Umständen zu einer Akkumulation nur des Wissen*werten* führen. Das ist einer der vielleicht unvermeidbaren Mythen der Wissenschaft selbst. Schon der unbeirrt in der Wahrheit voranschreitende Sokrates sah sich genötigt, seine Schüler diesbezüglich zu warnen. Der Weg ‚in die Logoi' ist nicht irrtumsfrei ausgeschildert.

Die Dialektik einer Aufklärung durch Philosophie und Wissenschaft ist so alt wie das Streben nach Wissen um einer besseren Welt willen. Eben darum bedarf die Aufklärung der Aufklärung. Wie ist diese Aufklärung möglich? Durch Aufklärung über die Urteilskraft. Oder anders gesagt: Durch die Aufklärung einer Kraft, eines Talentes, wie Kant sagt, das beurteilen kann, ob das, was man weiß und wissen könnte, auch in praktischer Hinsicht wissenswert ist. Das ist die Aufgabe der Urteilskraft. Nur sie ist, wie man sehen wird, ‚blind' genug, um dazu fähig zu sein.

Engen wir den Zeitraum der Betrachtung auf die Spanne der Lebensalter von Jean-Jacques Rousseau und Immanuel Kant zwischen 1712 und 1804 ein. Enskat hat diese Spanne in einer bewegenden Momentaufnahme der Aufklärung festgehalten, die das Wesentliche herausarbeitet. Auf fast 667 Seiten, in elf Kapiteln und 71 Abschnitten werden die *Bedingungen der Aufklärung* freigelegt, auf daß sich die „Aufgabe der Urteilskraft" erfülle. Die Untersuchungen sind im besten Sinne dem Rationalismus — nicht zu verwechseln mit dem Intellektualismus — der Aufklärung, verpflichtet. Clare et distincte! mag der Wahlspruch ihres Autors sein. Nicht enzyklopädisch, sondern modern in dem Sinne, daß es den individuellen Bildungs- und Denkweg des Autors sichtbar macht. Die Momentaufnahme setzt das Doppelgestirn Rousseau-Kant ins Licht, das hier in einer völlig neuen, vom *Contrat social* unabhängigen, vielmehr auf die wissenschaftstheoretisch gehaltvollen Betrachtungen des *Zweiten Diskurses* gerichteten Perspektive erscheint. Es ist Enskats Verdienst, in Rousseau und Kant eine zentrale Konstellation der Aufklärung entdeckt und wiederent-

deckt zu haben, die unverzichtbare Einsichten in die begriffliche Entwicklung der Urteilskraft gewährt.

Man tut dem Buch nicht unrecht, wenn man es barock nennt. Da ist kein Weg und kein
Steg, der nicht abgeschritten, nicht angezeigt, nicht wenigstens angedeutet wäre, keine
Auffälligkeit, die nicht ins Licht gesetzt würde. Weitschweifig im besten Sinne geht diese
*Untersuchung* vor. Was bleibt ihr anderes übrig, die Zusammenhänge verstehen sich nicht
von selbst, müssen erst hergestellt werden. Es ist wie eine Wanderung nach einer Enskat-
schen Bildungslandkarte durch die Enskatsche Bibliothek. Manchmal kennt man schon
eigene Wege und mag nicht immer mitgehen. Das muß man auch nicht. Ein andermal
ist es eine Freude, den verschlungenen Pfaden zu versteckten Preziosen der Ideenge-
schichte zu folgen. Die Weitschweifigkeit ist kein Nachteil. Wer verfügt schon über
eine eigene Karte dieses Maßstabs? Ein ganz klein wenig wird die Geduld der Leserinnen
und Leser nur beansprucht, wenn man nach der Trennschärfe der 71 Abschnitte fragt.
Wichtiger ist vielleicht aber doch die beeindruckende hermeneutische bzw. analytische
Dichte, die ohne Überlappungen bei der Wahl der Zugänge nicht zu haben ist.

Die Architektur des Buches ist transparent, wenn auch das Gebäude verschachtelt ist.
Die ersten Sätze:

> Die Aufklärungsbedürftigkeit der Menschen ist älter als ihre Bemühungen um die Auf-
> klärung. Ihre Bemühungen um die Aufklärung sind älter als der Name der Aufklärung.
> Der Name der Aufklärung ist älter als die jüngste Diagnose der Vorläufigkeit, der Per-
> vertierung oder des Scheiterns der Aufklärung. Dennoch ist das Älteste in dieser Ge-
> schichte nicht weniger jung als das scheinbar Jüngste (15).

Unmittelbar teilt sich mit, vor welchen Aufgaben eine Untersuchung steht, die offenkundig nichts Abschließendes, aber doch Wesentliches über die Aufklärung wird sagen wollen. Die grundlegenden Thesen der Untersuchung sind klar erkennbar; ihre Entfaltung
weist eine beeindruckende hermeneutische Dichte auf. Um den Grundgedanken zu skizzieren: Die europäische Aufklärung beginnt mit der Sorge um die Aufklärung und der Diagnose der Aufklärungsbedürftigkeit bei Sokrates. Platon beruhigt die sokratische Sorge
um eine Aufklärung, der angesichts der Aufklärungsbedürftigkeit ihrer Zeit orientierende
Maßstäbe fehlen könnten, mit „situationsinvariante[n] Bedingungen des Nützlichen und
des Guten" (90 ff.), kurz: mit der Idee des Guten. Aber wann wird die Idee des Guten richtig gesehen? Welches Handeln entspricht der Idee des Guten? Wer beurteilt das? Die früheste Formel der Gelingensbedingungen der Aufgaben der Urteilskraft leitet sich ab aus
dem Motiv des Denkens als „Dialog der Seele mit sich selbst über das, was sie gerade untersucht" (97). Platon akzentuiert dieses Motiv normativ, und Enskat reformuliert es in der
Sprache Kants: „Habe Mut, Deine Seele Dialoge mit sich selbst über die Frage führen zu
lassen, was im Licht welcher situationsinvarianten Bedingungen von allem Nützlichen
und Guten in welcher Situation nützlich oder gut ist!'" (97). Damit sind die Bedingungen
der Aufklärung, das Zusammenspiel von Urteilskraft und Aufklärung genannt. Aber der
Optimismus dieses Wahlspruchs erhält einen Dämpfer, denn diese Fragen sind noch nicht
einmal berührt: Was rechtfertigt den Mut? Bis zu welcher Grenze darf sich die Urteilskraft
selbst trauen? Dies ist die Schlüsselfrage zu den Bedingungen der Aufklärung: Welche
rechte Kraft verhilft der Aufklärung zu ihrer „kognitiven Schlüsselleistung", im Wissen
„das aus praktischen Gründen Wissenswerte" (45) zu diagnostizieren?

Diese Frage ruft Rousseau auf den Plan. Enskat findet in ihm denjenigen, der diese Frage unter Bedingungen einer kritischen Diagnose über die Aufklärung modern formuliert.
Diese Bedingungen sind durch das einzelwissenschaftlich organisierte Wissen gegeben,

geraten aber unter den Forderungen öffentlich zugänglichen und gesellschaftlich relevanten Wissens in einen Widerspruch: Wer kann bis zu welcher Grenze beurteilen, was das
auch in praktischer Hinsicht Wissenswerte ist? Sind die Menschen bei der Beurteilung
wissenschaftlicher Informationen nicht hoffnungslos überfordert? Damit ist die span-
nungsreiche Grundkonstellation Aufklärung – Urteilskraft – Wissenschaft hergestellt.
Rousseau gibt die Folie einer mehrhundertseitigen Problemexposition an; kein Winkel
bleibt unbeleuchtet auf der Suche nach der die Aufklärung orientierenden Kraft. Aufklärung durch Wissenschaft? Aufklärung trotz Wissenschaft? Wie ein ‚roter Faden' zieht
sich die Doppelfrage durch die Untersuchung, ob „Aufklärung durch Wissenschaft möglich oder ob Aufklärung trotz Wissenschaft nötig ist" (21). Ihr Material ist die Konfrontation Rousseaus mit demjenigen Projekt, das als Inbegriff der Aufklärung Wirkung ent-
faltete, der *Encyclopédie ou Dictionnaire Raisonné des Sciences, des Arts et des Métiers*,
Paris 1751. Punktgenau trifft diese Konfrontation den Nerv, die Seele der Aufklärung.

Nach Rousseau vereitelt die Aufklärung durch Wissenschaft die Aufklärung, weil die
kompetente Befassung des Laien mit wissenschaftlichen Einsichten – schon zu seinen
Zeiten – eine komplette Überforderung darstellt.

Das Motiv der Überforderung wurzelt in einem anderen, das Enskat weit ausbreitet:
Das Motiv der Entfremdung, in dessen Perspektive das Wissenschaftsmodell der *Encyclopédie* mit Blindheit geschlagen ist gegenüber den Implikationen und Folgen einer Zivi-
lisation des technisch Machbaren und ihren Verheißungen. Die „Krisensymptome einer
Aufklärung durch Wissenschaft" (99 ff.) wie überhaupt „der utilitaristische Optimismus
des enzyklopädischen Aufklärungsmodells" (116) sind Symptome der Entfremdung von
der Natur (128). Ihr Preis ist die Blindheit gegenüber den Folgen bestehender und zukünftiger Interventionstechniken. Diese aufklärungskritische Diagnose ist nicht weit entfernt
von der der *Dialektik der Aufklärung*. Sie speist sich hier wie dort aus dem antiintellek-
tualistischen Impetus der deutschen Spätaufklärung, mündet in die romantische Kritik der
Entfremdung, sowohl in ihren idealistischen (Hegel, Feuerbach) als auch in ihren mate-
rialistischen Varianten (Marx). Die wirkungsmächtige lebensphilosophisch-historistische
Unterscheidung von verstehenden Geistes- und erklärenden Naturwissenschaften baut die
Entfremdungskritik schließlich wissenschaftstheoretisch aus. Enskats Untersuchung beschränkt sich auf den Entfremdungskritiker Rousseau, aber es ist sicher nicht verkehrt, sie
eingebettet zu sehen in die bis heute ungebrochene romantische Kulturkritik. So warnt er
vor dem „Sturz von einem neuzeitlichen Reflexionsgipfel der Aufklärung in den Abgrund
einer politischen, rechtlichen und moralischen Gegenaufklärung", der „nirgendwo so ka-
tastrophal wie in Deutschland" (628) ausfiel. Aber muß man nicht auch bedenken, was der
Romantizismus unbeschädigter, unentfremdeter Subjekte, was die Ideologie einer Einheit
von Natur und Geschichte indirekt zu solchen Stürzen beiträgt? Der anti-rationalistische
Impetus macht seinerseits blind gegenüber freiheitsgefährdenden Versprechungen einer
Versöhnung des Menschen mit sich selbst, seiner Gattungsnatur und der Natur, gleichgültig, ob es sich um Versprechungen von links oder von rechts handelt.

Pierre Th. d'Holbachs Aperçu aus dem *System der Natur* von 1770, „[d]er Mensch ist
darum unglücklich, weil er die Natur verkennt" (104), könnte eine Gründungsakte des szi-
entistischen wie des anti-szientistischen Aufklärungsprogramms sein. Die Verkennung
der Natur könnte durch die Wissenschaften kompensiert werden oder die durch die Wissenschaften verursachte Verkennung der Natur könnte durch ein anderes, nicht-szientisti-
sches Wissenschaftsverständnis überwunden werden. Beide Optionen stehen auf dem Boden eines vor-kritischen Naturbegriffs. Als könne der Mensch „die Natur" *nicht* verkennen. Das ist ebenso wenig möglich, wie er sie erkennen oder nicht erkennen kann. Welche

Rolle ‚Entfremdung' und romantischer Naturbegriff in Enskats Untersuchung spielen, ist nicht leicht zu sagen. Möglicherweise ist die Haltung des Autors dazu aus Gründen der angedeuteten Mehrdeutigkeit der Entfremdungskritik ambivalent. Darauf deutet auch die knappe Auseinandersetzung mit d'Holbach (104). Die Frage, ob Szientismuskritik überhaupt ohne ein Moment von Entfremdungskritik auskommt, ist zu allgemein, als daß eine Antwort hier weiterführen würde. Eine indirekte, sehr klare Antwort läßt sich allerdings aus dem Befund ableiten, daß ein 65 Jahre zurückliegendes Konkurrenzunternehmen zur Aufklärung der Aufklärung von Enskat strikt nicht berücksichtigt, ja scheinbar gemieden und nicht ernsthaft als Referenz in Erwägung gezogen wird, nämlich die 1944 erstmals erschienene *Dialektik der Aufklärung* von Horkheimer und Adorno. „Aufklärung durch Wissenschaft" und „Aufklärung trotz Wissenschaft" – Enskats verschränkte Formulierung der Problemstellung erinnert an Horkheimers und Adornos „Dialektik". Insofern sind die *Bedingungen der Aufklärung* wie die *Dialektik der Aufklärung* an der Aufklärung der Aufklärung oder, in der Diktion Horkheimers und Adornos, an der „Dialektik" der Aufklärung interessiert. Enskat erwähnt die *Dialektik der Aufklärung* aber nur ein einziges Mal und zwar in einer Fußnote, dort jedoch keineswegs in bezug auf deren ebenso spektakuläre wie grob spekulative Generalthese „schon der Mythos ist Aufklärung, und: Aufklärung schlägt in Mythologie zurück"[4], sondern mit Bezugnahme auf die ideologiekritische Figur der „Aufklärung als Massenbetrug" (139). Ein diskreterer Hinweis auf das Renommee, das die Schrift bei Enskat offensichtlich genießt, ist kaum möglich. Aber es ist wohl unvermeidlich, eine historisch-kritische und hermeneutisch gehaltvolle Untersuchung der Aufklärung in maximalen Abstand zur Ideologiekritik an der Dialektik des ersten Bürgers Odysseus zu bringen, wenn man die subtile Analyse und die Rekonstruktion der minimalen Bewegungen der Begriffe retten will.

Das Match Enzyklopädisten – Rousseau geht seltsam aus: 1:0 für Kant, entscheidet Enskat nach ungefähr 500 Seiten. Das Ergebnis ist nicht wirklich überraschend, die Rekonstruktion der rousseauschen Szientismus-Kritik und seine pädagogische Lösung liefen darauf zu. Trotzdem ist es erstaunlich, in welchem Maße Rousseau dafür beansprucht wurde. Aber nicht ihm, der in Aporien gerät, sondern Kant fällt das Verdienst zu, die „geheimnisvolle Kraft" (523 ff.) der Aufklärung, das „Rätsel der Urteilskraft" (83 ff.) zu bestimmen.

Rousseaus *Émile* legt für die Aufklärung der Urteilskraft ein pädagogisch-praktisches Konzept nahe. Den Ausweg aus den Aporien einer Aufklärung durch Wissenschaft sieht er in einer didaktisierten Kasuistik, die jedoch vom eigentlichen Problem, wie rechtes Urteilen möglich ist, nur ablenkt. Es ist nur ein scheinbarer Ausweg. Rousseau bleibt trotz der tiefen wissenschaftstheoretischen Einsichten, die er gegen das Enzyklopädie-Modell der Aufklärung vorbringt, Kulturkritiker. Das hindert ihn letztlich daran, das Rätsel der Urteilskraft zu lösen, ja mehr noch, er unterläuft geradezu die wissenschaftstheoretisch wegweisenden Einsichten des *Zweiten Diskurses*.

Die lebensweltenthobene Aufklärungsidyllik von Rousseaus *Émile* bildet daher einen denkbar harten Kontrast gerade zu jenem Grundzug der *condition humaine,* den kein anderer Autor in den ersten beiden Dritteln des Taufjahrhunderts der Aufklärung so grell ausgeleuchtet, so nüchtern beschrieben und in seiner Unaufhebbarkeit so lakonisch hingenommen hat wie Rousseau im Zweiten Diskurs. Unter den zerklüfteten ökonomischen, sozialen, kognitiven und emotionalen Umständen ihres wirklichen Lebens interagieren die Menschen seit unvordenklichen Zeiten in einer chronischen und

---

[4]  Max Horkheimer, Theodor W. Adorno, Dialektik der Aufklärung, Frankfurt am Main 1969, 5.

immer komplizierter werdenden – aber auch gleichbleibend riskanten – Konkurrenz-situation. Kontrastiert man das idyllische Aufklärungsszenario von Rousseaus *Émile* mit diesen von ihm selbst diagnostizierten Grundzügen der *condition humaine*, dann wird Rousseaus Aufklärungsmodell in ein Zwielicht getaucht, das die Stärke dieses Modells in eine Schwäche zu verwandeln scheint. Denn Rousseau hat jeden Versuch, Kriterien der Wahrheit auszuarbeiten, in ingeniöser Weise schon im Ersten Diskurs durch den Gedanken unterlaufen, daß solche Kriterien ohnehin nur so viel taugen wie die praktische Urteilskraft desjenigen taugt, der von einer einmal gefundenen Wahrheit in der Praxis einen guten Gebrauch machen kann. Die Kasuistik und die uto-pischen Fiktionen des *Émile* sind daher methodische Kunstgriffe, mit deren Hilfe Rous-seau solche Kriterienprobleme allenfalls vertagen, aber nicht zum Verschwinden brin-gen kann. Denn die Urteilskraft des makellos aufgeklärten, kasuistisch agierenden Er-ziehers und Lehrers Émiles ist ja gar nichts anderes als eine utopische Personifizierung nicht nur sämtlicher relevanter Kriterien für die Beurteilung dessen, was wahr, nütz-lich, gut, wissenswert oder in anderen Hinsichten wichtig ist. Sie verkörpert in genauso utopischer Weise auch den maximal und optimal trefflichen Gebrauch solcher Krite-rien in jeder einschlägigen Situation (518 f.).

Damit schließt Enskat die Rekonstruktion des Rousseauschen Beitrags zur Aufklärung der Aufklärung ab. Über eine ausdifferenzierte Kritik des Programms ‚Aufklärung durch Wissenschaft' kommt Rousseau nicht hinaus. Das Geheimnis der Urteilskraft bleibt un-entdeckt. Erst Kant hebt die „Frage nach den Verläßlichkeits- bzw. Belastbarkeitsgren-zen der Urteilskraft auf ein methodisches Reflexionsniveau [...], wie es Rousseau jeden-falls mit dieser Prägnanz niemals auch nur annähernd erreicht hat" (529). Allerdings be-reitet Rousseau die Wende in der Konzeption der Urteilskraft vor, mit der Kant sich der Sache nach seit seiner Gelegenheitsschrift *Die falsche Spitzfindigkeit der vier syllogisti-schen Figuren* von 1762 beschäftigt, die er aber erst in der dritten *Kritik* ausarbeiten kann. Kant teilt die „alarmierende Diagnose der wissenspragmatischen Situation seiner Zeit" (531) mit Rousseau und sieht wie dieser die Gefahr der Überforderung der Menschen mit der „chronischen Aufgabe, das aus praktischen Gründen Wissenswerte zu ermitteln" (549). Durch die Rehabilitierung der Urteilskraft und die Problematisierung ihrer Vertrauenswürdigkeit weckt Rousseau Kant nach eigenem Bekunden aus einem „szien-tistischen Schlummer". Die Urteilskraft bedarf, das ist Kants Wende in Sachen Urteils-kraft, ihrerseits der Kritik, einer „epistemologischen Grenzerörterung" (543). Kant und Rousseau berühren sich in der Definition der Urteilskraft, die Kant in der *Anthropologie* gibt: Sie sei „„ein besonderes Talent [...]: eine Naturgabe, vorläufig zu urteilen [...], wo die Wahrheit wohl möchte zu finden sein'" (539). Aber sie unterscheiden sich in der Be-gründung dieser Kraft.

Die These der Vorbereitung der kantischen Urteilskritik durch Rousseau und die Re-konstruktion der Kantischen ‚Grenzerörterung' der Urteilskraft sind die kardinalen Punkte der Untersuchung. Kants kritische Lösung für die schon 1762 gestellte Aufgabe, „was denn dasjenige für eine geheime Kraft sei, wodurch das Urteilen möglich wird" (524), besteht zunächst darin, daß er die Urteilskraft von einem kasuistischen Regelbegriff emanzipiert und damit gegen eine „Iterationsaporie" (552 f.) immunisiert, in die ein Urteilskonzept gerät, das im Hinblick auf eine allgemeine Begründung eines regelmäßigen Subsumtions-schemas jedem Akt der Subsumtion unter eine Regel wieder eine Regel voranstellen muß – ad infinitum.

Durch einen einzigen begrifflichen Trick vermeidet Kant nicht nur die Iterationsaporie, sondern auch die kulturkritischen Aporien der Rousseauschen Kasuistik: Er naturalisiert das „natürliche Talent" (553), aber eben nicht naturalistisch, sondern transzendentalphilosophisch im Sinne eines kritischen Begriffs von ‚natürlich'. Diese Differenz sieht Enskat vielleicht nicht klar genug, aber sie ist bedeutsam für die Fortschreibung der durch Rousseau wiederentdeckten Urteilskraft als Kritik, mit der sich Kant weit von Rousseau entfernt. Denn die Urteilskraft folgt Regeln, aber sie *be*folgt sie nicht, vielmehr folgt sie Regeln, *indem* geurteilt wird. Sie folgt konstitutiven Regeln, ohne daß sie sie befolgen würde. *Be*folgte die Urteilskraft beim Urteilen Regeln, setzte das ein regelsetzendes Vermögen voraus — ad infinitum. Aber das ist nicht Kants Gedanke. Die Urteilskraft, so könnte man diesen Gedanken verstehen, folgt den Regeln, denen sie folgt, ‚blind'. Angesichts der Blindheitsvorwürfe an das szientistische Aufklärungsmodell mag es widersinnig erscheinen, aber Rousseaus Frage, bis zu welcher Grenze sich die Urteilskraft trauen dürfe, kann man tatsächlich mit Kant — und ein wenig im Anschluß an Kant — mit der Blindheit dieses Talents zum Urteilen beantworten.

Allerdings handelt es sich um eine spezifische Blindheit. Am tiefsten hat sie Wittgenstein in den *Philosophischen Untersuchungen* erforscht. Enskat begründet die ‚Blindheit' der Urteilskraft jedoch mit einer „*emotionalen* und *nicht* kognitiv-begrifflichen Mitgift" (602), die den Subjekten in ihrem Aufklärungsbedürfnis mitgegeben wird. Aber selbst wenn der zwar kognitiv relevante Beitrag, den die Urteilskraft zur Orientierung der Subjekte leistet, originär emotionaler Natur ist, ist er nicht regellos. Selbst das freie Spiel der Lust und Unlust, aus dem anscheinend die Urteilskraft schöpft, folgt Regeln. Ein Urteil ist dann ein Urteil, wenn es als solches verständlich ist hinsichtlich seines Motivs und seiner Referenz. Wenn es verständlich ist bzw. verstanden werden kann, ist es regelmäßig in dem Sinne, daß die Regeln seiner Bildung prinzipiell rekonstruiert werden können oder könnten. In dieser Perspektive auf den kritischen Sinn der Blindheit der Urteilskraft kann man sagen, daß die Blindheit nur die Kehrseite einer Medaille ist, auf deren anderer Seite Autonomie erkennbar ist. Wenn man einer Regel im Wittgensteinschen Sinne blind folgt, wählt man keine Regeln, die man *be*folgen sollte oder könnte. Man ist im Regelfolgen zugleich autonom.[5] Das freie Spiel der Urteilskraft ist die Fähigkeit, konstitutiven Regeln zu folgen. Das heißt, die Blindheit der Urteilskraft, der Schleier des Nichtwissens um die konstitutiven Regeln der Urteile *beim Urteilen*, ist nur die Kehrseite ihrer Autonomie gegenüber der Materie der Urteile in theoretischer wie in praktischer Hinsicht.

Es ist also nicht zwingend, Kants „natürliches Talent" zu urteilen auf Regellosigkeit im Bereich des Angenehmen und Schönen zu gründen. Die Urteilskraft erklärt sich nicht aus einem bestimmten Typ Regeln oder eben Nicht-Regeln, sondern aus der Form der Urteile. Diese Form ist durch ihren genuin intersubjektiven Charakter bestimmt. Der „tief verborgene[], allen Menschen gemeinschaftliche[] Grund der Einhelligkeit in der Beurteilung der Formen, unter denen Gegenstände gegeben werden können", wie Enskat Kant zitiert (618), ist nicht so tief verborgen, wie es scheint. Es ist der Gemeinsinn, der hier als Quelle der Urteilskraft angesprochen ist. Aber nicht als unergründliche naturale Basis in den „Tiefen der menschlichen Seele" (Kant), sondern als erlernbare Fähigkeit kognitiv hochentwickelter Wesen. Die natürliche Übereinstimmung in den Urteilen ist nur indirekt eine Naturanlage, ein „natürliches Talent". Sie ist genauer die Disposition zu höherstufigem

---

5  Vgl. Anke Thyen, Moral und Anthropologie. Untersuchungen zur Lebensform ‚Moral', Weilerswist 2007.

intentionalem Denken oder, wie wir sagen können, die Fähigkeit zur „theory of mind" oder zum „mind reading".[6] Kant hat den Gemeinsinn in diesem Sinne erläutert:

> Unter dem sensus communis muß man die Idee eines gemeinschaftlichen Sinnes, d.i. eines Beurteilungsvermögens verstehen, welches in seiner Reflexion auf die Vorstellungsart jedes andern in Gedanken (a priori) Rücksicht nimmt, um gleichsam an die gesamte Menschenvernunft sein Urteil zu halten, und dadurch der Illusion zu entgehen, die aus subjektiven Privatbedingungen, welche leicht für objektiv gehalten werden könnten, auf das Urteil nachteiligen Einfluß haben könnten.[7]

Urteilskraft ist so verstanden die Fähigkeit, „in Gedanken (a priori) Rücksicht" auf die „Vorstellungsart jedes andern" zu nehmen. Diese höherstufig kognitive Fähigkeit, deren Aktualisierungen ohne Zweifel emotional — etwa als Empathie oder als Verstehen des anderen — erlebt werden, besteht genau darin, sich zu fragen, wo aus der Perspektive eines konkreten anderen bzw. des verallgemeinerten anderen „die Wahrheit wohl möchte zu finden sein" (Kant). So gesehen ist die Urteilskraft ein gemeinschaftlicher Sinn und vermutlich nicht unter einem methodischen Individualismus, sondern nur unter einem methodischen Kollektivismus verständlich zu machen (vgl. FN 5). Das bedeutet aber auch: Die Urteilskraft und mit ihr die Aufklärung hängen von der Stärke, der Kraft, der Publizität des Gemeinsinns ab, von einem lebendigen, öffentlich wirksamen *common sense*. Aber ist er wirklich in Gefahr?

Enskat teilt mit Rousseau die Sorge um die Aufklärung und Befürchtungen in bezug auf Verluste der Urteilskraft in gegenaufklärerischen Strömungen. Ein Indiz für solche Gefahren erkennt er in der Wissenschaftsentwicklung, in dem Graben zwischen der Welt der Wissenschaftler und der Welt der Laien und warnt vor seiner Vertiefung, wie überhaupt vor den Gefährdungen einer öffentlich wirksamen Urteilskraft freier Bürger, vor dem „Sturz von einem neuzeitlichen Reflexionsgipfel der Aufklärung" (628). Diese Befürchtungen sind ein neuzeitliches Phänomen. Sie entstehen aus Verantwortung und aus Wachsamkeit und Skepsis, aus dem Interesse an Freiheit. Aber vielleicht sind sie doch heute auch ein wenig übertrieben? Kants „sapere aude!" ist und bleibt der Wahlspruch der Aufklärung. Aber vielleicht bedarf es — nicht im Sinne einer Regression in ein traditionalistisches Wir-Gefühl, sondern republikanisch im Sinne der *res publica* verstanden — auch etwas mehr Mut zum Vertrauen in die gemeinschaftliche Urteilskraft, in den *sensus communis*, in den Fortschritt einer Weltweisheit, die vor den Abgründen zwischen Wissenschaft und Alltagswelt nicht zurückschreckt, sondern sie der *condition humaine* zurechnet.

Es sind Sternstunden der Philosophie, die das Verhältnis von Schulweisheit und Weltkenntnis zu klären suchen, wie Nikolaus von Kues in den *Idiota*-Dialogen. Trifft es denn zu, daß der Abstand zwischen Wissenschaft und Alltag immer größer wird? Im Mittelalter hatten nach Reinhardt Krüger nur drei bis fünf Prozent der Bevölkerung Zugang zur Wissenschaft. Die Quote studienberechtigter Jugendlicher liegt nach Angaben des Statistischen Bundesamtes für 2007 in Deutschland bei 44 %, die Studienanfängerquote bei 37 %; knapp 9 % der Bevölkerung besitzen einen Hochschulabschluß. Das ist absolut betrachtet zu wenig, und die Forderung, diese Zahlen müßten ansteigen, ist zweifellos rich-

---

[6] Vgl. Anke Thyen, Wer sind wir? Zum Streit über das Lebewesen Mensch, in: Herbert Schnädelbach, Heiner Hastedt, Geert Keil (Hg.), Was können wir wissen, was sollen wir tun. Zwölf philosophische Antworten, Reinbek bei Hamburg 2009, 116 ff.

[7] Immanuel Kant, Kritik der Urteilskraft, Frankfurt am Main 1974, § 40, 224.

tig; nur vergleichsweise ist das nach nicht einmal 300 Jahren Aufklärung auch ein gewaltiger Fortschritt. In einer Wissenschaftssendung auf 3sat diskutierten jüngst zwei Elementarteilchenphysiker und ein Religionswissenschaftler – eine Sternstunde der Aufklärung, möchte man sagen. Warum ist das erwähnenswert? Weil die Aneignung natur- und religions-wissenschaftlicher Informationen sich hier nicht in der Präsentation von Faktenwissen erschöpfte, sondern der Orientierung im Denken, der Bildung der Urteilskraft diente. Das kann nicht verkehrt sein.

Mit den *Untersuchungen* ist die Aufgabe der Urteilskraft nicht abgeschlossen, aber diese Untersuchungen sind doch das, worauf es ankommt.

Anke Thyen (Ludwigsburg)

# Enzyklopädie Philosophie

Herausgegeben von Hans Jörg Sandkühler. Unter Mitarbeit von Dagmar Borchers, Arnim Regenbogen, Volker Schürmann und Pirmin Stekeler Weithofer.
3 Bände im Schuber. Format 18,5 x 27,5 cm. Ca. 3.000 Seiten. inkl. CD-ROM.
Halbleder, Fadenheftung. Subskriptionspreis € 278,– | ab 1. Mai 2010 € 348,–
Erscheint im Februar 2010 (ISBN 978-3-7873-1999-2)

*Konzept* _ Nachdem vor zehn Jahren die erste »Enzyklopädie Philosophie« in zwei Bänden vorgelegt und positiv aufgenommen worden war, galt es, für die Neuausgabe eine Vielzahl neuer theoretischer Perspektiven und weitere Gegenstandsbereiche zu identifizieren und zu berücksichtigen, die seither in Theorie und Praxis zum Problem geworden sind. Dies machte neben der Überarbeitung und Ergänzung vorhandener Einträge die Aufnahme einer Fülle zusätzlicher Lemmata erforderlich, so dass die Liste der Stichwörter und Begriffe heute um die Hälfte umfangreicher ist als vor zehn Jahren und von den insgesamt rd. 350 Autorinnen und Autoren mehr als 100 neu hinzugekommen sind.

*Inhalt* _ Die Erweiterung der Themenfelder führte insbesondere zu neuen Beiträgen zur analytischen Philosophie, zur angewandten Philosophie und angewandten Ethik, zur Rechtsphilosophie und Staatstheorie sowie zu diversen Schulen und Strömungen. Neue Beiträge widmen sich außerdem aktuellen sozialen, politischen, ökonomischen und kul-

turellen Problemen. Als Stichworte seien z. B. genannt:

Aggression, Gehirn und Geist, Gerechter Krieg, Globalisierung, Kulturrelativismus, Migration, Minderheitenrechte, Multikulturalismus, Nachhaltigkeit, Ökonomie/Wirtschaft, Rechte zukünftiger Generationen, Sterbehilfe, Transkulturalität, Weltstaat. Besondere Berücksichtigung fanden außerdem Themen, die den kulturellen Horizont Europas überschreiten, u. a. Philosophie und Buddhismus, Daoismus, Hinduismus, Islam, Konfuzianismus.

*Gestalt* _ Die Aufteilung auf drei Bände und das Lexikonformat ermöglichen eine bequeme Lektüre und angenehmes Arbeiten. Die Ausstattung ist hochwertig, der Halbleder-Einband mit geprägter Decke auf Haltbarkeit angelegt. Eine lesefreundliche Typographie, erstklassiger Druck auf alterungsbeständigem, nach FSC zertifiziertem Papier aus chlorfrei gebleichtem Zellstoff, Fadenheftung, Lesebändchen und Kopffarbschnitt sind selbstverständlich.

**enzyklopaedie-philosophie.de**

**meiner.de**

UNTER DER SCHIRMHERRSCHAFT DES SEKTORS GEISTES- UND SOZIALWISSENSCHAFTEN DER ORGANISATION DER VEREINTEN NATIONEN FÜR BILDUNG, WISSENSCHAFT, KULTUR UND KOMMUNIKATION (UNESCO)